Grundzüge der Geschichte · Mittelstufe · Band 3

Grundzüge der Geschichte

Mittelstufe · Band 3

Herausgegeben von Dr. Eugen Kaier

Vom Westfälischen Frieden
bis zum Jahre 1890

Bearbeitet von

Professor Dr. Hans Herbert Deißler

und Professor Herbert Krieger

unter Mitarbeit von Oberstudiendirektor Alfred Makatsch

und Studiendirektor Hugo Schneider

VERLAG MORITZ DIESTERWEG

Frankfurt am Main · Berlin · München

Textbearbeitung: Herbert Krieger (S. 1–119)
und Dr. Hans Herbert Deißler (S. 120–284)
Bildzusammenstellung: Werner Bautsch
Kartenzeichnungen: Rudi Hubert, Berlin
Einband: Franz Hofbauer

Genehmigt für den Gebrauch in Schulen.
Genehmigungsdaten teilt der Verlag auf Anfrage mit.

ISBN 3-425-07943-3

8., durchgesehene Auflage 1972

Reproduktionen: Klischeeanstalt Georg Lang, Frankfurt am Main
Satz-, Druck- und Bindearbeiten: Oscar Brandstetter Druckerei KG, Wiesbaden
Gesetzt aus Monophoto Gill

Vorwort

Auch dieser 3. Band der „Grundzüge der Geschichte" soll dem Lehrer die Stoffaus-
wahl und die methodische Gestaltung des Unterrichts erleichtern, dem Schüler Anreiz
und Möglichkeit zu selbständiger Orientierung geben. Daher die schlichte Darbietung
des Lehrstoffes, seine übersichtliche Gliederung und die Zusammenfassung in Lehr-
und Lerneinheiten, die für den Schüler der Mittelklassen überschaubar sind.

Der gesamteuropäische Rahmen der Darstellung ist beibehalten. Wo es möglich
schien, wurden wiederum weltgeschichtliche Ausblicke eröffnet. Stärker als in Band 2
treten die englische und die französische Geschichte hervor. Ebensoviel Raum ist den
Ereignissen in Osteuropa gewidmet.

Das umfangreiche, fast durchweg zeitgenössische Bildmaterial will nicht nur die An-
schaulichkeit des Dargestellten illustrativ erhöhen, sondern auch ein arbeitsunter-
richtliches Vorgehen erleichtern. Besonders aussagekräftige Bilder sollten exem-
plarisch erschlossen werden.

Die Randzahlen wurden bewußt auf wesentliche Epochenjahre beschränkt, die aus-
führliche Ergänzung finden Lehrer und Schüler in der abschließenden Zeittafel. Die
Verschiedenartigkeit der äußeren Gestaltung dieser Tafel ergibt sich aus der Tat-
sache, daß es in der Zeit vor 1688 noch kein europäisches Staatensystem gab, sondern
nur Parallelentwicklungen von zum Teil verblüffender Entsprechung (1628 La Rochelle
– 1629 Restitutionsedikt – 1628 Petition of Rights).

Dem Alter und dem Verständnis der Schüler entsprechend, sind in diesen Band –
außer den bereits bewährten Zusammenfassungen – sozialkundlich orientierte Be-
trachtungen aufgenommen worden (S. 173, 197, 216, 242). Darin haben die Verfasser versucht, „Einsichten und Begriffe" zu umreißen, die zu klären sind, wenn der
Geschichtslehrer die Aufgabe der politischen Bildung als Prinzip des Geschichts-
unterrichts wirklich ernst nimmt. Diese Anregungen sollen den Lehrer nicht gängeln.
Es steht selbstverständlich ihm und seinen Schülern frei, wann und auf welche Weise
sie die aus der Geschichte gewonnenen „Einsichten und Begriffe" erarbeiten wollen.
Die Verfasser haben die Erörterungen jedoch bewußt in die geschichtliche Darstellung
eingeordnet, um anzuzeigen, an welcher Stelle eine grundsätzliche Reflexion nach
ihrer Auffassung besonders ergiebig sein könnte.

Herausgeber und Verfasser

Inhaltsverzeichnis

ACHTES KAPITEL

Neue Kämpfe um nationale Einheit

NEUNTES KAPITEL

Deutschland zur Zeit Bismarcks

Verzeichnis der Karten

Bild auf dem Umschlag: König Karl I. von England (vgl. S. 17) auf der Jagd. Gemälde von Anthonis van Dyck (1599–1641). Musée National du Louvre; Farbaufnahme Giraudon.

Bildnachweis

Für die Abdrucksgenehmigungen und die überlassenen Reproduktionsvorlagen dankt der Verlag Museen und Bibliotheken, den Fotografen, Agenturen und Verlagen:

Fratelli Alinari, Florenz (1). Archiv Gerstenberg, Frankfurt am Main (1). Archiv für Kunst und Geschichte, Berlin (16). Augustiner-Museum, Freiburg (1); Farbaufnahme Walter Schmidt. Bavaria-Verlag, Gauting; Farbaufnahme Kempter (1). Bayerisches Armeemuseum, München (2); Farbaufnahmen Robert Braumüller. Bayerische Staatsgemäldesammlung, München (1). Bibliothèque Nationale, Paris (2). Borsig Aktiengesellschaft, Berlin (1). City Art Gallery, Bristol (1). Deutsche Fotothek, Dresden (2). Deutsche Verlags-Anstalt, Stuttgart (4); entnommen aus Paul Sethe „Morgenröte der Gegenwart". Deutsches Museum, München (3). Foto Marburg (1). Giraudon, Paris (4). Leo Gundermann, Würzburg (1). Hachette, Paris (6). Heeresgeschichtliches Museum, Wien (2); Aufnahme Lichtbildwerkstätte Alpenland, Farbaufnahme Foto Meyer. Hirmer Verlag, München (2). Historia-Photo, Bad Sachsa (26). Historisches Museum, Frankfurt am Main (3). Katholische Arbeitsstelle (Nord) für Heimatvertriebene, Köln (1). Kunsthalle Hamburg (1); Farbaufnahme Ralph Kleinhempel. Kunsthalle Mannheim (1); Farbaufnahme Blauel. Kunsthistorisches Museum, Wien (4); Kunsthistorisches Museum, Münzkabinett, Wien (2); Aufnahmen Lichtbildwerkstätte Alpenland, 3 Farbaufnahmen Foto Meyer. Landesbildstelle Berlin (4). Landesmuseum für Kunst und Kulturgeschichte, Münster/W. (1); Farbaufnahme Wilhelm Rösch. London Museum (1); Farbaufnahme Thames & Hudson. Lord Chamberlain's Office St. James Palace, London (1); Foto Cooper Ltd. Münchner Stadtmuseum (2); Aufnahmen Foto Weila. Musée Bayenne (1); Farbaufnahme J. E. Bulloz. Musée Compiègne Château (1); Farbaufnahme Giraudon. Musée Condé, Chantilly (1); Farbaufnahme J. E. Bulloz. Musée de l'Armée, Paris (1); Farbaufnahme Giraudon. Musée Carnavalet, Paris (2); Farbaufnahmen J. E. Bulloz, Eileen Tweedy. Musée National du Louvre, Paris (6); 5 Farbaufnahmen Giraudon, 1 Farbaufnahme Hachette. Coll. U. Moussali (1); Farbaufnahme Giraudon. Musée Beaux Arts, Rouen (1); Farbaufnahme Giraudon. Musée Versailles Château (3); 1 Farbaufnahme J. E. Bulloz, 2 Farbaufnahmen Giraudon. Napoleon-Museum, Arenenberg (1); Aufnahme Photoglob-Wehrli AG Verlag, Zürich. Österreichische Nationalbibliothek, Wien (4); Aufnahmen Lichtbildwerkstätte Alpenland. Prado, Madrid (1); Farbaufnahme SCALA. Radio Times Hulton Picture Library, London (9). Reiss-Museum, Mannheim (1). Jean Roubier, Paris (1). Staatliche Museen zu Berlin (Ost), National-Galerie (2). Staatliche Schlösser und Gärten Potsdam-Sanssouci (1). Staatliche Schlösser und Gärten, Schloß Berlin-Charlottenburg (3); Stiftung Preußischer Kulturbesitz: Kupferstichkabinatt, Berlin-Dahlem (1); Nationalgalerie, Berlin (3); 7 Aufnahmen Walter Steinkopf. Staatsbibliothek Berlin, Bildarchiv Handke (28). Ullstein-Bilderdienst, Berlin (16). USIS, Bad Godesberg (6). Victoria and Albert Museum, London (1); Farbaufnahmen R. B. Fleming & Co. Ltd. Walker Art Gallery, Liverpool (1). Zeitbild Maywald, Garmisch-Partenkirchen (1). Georg Westermann Verlag, Braunschweig (1); entnommen aus „Weltgeschichte der abendländischen Kultur". Wolfrum Kunstverlag, Wien (1).

Rechte Seite: Ludwig XIV. Lebensgroßes Bildnis von Hyacinthe Rigaud (1701). In würdig-eleganter Haltung steht der König vor dem Thron, bekleidet mit dem schweren Krönungsornat: blauer Samtmantel, mit weißem Hermelin gefüttert und bestickt mit den goldenen Lilien Frankreichs. Purpurne Vorhänge, Säule, Schwert und Zepter erhöhen den Eindruck herrscherlicher Majestät im Geiste des höfischen Absolutismus.

ERSTES KAPITEL

Die außerdeutschen Großmächte im Zeitalter des Absolutismus

I. Frankreich im Zeitalter Ludwigs XIV.

In der zweiten Hälfte des 16. Jahrhunderts war Frankreich der Schauplatz einer Reihe von Religions- und Bürgerkriegen gewesen. Aus diesen Wirren hatte das Königtum Heinrichs IV. das Land gerettet. Das 17. Jahrhundert brachte Frankreich die Vollendung des monarchischen Einheitsstaates, der in der Gestalt Ludwigs XIV. seine eindrucksvollste Verkörperung fand. Zwei bedeutende Staatsmänner haben ihm den Weg bereitet: Richelieu und Mazarin.

1. Die Wegbereiter des monarchischen Einheitsstaates

Kardinal Richelieu. Seit 1624 stand Frankreich unter der Leitung des Kardinals R i c h e l i e u .

Richelieu war schon in jungen Jahren Bischof geworden. Sein Ehrgeiz trieb ihn an den Königshof, wo er Berater der Königinmutter Maria von Medici, der Witwe Heinrichs IV., wurde. Bald nach seiner Erhebung zum Kardinal wurde er Erster Minister Ludwigs XIII. Körperlich leidend, aber mit durchdringendem Verstand begabt, diente der Kardinal rastlos seinem König mit dem Einsatz aller Kräfte.

Richelieu betrachtete es als seine wichtigste Aufgabe, die Macht des Staates im Innern und nach außen zu stärken. Auf konfessionelle Bindungen nahm er dabei wenig Rücksicht. Im Interesse des Staates galt ihm der französische Hugenotte mehr als der katholische Spanier. Die besondere Machtstellung, welche die feudalen Herren neben der Krone innehatten, konnte Richelieu nicht dulden. Versuche des H o c h - a d e l s , durch Rebellion die Mitregierung zu erzwingen, unterdrückte der Minister mit blutiger Härte. Die G e n e r a l s t ä n d e , d. h. die Vertreter der Geistlichkeit, des Adels sowie der Bürger und Bauern, die von Zeit zu Zeit zusammengekommen waren, um mit der Regierung über Nöte und Bedürfnisse des Landes zu beraten, wurden nach 1614 nicht mehr einberufen.

Richelieu zerbrach aber auch die politische Macht der H u g e n o t t e n , die seit dem Edikt von Nantes (vgl. Bd. 2, S. 226) mit ihren festen Plätzen einen Staat im Staate gebildet hatten. Zuletzt (1628) entriß er ihnen das stark befestigte L a R o c h e l l e an der Loiremündung. Nur der König sollte in Zukunft das Recht haben, Festungen und Truppen zu unterhalten. Die freie Ausübung ihrer Religion verblieb den Hugenotten weiterhin.

Auch in der Sprache sah Richelieu ein Mittel, die Einheit des Landes zu fördern. Darum gründete er die A c a d é m i e F r a n ç a i s e (Französische Akademie) und wies ihr die Aufgabe zu, die französische Sprache und Literatur zu pflegen und zu verbreiten.

Nachdem Richelieu seine Gegner im Innern niedergerungen hatte, ging er daran, die Machtstellung der spanischen und österreichischen H a b s b u r g e r zu erschüttern. Um sein Land aus der Umklammerung durch habsburgisches Gebiet zu befreien, verbündete sich der Kardinal der römischen Kirche während des Dreißigjährigen Krieges mit dem lutherischen Schweden und setzte nach dem Tode Gustav Adolfs den Kampf gegen den katholischen Kaiser und gegen Spanien mit eigenen Truppen fort.

Links: Kardinal Richelieu. Stich von Robert Nanteuil (1657) nach einem Gemälde von Philippe de Champaigne. – Rechts: Kardinal Mazarin. Stich von Robert Nanteuil (1656).

Als Richelieu 1642 starb, hinterließ er einen gefestigten Staat, in dem die Gewalt des Königs kein Gegengewicht mehr zu finden schien. Dem französischen Volk hatte er aber auch das außenpolitische Ziel für die nächsten Jahrhunderte aufgezeigt: die Vorherrschaft Frankreichs in Europa.

Kardinal Mazarin. Richelieus Werk wurde von Kardinal Mazarin vollendet. Mazarin war Italiener und hatte ursprünglich in päpstlichen Diensten gestanden. Richelieu hatte seine großen Fähigkeiten erkannt und ihn für Frankreich gewonnen. Als Erster Minister des noch unmündigen Königs Ludwig XIV. machte sich Mazarin durch Fleiß, Geschicklichkeit und Verschlagenheit zum tatsächlichen Beherrscher Frankreichs.

Im Westfälischen Frieden 1648 (vgl. Bd. 2, S. 238) erntete Mazarin die Früchte der von Richelieu begonnenen Politik. Die Grenze Frankreichs konnte rheinwärts vorgeschoben werden. Die Machtstellung des Hauses Habsburg in Deutschland war vernichtet. In Frankreich wurden diese Erfolge jedoch wenig beachtet. Ja, es brach im Jahre des Friedensschlusses noch einmal ein Bürgerkrieg aus.

Als Mazarin die Steuern erhöhte, widersetzte sich das Pariser P a r l a m e n t und erhob politische Forderungen, mit denen es die ministerielle Gewalt einschränken wollte.

Die französischen Parlamente waren keine Volksvertretungen wie das englische Parlament, sondern hohe Gerichtshöfe in verschiedenen Provinzen des Landes. Das Parlament von Paris hatte das Recht, die königlichen Verordnungen in seine Register einzutragen, zu verkünden und dadurch wirksam zu machen. Schon Richelieu hatte die Parlamente bekämpft und ihre Rechte eingeschränkt.

In der Auseinandersetzung mit Mazarin fand das Pariser Parlament die Unterstützung der Bevölkerung, die den leitenden Minister als Ausländer haßte. Als Unruhen ausbrachen, verließ der Hof mit dem jungen König die Hauptstadt. Mazarin wurde vom Parlament geächtet und ging ins Ausland. Auch der Hochadel schloß sich gegen ihn zusammen und verband sich vertraglich mit dem Landesfeind Spanien. Es kam zum Bürgerkrieg. Spanische Truppen erschienen in der Nähe von Paris, und eine Zeitlang schien die Stellung des Königtums und Mazarins hoffnungslos gefährdet. Erst 1653 war der Aufstand der „Fronde" (französisch „Schleuder") zu Ende, der Feudalismus endgültig bezwungen, der Weg zur Herrschaft Ludwigs XIV. frei.

Der Krieg mit Spanien wurde 1659 durch den Pyrenäenfrieden beendet. Spanien mußte auf das Gebiet am Nordosthang der Pyrenäen verzichten; das Artois mit Arras sowie Montmédy und Diedenhofen wurden französisch. Frankreich hatte sich der Umklammerung durch Habsburg erfolgreich widersetzt.

2. Ludwig XIV. und der Absolutismus in Frankreich

Der Beginn der königlichen Selbstregierung. Schon im Alter von fünf Jahren war Ludwig XIV. König geworden. Doch erst nach Mazarins Tod (1661) übernahm er, zweiundzwanzigjährig, die Regierung. Seinen Ministern erklärte er: „Bis jetzt habe ich meine Geschäfte durch den verstorbenen Herrn Kardinal besorgen lassen. Nun aber ist es Zeit, daß ich sie selbst in die Hand nehme. Sie werden mich mit Ihren Ratschlägen unterstützen, wenn ich sie von Ihnen verlange." Die Zeit, in der die Ersten Minister die eigentliche Regierungsgewalt ausgeübt hatten, war vorbei. Es begann die Selbstregierung des Königs.

1661

Da sich der König für alles verantwortlich fühlte, wollte er auch alles selbst entscheiden. Unermüdlich arbeitete er täglich acht bis neun Stunden. Ein robuster Körper, der allen Strapazen gewachsen war, gesunder Menschenverstand, Selbstzucht und hohes Pflichtgefühl befähigten Ludwig, die Aufgaben, die er sich gestellt hatte, zu erfüllen. Doch besaß er auch gefährliche Eigenschaften: Ruhmsucht und maßlosen Ehrgeiz. Sie beeinträchtigten Ludwigs Sorge für das Staatswohl und fügten dem Lande auf die Dauer schweren Schaden zu.

König von Gottes Gnaden. Ludwig XIV. hatte vom Königtum eine hohe Auffassung. Als Symbol wählte er das Abbild der Sonne. Schon zu Lebzeiten nannte man ihn den „Sonnenkönig" (Roi Soleil).

Ludwig war überzeugt, daß der Herrscher seine Macht unmittelbar von Gott erhalten habe. In seinen Erinnerungen schrieb er:

„Könige sind die souveränen Richter über das Glück und die Führung der Menschen, sie sind absolute Herren und haben die volle und freie Verfügung über die Güter ihrer Untertanen, weltliche und geistliche ... Er, der den Menschen Könige gegeben hat, hat gewollt, daß man sie achte als seine Stellvertreter, indem er sich allein das Recht vorbehielt, ihre Führung zu prüfen!"

Auch die Zeitgenossen glaubten, daß der König von Gott mit besonderen Gnadenkräften begabt sei. Jedesmal wenn Ludwig XIV. von der Kommunion kam, drängten sich Hunderte von Kranken herzu, um durch seine Berührung Heilung zu finden.

Rechte Seite oben: Das Schloß von Versailles. Gemälde von Pierre-Denis Martin (um 1722). Nach den Plänen von Louis le Vau wurden zwischen 1668 und 1671 zwei neue Seitenflügel gebaut. 1678 übernahm Jules Hardouin-Mansart den weiteren Ausbau des Schlosses. Le Nôtre schuf die großartigen Parkanlagen. – Unten: Einzug Ludwigs XIV. und seiner Gemahlin Maria Theresia in Arras (1667). Gemälde von Adam Frans van der Meulen. Im Hintergrund die Stadt Arras mit den von Vauban erbauten Befestigungswerken. Der König und sein Bruder folgen zu Pferde der Karosse, in der die Königin mit ihren Hofdamen reist.

Absolutismus. Nach der Auffassung, daß die königliche Gewalt unumschränkt, „absolut", sei, nennt man die von Ludwig XIV. ausgeübte und dann von vielen Fürsten nachgeahmte Regierungsform „absolute Monarchie". Kennzeichnend für den Absolutismus ist, daß alle Gewalt im Staate allein dem rechtmäßigen Herrscher zusteht und von ihm ausgeht. Die Stände behalten vielfach noch gesellschaftliche und wirtschaftliche Vorrechte (Privilegien), haben aber ihre politische Macht verloren. Den Staat verkörpert nur der Fürst. Dies ist der Sinn des Satzes, der – allerdings zu Unrecht – Ludwig XIV. zugeschrieben wurde: "L'Etat, c'est moi" (der Staat bin ich).

Der Herrscher ist zugleich Gesetzgeber, oberster Richter und Kriegsherr. Ein stehendes Heer vertritt seine Macht gegen innere und äußere Feinde. Die zweite Säule seiner Herrschaft ist die Beamtenschaft, die seinen Willen im Innern des Landes ausführt.

Für seine Untertanen ist der absolute Monarch die höchste irdische Autorität. Er steht über den Gesetzen, gilt aber als gebunden an den Willen Gottes, an das Sittengesetz und an Recht und Gerechtigkeit. Hierdurch unterscheidet sich die absolute Monarchie von tyrannischer Willkürherrschaft und von den Diktaturen unseres Jahrhunderts.

Das Schloß von Versailles. Glanzvoller Ausdruck der Machtstellung Ludwigs XIV. wurde das Schloß von V e r s a i l l e s. In einer sumpfigen und sandigen Gegend nahe bei Paris ließ der König ein kleines Jagdschloß zu einem weitläufigen Palast erweitern, als ob er damit beweisen wollte, daß sich auch die Natur seinem Wunsch und Willen zu fügen habe. Ein Heer von Arbeitern mußte gewaltige Austrocknungsarbeiten bewerkstelligen.

Fast 30 Jahre baute man an der Schloßanlage. Unzählige Kunsthandwerker, berühmte Maler und Bildhauer haben das Schloß ausgestattet. Die größte Pracht entfaltet sich im Spiegelsaal des Schlosses. Man betritt ihn durch einen triumphbogenartigen Eingang. Den Fenstern auf der einen Seite entsprechen gleichgroße Spiegel auf der anderen, so daß der Eindruck völliger Gleichheit der beiden Seiten entsteht.

Glanzvolle Hofhaltung. In der neuen Residenz hielt Ludwig XIV. seinen glänzenden Hof. 1200 Diener, 80 Pagen, 40 Kammerherren und eine Leibwache von 2000 Mann warteten auf seine Befehle. Durch Vergnügungen und eine streng vorgeschriebene Hofsitte (Etikette) verstand es der König, seinen Hofstaat ständig zu beschäftigen. Versailles war berühmt durch seine Feste, Theateraufführungen, Gondelfahrten und Jagden. Beim morgendlichen Aufstehen des Königs, dem Lever, wurden Hunderte von Personen, in fünf Gruppen eingeteilt, nacheinander in das Schlafzimmer eingelassen und waren zugegen, wenn sich der Herrscher aus dem Bett erhob und ankleidete. Als bevorrechtet galt, wer ihm dabei behilflich sein, ein Handtuch oder Kleidungsstück reichen durfte.

Durch Zeremoniell und Lustbarkeiten gelang es Ludwig XIV. auch, den Hochadel an sich zu binden. Wer längere Zeit nicht in der Nähe der Majestät erschien, fiel in Vergessenheit und Ungnade. Der Dienst bei Hofe aber brachte Ansehen und Ehrungen. Daher drängten viele Angehörige des Hochadels nach Versailles, ruinierten sich durch die dort übliche Prachtentfaltung und fanden es nicht unter ihrer Würde, sich dann vom König mit „Gnadengeldern" aushalten zu lassen. So wurde der ehemals stolze, auf seine Selbständigkeit bedachte Adel politisch vollends entmachtet.

Kulturelle Blüte Frankreichs. Unter Ludwig XIV. übernahm Frankreich die geistige Führung in Europa. Es behielt sie, als der Glanz des „Sonnenkönigs" schon längst

Erneuerung der Allianz zwischen Frankreich und den Schweizer Kantonen am 18. November 1663 vor dem Hochaltar in Notre-Dame zu Paris. Ausschnitt aus einem Wandteppich.

erloschen war. Literatur, bildende Kunst und Wissenschaft entfalteten sich unter der Gunst des Königs, der Aufträge vergab, Beifall zollte, aber auch streng abwies, was seinem Geschmack oder seiner Überzeugung widersprach.

Die Regierungszeit Ludwigs XIV. wurde die Zeit der klassischen (mustergültigen) Dichtung der Franzosen. C o r n e i l l e und R a c i n e schilderten in ihren großen Tragödien das Ideal des höfischen Menschen mit seinem Ehrgefühl und seiner gebändigten Leidenschaft. M o l i è r e griff in seinen Lustspielen die Schwächen seiner Zeitgenossen und der Menschen überhaupt an. L a F o n t a i n e suchte durch seine Fabeln zu belehren und zu erfreuen.

Die Meister der französischen Klassik mieden den Schwulst der Sprache und unterwarfen ihre Dichtungen strengen Regeln. Als Vorbild galt ihnen die Antike.

Die französische Sprache erhielt durch die klassische Dichtung und durch die Arbeit der Académie Française (vgl. S. 2) eine vorbildliche Klarheit und Geschmeidigkeit. Das Französische verdrängte langsam das Latein und wurde in ganz Europa die Sprache des Adels und der Gebildeten. Bis in die neueste Zeit hinein blieb es die Sprache der Diplomatie.

Verwaltung. Seine Mitarbeiter wählte Ludwig XIV. sehr sorgfältig aus. Ihm kam es allein auf ihre Fähigkeiten an, nicht auf ihre Herkunft. Die Staatsgeschäfte beriet er mit seinen Ministern im Staatsrat, doch behielt er sich die letzte Entscheidung immer selber vor.

An der Spitze der Provinzen standen zwar hochadlige Gouverneure, aber die tatsächliche Macht übten bürgerliche Sonderbeauftragte der Krone, die I n t e n d a n t e n, aus. Sie mußten die Einziehung der Steuern überwachen und erhielten ihre Aufträge unmittelbar aus Versailles. Für ihre Maßnahmen waren sie auch allein dem König verantwortlich. Er verfügte nicht selten ihre Versetzung, um zu verhindern, daß sie in

7

ihrer Provinz heimisch oder zu mächtig wurden, und konnte sie auch kurzerhand ihres Amtes entheben. Der Aufsicht des Königs unterstanden auch die Entscheidungen der provinzialen Gerichtshöfe und die Verwaltung der Städte und Dörfer. Von Versailles aus ergingen zuweilen königliche Haftbefehle (lettres de cachet); Urteile wurden im Namen des Königs aufgehoben, Verwaltungsentscheidungen der Gemeinden für nichtig erklärt.

Das stehende Heer. Die Truppen vermehrte der Kriegsminister L o u v o i s von 72 000 auf 280 000 Mann. Sie wurden streng nach Waffengattungen in Brigaden, Regimenter und Kompanien eingeteilt. An Stelle der Piken und der schweren Luntenflinten führte Louvois ein Gewehr ein, das beide vorteilhaft ersetzte: die leichte Steinschloßflinte mit dem in Bayonne erfundenen „Bajonett". Die Versorgung dieser ungeheuren Armee wurde durch die Anlage von Magazinen gesichert, das Los der verwundeten und kranken Soldaten durch den Bau von Lazaretten und die Einrichtung des Pariser Invalidenhauses verbessert. Die Offiziersstellen blieben käuflich, aber die Ernennung der Offiziere behielt sich der König vor. So wurde die französische Armee das Muster aller europäischen Heere, ein Machtinstrument, auf das sich Ludwig XIV. jederzeit verlassen konnte.

Zur Verteidigung des Landes schuf Marschall V a u b a n an den Grenzen des Landes mehr als 300 Befestigungswerke, die als unbezwingbar und uneinnehmbar galten.

Die Aufhebung des Edikts von Nantes. Um der Einheit des Staates willen wünschte Ludwig XIV. auch die Einheit der Religion. Es erschien dem König mit seiner Würde unvereinbar, daß ein Teil seiner Untertanen einen andern Glauben hatte als er selbst. Daher ging Ludwig erneut gegen die H u g e n o t t e n vor, die etwa ein Zehntel der französischen Bevölkerung ausmachten. Zuerst versuchte er, sie gewaltsam zu bekehren. Als das mißlang, hob er (1685) das Edikt von Nantes auf. Den Hugenotten war die Auswanderung bei schwersten Strafen untersagt. Trotzdem flüchteten Tausende um ihres Glaubens willen in die Niederlande, nach England, Nordamerika und Deutschland. Frankreich verlor auf diese Weise viele wertvolle und fleißige Bürger.

Obwohl sich Ludwig XIV. verpflichtet fühlte, alle seine Untertanen am römisch-katholischen Glauben teilnehmen zu lassen, duldete er keine klerikale Einmischung in die französische Politik, weder von seiten des Papstes noch von seiten der Bischöfe oder Vorsteher religiöser Orden. Eifersüchtig sah er darauf, daß die kirchlichen Stellen mit Männern seines Vertrauens besetzt wurden. Es ist von symbolischer Bedeutung, daß in der Residenz des „Allerchristlichen Königs" zu Versailles die Kapelle zwar höher emporragt als die übrigen Gebäude, aber nicht mehr in der Mittelachse der ganzen Anlage liegt. Dort befindet sich das königliche Schlafzimmer.

3. Der Merkantilismus

Für Hofhaltung, Bauten, Beamtentum, stehendes Heer, Festungen und Kriegführung brauchte Ludwig XIV., wie alle Herrscher seither, viel Geld. Zwei Wege gab es, die Finanzwirtschaft Frankreichs zu verbessern: die Schaffung eines wirksamen Steuersystems und die Entwicklung der wirtschaftlichen Kräfte des Landes. Beide Wege ging Ludwigs bürgerlicher Finanzminister C o l b e r t. Colbert war ein einfallsreicher und folgerichtiger Anhänger des „Merkantilismus".

Minister Colbert in der Galerie der Königlichen Gobelin-Manufaktur. Kupferstich von Sebastien Le Clerc.

Grundgedanken des Merkantilismus. Nach der Anschauung der Merkantilisten beruht der Wohlstand eines Landes auf der Menge des vorhandenen, aus Edelmetall geprägten Geldes. Aus dieser Behauptung leiteten sie drei Grundsätze ab: Möglichst viel Geld erzeugen! Möglichst viel Geld ins Land ziehen! Möglichst wenig Geld hinauslassen!

Handelspolitik. Colbert war der Ansicht, daß der Geldbesitz des Staates nur in dem Maße vergrößert werden könne, als er anderen Ländern entzogen werde. Daher gewann der Außenhandel besondere Bedeutung. Er mußte nach Colberts Meinung so gesteuert werden, daß der Geldwert der Ausfuhr größer war als der der Einfuhr, daß eine „aktive Handelsbilanz" erzielt wurde. Daraus ergab sich die Notwendigkeit, im Ausland nichts zu kaufen, was im Inland erzeugt werden konnte. Deshalb schützte Colbert die französische Wirtschaft gegen fremde Einfuhren durch Einfuhrverbote und hohe Schutzzölle und suchte andererseits die französische Ausfuhr möglichst zu steigern. Durch seine Bemühungen wurde Frankreich ein wichtiges Exportland.

Gewerbepolitik. Ziel der Gewerbepolitik mußte es sein, alle vom Volk benötigten Massenartikel billig herzustellen und darüber hinaus wertvolle Ausfuhrgüter zu konkurrenzfähigen Preisen zu erzeugen. Unter Colberts Anregung und Förderung entstanden mit staatlicher Hilfe neue gewerbliche Großbetriebe, die M a n u f a k t u - r e n. Diese Großwerkstätten unterscheiden sich von den modernen Fabriken durch die Handarbeit, vom Handwerksbetrieb durch Arbeitsteilung und Arbeitszusammenfassung (vgl. S. 67).

9

Wurden z. B. Möbel hergestellt, dann fertigten einzelne Handwerker die Stuhl- oder Tischbeine, andere nur die Flächenhölzer; wieder andere befaßten sich mit Leimen oder Lackieren. Durch diese Zerlegung der Herstellung in Teilarbeiten konnte mehr, schneller und billiger produziert werden als im handwerklichen Kleinbetrieb.

Andere Manufakturen verbanden verschiedenartige, selbständige Handwerke zu einem großen Produktionsgang. Die Kutschenmanufaktur etwa vereinigte Stellmacher, Sattler, Schneider, Schlosser, Gürtler, Drechsler, Posamentierer, Glaser, Maler, Lackierer und Vergolder in einem Arbeitshaus, wo sie einander in die Hand arbeiteten.

Um den Bedarf des Heeres an Waffen zu decken und die dafür erforderlichen Rohstoffe zu gewinnen, ließ Colbert Bergwerke, Kupferhütten, Hochöfen, Eisen- und Stahlhämmer bauen. Darüber hinaus finanzierte der Staat die Errichtung von Spinnereien und Webereien für Leinwand, Wolle, Seide und Samt, von Manufakturen für Spitzen, Möbelstoffe, Tapeten, Gobelins, Spiegel, Glas- und Kristallwaren.

Durch lockende Angebote holte er tüchtige Facharbeiter aus dem Ausland nach Frankreich: Tuchweber aus den Niederlanden, Seidenweber aus Italien, Hutmacher aus Deutschland, Eisenarbeiter aus Schweden, Glasbläser aus Venedig. Sie alle brachten ihre sorgfältig gehüteten Berufsgeheimnisse mit. Andererseits verbot Colbert streng die Auswanderung von Handwerkern.

Förderung des Verkehrs. Zur Erleichterung des Binnenhandels ließ Colbert S t r a ß e n und K a n ä l e bauen, so den Canal du Midi, der das Mittelmeer mit dem Atlantischen Ozean verbindet. Frankreich sollte ein einheitliches Wirtschaftsgebiet werden. 1664 wurden Nord- und Mittelfrankreich zu einem einheitlichen Zollgebiet zusammengefaßt.

Die Ausfuhr zur See war bisher fast nur auf holländischen Schiffen erfolgt. Colbert ermutigte den Bau französischer H a n d e l s s c h i f f e durch Prämien und belegte ausländische Schiffe in französischen Häfen mit einer hohen Abgabe. Bald war die französische Handelsmarine die drittgrößte der Welt.
Zu ihrem Schutz begründete Colbert eine starke französische K r i e g s f l o t t e.

Kolonialpolitik. Um billige Rohstoffe zu gewinnen, förderte Colbert die Gründung von H a n d e l s n i e d e r l a s s u n g e n in Übersee. Schon zur Zeit Heinrichs IV. hatten die Franzosen Quebec gegründet (vgl. Bd. 2, S. 227). In der Folgezeit drangen sie von der Mündung des St. Lorenzstromes bis zur Kanadischen Seenkette vor und erreichten 1680 den Mississippi. Am Einfluß des Missouri entstand St. Louis (1682), an der Mündung des Mississippi New Orleans (1718). Die neue Kolonie im Mündungsgebiet dieses Flusses erhielt den Namen L o u i s i a n a. Auch auf den Antillen, am Senegal, auf Madagaskar und in Vorderindien (vgl. S. 95) setzte sich Frankreich fest.

Ergebnisse von Colberts Tätigkeit. Viele Maßnahmen und Unternehmungen Colberts lohnten sich nicht, viele kamen nicht über die Planung hinaus. Dennoch nahmen H a n d e l u n d G e w e r b e unter Ludwig XIV. einen großen Aufschwung. Daran verdiente vor allem das Bürgertum, aus dem sich eine neue reiche Schicht von Unternehmern und Finanzleuten entwickelte.

Der wirtschaftliche Aufschwung wurde allerdings auf Kosten der L a n d w i r t s c h a f t erzielt. Da die Arbeiter schlecht bezahlt wurden, mußten die Preise für Lebensmittel niedrig gehalten werden. Lebensmittel durften deshalb zollfrei eingeführt werden, während die Ausfuhr von Getreide durch Ausfuhrzölle erschwert wurde. Ein Niedergang der Landwirtschaft war die Folge.

Schließlich wuchs trotz aller Bemühungen Colberts die S c h u l d e n l a s t des französischen Staates unaufhörlich. Nachdrücklich forderte der Minister darum Ludwig XIV. auf, wenigstens die Ausgaben für das Heer zu beschränken. Aber der

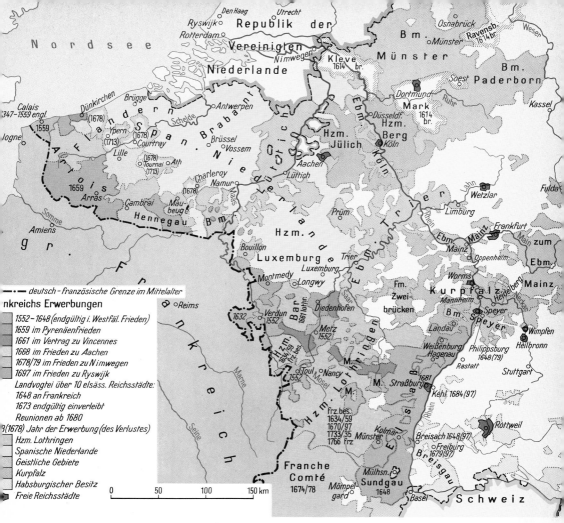

Frankreichs Ausgreifen gegen das Deutsche Reich

König hörte nicht auf die Mahnungen seines „vollkommensten Dieners". Colbert fiel in Ungnade und starb bald danach.

4. Der Kampf Ludwigs XIV. um die Vormacht in Europa

Ziele und Mittel der französischen Außenpolitik. Ludwig XIV. liebte den Ruhm und sah die Außenpolitik als das vornehmste Handwerk eines Fürsten an. Ging es ihm zunächst mehr darum, Frankreich gegen die in Spanien und in Österreich regierenden Habsburger zu sichern, so erstrebte er später die f r a n z ö s i s c h e V o r m a c h t (H e g e m o n i e) i n E u r o p a. Um dies Ziel zu erreichen, suchte er seine Gegner durch Bündnisverträge zu isolieren, seinen Einfluß durch Geldzahlungen, Propaganda und Einschüchterung zu erhöhen und seinen Herrschaftsbereich durch Eroberungs-kriege auszudehnen.

11

Heerlager Ludwigs XIV. Kupferstich von Jeremias Wolff.

Die Kriege des Zeitalters waren frei vom Fanatismus der religiösen Glaubenskämpfe und vom nationalen Haß der späteren Volkskriege. Sie wurden in den fürstlichen Arbeitszimmern (Kabinetten) geplant und vorbereitet. Die Bevölkerung nahm an diesen „K a b i n e t t s k r i e g e n" zumeist keinen inneren Anteil, sondern ließ ihre Schrecken wie Naturkatastrophen über sich ergehen.

Erste französische Eroberungen. Der erste Angriff Ludwigs XIV. richtete sich gegen die s p a n i s c h e n N i e d e r l a n d e. Auf sie erhob er als Gatte einer spanischen Prinzessin sehr fragwürdige Ansprüche. Aber da die Vereinigten Niederlande, England und Schweden dem französischen König entgegentraten, mußte er sich im F r i e d e n v o n A a c h e n (1668) mit zwölf Grenzplätzen, darunter Lille, zufriedengeben.
Der nächste Stoß sollte die V e r e i n i g t e n N i e d e r l a n d e treffen. Ihre Eroberung hätte Frankreich die Herrschaft am Niederrhein und das indonesische Kolonialreich der Holländer eingebracht. Die französischen Truppen erzielten schnelle Erfolge. Bald konnte sich nur noch die Provinz Holland, die sich durch Aufziehen der Schleusen zur Wasserfestung machte, gegen sie verteidigen. Als 1672 auch Amsterdam bedroht war, entrissen die Niederländer den reichen Kaufleuten, die sie bisher regiert hatten, die Macht, erhoben den einundzwanzigjährigen W i l h e l m III. v o n O r a n i e n zum Statthalter und Generalkapitän auf Lebenszeit und übertrugen ihm die Verteidigung des Landes. Das führte einen Umschwung herbei. Zum erstenmal bildete sich ein gegen Frankreich gerichtetes Mächtebündnis (Koalition): Kurfürst Friedrich Wilhelm von Brandenburg, das Reich und Spanien traten auf der Seite der Niederlande in den Krieg ein. Trotzdem gelang es Frankreich dank seiner überlegenen Waffentechnik (vgl. S. 8), den Kampf mit Gewinn zu beenden. Im F r i e -

Darstellung der Stadt Straßburg mit ihren Befestigungswerken. Kupferstich von Merian, um 1660.

d e n   v o n   N i m w e g e n (1679) konnten zwar die Niederlande ihren Besitz behaupten, aber die Verbündeten mußten Gebiete abtreten. Frankreich erhielt die Frei-
grafschaft Burgund, dreizehn Festungen der spanischen Niederlande und auf dem
rechten Rheinufer Freiburg im Breisgau und Kehl. Schon während des Krieges waren
10 Reichsstädte, in denen Frankreich seit dem Westfälischen Frieden (vgl. Bd. 2, S. 238)
die Landvogtei ausübte, besetzt, entwaffnet und ihrer Befestigungen beraubt worden.

Die Reunionen. „Die deutschen Fürsten werden mir keinen Krieg mehr machen",
sagte Ludwig XIV. voll hochmütiger Zuversicht zu einer deutschen Besucherin. Tatsächlich konnte ihn niemand hindern, seine Eroberungen auch im Frieden fortzusetzen. Er vertrat den Grundsatz, daß nicht nur die in den Friedensschlüssen Frankreich zugesprochenen Gebiete abgetreten werden müßten, sondern auch alle, die
früher einmal zu den eroberten Städten und Dörfern gehört hatten. Um dies festzustellen, richtete Ludwig XIV. in Metz, Breisach und Besançon Gerichtshöfe zur „Wie-
dervereinigung" (lat. reunio) abgetrennter Gebiete, sogenannte „R e u n i o n s -
k a m m e r n ", ein. Diese Gerichtshöfe prüften alte Urkunden und Ansprüche bis
in die Merowingerzeit zurück und sprachen Orte und Besitzungen, welche einmal mit
den inzwischen französisch gewordenen Gebieten verbunden gewesen waren, der
Krone Frankreich zu. Aufgrund ihrer Entscheidungen rückten französische Truppen
über das nördliche Elsaß in die Pfalz und bis in das Gebiet von Trier vor, und auch in
Lothringen und Burgund wurden die Grenzen weiter nach Osten vorgeschoben.
Mitten im Frieden besetzten die Franzosen die freie Reichsstadt S t r a ß b u r g (1681).
Vom Kaiser, der damals von den Türken schwer bedrängt wurde (vgl. S. 42), war
keine Hilfe zu erwarten. Die Bürger legten die Waffen nieder, und der Rat, der durch

1681

13

eine freiwillige Übergabe die städtischen Freiheiten zu retten suchte, unterwarf sich. Die „Reunion" des Elsaß war vollendet. Vauban umgab die Stadt mit gewaltigen Befestigungswerken.

Der Pfälzer Krieg. Mit dem Erreichten war Ludwig XIV. noch nicht zufrieden. Als der Kurfürst von der Pfalz starb, erhob der französische König rechtlich unbegründete Erbansprüche für seinen Bruder, der mit Elisabeth Charlotte („Liselotte"), der Schwester des verstorbenen Kurfürsten, verheiratet war. Französische Truppen besetzten die geistlichen Kurfürstentümer am Rhein und die ganze Kurpfalz.

Doch jetzt traf Ludwig XIV. auf eine so umfassende Vereinigung von Staaten, wie sie ihm bisher nicht entgegengetreten war. Wilhelm III., inzwischen auch König von England, brachte einen Bund der protestantischen Seemächte (England und die Niederlande) mit den katholischen Landmächten (Spanien und Österreich) zustande. Ihnen schlossen sich viele deutsche Fürsten, der Herzog von Savoyen und sogar Schweden an. Der Krieg entbrannte zur See und auf dem Lande, am Rhein, in den Niederlanden, am Fuße der Alpen und in den Pyrenäen. Am furchtbarsten wütete er in Südwestdeutschland.

Als die französischen Truppen, die bis nach Schwaben vorgedrungen waren, sich vom rechten Rheinufer zurückziehen mußten, beschloß der französische Kriegsminister Louvois, das Land, das er nicht behaupten konnte, in eine wüste Zone zu verwandeln. Die Städte Oppenheim, Worms, Mannheim und Speyer wurden in Trümmer gelegt, Heidelberg zu einem Teil zerstört, das kurfürstliche Schloß gesprengt. Der Brigadegeneral Mélac ließ zahlreiche Dörfer am Oberrhein durch seine Reiterscharen niederbrennen oder völlig ausplündern.

Da die französische Flotte 1692 der vereinigten niederländischen und englischen Seemacht unterlag, konnte Ludwig XIV. nicht mehr auf einen Sieg rechnen. Aber noch fünf Jahre ging der Kampf weiter, bis die allgemeine Erschöpfung zum Frieden zwang.

Ludwig XIV. konnte im F r i e d e n v o n R i j s w i j k (1697) zwar das Elsaß mit Straßburg behaupten, aber die Brückenköpfe auf dem rechten Rheinufer mußte er zurückgeben. Zum ersten Male erzielte er keinen Gebietsgewinn.

Der Spanische Erbfolgekrieg. Nach vier Jahren brach der Krieg erneut aus. Der spanische König, der letzte Habsburger der spanischen Linie, war kinderlos gestorben. Ludwig XIV. und Kaiser Leopold I. erhoben für ihre Häuser Erbansprüche auf die spanischen Besitzungen in Europa und die Kolonien in Übersee. Durch rasches, geschicktes Handeln brachte Ludwig XIV. seinen Enkel Philipp auf den Thron in Madrid. England und die freien Niederlande fürchteten das Übergewicht Frankreichs. Sie wünschten, daß auf dem Festlande ein Gleichgewicht der Mächte herrschte, und erstrebten daher eine Teilung der spanischen Besitzungen. 1701 schlossen die beiden Seemächte in Den Haag eine große Allianz gegen Frankreich, der fast alle deutschen Fürsten beitraten.

1701 bis 1714

Während des S p a n i s c h e n E r b f o l g e k r i e g e s (1701–1714) wurde in allen Besitzungen der spanischen Habsburger und in Süddeutschland, aber auch in Nordamerika und in Indien gekämpft. Man kann diesen Krieg deshalb als einen ersten „Weltkrieg" bezeichnen. Die französischen Truppen wurden von den vereinigten Truppen des P r i n z e n E u g e n (vgl. S. 44) und des englischen Heerführers H e r z o g M a r l b o r o u g h besiegt. Das französische Volk litt unter Hungersnot und Teuerung. Die Staatsschuld und mit ihr die Steuerlast erreichten eine unerträgliche Höhe. Versteckt und offen wurden Drohungen gegen den König laut. Ludwig XIV. war zu weitgehenden und demütigenden Zugeständnissen bereit.

Da trat für ihn eine glückliche Wende ein. Der Habsburger Karl, für den die Alliierten das spanische Erbe erkämpfen wollten, erhielt selbst die Kaiserkrone, weil Kaiser Leopold I. starb. Er strebte danach, die österreichischen und spanischen Länder in seiner Hand zu vereinigen. Da zogen sich England und die anderen Staaten vom Kriege zurück. Sie wollten das Übergewicht Frankreichs nicht mit dem Übergewicht Habsburgs vertauschen und schlossen mit Frankreich den S o n d e r f r i e d e n v o n U t r e c h t (1713).

Im F r i e d e n v o n R a s t a t t (1714) mußte Kaiser Karl VI. die von ihnen beschlossene Länderteilung annehmen: der Bourbone blieb König von Spanien mit seinen Kolonien, doch durften die Kronen Spaniens und Frankreichs nie vereinigt werden. Die spanischen Niederlande, sowie Mailand, Neapel und Sardinien fielen an Österreich. England erhielt von Frankreich große Gebiete in Nordamerika: die Hudsonbailänder, Akadien (Neu-Schottland) und Neu-Fundland. Gibraltar und Minorka, die während des Krieges von den Engländern besetzt worden waren, blieben in ihrer Hand. Spanien gestand England außerdem das Monopol des einträglichen Handels mit Negersklaven für seine Kolonien zu. England hatte damit den größten Gewinn aus dem Kriege gezogen und war zur stärksten Seemacht geworden.

Frankreich behauptete seine Eroberungen am Rhein; auch blieb ihm immer noch ein gewaltiges Kolonialreich. Aber seine Vormachtstellung in Europa war verlorengegangen; hier herrschte nun das von England angestrebte „Gleichgewicht der Mächte". Frankreich selbst war an Geld und Menschen bis zum Grund erschöpft. Am Ende seines Lebens mußte Ludwig XIV. bekennen: „Ich habe den Krieg allzu sehr geliebt."

Zusammenfassung:

Die Kardinäle Richelieu und Mazarin verschafften der französischen Krone neues Ansehen nach innen und außen. Ihr Werk wurde von Ludwig XIV. weitergeführt. Er regierte sein Land als absoluter Herrscher. Der Hof von Versailles wurde zum Vorbild für die europäischen Fürstenhöfe.

Finanzminister Colbert stellte die Wirtschaft in den Dienst des Staates (Merkantilismus). Durch die Aufhebung des Edikts von Nantes (1685) sollte auch die Einheit des Glaubens hergestellt werden.

Unter Ludwig XIV. (1643–1715) wurde Frankreich vorübergehend die Vormacht in Europa. Der König schob die Grenzen seines Landes weiter an den Rhein vor und behauptete diese Eroberungen trotz verschiedener kriegerischer Mißerfolge.

Der Spanische Erbfolgekrieg (1701–1714) brachte Europa das von England erstrebte „Gleichgewicht der Mächte". Durch seine Eroberungen – vor allem in Übersee – ging England als eigentlicher Sieger aus diesem Kampf hervor.

Die zahlreichen Kriege Ludwigs XIV., seine Prachtbauten und der Luxus am Hofe schwächten die Finanzkräfte Frankreichs empfindlich.

II. Der Sieg der Verfassungsfreiheit in England

Während in Frankreich die absolute Monarchie fest begründet wurde, konnte in England das Parlament seine herkömmliche Stellung im Kampf mit dem Königtum behaupten und erweitern. Der Streit entsprang politischen und religiösen Gegensätzen.

1. Die Auseinandersetzungen der Stuarts mit dem Parlament

Königtum und Parlament. Als Königin Elisabeth I. 1603 kinderlos starb, erbte König J a k o b I. von Schottland, der protestantisch erzogene Sohn Maria Stuarts,

die englische Krone. England und Schottland waren jetzt unter einem gemeinsamen Monarchen vereinigt (Personalunion).

Die Engländer hatten gehofft, daß Jakob I. die Politik Elisabeths I. fortsetzen würde; aber sie wurden enttäuscht. Gleich nach seinem Regierungsantritt schloß der König Frieden mit Spanien und vernachlässigte seither die Kriegsflotte. Besonders unbeliebt machte er sich, als er zu Beginn des Dreißigjährigen Krieges die protestantische Sache im Stich ließ (vgl. Bd. 2, S. 232). Er wagte es nicht, seinen Schwiegersohn, den Kurfürsten von der Pfalz, zu unterstützen, so daß der „Winterkönig" Land und Krone Böhmen verlor.

Enttäuscht waren aber auch die englischen Katholiken, denn sie hatten von dem Sohne Maria Stuarts eine Besserung ihrer Lage erwartet. Ihre Unzufriedenheit äußerte sich in der von katholischen Priestern und spanischen Offizieren vorbereiteten Pulververschwörung, die das Ziel hatte, den König und das Parlament während einer Sitzung in die Luft zu sprengen (1605). Das Vorhaben wurde vorzeitig entdeckt und führte zu scharfen Ausnahmegesetzen gegen die Katholiken.

Jakob I. war ein überzeugter Anhänger des Absolutismus. Als er versuchte, ihn auch in England zu verwirklichen, stieß er auf den Widerstand des P a r l a m e n t s (vgl. Bd. 2, S. 146).

Staatskirche und Sekten. Den Gegensatz zwischen König und Parlament vertieften religiöse Fragen. Jakob I. verlangte die allseitige Anerkennung der anglikanischen Staatskirche. Da in ihr jedoch noch viele Einrichtungen der katholischen Kirche weiterlebten, war eine religiöse Bewegung entstanden, die eine reinere, strengere Form des Protestantismus verlangte. Ihre Anhänger waren Calvinisten und wurden P u r i - t a n e r genannt (lat. purus = rein).

Den Puritanern galt die Bibel, vor allem das Alte Testament, nicht nur als Glaubensquelle, sondern auch als Maßstab für das tägliche Leben. Die Eleganz der höfischen Gesellschaft und die Lebensfreude des „merry old England" mit seinen Tänzen im Freien, seinen Tierhetzen,

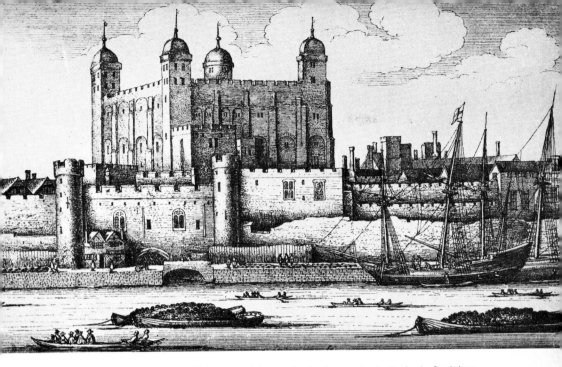

festlichen Umzügen und Theateraufführungen lehnten die Puritaner als sündhaft ab. Sie lebten häuslich-fromm, wandten ihre Kräfte auf bürgerliche Tätigkeit, verzichteten auf jeden Lebensgenuß und strebten nach Heiligung des Tages- und Wochenlaufes durch Gebet und Lesung der Heiligen Schrift.

Aus ihren schlichten Versammlungsräumen verbannten sie Altäre, Kreuze und bunte Kirchenfenster. Während des Gottesdienstes brannten keine Kerzen. Die Geistlichen durften keine Chorröcke tragen. Für den Sonntag galten die strengen Vorschriften des jüdischen Sabbats.

Puritanismus gab es in verschiedenen Schattierungen. Eine besonders entschiedene (radikale) Richtung verlangte nicht nur die völlige Unabhängigkeit der Kirche vom Staate, sondern auch der Gläubigen von jeder übergreifenden Kirchenorganisation. Jede Gemeinde sollte selbständig sein. Die Anhänger dieser Richtung nannten sich I n d e p e n d e n t e n (Unabhängige).

Als Oberhaupt der anglikanischen Kirche lehnte Jakob I. die puritanischen Forderungen nach freier Religionsausübung scharf ab. Daraufhin verließen viele Puritaner England und wanderten nach den Niederlanden aus. 1620 segelten einige von ihnen auf der „Mayflower" (Maiblume) nach Nordamerika, wo sie in M a s s a c h u s e t t s eine neue Heimat fanden. Diese Gruppe puritanischer Auswanderer erhielt den Namen „ P i l g e r v ä t e r". Trotz des harten Lebens im Urwald, trotz der kalten Winter und der Gefahren, die ihnen von den Indianern drohten, folgten den „Pilgervätern" immer mehr Glaubensgenossen nach. Bis 1640 hatten sich schon 25 000 Puritaner in Neuengland angesiedelt.

1620

Karl I., im Kampf gegen Schotten und Iren. König Jakobs Sohn und Nachfolger K a r l I. war ein eleganter Weltmann und mit einer absolutistisch gesinnten französischen Prinzessin verheiratet. Noch mehr als sein Vater war er vom „göttlichen Recht der Könige" überzeugt und suchte es durchzusetzen. Der Widerstand des Parlaments verstärkte sich. In der P e t i t i o n o f R i g h t s (Bitte um Rechte) stellten die Abgeordneten fest, daß der König nur mit Zustimmung des Parlaments Steuern

oder sonstige Abgaben erheben und niemanden ohne Richterspruch ins Gefängnis werfen dürfe. Der König stimmte zu, hielt sich aber nicht an die getroffenen Abmachungen. Er schickte das Parlament nach Hause und regierte mit Unterstützung seines vertrautesten Ratgebers, des Grafen Strafford, jahrelang, ohne es wieder einzuberufen.

Doch dann machte der König einen entscheidenden Fehler. Indem er versuchte, der schottischen Kirche die Liturgie der englischen Staatskirche aufzuzwingen, verdarb er es mit den streng calvinistischen S c h o t t e n Zur Wahrung ihres Bekenntnisses griffen sie zu den Waffen; das Heer Karls I. wurde besiegt. Nun blieb dem König nichts anderes übrig, als das Parlament wieder einzuberufen und von ihm Geld für die Niederwerfung des schottischen Aufstandes zu erbitten.

Das sogenannte „ l a n g e P a r l a m e n t " (1640–1653) nahm energisch seine Rechte wahr. Es erhob Klage gegen den Grafen Strafford, der den König in seinen absolutistischen Neigungen bestärkt hatte, und Karl I. mußte das Todesurteil für seinen treuesten Diener unterschreiben. Durch diesen Sieg gestärkt, beschloß das Parlament ein Gesetz, nach dem es gegen seinen Willen vom König nicht aufgelöst werden konnte. Karl I. stimmte auch diesem Beschluß zu.

Damals bildeten sich im Parlament zwei Parteien. Die Anhänger des Königs nannte man „Kavaliere". Ihre puritanischen Gegner trugen kurzgeschnittenes Haar und hießen deshalb „Rundköpfe".

In dieser gespannten Lage erhoben sich die katholischen I r e n gegen Karl I. Viele protestantische Engländer wurden in Ulster Opfer eines Massenmordes. Jetzt hielt auch das Parlament es für notwendig, Truppen aufzustellen. Nach dem Herkommen hätte der König den Oberbefehl führen müssen. Aber das Parlament fürchtete, er

Links: Verhandlung gegen den Grafen Strafford vor dem englischen Parlament (1641). Stich von Wenzeslaus Hollar. Auf den aufsteigenden Bankreihen die Mitglieder des Unterhauses, von ihnen durch eine Schranke getrennt, den Kopf bedeckt, die des Oberhauses. Im Vordergrund, den Rükken den Beschauern zukehrend, Graf Strafford.

Rechts: Bildnis Oliver Cromwells auf einer Gedenkmünze.

könnte zu mächtig werden. Es faßte seine Beschwerden und Forderungen in einer Eingabe zusammen und ließ sie gegen den Willen des Königs drucken und verbreiten.

Nun setzte Karl I. alles auf eine Karte. Er stellte fünf Mitglieder des Unterhauses unter Anklage des Hochverrates und erschien in eigener Person an der Spitze von 300 bis 400 Bewaffneten im Sitzungssaal der Commons, um ihre Auslieferung zu erzwingen. Nie zuvor hatte ein englischer König es gewagt, die Unverletzlichkeit (Immunität) des Parlaments während seiner Sitzungen derart zu bedrohen.

Karls Schritt blieb erfolglos. Die gesuchten Abgeordneten waren gewarnt worden und geflohen. Das ganze Unterhaus in Gewahrsam zu nehmen, konnte der König nicht wagen. So stellte er nur fest, daß die „Vögel ausgeflogen" waren, und zog sich zurück.

Jetzt aber war der offene Kampf zwischen Krone und Parlament unvermeidlich; der Bürgerkrieg brach aus.

2. Bürgerkrieg und Cromwells Diktatur

Der Sturz des Königtums. Auf Seiten des Königs standen die meisten Adligen, die Bischofsstädte und die Katholiken; die Handelsstädte, vor allem London, hielten zum Parlament. Anfangs schlugen sich die königlichen Truppen besser als das Parlamentsheer. Das änderte sich aber bald, als O l i v e r   C r o m w e l l die Führung des Parlamentsheeres übernahm.

Cromwell stammte aus dem Landadel und war ein überzeugter Anhänger der Independenten. Er betrachtete sich als von Gott auserwähltes Werkzeug, der Gerechtigkeit zu dienen und ein Reich der Erweckten zu schaffen.

König Karl I. von England mit Gefolge bei der Tafel. Gemälde von Gerard Houckgeest.

Er war Mitglied des „langen Parlaments", hatte sich aber zunächst nicht besonders hervorgetan. Seinen Aufstieg begann er als Reiterführer im Parlamentsheer, das er nach den anfänglichen Niederlagen neu organisierte. Er unterwarf seine Soldaten einer harten Zucht und erfüllte sie mit dem Bewußtsein, Streiter Gottes zu sein. Aus glaubenseifrigen Independenten schuf Cromwell eine disziplinierte Truppe gepanzerter Reiter, die sogenannten „Eisenseiten" (Ironsides), die von jetzt an den Kern des Parlamentsheeres bildeten.

Mit seinen „gottseligen Reitern" besiegte Cromwell das königliche Heer. Karl I. floh ins Lager der Schotten, die ihn ehrenvoll aufnahmen, nach einiger Zeit aber dem englischen Parlament auslieferten.

Der Bürgerkrieg war zu Ende. Das Parlament wollte das Heer auflösen. Aber Cromwell ließ seine Truppen nach London marschieren. Dann entfernte er die gemäßigten Puritaner aus dem Parlament und beschränkte es auf gefügige Independenten („Rumpfparlament").

Auf Cromwells Betreiben wurde Karl I. durch ein außerordentliches Gericht wegen Hochverrates zum Tode verurteilt und 1649 in London öffentlich hingerichtet. Der König starb tapfer und in vornehmer Haltung, unerschütterlich überzeugt von seinem monarchischen Recht und von dem göttlichen Auftrag der Krone. Ganz Europa war über die Schreckenstat entsetzt. Auch in England wurde sie von vielen nicht gebilligt.

1649

England unter Cromwells Herrschaft. Die Monarchie wurde nun gänzlich abgeschafft. Die neue Republik nannte sich „Common Wealth and Free State of England" (Gemeinwesen und Freistaat von England). Das Parlament blieb zunächst bestehen, das Oberhaus wurde als „lästig und gefährlich" beseitigt. 1653 löste Cromwell auch das Rumpfparlament auf und ließ sich feierlich als Lordprotector einsetzen. Den Königstitel nahm er nicht an, auch wurde sein Amt nicht für erblich erklärt. Doch ließ

Karl I. vor seiner Hinrichtung am 30. Januar 1649. Wiedergabe nach einem Druck, der kurze Zeit nach diesem Ereignis veröffentlicht wurde.

er sich das Recht bestätigen, seinen Nachfolger selbst zu ernennen. Der Versuch, mit einem „Parlament der Heiligen" zu regieren, scheiterte. So endete der Kampf, den das Parlament gegen das absolute Königtum geführt hatte, in der Herrschaft eines einzigen Mannes, in Cromwells Militärdiktatur.

Auswärtige Unternehmungen der Republik. Den i r i s c h e n A u f s t a n d warf Cromwell grausam nieder. Tausende von Iren wurden erschlagen. Ein Drittel der irischen Bevölkerung kam um. Die Übriggebliebenen wurden in unfruchtbaren Landstrichen angesiedelt. Viele Iren fanden auch in Nordamerika eine neue Heimat. In diesen Geschehnissen wurzeln die heute noch vorhandenen Spannungen zwischen Iren und Engländern.

Die S c h o t t e n erkannten die neu geschaffene Republik nicht an und riefen Karl II., den Sohn des hingerichteten Monarchen, zum König aus. Doch auch sein Heer, das in England eingefallen war, unterlag den Truppen Cromwells.

Festigung der englischen Seemacht. Die unter den Stuarts erschütterte englische Seemacht hat Cromwell wirksam gefestigt. Mit Erfolg bekämpfte er die Niederlande, die nicht nur eine starke Kolonialmacht waren (vgl. S. 26), sondern als „Fuhrleute des Meeres" vor allem auch den Zwischenhandel beherrschten. Gegen sie richtete sich die vom englischen Parlament 1651 erlassene N a v i g a t i o n s a k t e . 1651 Sie bestimmte, daß Erzeugnisse aus europäischen Ländern nur auf englischen Schiffen oder auf denen des Ursprunglandes nach England gebracht werden durften. Erzeugnisse aus Übersee sollten nach England oder in seine Kolonien nur auf englischen Schiffen eingeführt werden.

Nach zweijährigem Seekrieg mußten sich die Niederländer dem Willen Cromwells beugen und die Navigationsakte anerkennen. Als dieser den Spaniern schließlich noch J a m a i k a , die „Perle der Antillen", entriß, waren die Engländer Herren des Atlantischen Ozeans.

3. Der Sieg der Parlamentsherrschaft

Die Rückkehr der Stuarts. Trotz seiner Verdienste um die englische Machtstellung gelang es Cromwell nicht, die Liebe des englischen Volkes zu gewinnen. Es blieb in der Mehrheit der Militärdiktatur und dem strengen puritanischen Regiment abgeneigt. Bald nach Cromwells Tode rief ein neu gewähltes Parlament K a r l I I. aus der Verbannung zurück. Unter dem Jubel der Bevölkerung zog er in die Hauptstadt ein (1660). Da jedoch auch er absolutistisch gesinnt war und zudem die Katholiken begünstigte, geriet er bald in Gegensatz zum Parlament. Dieses zwang ihn 1673, der T e s t a k t e zuzustimmen, welche die Katholiken vom Parlament und von allen Staatsämtern ausschloß. Darüber hinaus mußte der König 1679 die H a b e a s - C o r p u s - A k t e bestätigen (nach den lateinischen Anfangsworten des Gesetzes: „Du sollst den Körper haben"). Dieses Gesetz schützte vor willkürlicher Verhaftung, indem es dem Verhafteten das Recht zubilligte, einem Richter vorgeführt zu werden, der über die Rechtmäßigkeit der Verhaftung entscheiden mußte.

Die „Glorreiche Revolution". Auf Karl II. folgte sein katholischer Bruder J a k o b I I. Als diesem ein katholischer Thronerbe geboren wurde, mußten die Stuarts endgültig weichen; denn die Engländer wollten keine katholische Dynastie.

Eine Gruppe englischer Adliger rief den Statthalter W i l h e l m I I I. v o n O r a n i e n, den Retter der Niederlande (vgl. S. 12), nach England. Er war mit einer protestantischen Tochter Jakobs II. verheiratet und entschlossen, seinen Schwiegervater zu stürzen. Mit einem kleinen Heer landete er 1688 auf der Insel. Eine zweite, die „ G l o r r e i c h e R e v o l u t i o n " beseitigte rasch und unblutig die Herrschaft der Stuarts und führte zur Versöhnung von Monarchie und Parlament. Wilhelm III. und seine Frau bestiegen gemeinsam den Thron. Bereitwillig bestätigten sie eine Erklärung der Rechte des Parlaments, die „ D e c l a r a t i o n o f R i g h t s " (1689). Diese bestimmte, daß der König ohne Bewilligung des Parlaments kein Gesetz aufheben, keine Steuern einziehen und auch kein stehendes Heer unterhalten durfte. Jeder Engländer sollte das Petitionsrecht (Bittrecht beim König) besitzen. Niemand durfte ohne richterlichen Befehl verhaftet werden, die Wahl der Parlamentsmitglieder durfte niemand verhindern. Sie selbst sollten immun (straflos) sein, d. h. wegen ihrer Reden vor dem Parlament nicht vor Gericht gestellt werden.

| 1688 |

Die parlamentarische Monarchie. Wilhelm III. und seine Gemahlin waren nicht souverän im Sinne des Absolutismus; sie hatten ihre Krone vom Parlament erhalten. Daher hat seit 1689 kein englischer König mehr versucht, ohne oder gegen das Parlament zu regieren. Vielmehr entwickelte sich in England eine p a r l a m e n t a r i s c h e M o n a r c h i e, wie sie im wesentlichen noch heute besteht.

Rechte Seite oben: Der sogenannte Broadquay von Bristol im 18. Jh., der im alten Stadtviertel des Floating Harbour noch heute existiert. Gemälde von Peter Monamy. – Unten: Die Ostindiendocks im Hafen von London (um 1702), der teilweise für Schiffe des Orientverkehrs reserviert war. Gemälde von Samuel Scott. Im Laufe des 17. Jh. entwickelte sich England zur führenden See- und Handelsmacht (vgl. S. 26).

Wilhelm III. von Oranien und seine Gemahlin empfangen die englische Krone. Zeitgenössische Darstellung.

An der Spitze des Staates steht der König oder die Königin. Die Regierungsgeschäfte führt im Namen des Herrschers das Kollegium der Minister, das K a b i n e t t. An seinen Sitzungen nimmt der König nicht teil. Er hat nur Anspruch darauf, über alle laufenden Angelegenheiten unterrichtet zu werden, und das Recht, gegenüber dem Regierungschef Rat oder Warnung auszusprechen. Der König beruft zwar den P r e m i e r m i n i s t e r, ist aber in seiner Wahl an den Mann gebunden, welcher der Parlamentsmehrheit genehm ist.

Die Gesetze werden vom Parlament beschlossen und vom König verkündet. Die entscheidende Macht im Parlament liegt beim U n t e r h a u s, das bei der Beratung des Staatshaushaltes (Budget) den Ausschlag gibt. Aus dem Unterhaus gehen im allgemeinen die Minister hervor, und die Regierung bedarf seines Vertrauens. Sie kann aber das Unterhaus auflösen und Neuwahlen ausschreiben.

Der Unterhausmehrheit steht die O p p o s i t i o n gegenüber (His Majesty's Opposition). Sie hat die Aufgabe, alle Maßnahmen der Regierungspartei der Kritik zu unterziehen, und muß jederzeit bereit sein, die Regierung selbst zu übernehmen, wenn sie bei Wahlen die Mehrheit der Unterhaussitze erhält.

Diese Einrichtung einer verantwortlichen Opposition ist eines der bezeichnendsten Merkmale der parlamentarischen Regierungsweise. Als „Mutter der Parlamente" hat das englische Parlament durch seine Einrichtung alle freiheitlichen Verfassungen späterer Zeiten beeinflußt.

Während der Auseinandersetzungen um die Thronfolge Karls II. hatten sich im englischen Parlament zwei Parteien gebildet. Die königstreuen T o r i e s waren die Partei der Grundbesitzer und der anglikanischen Geistlichkeit; die W h i g s setzten sich als Vertreter des Bürgertums und der Sekten vor allem für Parlamentsrechte und Toleranz ein. Beide Parteien waren keine Volksparteien im heutigen Sinn, sondern ständische Gruppen, da das Wahlrecht nur auf eine kleine bevorrechtete Schicht beschränkt war. Sie lenkten die Geschicke Englands bis ins 19. Jahrhundert und waren die Vorgänger der heutigen Konservativen (Tories) und Liberalen (Whigs).

4. Die Entstehung des englischen Kolonialreiches

Englische Handelsniederlassungen in Indien. Trotz der schweren innenpolitischen Auseinandersetzungen entwickelte sich England im 17. Jahrhundert zur führenden See- und Handelsmacht. Das war vor allem das Verdienst einzelner wagemutiger Männer und unternehmender privater Handelsgesellschaften.

Zuerst hatten die Portugiesen den Seeweg nach Indien gefunden und an den Küsten Handelsstützpunkte gegründet. Niederländer und Dänen waren gefolgt. Handelsgebiet der Niederländer wurde vor allem die hinterindische Inselwelt mit den großen Inseln Java, Sumatra und Borneo. In Vorderindien gelang es der seit der Zeit Königin Elisabeths bestehenden E a s t   I n d i a   C o m p a n y (vgl. Bd. 2, S. 226), das portugiesische Handelsmonopol zu brechen und Handelsniederlassungen, sogenannte Faktoreien, zu begründen (z. B. 1612 in Surat und 1620 in Armagon). Von diesen Faktoreien aus stießen die Engländer immer weiter ins Landesinnere vor. Als das Reich der Großmogule in Indien zerfiel, konnte die East India Company noch fester Fuß fassen. Sie erwarb 1639 Madras, 1661 Bombay und gründete 1690 Kalkutta.

Die Entwicklung Indiens bis zum Jahre 1763 (vgl. S. 26 und S. 95)

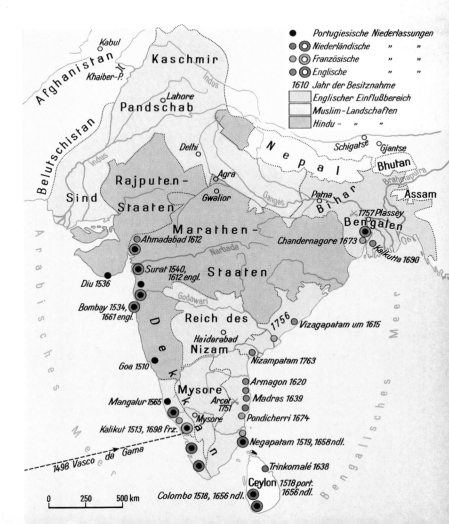

Die Zitadelle von Bombay 1668. Zeitgenössische Darstellung.

Mit den Engländern rivalisierte eine französische Handelsgesellschaft, die in Pondicherri (1674) und in Chandernagore in Bengalen (1673) ihre Hauptstützpunkte hatte.

Die inneren Kämpfe zwischen den einheimischen Fürsten und vor allem der religiöse Gegensatz zwischen Hindus und Mohammedanern ermöglichten es einer kleinen Schar von Europäern, eine jahrhundertelange Herrschaft über Millionen von Indern zu errichten.

Die englischen Siedlungen in Nordamerika. Am Ende des 16. Jahrhunderts hatte Walter Raleigh an der Ostküste Nordamerikas die erste englische Kolonie gegründet und ihr zu Ehren der unverheirateten Königin Elisabeth den Namen V i r - g i n i a gegeben (vgl. Bd. 2, S. 223). Diese Gründung hatte keinen Bestand. Wenig später siedelten sich englische Kolonisten in derselben Gegend an und gründeten J a m e s t o w n (1607), das sie nach Jakob I. benannten. Sie legten ausgedehnte Tabakspflanzungen an und bewirtschafteten sie mit Negersklaven, die aus Afrika herbeigeschafft wurden.

Die P u r i t a n e r , die zur Zeit Karls I. England verließen (vgl. S. 17), siedelten sich vor allem im Gebiet der heutigen Staaten Massachusetts, Connecticut und Rhode Island an. Englische K a t h o l i k e n , die ihres Glaubens wegen verfolgt wurden, fanden in Maryland eine neue Heimat. 1664 kam die holländische Niederlassung Neu-Amsterdam in englischen Besitz und erhielt den Namen N e w Y o r k. Weitab von der Küste begründete W i l l i a m P e n n , der Führer der religiösen Sekte der Quäker, für seine bedrängten Glaubensgenossen 1681 die Kolonie Pennsylvania. Ihre Hauptstadt nannte er „Stadt der Bruderliebe", Philadelphia. Hier entstanden später auch die ersten deutschen Siedlungen (vgl. S. 60). Das Ende des Spanischen Erbfolgekrieges brachte England in Nordamerika neue Gewinne (vgl. S. 15). So bildeten sich vor rund 200 Jahren längs der Atlantikküste bis zum Kamm des Allegheny-Gebirges 13 englische Kolonien: Massachussetts, New-Hampshire, Rhode-Island, Connecticut, New York, New-Jersey, Pennsylvania, Delaware, Virginia, Maryland, Nord-Carolina, Süd-Carolina und Georgia.

Neu-Amsterdam im Jahre 1625. Zeitgenössische Darstellung.

Versuche der Engländer, auch in Südamerika Fuß zu fassen, scheiterten. Jedoch gelang ihnen die Siedlung auf den Bermudas und auf den Bahamas.

Zusammenfassung:

Der Versuch der Stuarts, in England den Absolutismus durchzusetzen, scheiterte. König Karl I. wurde 1649 hingerichtet. Der Kampf, den das Parlament gegen das absolute Königtum geführt hatte, endete zunächst in der Militärdiktatur Cromwells.

Nach vorübergehender Rückkehr mußten die Stuarts endgültig weichen. Die Glorious Revolution (1688) brachte den endgültigen Sieg des Parlaments. In der „Declaration of Rights" sicherte es sich bestimmte Rechte gegenüber dem Herrscher und verschaffte jedem einzelnen Schutz gegen staatliche Willkür.

Trotz der inneren Kämpfe begann in dieser Zeit Englands Aufstieg zur führenden See- und Handelsmacht.

III. Der Aufstieg Rußlands unter Peter dem Großen

1. Rußland im 17. Jahrhundert

Staat und Gesellschaft. Über das russische Herrschaftssystem berichtete ein Reisender des 16. Jahrhunderts:

„Sein Gewalt hat der Großfürst gebraucht gleich so woll über die Geistliche als über die Weltliche, es sey umb das guet oder das leben. Seiner Räthe khainer hat des Herrn Mainung widersprechen dürffen, bekhennen durchauß, des Fürsten willen sey Gottes willen... Alle im Land nennen sich jres Fürsten verkaufte Knecht."

Die ersten Herrscher aus dem seit 1613 regierenden Hause der Románows waren „sanfte Zaren". Aber das änderte nichts an ihrer „S e l b s t h e r r s c h a f t". Keine Schicht oder Gruppe beschränkte wirksam die Gewalt des Zaren. Alle Russen waren verpflichtet, ihm vorbehaltlos zu dienen: der grundbesitzende Adel ebenso wie die steuerpflichtige Stadtbevölkerung und die Bauern, 97% der Bevölkerung, die

27

in der Masse unfrei, z. T. wie Sklaven lebten. Über alle Russen, bis zu den ältesten Fürstengeschlechtern hinauf, konnte der Zar körperliche Züchtigung verhängen, auch die schwere Strafe des Auspeitschens mit der Lederknute. Einer gewissen Freiheit erfreuten sich nur die Kosaken. Im „freien Feld" am Unterlauf der Flüsse Dnjepr, Don, Wolga und Ural führten sie in militärischen Männergemeinschaften unter selbstgewählten Führern ein ungebundenes Leben voller Kämpfe gegen Türken und Tataren.

Die höchste Autorität neben dem Zaren hatte die K i r c h e. Sie herrschte uneingeschränkt über die Seelen. Sie besaß riesige Ländereien mit tausenden von Bauernhöfen, eigenen Beamten und Dienstleuten. Sie verwaltete allein das Unterrichtswesen.

Territoriale Ausdehnung. Das Machtstreben der russischen Herrscher war hauptsächlich nach Osten gerichtet. Im 16. Jahrhundert hatte die E r s c h l i e ß u n g S i b i r i e n s begonnen (vgl. Bd. 2, S. 229). Seitdem drangen die Kosaken von Flußsystem zu Flußsystem immer weiter vor. Nur im Amurgebiet leisteten die Chinesen organisierten Widerstand. Zur Zeit des Dreißigjährigen Krieges erreichten die Russen den Stillen Ozean.

Bei alledem blieb R u ß l a n d e i n e K o n t i n e n t a l m a c h t. Asow und die Küsten des Schwarzen Meeres hielten die Türken besetzt, die baltischen Gebiete die Schweden. Nur die weit entfernte Nordmeerküste mit dem Hafen Archangelsk bot Rußland einen beschränkt nutzbaren, weil zumeist zugefrorenen Zugang zum Meer.

Beginnende Europäisierung. Nach europäischen Maßstäben war R u ß l a n d im 17. Jahrhundert e i n r ü c k s t ä n d i g e s L a n d. Das Kalenderjahr begann am 1. September und wurde von der Erschaffung der Welt an gezählt. Die Frömmigkeitssitten waren mittelalterlich streng. Die Frauen lebten nach orientalischer Weise in strenger häuslicher Abgeschlossenheit. Das Land besaß keine einzige Universität. Die meisten Russen, auch viele Geistliche, waren schriftunkundig (Analphabeten). Dabei waren sie stolz auf ihre Rechtgläubigkeit und auf ihr altrussisches Wesen und lehnten Veränderungen aus tiefer Überzeugung ab.

Indessen machten die Erfordernisse der Wirtschaft, der Landesverteidigung und des staatlichen Lebens N e u e r u n g e n unvermeidlich. Die europäischen Mächte schickten Diplomaten nach Moskau oder richteten dort ständige Gesandtschaften ein. Die Zaren nahmen ausländische Kaufleute, Offiziere, Techniker und Handwerker in ihre Dienste, die in Ausländersiedlungen in gewohnter Weise lebten. Die größte befand sich in dem auf 200 000 Bewohner anwachsenden Moskau.

Unter dem Einfluß dieser Ausländer und durch Vermittlung des polnischen Nachbarlandes wurden nicht nur vereinzelt europäische Kleider, Geräte, Luxusgüter eingeführt, es bahnten sich auch tiefergehende Veränderungen an. Der Binnenhandel verdichtete sich, die ersten Manufakturen wurden gegründet. Im Heer trat neben das Reiteraufgebot des Adels und das von der erblichen Kriegerkaste der Strelitzen gebildete Fußvolk eine wachsende Zahl von Infanterie- und Kavallerieregimentern, die nach europäischem Muster bewaffnet und ausgebildet waren. Aufgeschlossene Russen der Oberschicht lernten Latein und Polnisch, fanden Geschmack an westlicher Musik und Bühnenkunst.

Dagegen erhob sich erbitterter W i d e r s t a n d der auf Erhaltung des altrussischen Wesens bedachten Kreise. Die Kirche lehnte alles Westliche, besonders die moderne Wissenschaft, scharf ab. Demut vor Gott galt ihr mehr als „weltliche Klugheit". Das Bartscheren bedrohte sie mit der Exkommunikation, weil es beim Mann die Merkmale der Gottebenbildlichkeit zerstöre. Auch der Staat suchte zu verhüten, daß

Prozession am Palmsonntag vor dem Kreml in Moskau. Kupferstich aus Olearius' moskowitischer und persischer Reise (1649). Seit dem Beginn der Herrschaft des Hauses Romanow im Jahre 1613 war das in der Zeit der Wirren fast gänzlich zerstörte Moskau neu aufgebaut worden. Schon im 17. Jh. trug das Stadtzentrum die Bezeichnung „Roter Platz".

„die lateinische Unruhe in einfache Seelen gesät" werde. Es wurde verboten, lateinische oder polnische Bücher zu besitzen oder zu lesen und ausländische Kleidung zu tragen. Auslandsreisen waren nur in staatlichem Auftrag mit Passierschein erlaubt. Das im Ausland Gesehene zu loben galt als Verrat.

So schwankte Rußland unentschieden zwischen Wandel und Beharrung.

2. Peter der Große und sein Reformwerk

Jugend Peters. Zar Peter I. der Große (1689–1725) zeigte von Jugend an einen ungehemmten Abscheu gegen die altmoskauer Überlieferungen und einen unbändigen Hang zu allem Neuen und Fremden.

Unwiderstehlich zog es Peter in die Ausländervorstadt mit ihren Werkstätten und Läden. Seine Wißbegier war ohne Grenzen. Von Ausländern erlernte er Geometrie, Schießkunst, Steuermannskunst und Festungsbau sowie an die 14 Handwerke.

Unterstützt von Holländern, reparierte er ein altes, in einer Rumpelkammer gefundenes Boot und unternahm damit Segelfahrten. Aus Spielkameraden und Bauernjungen stellte er eine 600 Mann starke Truppe auf, die er bei Soldatenspielen ausbildete. Auch alle militärischen und seemännischen Tätigkeiten erlernte Peter selbst.

Europareise und erste Neuerungen. Bald nach seiner Thronbesteigung unternahm Peter als erster russischer Herrscher eine Studienreise nach Europa. Dort besichtigte er Manufakturen, Werften, Hospitäler und Erziehungsanstalten und vervollkommnete seine Kenntnisse in der Artilleriekunde und im Schiffsbau. In den Niederlanden arbeitete er monatelang als Schiffszimmermann.

Links: Peter der Große. Kupferstich von Jakob Houbraken. – Rechts: Der Friseur will dem Altgläubigen den Bart abschneiden. Der Altgläubige protestiert.

In Wien brach Peter seine Europareise ab, da die Strelitzen in den Aufstand getreten waren. Sie wollten die Ausländerstadt zerstören, die „Deutschen" erschlagen und „die echte Frömmigkeit wiederherstellen". Der Zar eilte nach Moskau, löste die Strelitzentruppe auf und ließ über die Empörer ein furchtbares Strafgericht ergehen. Monatelang wurden Schuldige und Unschuldige gefoltert und öffentlich hingerichtet.

Ungestüm suchte Peter das Gesicht seines Landes zu ändern. Alle Männer, außer den Geistlichen und Bauern, mußten die langen Bärte abschneiden. Seiner Umgebung machte Peter das Tragen europäischer Kleidung zur Pflicht. Bei Festen hatten auch die Frauen zu erscheinen. Niemand durfte sich mehr in herkömmlicher Weise bis zum Boden verneigen. Am 1. Januar 1700 wurde der Julianische Kalender eingeführt.

Die großen Reformen. Durch wiederholte Zwangsrekrutierungen schuf Peter I. ein s t e h e n d e s H e e r von über 200 000 lebenslang dienenden Berufssoldaten und eine Flotte, die bald die mächtigste auf der Ostsee werden sollte.

Zur Erzeugung von Tuchen, Segelstoffen, Waffen, Munition und Papier förderte der Zar unter Mitwirkung ausländischer Kaufleute und Ingenieure die G r ü n d u n g v o n M a n u f a k t u r e n, deren Belegschaften auf über 1000 Mann gesteigert wurden. Die russischen Gebirge wurden auf Bodenschätze untersucht, neue Straßen und Kanäle gebaut.

Den Bildungsstand suchte Peter durch G r ü n d u n g v o n S c h u l e n zu heben. Junge Russen schickte er zur Ausbildung nach Westeuropa.

F ü r d e n A d e l führte der Zar einen D i e n s t - u n d L e r n z w a n g ein. Jeder Adlige mußte vom 10. bis 15. Lebensjahr eine „Ziffernschule" besuchen und dann zunächst als einfacher Schreiber oder Soldat seine Laufbahn beginnen.

St. Petersburg im 18. Jahrhundert. Kupferstich von Niquet. Im Vordergrund die „Fontanka", einer der zahlreichen Kanäle. Links das „Neue Palais". In der Mitte führt der berühmte „Newskij Prospekt" über die Brücke hinunter zur Admiralität, deren Turm zu sehen ist.

Um seine Untertanen zu größeren Leistungen anzustacheln, gab Peter eine R a n g - t a b e l l e heraus, die bis 1917 in Kraft blieb. Alle Ämter des militärischen und zivilen Staatsdienstes waren in 14 Rangstufen eingeteilt. Jeder Russe, auch der Nichtadlige, konnte grundsätzlich durch Studium und Leistung aufsteigen und erwarb von der 7. Stufe an automatisch den erblichen Adel. Wer nicht lernen wollte, konnte nicht Offizier werden und durfte nicht heiraten.

Auch die K i r c h e wurde dem Staat dienstbar gemacht. An die Stelle des Patriarchen trat der „Heiligste regierende Synod", eine aus hohen Geistlichen bestehende Staatsbehörde, die vom Zaren abhängig war.

Diese Reformen entsprangen keinem fertigen Gesamtplan, sondern wurden von den Notwendigkeiten der Außenpolitik und der Kriegführung diktiert.

3. Rußlands Durchbruch zur Ostsee

Der Nordische Krieg. Im Interesse seines Handels mußte Rußland einen Zugang zum Meer erreichen. Peter I. unternahm zunächst einen Vorstoß zum Schwarzen Meer, mußte sich aber mit der Gewinnung der Stadt Asow begnügen, da er für seinen Kampf gegen die Türken keine Bundesgenossen gefunden hatte. Er entschloß sich daher zur Eroberung der baltischen Küste, die zu Schweden gehörte. Zu diesem Zweck verband er sich mit den alten Feinden Schwedens, mit Dänemark und mit Polen, dessen Krone damals Kurfürst August der Starke von Sachsen trug (vgl. S. 36).

Im Jahr 1700 eröffneten die Verbündeten die Feindseligkeiten. Da jeder auf eigene Faust vorging, erzielten sie keinen durchschlagenden Erfolg, sondern wurden einzeln

31

geschlagen. Der schwedische König Karl XII. bezwang zuerst das dänische Heer, dann zerschlug er bei Narwa die noch unfertige und schlecht versorgte Kriegsmacht des Zaren. Anschließend vertrieb er August den Starken aus seinem polnischen König- reich und verfolgte ihn nach Sachsen. Das gab Peter I. Gelegenheit, seine Truppen zu reorganisieren und zu verstärken und Ingermanland, Livland und Estland zu erobern.

Inzwischen hatte Karl XII. August den Starken besiegt und nahm den Kampf gegen Rußland wieder auf. Statt über Smolensk direkt nach Moskau zu marschieren, bog der Schwedenkönig, wohl in der Hoffnung auf die Unterstützung aufständischer Kosaken, nach Süden in die Ukraine ab. Hier wurden die durch beschwerliche Märsche er- schöpften und unzureichend versorgten schwedischen Truppen bei P o l t á w a 1709 vernichtend geschlagen.

1709

Der Krieg ging noch lange weiter, aber der russische Sieg bei Poltáwa entschied seinen Ausgang. In S t o c k h o l m (1720) und im finnischen N y s t a d (1721) mußten die Schweden Frieden schließen. Ihre Vormachtstellung im Ostseeraum war gebrochen. An der deutschen Küste blieben ihnen nur Vorpommern nördlich der Peene, die Insel Rügen und die Stadt Wismar. Ihre übrigen Besitzungen gingen an Preußen und Han- nover, die sich den Verbündeten angeschlossen hatten. Den größten Gewinn hatte Rußland: Livland, Estland und Ingermanland sowie einen Teil von Karelien. Das brachte ihm eine beträchtliche Gebietserweiterung, einen Zugang zur Ostsee und mit Livland und Estland Provinzen, in denen die europäische Kultur seit langem zu Hause war.

Die Gründung Petersburgs. Um „ein Fenster nach Europa durchzubrechen", grün- dete Peter I. in den ersten Jahren des Nordischen Krieges an den Ufern der Newa, auf sumpfigem, holz- und steinarmem Boden, eine moderne Residenz nach westlichem Vorbild. Für ihren Aufbau opferte er riesige Mittel und mehr Menschenleben, als der Nordische Krieg gekostet hatte. St. Petersburg, wie die Neugründung nach Peters Namenspatron genannt wurde, sollte nicht nur als Stützpunkt für Seefahrt und See- herrschaft dienen, sondern auch als neue Hauptstadt Moskau mit seinen alten Über- lieferungen um seine Geltung bringen. Tatsächlich gelang es Peter I., Petersburg wirt-

Links: Die Admiralität von St. Petersburg. Kupferstich von Niquet (um 1780). Der 75 m hohe Admiralitätsturm trug auf seiner vergoldeten Spitze eine Krone und ein Schiff als Wetterfahne. Hinter dem Admiralitätsgebäude, auf der „Großen Newa", fahren Segelschiffe.

Rechts: Rußlands Vordringen im 17. und 18. Jh.

schaftliche Bedeutung und ein repräsentatives Ansehen zu geben, während der Kreml in Moskau, der bisherige Sitz der russischen Herrscher, vereinsamte.

4. Die Ergebnisse von Peters des Großen Regierung

Beim Stapellauf eines Schiffes im Jahre 1714 sprach der Zar:

„Wer unter euch, meine Brüder, hätte vor 30 Jahren sich träumen lassen, daß ihr hier mit mir an der Ostsee zimmern würdet, daß wir, deutsch gekleidet, in Ländern, durch unsere Anstrengung und Tapferkeit erobert, unsern Wohnplatz aufschlagen und, mit so tapferen und sieghaften Soldaten und Matrosen, mit so geschickten ausländischen oder im Auslande gebildeten Handwerkern und Künstlern versehen, uns aller Fürsten und Völker Hochachtung erwerben würden?"

Peters Stolz auf seine außenpolitischen Erfolge war berechtigt. Er hatte in erstaunlich kurzer Zeit das russische Reich zu einer europäischen Großmacht erhoben. Sein inneres Reformwerk, obwohl gegen alle Widerstände durchgesetzt, blieb unfertig. Abgesehen von der Pflicht, Steuern zu zahlen und in Heer und Flotte zu dienen, lebte die Masse der Russen noch lange so wie vor Peters Regierungsantritt. Doch hatte Peter die Europäisierung seines Reiches so kraftvoll vorangetrieben, daß jeder Versuch, zu den alten Verhältnissen zurückzukehren, mißlang.

Zusammenfassung:

Im 17. Jahrhundert schwankte Rußland zwischen der Beharrung auf seiner überlieferten Wesensart und der Anpassung an das übrige Europa.

Peter I. brach rücksichtslos mit der russischen Tradition. Seine Reformen, die Rußland die Errungenschaften des Westens zu vermitteln suchten, blieben Stückwerk, prägten aber Staat und Gesellschaft des russischen Reiches dauerhaft und unauslöschlich.

Im Nordischen Krieg (1700–1721) stieg Rußland auf Kosten Schwedens zur europäischen Großmacht auf. Durch die Eroberung der baltischen Provinzen gewann es einen Zugang zur Ostsee. Sinnbild seiner Hinwendung zu Europa wurde die neugegründete Hauptstadt St. Petersburg.

ZWEITES KAPITEL

Die deutsche Staatenwelt bis zur Mitte des 18. Jahrhunderts

I. Das Deutsche Reich nach dem Westfälischen Frieden

1. Kaiser und Reich

Schwäche und Zersplitterung des Reiches. Während die staatliche Macht in Frankreich und anderen Ländern zur Zeit des Absolutismus gestärkt und erweitert wurde, blieb das Deutsche Reich ein schwaches, zersplittertes Gebilde. Es bestand aus über 300 Einzelstaaten. Darunter waren große Länder wie das Habsburgerreich oder die Kurfürstentümer Bayern und Brandenburg, mittlere Territorien wie das Herzogtum Württemberg oder das Erzbistum Köln, aber auch kleine und kleinste Herrschaften, die oft nur aus einigen Dörfern bestanden. Alle diese Territorien waren so gut wie selbständig, seitdem ihnen der Westfälische Friede das Bündnisrecht gewährt hatte (vgl. Bd. 2, S. 238).

Machtlosigkeit des Kaisertums. Trotz der Zersplitterung des Reichsgebietes hatte die Kaiserwürde noch etwas von dem tausendjährigen Glanz bewahrt, der ihrem Träger eine besondere Ehrenstellung unter den europäischen Fürsten sicherte. Wahl und Krönung des Kaisers in Frankfurt am Main vollzogen sich in den alten, ehrwürdigen Formen.

Aber die tatsächliche Macht des Kaisers war gering. Sie blieb fast ausschließlich auf die Verleihung von Titeln und Würden beschränkt. In Reichssachen konnte er nicht frei entscheiden. Für wichtige Beschlüsse bedurfte er der Zustimmung der im Reichstag versammelten Reichsstände. Das kaiserliche Einkommen aus dem Reich betrug jährlich etwa 8000 Taler, so viel wie die Besoldung eines Obersthofmeisters.

Der Reichstag, ein ständiger Gesandtenkongreß. Seit 1663 tagte im Regensburger Rathaus ununterbrochen der sogenannte „Immerwährende Reichstag". Er war keine glanzvolle Zusammenkunft der deutschen Fürsten wie im Mittelalter, sondern eine ständige Versammlung von Gesandten der Kurfürsten, der geistlichen und weltlichen Fürsten und der Reichsstädte. Sie bildeten drei Kollegien: den Kurfürstenrat, den Fürstenrat und den Städterat.

Die Arbeitsweise des Reichstages war schleppend, die Art der Abstimmungen verwickelt. Die Gesandten konnten nicht selbständig handeln, sondern waren an die Weisungen ihrer Regierungen gebunden und mußten vor jedem Beschluß entsprechende Instruktionen einholen.

Erst wenn alle drei Kollegien einem Vorschlag zustimmten, kam ein Beschluß zustande. Die Zustimmung des Kaisers verlieh ihm Gesetzeskraft. Wenn jedoch ein Fürst das beschlossene Gesetz nicht durchführen wollte, konnte er nicht dazu gezwungen werden. So leistete der Reichstag nicht viel Ersprießliches.

Mangelhaftigkeit der Reichseinrichtungen. Im Unterschied zu andern Staaten hatte das Deutsche Reich kein stehendes Heer, das die Grenzen schützen konnte. Im Bedarfsfalle stellten die einzelnen Reichsstände erst nach langen Verhandlungen Truppenteile (Kontingente), aus denen dann die Reichsarmee gebildet wurde. Auch eine regelmäßig erhobene Reichssteuer fehlte. Niemand wollte die Kosten für die Reichsverwaltung tragen.

Sitzung des Reichstages zu Regensburg. Zeitgenössische Darstellung.

Das R e i c h s k a m m e r g e r i c h t, anfangs in Speyer, später in Wetzlar, das als höchstes Gericht über die Streitigkeiten im Reiche entscheiden sollte, kam mit seiner Arbeit schlecht voran. Viele Prozesse blieben jahrzehntelang liegen; einer dauerte volle 188 Jahre.

2. Die deutschen Fürsten und das Ausland

Die Übernahme des Absolutismus. Wie Ludwig XIV. beanspruchten auch die deutschen Fürsten die unumschränkte Gewalt im Staate und forderten von ihren Untertanen Verzicht auf ihre bisherigen Rechte und Freiheiten und unbedingten Gehorsam. Nicht überall waren die S t ä n d e gewillt, auf ihr Mitbestimmungsrecht zu verzichten. Deswegen kam es mancherorts zu heftigen Auseinandersetzungen mit den Landesherren, so in Brandenburg (vgl. S. 51), Mecklenburg und Württemberg.

Die Übernahme des Absolutismus durch die deutschen Fürsten entsprach nicht nur der allgemeinen Richtung der Zeit, sondern auch den Bedürfnissen der deutschen Territorien. Wo es galt, die Wunden zu heilen, die der Dreißigjährige Krieg geschlagen hatte, erwies sich das Gegeneinander von Landesfürst und Ständen als unfruchtbar. Der Wiederaufbau verlangte die Zusammenfassung aller Kräfte durch einen einheitlichen Willen.

Standeserhöhungen deutscher Fürstenhäuser. Um den Glanz ihres Hauses zu vermehren, strebten manche deutsche Fürsten nach Erhöhung ihrer Standeswürde.

Während der Türkenkriege (1687) erreichte Kaiser Leopold I., daß die Ungarn die Erblichkeit der Stephanskrone im Hause H a b s b u r g anerkannten.

Im Jahre 1692 erhielt H a n n o v e r die Kurwürde. Durch Erbfolge gewann Kurfürst Georg 1714 die englische Königskrone. Mehr als 120 Jahre blieben Hannover

Wallpavillon des Zwingers in Dresden, unter August dem Starken erbaut von Matthäus Daniel Pöppelmann, plastischer Schmuck von Balthasar Permoser. Der Zwinger ist ein von einstöckigen Galerien umschlossener, nach der Elbe hin ursprünglich offener quadratischer Hof, der als „Festsaal im Freien" für Turnier, Spiele und höfisches Gepränge diente. An den Gelenkstellen der Galerien sind zweistöckige Pavillons eingefügt, von denen aus die Hofgesellschaft den Darbietungen zuschaute.

und England durch Personalunion verbunden. Hannoversche Truppen kämpften für England auf vielen Kriegsschauplätzen.

Kurfürst August der Starke von S a c h s e n trat zum katholischen Glauben über, um die polnische Königskrone zu gewinnen (1697). Sächsische Könige herrschten über ein halbes Jahrhundert in Polen, brachten aber infolge ihrer Tatenlosigkeit dem polnischen Staat keinen Gewinn. Hingegen erwarben sie sich ein Verdienst auf kulturellem Gebiet durch den großzügigen Ausbau der Residenzstadt Warschau.

1701 konnte sich der Kurfürst von B r a n d e n b u r g zum König in Preußen krönen (vgl. S. 52). Auch Kurfürst Max Emanuel von B a y e r n strebte nach der Königswürde, erreichte aber sein Ziel nicht.

Als kaiserlicher Feldherr hatte er sich in den Türkenkriegen ausgezeichnet (vgl. S. 42). Für seine Verdienste im Pfälzischen Krieg wurde er vom Kaiser zum Statthalter der spanischen Niederlande ernannt. Durch den Anschluß an Ludwig XIV. im Spanischen Erbfolgekrieg hoffte

Rechte Seite oben: Das Schloß Schönbrunn bei Wien (vom Ehrenhof aus). Gemälde von Bernardo Belotto (1759). Der Bau wurde nach dem Rückzug der Türken um 1695 von dem österreichischen Barockmeister Johann Bernhard Fischer von Erlach begonnen und um die Jahrhundertmitte von Nikolaus Pacassi zu Ende geführt. Nach dem ursprünglichen Plan sollte die Schloßanlage diejenige von Versailles weit übertreffen. – Unten: Die barocke Pracht war oftmals mit der Arbeit der Bauern erkauft (vgl. S. 40). Der französische Maler Louis Le Nain (1593–1648) hat das Bild der Bauern jener Zeit in zahlreichen Gemälden festgehalten.

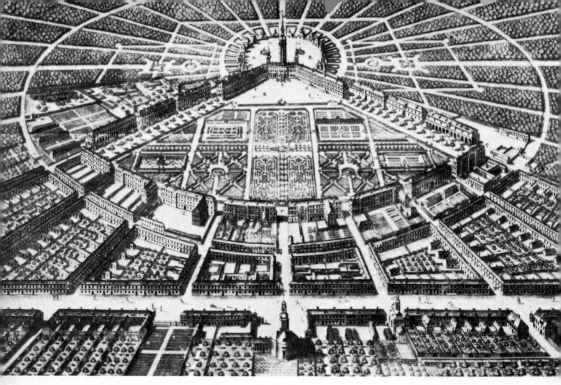

Karlsruhe um die Mitte des 18. Jh. Zeitgenössische Darstellung. Ein badischer Markgraf, der mit den Einwohnern seiner früheren Residenz Durlach in Streit geraten war, erbaute sich 1715 im Hardtwald westlich von Durlach ein Schloß, dem er den Namen Karlsruhe gab. Nach dem Strich der Windrose wurden 32 Alleen, vom Schloß ausgehend, mitten durch den Wald geführt. Dann forderte der Markgraf die Bevölkerung zur Ansiedlung auf. Bald zog sich eine neue Siedlung in Gestalt eines Fächers um das Schloß. Die Radialanlage, die das Schloß beherrschend in das Zentrum der Residenz stellt, ist ein deutliches Spiegelbild der absoluten Stellung des Herrschers.

er, die spanischen Niederlande als Königtum zu gewinnen. Er wurde aber geschlagen und verfiel der Reichsacht. Doch gab ihm der Friede zu Rastatt seinen Besitz ungeschmälert zurück.

Der Hof von Versailles als Vorbild. Viele Fürsten suchten durch eine glänzende Hofhaltung nach dem Vorbild Ludwigs XIV. zu ersetzen, was ihnen an Rang und wirklicher Macht fehlte. Je größer die Zahl der Gäste, je kostspieliger der Aufwand am Hofe war, desto erhabener schien der Triumph.

An Prachtentfaltung tat sich besonders der kurfürstliche Hof zu D r e s d e n hervor. Treibjagden und Schlittenfahrten, Bälle und Maskeraden, Seegefechte und Feuerwerke, französische Schauspiele und italienische Opern folgten einander fast ohne Unterbrechung mit einem Prunk, der selbst in Versailles kaum möglich war.

Schlösser und Residenzen. Den prachtliebenden absoluten Fürsten genügten die engen Wohnsitze ihrer Vorfahren auf steilen Bergen oder inmitten winkliger Gassen nicht mehr. Nach dem Vorbild von Versailles ließen sie weitläufige S c h l ö s s e r errichten, deren Größe meist in keinem Verhältnis zu den tatsächlichen Erfordernissen stand.

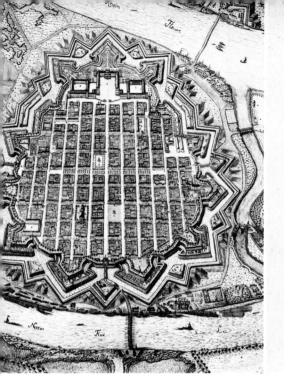

Links: Mannheim, nach einem alten Plan. Als die Kurfürsten der Pfalz ihre Residenz nach Mannheim verlegten (1721), begannen sie den Bau einer neuen Stadt und eines weitläufigen Schlosses, das ebenso berühmt wurde wie das Hoftheater ihrer Residenz. Wie auf dem Schachbrett verlaufen die Straßen in voller Gleichmäßigkeit und schneiden aus dem Stadtgebiet große Häuserrechtecke aus. Das Schloß liegt an der einen Seite des hufeisenförmigen Stadtgrundrisses und beherrscht mit seiner gewaltigen Front-länge von 530 m die gesamte Stadtanlage. — Rechts: Ein Werbeplakat des Fürsten von Anhalt-Zerbst (um 1740). Aus dem Text des Plakats geht hervor, daß die Werbeplätze oft über das ganze Reich verteilt waren (vgl. S. 56).

Die Herzöge von Württemberg verließen ihr Stadtschloß in Stuttgart und schufen sich in L u d w i g s b u r g einen der schönsten Fürstensitze Deutschlands. Der Markgraf Ludwig Wilhelm von Baden (vgl. S. 42) gab seine von den Franzosen zerstörte Burg in Baden-Baden auf und baute sich in R a s t a t t ein Schloß, das in der Anlage Versailles genau nachahmt. Wohl der großartigste deutsche Schloßbau ist die Residenz von W ü r z b u r g, die der Baumeister Balthasar Neumann für den Fürstbischof errichtete.

Mancherorts entstanden auch ganze neue R e s i d e n z s t ä d t e. Sie verdanken ihre Entstehung wie auch die Art ihrer Anlage allein dem Willen des Landesherrn, der sie gründete. Während in der älteren deutschen Stadt der Marktplatz mit dem Rathaus der beherrschende Mittelpunkt war, trat an seine Stelle jetzt das landesherr-liche Schloß. Zwei anschauliche Beispiele fürstlicher Stadtgründungen sind K a r l s -r u h e und M a n n h e i m.

Volksbedrückung und Soldatenhandel. Die prächtigen Paläste jener Zeit zeugen von fürstlicher Größe und von künstlerischem Geschmack. Aber ihr Glanz war oft durch Schweiß und Blut der Untertanen erkauft.

Ein großer Teil der Bauarbeiten mußte als Frondienst geleistet werden. Weither kamen die Bauern mit ihren eigenen Fuhrwerken, um Steine und Holz für den Schloßbau herbeizuschaffen.

Einige deutsche Fürsten, deren Einkünfte für kostspielige Bauten und verschwenderische Hofhaltung nicht ausreichten, kamen auf den Gedanken, ihre Soldaten an kriegführende Mächte zu verkaufen.

Ein sächsischer Kurfürst überließ 1685 dreitausend Mann seines Heeres gegen eine hohe Summe der Republik Venedig, die sie auf Kreta gegen die Türken einsetzte. Nur ein Viertel der deutschen Soldaten sah die Heimat wieder.

Ein Landgraf von Hessen hatte sein Heer auf 24 000 Mann gebracht. Im Österreichischen Erbfolgekrieg (vgl. S. 93) vermietete er einen Teil seiner Truppen an England, den Verbündeten Maria Theresias, einen anderen Teil an ihren Gegner, den Kurfürsten von Bayern.

Auch England führte seine Kämpfe gegen die 13 Kolonien (vgl. S. 120) mit deutschen Soldaten, die ihm die Landesherren von Braunschweig, Hessen und einigen kleineren Ländern geliefert hatten.

Spöttisch schrieb F r i e d r i c h   d e r   G r o ß e 1752 über seine Standesgenossen: ,,Die deutschen Fürsten sind Kaufleute geworden; sie verhandeln das Blut ihrer Untertanen, sie verhandeln ihre Stimmen im Fürstenrat und im Kurfürstenrat. Ich glaube, sie würden ihre eigene Person verhandeln, fände sich jemand, der sie bezahlen wollte.''

Zusammenfassung:

Nach dem Dreißigjährigen Krieg war das Reich nach außen machtlos, im Innern zersplittert. Der Reichstag, den die Fürsten nur mit Gesandten beschickten, und das Reichskammergericht waren letzte Einrichtungen der ehemaligen Reichsverwaltung, die jedoch nur schwerfällig arbeiteten.

Die Fürsten standen im Banne Ludwigs XIV. und versuchten, gegen den Widerstand der Stände den Absolutismus in ihren Ländern durchzusetzen. Einige bemühten sich auch um eine Standeserhöhung. Neue Residenzen wurden zum Symbol der absoluten Fürstenmacht. Das Volk hatte oftmals unter der Willkür der Fürsten zu leiden (Soldatenhandel).

II. Habsburgs Vorstoß nach Südosten

1. Die Abwehr der Türkengefahr

Die habsburgischen Länder. Die angesehenste Macht im Deutschen Reich war das Haus Habsburg, das seit dem späten Mittelalter ununterbrochen die Kaiser stellte. Die Habsburger geboten über einige unzusammenhängende Gebiete in Schwaben und im Elsaß. Der größte Teil ihrer Länder lag aber im Südosten des Reiches und umfaßte neben Österreich, Tirol, Steiermark, Kärnten und Krain auch Böhmen, Mähren, Schlesien und einen Streifen von Ungarn. Wie die anderen Herrscher ihrer Zeit suchten auch die Habsburger ihre Besitzungen stärker zusammenzufassen. Darum wurden diese nicht mehr wie bisher unter die Mitglieder der Familie aufgeteilt, sondern jeweils dem ältesten Sohn vererbt.

Rechte Seite: Die Entsatzschlacht gegen die Türken vor Wien am 12. September 1683. Zeitgenössisches Gemälde. Von links anstürmend die Befreier, bayerische und polnische Truppen, durch ihre Banner kenntlich. Rechts mit sinkenden Fahnen zur Flucht gewandt die Türken. Ganz hinten in Pulverdampf und Rauch der Sprengungen das befestigte Wien mit Stephansdom und Donaufluß.

die Belägerüng Wien von Türggen

1 6   8 3

Die Türken zum zweitenmal vor Wien. Das osmanische Reich war lange durch innere Schwäche gelähmt gewesen, hatte aber um die Mitte des 17. Jahrhunderts seine alte Kraft wiedergewonnen und Vorstöße gegen Polen und Rußland unternommen. Ludwig XIV. ließ dem Sultan wiederholt versichern, daß der deutsche Kaiser nicht mit der Hilfe Frankreichs rechnen könne. So gelang es ihm, den türkischen Eroberungsdrang auf die österreichischen Erblande zu lenken.

1683
Im Frühjahr 1683 wälzte sich ein osmanisches Heer von 200 000 Mann unter dem Großwesir K a r a M u s t a f a durch Ungarn auf W i e n zu. Vor diesem gewaltigen Völkerschwall mußte das kleine österreichische Heer zurückweichen. Der kaiserliche Hof verließ Wien. Bald war die Stadt auf allen Seiten von den 25 000 Zelten des türkischen Heerlagers umschlossen. Zu ihrer Verteidigung wirkten Soldaten, Bürger und Studenten unter dem Kommando des Grafen R ü d i g e r v o n S t a r h e m b e r g einträchtig zusammen. Acht schwere Wochen hindurch hielt Wien heldenhaft, wenn auch mit schwindenden Kräften den Angriffen der feindlichen Übermacht stand.

Die massiert aufgestellte türkische Artillerie richtete schwere Verwüstungen an. Aber immer wieder wurden die stürmenden Angreifer von den zerschossenen Bastionen zurückgeworfen. Unter der Erde ging ein erbitterter Minenkrieg vor sich. Die Türken trieben Stollen vor, um Breschen zu sprengen; die Verteidiger gruben Gegenstollen. In 45 Tagen machten die Belagerten 24 Ausfälle, bis Verpflegung und Munition zu Ende zu gehen drohten.

In der allerhöchsten Not erschien endlich ein Entsatzheer, bestehend aus deutschen Kontigenten und einem polnischen Truppenteil. Den Oberbefehl hatte der polnische König J o h a n n S o b i e s k i; Herzog K a r l v o n L o t h r i n g e n entwarf die Angriffspläne.

Am 12. September 1683 besiegten die Verbündeten am K a h l e n b e r g vor Wien die türkische Belagerungsarmee und schlugen sie in die Flucht. Dieser Sieg rettete die

Links: Medaille auf die Bedrängnis Wiens im Jahre 1683. In einer Strahlenglorie der Name „Jesus". Darunter im Gebet die verbündeten Monarchen. Unten zerbrochen der Name „Muhamed". Lies die Umschrift! —
Rechts: Erinnerungsmünze zur Befreiung Wiens. Der Halbmond wird von den Strahlen der aufgehenden Sonne verscheucht. Darüber die Worte: „Er flieht vor der Sonne."

Kaiserstadt, die habsburgischen Erblande und darüber hinaus Europa endgültig vor der Türkengefahr. Zugleich wies er das Haus Habsburg auf den Weg der Eroberung.

Habsburgs Wendung nach Osten. Auf Betreiben des Papstes verpflichteten sich die drei katholischen Ostmächte Österreich, Polen und Venedig zu gemeinsamem Vorgehen gegen das osmanische Reich. Das kaiserliche Heer folgte den geschlagenen Türken und befreite in wenigen Jahren fast ganz Ungarn von ihrem Joch. Ein ungarischer R e i c h s t a g z u P r e ß b u r g machte die Habsburger zu Erbkönigen des Landes (1687). Seitdem wurde die Bezeichnung „österreichisch" von den habsburgischen Erblanden auf Böhmen und Ungarn ausgedehnt.

Die kaiserlichen Feldherren, Herzog Karl von Lothringen, Kurfürst M a x E m a - n u e l v o n B a y e r n und Markgraf L u d w i g W i l h e l m v o n B a d e n, der „Türkenlouis", wurden in ganz Europa gefeiert. Neben ihnen trat mehr und mehr ein Mann in den Vordergrund, der zum eigentlichen Begründer der österreichischen Großmachtstellung werden sollte: Prinz Eugen von Savoyen.

2. Prinz Eugen von Savoyen

Herkunft und Werdegang. Österreichs größter Feldherr unterschrieb seine Briefe mit „Eugenio von Savoy": Er war von Geburt Italiener, seiner Erziehung nach Franzose; seine Dienste widmete er dem Hause Habsburg und dem Deutschen Reich. Sein Werdegang bezeugt, daß Europa im 17. und 18. Jahrhundert noch nicht durch nationale Schranken zerteilt war.

Eugens Vater entstammte dem französischen Zweig des Hauses Savoyen; seine Mutter war eine Nichte Mazarins. Der Prinz war klein und schmächtig von Wuchs, auffallend häßlich von Angesicht. Als jüngster Sohn war er für den geistlichen Stand bestimmt. Seine Neigung aber gehörte dem Soldatenberuf, in dem sich seine Ahnen ausgezeichnet hatten. Als Ludwig XIV. Eugens Dienste in verletzender Form ablehnte, entschloß sich der Prinz, Frankreich zu verlassen, und trat in das Heer des deutschen Kaisers ein.

Prinz Eugen als Feldherr. Schon in der Schlacht am Kahlenberg hatte sich Prinz Eugen durch Kühnheit ausgezeichnet. Seitdem führte seine militärische Laufbahn steil aufwärts. „Ich weiß niemand zu nennen, der mehr Verstand, Erfahrung, Fleiß und Eifer für des Kaisers Dienst, der eine großmütigere Gesinnung, der die Liebe der Soldaten in höherem Grade besitzt als der Prinz", hieß es in einem Empfehlungsschreiben Rüdigers von Starhemberg. Im Alter von 33 Jahren erhielt Eugen den Oberbefehl über das kaiserliche Heer gegen die T ü r k e n . Aber was für eine Armee fand er vor! Die Truppen ohne Bezahlung, schlecht gekleidet, mangelhaft ausgerüstet, entmutigt und in ganz Ungarn verstreut. Prinz Eugen stellte Manneszucht und Vertrauen her, ordnete das Proviantwesen und ballte seine Truppen fest zusammen. Dann bereitete er den Türken, die der Sultan selbst herangeführt hatte, in der Schlacht von Z e n t a eine vernichtende Niederlage. Im F r i e d e n v o n K a r l o w i t z (1699) mußte die Türkei große Gebiete abtreten: Ungarn ohne das Banat von Temesvar, Siebenbürgen sowie den größten Teil von Slawonien und Kroatien. Österreich war eine Großmacht geworden.

Auch im S p a n i s c h e n E r b f o l g e k r i e g (vgl. S. 14) vollbrachte Prinz Eugen staunenswerte Leistungen. Auf wilden Gebirgspfaden überschritten kaiserliche Truppen unter seiner Führung die Alpen und setzten sich überraschend in Oberitalien fest. Einige Jahre später schlug Eugen die französische Italienarmee bei Turin und eroberte die Halbinsel bis nach Neapel. Zusammen mit dem englischen Heerführer John Churchill, Herzog von Marlborough, zerschmetterte der Prinz die französische Heeresmacht in Süddeutschland bei H ö c h s t ä d t an der Donau und besiegte sie wiederholt in den Niederlanden.

Im erneuerten Türkenkrieg gelang dann dem Prinzen seine gefeiertste Waffentat, die E r o b e r u n g B e l g r a d s (1717).

1717

Während die kaiserlichen Truppen die Festung belagerten, wurden sie selbst von einem weit überlegenen Entsatzheer der Türken zwischen Donau und Save eingeschlossen. Wochenlang wartete Prinz Eugen unter schwierigsten Umständen den Tag zum Angriff ab. Dann brach er überraschend in der Morgendämmerung mit der nächtlich bereitgestellten Armee aus seinen Feldbefestigungen vor, ritt selbst an der Spitze der Kavallerie die entscheidende Attacke und zersprengte die türkischen Heerscharen. In den nächsten Tagen ergab sich Belgrad. 600 Geschütze und die ganze Donauflottille der Türken fielen in die Hände der Sieger. Dieses Beispiel höchster Feldherrnkunst hat das volkstümliche Lied „Prinz Eugen der edle Ritter" unvergeßlich gemacht.

Den glänzenden Siegen der kaiserlichen Armee entsprach der F r i e d e   v o n
P a s s a r o w i t z (1718). Habsburg erhielt Nordserbien mit Belgrad, das Banat von
Temesvar, die Kleine Walachei bis zur Aluta und Teile Bosniens. Die gewonnenen
Gebiete ließ Prinz Eugen durch den Ausbau der Türkengrenze, der sogenannten
„Militärgrenze", sichern.

Die Neuorganisation der Militärgrenze. Die ersten Anfänge der Militärgrenze
gingen auf die erste Belagerung Wiens im Jahre 1529 zurück. Damals hatte man einen
ständigen Grenzschutz gegen die Türken eingerichtet. Da eine Kette von Burgen allein
nicht genügen konnte, begann man, geflüchtete Balkanslawen in einer 30–50 km tiefen
Zone anzusiedeln und zu immerwährender Grenzverteidigung zu verpflichten. Diesen
von deutschen und slawischen Bauernsoldaten bewohnten und angebauten Grenz-
streifen ließ Prinz Eugen nun nach Osten weiterführen und neu organisieren. Er
reichte zu seiner Zeit vom Golf von Fiume bis zur Theiß und zur Maros; später lief er
an der Südost- und Ostgrenze Ungarns entlang bis zur Bukowina.

Die gesamte Bevölkerung der „Militärgrenze" war soldatisch organisiert; auch Frauen und
Mädchen unterstanden der militärischen Disziplin. Ein Drittel der Männer versah Grenzbe-
wachung und -verteidigung, ein anderes Drittel stand zum Ausmarsch auf andere Kriegsschau-
plätze ständig unter Waffen. Das letzte Drittel arbeitete auf dem Acker und in der Werkstatt,
jederzeit bereit, ebenfalls zu den Waffen zu greifen. Die Offiziere der Grenzregimenter waren
zugleich Bürgermeister, Richter und Verwaltungsbeamte.

Die Militärgrenze diente nicht nur der Grenzverteidigung, sondern auch gesund-
heitspolizeilichen Zwecken. Es war Prinz Eugen, der auf den Gedanken kam, sie zur
Abwehr gegen Seuchen, vor allem gegen die asiatische Beulenpest, zu nützen. An den

Habsburgische Erblande
Erwerbungen der Habsburger 1526
" " " 1699
" " " 1718
Gebiete der Militärgrenze
Reichsgrenze (1648)
Grenze des Kgr. Ungarn
Grenze von Türkisch – Ungarn
Erwerbungen der Habsburger
Vordringen der Türken
Schlacht mit Jahreszahl
100 200 300 400 500 km
Polen
Schlesien
Böhmen
Mähren
Bayern
Nieder-Österreich
Ober-Österreich
Tirol
Kärnten
Steiermark
Krain
Ungarn
Siebenbürgen
Slawonien
Kroatien
Banat
Bosnien
Serbien
Bulgarien
Walachei
Galizien
Venedig
Dalmatien

Grenzübergängen wurden Quarantänestationen eingerichtet, die in Pestzeiten den Grenzverkehr aufs strengste überwachten. Wer an anderen Stellen die Grenze zu überschreiten suchte, wurde ohne Anruf erschossen. So gelang es, abgesehen von einzelnen in Hafenstädte eingeschleppten Fällen, die Pest im Abendlande zum Erlöschen zu bringen.

Schließlich vollzog sich in und hinter der Militärgrenze der Wiederaufbau des verwüsteten Landes.

Siedlung und Landeskultur. Unter der Türkenherrschaft waren Hunderte von Dörfern und Märkten verkommen, halb zerstört oder ganz verschwunden. Weite Strecken, besonders im Banat, waren versteppt, versandet oder zu riesenhaften Sümpfen geworden. Prinz Eugen rief zahlreiche deutsche Siedler ins Land. Zusammen mit den Bauernsoldaten der Militärgrenze schufen sie aus den Wüsteneien blühendes Bauernland. Zwischen Theiß und Maros legten sie einen Moorsee fast von der Größe des Bodensees trocken. Das Banat, bisher ein Sumpfland, wurde eine große Kornkammer.

Prinz Eugen als Staatsmann und Förderer der Kultur. Auch seinen politischen Aufgaben widmete sich Prinz Eugen gewissenhaft und fleißig. Er setzte sich für die Vergrößerung des stehenden Heeres ein, zentralisierte die Militärverwaltung und reinigte das Offizierskorps von adliger Vetternwirtschaft und vom Stellenkauf. In Wien und Brüssel ließ er Ingenieurschulen errichten. Bei alledem galt seine Sorge nicht nur Österreich, sondern auch dem Reich. So konnte Friedrich der Große von ihm sagen: „Eigentlich war er der Kaiser."

Links: Schloß und Gärten des „Belvedere" in Wien (vgl. S. 47). Stich von Johann August Corvinus nach einer Zeichnung von Salomon Kleiner.

Rechts: Kirche Sankt Karl Borromäus in Wien, von Kaiser Karl VI. während einer Pest zu Ehren seines Namenpatrons gelobt, 1716 von Johann Bernhard Fischer von Erlach begonnen und von dessen Sohn 1739 zu Ende geführt.

Zu führenden Persönlichkeiten des Geisteslebens hatte Prinz Eugen freundschaftliche Beziehungen. Vor den Toren Wiens ließ er sich einen herrlichen Alters- und Friedenssitz erbauen, das „B e l v e d e r e". Hier verbrachte der Prinz seine Zeit in seiner riesigen Bibliothek und im Gespräch mit Freunden und Künstlern.

Prinz Eugen starb 1736. Das Deutsche Reich und das Haus Habsburg haben kaum einen erfolgreicheren und treueren Diener gehabt als diesen Ausländer, der von sich sagen konnte: „Ich bin hierher gekommen, um dem Staat zu dienen, und man hat nie eigene Interessen bei mir gekannt."

3. Das Habsburgerreich unter Karl VI.

Größe und Vielfalt. Kaiser K a r l V I. (1711–1740) hatte seinem Hause fast in allen Teilen Europas neue Gebiete gewonnen. Über Belgrad und Antwerpen, Breslau und Neapel, ja selbst über Palermo in Sizilien wehte das habsburgische Banner.

Aber dieses Reich war weit davon entfernt, ein Einheitsstaat zu sein, wie etwa Frankreich. In ihm lebten Deutsche, Flamen, Wallonen, Italiener, Madjaren, Slawen und Rumänen. Sie bekannten sich zum katholischen, zum protestantischen oder zum orthodoxen Glauben. Jedes Volk hatte seine eigenen Sitten und Gebräuche. Für die Verwaltung des Riesenreiches gab es nur zwei zentrale Behörden, die Hofkammer für die Finanzen und den Hofkriegsrat für die Armeeverwaltung. Alle übrigen Ver-

waltungszweige standen unter der Leitung von Landes- und Provinzialbehörden und folgten ziemlich selbständig örtlichem Recht und Herkommen. Das einzige Band, das alle Länder und Völker einte, war die Herrscherfamilie.

Handelspolitische Pläne. Karl VI. bemühte sich, seine Länder nach merkantilistischen Grundsätzen wirtschaftlich zu stärken. Mit der Hohen Pforte schloß er einen Handelsvertrag, der allen Untertanen des Kaisers freien Handel im osmanischen Reiche gewährte. Eine „Kaiserlich privilegierte orientalische Companie" wurde ins Leben gerufen, Triest und Fiume wurden zu Freihäfen erklärt und durch eine Straße über den Semmering mit Wien verbunden. Da der Kaiser seit 1720 auch die neapolitanischen und sizilianischen Häfen besaß, bestand Aussicht, daß die österreichische Monarchie eine hervorragende Stellung im Mittelmeer- und Levantehandel erringen würde. In Ostende an der Küste Flanderns entstand eine „Ostindische Gesellschaft". Sie gründete Faktoreien in Kanton, an der bengalischen und Koromandelküste und versprach reiche Erträge.

Sorge um die Erbfolge. Da der Kaiser keine männlichen Erben hatte, drohte die Gefahr, daß der habsburgische Besitz nach seinem Tode auseinanderbräche. Um dies zu verhindern, erließ Karl VI. 1713 eine neue Erbfolgeordnung, die P r a g m a t i s c h e S a n k t i o n . Sie erklärte die habsburgischen Länder für unteilbar und untrennbar und bestimmte, daß Karls Kinder, auch die Töchter, und erst nach deren Tod die Kinder seines Bruders Joseph den habsburgischen Besitz erben sollten. Die

Anerkennung der Pragmatischen Sanktion durch die deutschen und ausländischen Mächte erreichten die Gesandten Karls VI. nur nach langen Verhandlungen und um den Preis großer Zugeständnisse.

Rückgang der österreichischen Macht. Den Seemächten zuliebe löste der Kaiser die Ostindische Gesellschaft auf. An Frankreich trat er im Tausch gegen die Toskana L o t h r i n g e n ab. Im Interesse des spanisch-bourbonischen Hauses räumte Karl VI. N e a p e l u n d S i z i l i e n , so daß sich die österreichische Stellung südlich der Alpen auf Mailand und die Toskana beschränkte. Trotzdem blieb die Erbfolge unsicher, da Frankreich Vorbehalte machte und Bayern die Pragmatische Sanktion überhaupt nicht anerkannte.

Auch im Südosten erlitt die habsburgische Macht schwere Rückschläge. Ein unglücklich geführter T ü r k e n k r i e g (1736–1739) zerrüttete die österreichischen Finanzen und brachte Gebietsverluste. Serbien mit Belgrad und die Kleine Walachei mußten an die Türkei abgetreten werden. Österreichs Ansehen war schwer getroffen.

Zusammenfassung:

Der türkische Versuch, Wien zu erobern und den Zugang zu Mitteleuropa zu erzwingen, wurde durch den Sieg am Kahlenberg (1683) abgewehrt.

Österreich gewann in mehreren Türkenkriegen durch die Siege des Prinzen Eugen und anderer kaiserlicher Feldherrn Ungarn mit Siebenbürgen sowie Teile von Slawonien, Kroatien und Bosnien und stieg zur Großmacht auf.

Kaiser Karl VI. bemühte sich, dem Habsburgerreich Zugang zum Welthandel zu verschaffen. Die Pragmatische Sanktion sollte seinem Hause die Erbfolge sichern, zwang aber Österreich zu großen politischen und wirtschaftlichen Zugeständnissen.

Mißerfolge gegen die Türken machten den Rückgang der habsburgischen Machtstellung offenbar.

III. Der Aufstieg Brandenburg-Preußens

1. Friedrich Wilhelm, der Große Kurfürst

Die Länder der Hohenzollern. Dem Kurfürstentum Brandenburg hätte um 1600 niemand vorausgesagt, daß es einst zu einer Großmacht werden würde. Der Kern des Kurfürstentums, die Mark Brandenburg, lag abseits der großen Handelsstraßen, ein dünn besiedeltes Land ohne Bodenschätze, das man verächtlich „des Heiligen Römischen Reiches Streusandbüchse" nannte. Die Kurfürsten aus dem Hause Hohenzollern hielten sich fern von den weltbewegenden Kriegen der Zeit und suchten ihr Land friedlich, durch Erbverträge und Heiraten, zu vergrößern und abzurunden.

Durch Erbschaft hatten die Hohenzollern 1614 das Herzogtum Kleve und die Grafschaften Mark und Ravensberg gewonnen, reiche Gebiete mit Ackerbau und Viehzucht, teilweise auch mit Bergbau und Gewerbebetrieben, aber viele Tagereisen vom Hauptlande entfernt. Seit 1618 besaßen die brandenburgischen Kurfürsten das Herzogtum Preußen; dies Land war polnisches Lehen und gehörte nicht zum Deutschen Reich. Erbansprüche erhoben die Hohenzollern auf schlesische und niederrheinische Gebiete sowie auf Pommern, dessen Herrscherhaus ausgestorben war.

Rechte Seite: Angeregt durch die Begegnung mit fremden Kulturen, gefördert durch den Hof und begünstigt durch eine verhältnismäßig lange Friedenszeit, erlebte Österreich während der Regierung Karls VI. eine einzigartige kulturelle Blüte. Damals ging Schloß Schönbrunn seiner Vollendung entgegen (vgl. S. 37 und S. 105). Nebenstehend das Vieux-Laque-Zimmer im Schloß Schönbrunn mit seinen kostbaren Lackmalereien, ein Beispiel für die Kunst des Rokoko (vgl. S. 78) und seine Vorliebe für das Exotische und die „Chinoiserie". Ihr war besonders auch die Kaisertochter Maria Theresia zugetan.

Die Außenpolitik des Großen Kurfürsten. Der Aufstieg Brandenburgs begann mit Friedrich Wilhelm (1640–1688), den schon seine Zeitgenossen den Großen Kurfürsten nannten. Als er zwanzigjährig zur Herrschaft kam, litt sein Land noch unter den Wirkungen des Dreißigjährigen Krieges. Friedrich Wilhelm besaß nicht die Mittel, um auf sich allein gestellt sein Land vor Feinden zu schützen. Er suchte daher Anschluß an die jeweils stärkste Machtgruppe und trug keine Bedenken, die Bündnisse zu seinem Vorteil zu wechseln.

Im Westfälischen Frieden verlor Brandenburg Vorpommern und die Odermündung an die Schweden, erhielt aber Hinterpommern und wurde mit den Bistümern Cammin, Halberstadt und Minden und mit der Anwartschaft auf das Erzbistum Magdeburg entschädigt (vgl. Bd. 2, S. 238).

Seinen wichtigsten außenpolitischen Erfolg errang der Große Kurfürst zwölf Jahre später: In den Wirren der schwedisch-polnischen Kriege gelang es ihm, die polnische Lehenshoheit über Preußen abzustreifen. Seitdem war Friedrich Wilhelm als Herzog von Preußen ein souveräner europäischer Fürst.

Die Innenpolitik des Großen Kurfürsten. In Kriegszeiten aufgewachsen und zur Regierung gekommen, gewann Friedrich Wilhelm die Überzeugung, daß nur ein eigenes Heer den Staat sichern könne. Darum stellte er eine nicht große, aber gut geschulte, einheitlich bewaffnete und gekleidete Streitmacht auf, die er auch in Friedenszeiten nicht entließ. Er trat selbst als oberster Kriegsherr an ihre Spitze und leitete, nach schwedischem Vorbild, persönlich Feldzüge und Schlachten.

Um das Heer unterhalten zu können, suchte der Große Kurfürst die Einkünfte des Staates zusammenzufassen und zu steigern. Er verbesserte die Verwaltung der Staatsgüter (Domänen) und erhob vom bäuerlichen Grundbesitz eine direkte Steuer, die „Kontribution". In den Städten führte Friedrich Wilhelm eine indirekte Verbrauchssteuer ein, die „Akzise". Sie wurde an den Stadttoren erhoben und durfte von den Kaufleuten auf die Verbraucher abgewälzt werden.

Bisher hatten in den einzelnen Territorien die Stände die Steuern bewilligt und eingezogen. Im allgemeinen gelang es dem Großen Kurfürsten, die Stände durch Zugeständnisse zur Aufgabe ihrer Rechte zu bewegen. Den Adligen gewährte er erweiterte Befugnisse über ihre Hörigen (vgl. S. 62f.); vielfach kam es erst jetzt zur Einführung der Leibeigenschaft auf den Rittergütern.

In Preußen ging Friedrich Wilhelm mit Gewalt gegen die Führer der Stände vor, die zum Schutze ihrer Freiheiten die Hilfe Polens anriefen. Den Bürgermeister von Königsberg Hieronymus Roth ließ der Große Kurfürst lebenslänglich einkerkern, den Grafen von Kalckstein, der nach Polen geflüchtet war, mit List in seine Gewalt bringen und hinrichten.

Zur Eintreibung und Verwaltung der Staatseinkünfte schuf Friedrich Wilhelm ein nur von ihm abhängiges einheitliches Beamtentum.

Merkantilistische Wirtschaftspolitik. Da die Landwirtschaft im Dreißigjährigen Kriege besonders gelitten hatte, ließ Friedrich Wilhelm den Boden entwässern und verbessern, Höfe wiederaufbauen, Ackergerät und Saatgut verteilen. Mit Hilfe niederländischer Einwanderer richtete er Musterwirtschaften für Viehzucht, Milchwirtschaft und Gartenbau („Holländereien") ein. Dünn besiedelte Landstriche suchte er zu „peuplieren" (bevölkern). Nach der Aufhebung des Edikts von Nantes (vgl. S. 8) nahm Friedrich Wilhelm mehr als 20 000 Hugenotten in Brandenburg auf, die nicht nur ihr Vermögen, sondern auch ihre gewerblichen Fertigkeiten und Kenntnisse mitbrachten.

Die gewerbliche Wirtschaft förderte der Große Kurfürst durch Errichtung von

Manufakturen, vor allem zur Verarbeitung der heimischen Wolle. Um den Handel zu beleben, baute er Straßen und plante ein Kanalsystem zur Verbindung der märkischen Flüsse. Den Anfang bildete der Friedrich-Wilhelm-Kanal zwischen Spree und Oder. Er verband das märkische Wirtschaftsgebiet mit Breslau, dem Hauptstapelplatz für den osteuropäischen Handel, und mit Hamburg (vgl. S. 64).

2. Preußen wird Königreich

Kurfürst Friedrich III., der Sohn und Nachfolger des Großen Kurfürsten, liebte Pracht und rauschende Festlichkeiten, förderte aber auch Kunst und Wissenschaften. Sein sehnlichster Wunsch war es, die königliche Würde zu erwerben. Nach langwierigen Verhandlungen stimmte der Kaiser zu. Friedrich mußte sich verpflichten, den Kaiser im Streit um das spanische Erbe mit 8000 Mann zu unterstützen. Die Erhebung zum König war nicht innerhalb des Reiches, sondern nur auf dem Boden des souveränen Herzogtums Preußen möglich. Sie fand am 18. Januar 1701 in der Kapelle des Königsberger Ordensschlosses statt. Der Kurfürst setzte sich selbst und seiner Gemahlin die Königskrone aufs Haupt und nannte sich seither **K ö n i g F r i e d r i c h I.**

Das Reiterdenkmal des Großen Kurfürsten in Berlin, das Andreas Schlüter 1698 bis 1703 geschaffen hat.

Das Königreich Preußen gewann dadurch keinen Zuwachs an Macht. Aber an Rang und Würde war es den großen selbständigen Staaten Europas künftig gleichgestellt. Der Name Preußen, ursprünglich auf das Land zwischen Weichsel und Memel beschränkt, ging bald auf den ganzen Hohenzollernstaat über, und die neue Krone band alle Landesteile fester zusammen.

3. Die preußische Monarchie unter Friedrich Wilhelm I.

Persönlichkeit und Herrschaftsauffassung. F r i e d r i c h   W i l h e l m   I. (1713 bis 1740), der Sohn und Nachfolger des ersten Preußenkönigs, war eine derbe, willensstarke Natur, aufbrausend und rücksichtslos, wo er auf Widerstand traf, dabei voll Gottesfurcht und reumütig, wenn er Unrecht getan hatte.

Als „Amtmann Gottes" beanspruchte er unbegrenzte Machtvollkommenheit über seine Untertanen, fühlte sich aber auch unbedingt verantwortlich für ihr Wohl und verpflichtet, im großen und kleinen selbst zu regieren. Den ostpreußischen Ständen erklärte er: „Ich stabiliere die suverenität und setze die krohne fest wie ein(en) Rocher von Bronse (Felsen aus Erz)". In seinem politischen Testament von 1722 schrieb er: „Ein Regent, der mit honneur (Ehre) in der Welt regieren will, muß seine Affairen (Obliegenheiten) alles selber tun; die Regenten sein zur Arbeit erkoren". Aus dieser Überzeu-

Zweitälteste Ansicht von Berlin (1660) von P. Schut nach einem alten Stich (vgl. S. 65)

gung heraus war der König ohne Rücksicht auf Behagen und Gesundheit unermüdlich tätig. Kaum, daß er sich auf der Jagd oder im Tabakskollegium ein wenig Entspannung gönnte.

Strenge Sparsamkeit. Infolge der Teilnahme Preußens am Spanischen Erbfolgekrieg und der Prunksucht König Friedrichs I. war der Staat verschuldet und von ausländischen Hilfsgeldern abhängig. Der junge König beschloß, diesem demütigenden Zustand ein Ende zu machen. Er löste den größten Teil des Hofstaates auf und setzte den Aufwand für die Hofhaltung auf ein Fünftel herab.

Bankette, Schauspiele, Feste gab es nicht mehr. Überflüssige Wagen, Pferde, Weine und Kunstwerke wurden verkauft, das kostbare Gold- und Silbergerät in die Münze gegeben. Die Ausgaben für die königliche Tafel durften im Durchschnitt nicht mehr als $33\frac{1}{3}$ Taler täglich betragen. Das Erdgeschoß des Schlosses wurde für Regierungsbüros benutzt, der Keller für den Staatsschatz. Der Lustgarten vor dem Schloß diente als Exerzierplatz.

Friedrich Wilhelm I. ging selbst mit gutem Beispiel voran, lebte wie ein einfacher Bürger, trug einen Schurz, um seine Kleidung zu schonen, und benutzte selbstgeschreinerte Möbel.

Steigerung der Staatseinkünfte. „Wenn mein Sohn mündig ist, soll er ein ganzes Gewölbe voll Geld finden!" Nach diesem Vorsatz bemühte sich Friedrich Wilhelm I., die Einkünfte des Staates zu steigern und Ersparnisse zu sammeln. Tatsächlich gelang es ihm, die Domäneneinkünfte, die etwa die Hälfte des Staatseinkommens ausmachten, von 1 800 000 auf 3 300 000 Taler zu erhöhen. Streng sah der König darauf, daß für

Die Entwicklung Brandenburg-Preußens

jede Provinz regelmäßig ein Haushaltsplan (Etat) aufgestellt wurde. Für persönliche Zwecke behielt er sich nur 52 000 Taler vor. Die preußische Oberrechnungskammer prüfte noch nach Jahren jede Einnahme und Ausgabe auf ihre sachliche und rechnerische Richtigkeit nach.

Wie sein Großvater förderte der König Handel und Gewerbe, besonders die Textilindustrie. Preußische Tuche fanden bald guten Absatz. Sogar die russische Armee wurde zeitweise ganz damit versorgt.

Innere Kolonisation. Im Polnischen Krieg um die Mitte des 17. Jahrhunderts hatten die Polen die Tataren nach Ostpreußen geschickt. 13 Städte und an die 250 Dörfer und Flecken waren verbrannt, mehr als 20 000 Menschen verschleppt worden. Fünfzig Jahre später war die Beulenpest über die Grenzen gedrungen. In viele Dörfer wuchs der Wald hinein. Es bedurfte aller Kräfte der preußischen Gesamtmonarchie, das „schöne Land wieder florissant" (blühend) zu machen. 1732/33 nahm Friedrich Wilhelm I. 20 000 Protestanten auf, die der Erzbischof von Salzburg vertrieben hatte, und siedelte sie in Ostpreußen an. In wenigen Jahren erblühten elf Städte und 332 Dörfer. Ähnlich verfuhr der König in anderen Provinzen.

Um die Lage der alteingesessenen Bauern zu verbessern, wurden die Frondienste auf drei bis vier Tage in der Woche beschränkt und die Abgaben genau festgelegt. Kein Bauer durfte von der Scholle vertrieben werden. In guten Erntejahren ließ der König überschüssiges Getreide in Magazinen speichern; nach Mißernten gab er es zum Verkauf frei. So wurden die großen Schwankungen des Getreidepreises aufgefangen und Hungersnöte verhindert.

Links: König Friedrich Wilhelm I. von Preußen. Gemälde aus der Werkstatt von Antoine Pesne (um 1733).

Rechts: Die Entstehung der Oranienburger Straße in Berlin zur Zeit König Friedrich Wilhelms I. Zeitgenössische Darstellung.

Reform der Staatsverwaltung. Die Neuordnung der Finanzen und die innere Kolonisation waren nur möglich mit Hilfe eines zuverlässigen Beamtentums. Friedrich Wilhelm I. erzog sich eine Beamtenschaft von höchster Leistungsfähigkeit.

Bei der Besetzung der Ämter war ihm Eignung wichtiger als hohe Herkunft. Mit Strenge kämpfte der König gegen Schlendrian und Eigennutz. Einen Potsdamer Postmeister, der seinen Dienst versäumt hatte, prügelte er eigenhändig aus dem Bett. Auf verspätetes Erscheinen im Amt standen selbst in den höchsten Behörden hohe Geldstrafen, auf Bestechung schimpfliche Entlassung aus dem Staatsdienst. Friedrich Wilhelm I. verlangte von seinen Beamten rückhaltlose Hingabe: „Die Seligkeit ist für Gott, aber alles andere muß mein sein." Wie der König sich Gott verantwortlich fühlte, so sollte jeder Beamte, jede Behörde wiederum ihm verantwortlich sein. Dies Verantwortungsgefühl wurde durch stete Kontrollen wachgehalten und geschärft.

In einer Zeit, wo es anderswo üblich war, Ämter des öffentlichen Dienstes ohne Vorbildung käuflich zu erwerben und für privaten Vorteil auszunutzen, gelang in Preußen die Schaffung eines tüchtigen und ehrlichen Beamtentums. Es war freilich keine Schule für unabhängige Staatsmänner. Selbst die höchsten Beamten hatten keinen Einblick in die hohe Politik, vor allem nicht in die auswärtigen Angelegenheiten. Die behielt sich der König selber vor.

Die verschiedenen Zweige der inneren Verwaltung faßte Friedrich Wilhelm I. in einer einzigen Behörde, dem G e n e r a l d i r e k t o r i u m , zusammen. Es bestand aus fünf Abteilungen mit je einem Minister an der Spitze, von denen jeder für die Angelegenheiten mehrerer Provinzen zuständig war, darüber hinaus aber auch einige die ganze Monarchie betreffende Aufgaben zu bearbeiten hatte. Daneben gab es noch das Auswärtige Departement und das Departement für Justiz und geistliche Angelegenheiten. An die Spitze des Generaldirektoriums, gleichsam als sein höchster Beamter, trat der König selbst. Er wollte, wie er einmal sagte, „der Finanzminister und Feldmarschall des Königs von Preußen" sein.

Der Schöpfer des preußischen Heeres. „Ein reiches Land ohne Heer ist wie ein Garten ohne Zaun." Zu dieser Überzeugung war Friedrich Wilhelm I. als Kronprinz gekommen. Während des Nordischen Krieges (vgl. S. 30 f.) war ein russisch-polnisches Heer durch das neutrale Preußen marschiert, und niemand hatte den Ausschreitungen der verwilderten Soldateska wehren können, da die nötigen Truppen fehlten. Nach seinem Regierungsantritt wandte sich Friedrich Wilhelm mit ganzer Kraft dem Militärwesen zu. Unablässig betrieb er die Aufstellung neuer Regimenter. Von den sieben Millionen jährlichen Staatseinkommens wurden fünf für militärische Zwecke ausgegeben.

Den starken Bedarf an Mannschaften deckte man zunächst vorwiegend durch Werbung in anderen deutschen Staaten und im Ausland. Dabei scheuten die Werbeoffiziere sich nicht, auch Betrug und Gewalt anzuwenden. Doch hatte die preußische Armee von den gekauften, überlisteten oder gar mit Gewalt zum Militärdienst gepreßten Soldaten wenig Nutzen; viele desertierten wieder. Deshalb ging man seit 1733 zu einer Art begrenzter Wehrpflicht für preußische Untertanen über. Sie erfaßte in der Hauptsache die bäuerliche und kleinbürgerliche Bevölkerung. Bestimmte gewerbliche Gruppen, z. B. die Textilfacharbeiter, waren ausgenommen, ebenso die Gebildeten und das reiche Bürgertum. Noch 1740 kam in der preußischen Armee auf zwei Ausländer erst ein Preuße.

Die Soldaten dieser Armee waren einer barbarischen Disziplin und Militärjustiz unterworfen. „Räsonnieren" (Widerreden) gegen Vorgesetzte wurde mit Spießrutenlaufen bestraft, tätliche Widersetzlichkeit mit Erschießen.

Befreit vom Militärdienst war auch der preußische Adel, doch wurde es feste Regel, daß aus jeder Adelsfamilie mindestens einer von den Söhnen Offizier wurde. Bisher hatte der König nur die Obersten ernannt und diese wiederum die Hauptleute und Leutnante ihres Regiments. Friedrich Wilhelm I. änderte das: er ernannte und be-

Soldatenwerbung Anfang des 18. Jh. Stich aus Fleming „Der vollkommene teutsche Soldat" (Leipzig 1726).

förderte alle Offiziere persönlich. Auch trug er ständig die Uniform seines Regiments und umgab sich vorwiegend mit Soldaten. Auf diese Weise entstand ein einheitliches Offizierkorps, das seinem König persönlich in Treue ergeben war.

Die preußischen Truppen verfügten über gute Waffen: ein verbessertes Bajonett, das die Piken überflüssig machte, und statt des hölzernen Ladestocks einen eisernen, der die Feuergeschwindigkeit auf 6 Schuß in der Minute erhöhte. Die Ausbildung der Soldaten war ungewöhnlich streng.

Ihr Ziel war nicht – wie im 20. Jahrhundert – der Einzelkämpfer, sondern ein geschlossener Truppenkörper, der auf dem Schlachtfeld schnell und geordnet in Linie aufmarschierte, den Gegner mit unablässigem Feuer traf und während des Kampfes ganz in der Hand seiner Führer war. Wie eine große, aus menschlichen Leibern bestehende Maschine sollte die dreigliedrige Front gegen den Feind vorrücken, auf Kommando feuern, unerschütterlich dem Hagel der feindlichen Geschosse standhalten und auch im Falle der Niederlage „in Ordre bleiben". Als wichtigste Übungen galten Marschieren und Gleichschritt, Wendungen und Schwenkungen sowie schnelles und gleichmäßiges Salvenfeuer.

Durch unablässigen und harten Drill schufen König Friedrich Wilhelm und seine militärischen Berater eine Infanterie, deren Disziplin, Genauigkeit und verhältnismäßige Geschwindigkeit der Bewegungen im Gefecht für das 18. Jahrhundert etwas Neues waren.

Außenpolitik. Der „Soldatenkönig" hatte keinen kriegerischen Ehrgeiz. Nur in den Nordischen Krieg (vgl. S. 31) griff er ein und gewann das von seinem Großvater ver-

Das „ehrliche"Gassenlaufen und die „unehrliche" Stäupung. Kupferstich von Daniel Chodowiecki (1774).

gebens begehrte Vorpommern bis zur Peene. Seinen Nachfolger ermahnte er, berechtigte Ansprüche nicht aufzugeben, doch keinen ungerechten Krieg anzufangen: „Ihr seid zwar ein großer Herr auf Erden, aber Ihr müßt für alles unrechtmäßige Blut, das Ihr vergießen laßt, vor Gott Rechenschaft ablegen. Das ist eine harte Sache."

Ergebnisse. Als Friedrich Wilhelm I. 1740 starb, hinterließ er ein Werk, das Bewunderung erwecken mußte. Preußens Finanzwirtschaft und Verwaltung übertrafen die der meisten europäischen Staaten. Alle Schulden waren getilgt, der Staatsschatz betrug 10 000 000 Taler. Fast jeder vierte preußische Untertan war Kolonist oder Nachkomme von Kolonisten. Der Wohlstand des Landes war gestiegen. Die Beamtenschaft arbeitete sachkundig, selbstlos und pünktlich. Das preußische Heer war von 38 000 auf 83 000 vermehrt worden. Es war das viertstärkste in Europa nach Frankreich, Rußland und Österreich, obgleich der preußische Staat mit 2½ Millionen Menschen an Bevölkerungszahl nur an zwölfter Stelle in der Reihe der europäischen Mächte stand.

Zu kurz gekommen waren Künste und Wissenschaften. Sie ließ der König nur gelten, soweit sie praktischen Nutzen brachten.

Von den Eltern verlangte der König, daß sie ihre Kinder regelmäßig in die Schule schickten. Seine Untertanen sollten lesen und schreiben können. Es fehlte aber an Lehrern, um in jedem Dorf eine Schule einzurichten. Oft übernahmen deshalb Handwerker und ausgediente Soldaten den Unterricht. Die Schulaufsicht wurde den Pfarrern übertragen.

Das Tabakskollegium König Friedrich Wilhelms I. Zeitgenössisches Gemälde. Rechts vom König an der Tafel der junge Kronprinz. Links im Bild seine Brüder.

Zusammenfassung:

Kurfürst Friedrich Wilhelm (1640–1688), der Große Kurfürst, ist nach einem Wort Friedrichs des Großen „der Schöpfer der Macht Brandenburgs". Er hat die Souveränität über das Herzogtum Preußen (Ostpreußen) errungen, den Absolutismus in seinen Ländern durchgesetzt und die Verschmelzung der weit auseinanderliegenden Landesteile zu einem einheitlichen Staatswesen vorbereitet.

Der Sohn des Großen Kurfürsten wurde 1701 als Friedrich I. der erste „König in Preußen".

König Friedrich Wilhelm I. (1713–1740) stärkte die Finanzkraft seines Landes und machte Preußen zu einem straff zentralisierten Staat. Er schuf ein Heer von hervorragender Schlagkraft und bildete ein Beamtentum heran, das durch seine Pünktlichkeit und Unbestechlichkeit vorbildlich war.

IV. Gesellschaft und Wirtschaft

1. Die Bevölkerungsentwicklung

Geburtenüberschuß und Zuwanderung. Bis zum Dreißigjährigen Krieg war Deutschland das volkreichste Land Europas gewesen. Jetzt trat Frankreich für längere Zeit an die erste Stelle. Die deutsche Bevölkerung war von ungefähr 16 Millionen auf 10 Millionen Menschen gesunken. Doch erreichte Deutschland in 100–150 Jahren wieder seine alte Bevölkerungszahl. In dem Jahrhundert nach 1650 war seine Geburtenziffer höher als in anderen europäischen Ländern. Auch erhielt Deutschland großen Zuwachs durch E i n w a n d e r e r.

Empfang König Augusts des Starken von Sachsen durch Friedrich Wilhelm I. und seine Gemahlin im Schloß Monbijou (1728). Gemälde von Antoine Pesne.

Die größte Gruppe kam aus der Schweiz und ging vor allem in die Pfalz. Außerdem wanderten zahlreiche Wallonen und Holländer ein sowie Schotten, Dänen und Schweden. Starke Einwanderergruppen bildeten die Hugenotten (vgl. S. 8) und die aus österreichischen Ländern vertriebenen Protestanten (vgl. S. 55).

Neue Bevölkerungsverluste traten während der späteren Kriege auf, z. B. während des Pfälzer Krieges. Aber auch sie wurden durch Geburtenüberschuß und Zuwanderung ausgeglichen.

Andererseits gingen Tausende von Deutschen über die Grenzen in die Ferne, um sich dort eine neue Existenz zu suchen.

Die „zweite Ostkolonisation". Im Osten griff die Bevölkerungsbewegung weit über die Reichsgrenzen hinaus.

Nach der Befreiung U n g a r n s von den Türken (vgl. S. 42) setzte eine kraftvolle Wiederbesiedelung des verödeten Landes ein. Hieran hatten neben Slawen und rückwandernden Madjaren deutsche Bauern einen wesentlichen Anteil. Sie wurden von kaiserlichen Feldherren wie dem Prinzen Eugen (vgl. S. 46), von ungarischen Adligen und von den habsburgischen Behörden in West- und Südwestdeutschland systematisch angeworben und fuhren auf breiten Kajütenbooten, den „Ulmer Schachteln", die Donau hinunter, um sich durch harte Arbeit eine neue Heimat zu gewinnen.

Von 1740 bis 1790 kamen mehr als 100 000 Deutsche nach Ungarn, wo sie aus Öden und Wüsteneien blühendes Kulturland schaffen halfen.

Auch in G a l i z i e n und in der B u k o w i n a (vgl. S. 109) wurden deutsche Bauernstellen angelegt und vorbildlich bewirtschaftet. Und gegen Ende des 18. Jahrhunderts wirkten deutsche Waldarbeiter aus den Alpen und dem Böhmerwald an der wirtschaftlichen Erschließung der K a r p a t e n mit.

Bedeutend war auch die deutsche Auswanderung nach R u ß l a n d . Hier stellte die Kultivierung der weiten Steppengebiete am Schwarzen Meer große Siedlungsaufgaben, die mit russischen Bauern allein nicht zu bewältigen waren. Deshalb begann K a t h a r i n a I I. (vgl. S. 114), außer Bulgaren, Griechen, Serben, Franzosen und Schweden auch deutsche Siedler anzuwerben und zu Schiff über Lübeck und Petersburg ins Land zu führen.

Bis 1770 wurden an der W o l g a im Gouvernement Saratow etwa 30 000 Deutsche angesiedelt („Wolgadeutsche"). Unter Katharinas Nachfolgern gelangten deutsche Auswanderer auch in die U k r a i n e , nach B e s s a r a b i e n , auf die K r i m und in die Gegend um T i f l i s .

Die deutschen Siedler erhielten reichlich Land zugewiesen, je Familie bis zu 72 Hektar. Als „freie Kolonisten" waren sie von den leibeigenen russischen Bauern scharf getrennt, unterstanden einer eigenen Behörde und genossen innerhalb ihrer Gemeinden und Amtsbezirke das Recht der Selbstverwaltung.

Auswanderung nach Nordamerika. Die deutsche Auswanderung in die Neue Welt hatte neben wirtschaftlichen vielfach auch religiöse Gründe. Gruppen, die wegen ihres Glaubens verfolgt oder unterdrückt wurden, fanden besonders in P e n n s y l v a n i e n (vgl. S. 27) eine Zufluchtsstätte.

Der weitaus größte Teil der Deutschen kam über Philadelphia in die Kolonien. Viele waren sehr arm und mußten als Tagelöhner die Kosten der Überfahrt nachträglich verdienen. Doch erwarben die deutschen Einwanderer als Bauern und Farmer meist schon sehr bald Wohlstand und Ansehen. Die „Pennsylvania Dutch" bildeten eine festgeschlossene Gruppe, die zäh ihre Sprache und ihr Brauchtum bewahrte. Sie gaben eigene Zeitungen heraus und pflegten die deutsche Musik.

Bei Ausbruch des Freiheitskampfes (vgl. S. 120) gab es in Pennsylvanien 90 000 Deutsche, das waren mehr als ein Drittel der Bevölkerung. Die Gesamtzahl der deutschen Einwanderer wird für das 18. Jahrhundert auf 200 000 geschätzt.

2. Die landwirtschaftlichen Verhältnisse

Wiederaufbau der Landwirtschaft. „Menschen achte (ich) vor den größten Reichtum." Dieses Wort König Friedrich Wilhelms I. von Preußen sprach aus, was die meisten deutschen Fürsten dachten, die sich um Wiederherstellung und Entwicklung ihrer Länder bemühten. Da Deutschland noch ein vorwiegend von der Landwirtschaft lebendes (agrarisches) Land war, suchten die Fürsten vor allem Menschen für den Aufbau der zerstörten Dörfer und die Neubestellung der Felder zu finden.

Trotzdem war der Bauer wenig geachtet. Man hielt ihn für hinterhältig und aufsässig und war der Meinung, er müsse unter Druck gehalten werden. Auch seine Rechtsstellung war unsicher.

Rechtliche Stellung der Bauern auf altdeutschem Gebiet. Im größten Teil Deutschlands hatte der Dreißigjährige Krieg die rechtliche Lage der Bauern nur wenig verändert. Die Bauern hatten als Hörige dem Grundherrn Frondienste zu leisten oder als Leibeigene Leibzins zu zahlen. Aber die Frondienste konnten durch Geldzahlungen abgelöst werden, die Leibeigenschaft ging ständig zurück. Mittel- und kleinbäuerliche Betriebe herrschten vor. Die Höfe gingen nach Gewohnheitsrecht in geschlossener

Erbfolge an die Söhne der jeweiligen Inhaber. Der Adel zeigte wenig Neigung, sich der Landwirtschaft zuzuwenden, da die Getreidepreise sehr niedrig waren, und zog es vor, wie vor dem Krieg seine Renten und andere Abgaben einzuziehen. Selten wurde Bauernland zu den in Streubesitz liegenden Ländern der Adligen geschlagen. Wo es geschah, wie in Nordwestdeutschland, erzwangen die Landesfürsten die Rückgabe.

Ausbau der Gutsherrschaft in Ostdeutschland. In den ostelbischen Gebieten war der Grundherr Gutsherr im eigentlichen Sinn, d. h. er bewirtschaftete seinen zumeist gesondert und in einheitlicher Fläche liegenden Grundbesitz auf eigene Rechnung. Das herrschaftliche Gut umfaßte zwei eng miteinander verknüpfte Teile, die vom Gutsherrn unmittelbar bewirtschaftete Bodenfläche und das Land der abhängigen Bauern, die auf dem Gut arbeiteten. Da der Gutsherr zugleich Grund-, Leib- und Gerichtsherr war, herrschte er in seinem Dorf gleichsam als Landesherr, die Bauern waren seine Privatuntertanen. Das gab den „Junkern" die Möglichkeit, den bäuerlichen Besitz in ihre Gewalt zu bringen und die bäuerliche Arbeitskraft für eigene wirtschaftliche Zwecke auszubeuten. Bis ins 19. Jahrhundert hinein wurden die Bauern „gelegt", d. h. zum Verkauf ihrer Höfe an den Grundherrn gezwungen. In manchen Gegenden, z. B. in Mecklenburg und Pommern, konnten Grundherren ihrem Besitz ganze Dörfer zuschlagen. So nahm die Zahl der Bauernhöfe ständig ab, während Zahl und Umfang der „Rittergüter" stiegen. Gleichzeitig erhöhten sich die

Links: Mitteldeutscher Bauernhof um 1700. Kupferstich aus „Das sächsische Land- und Hauswirtschaftsbuch" (Leipzig, 1704).

Rechts: Der Marktplatz von Leipzig im 18. Jh. Zeitgenössische aquarellierte Radierung.

Arbeitsverpflichtungen der Bauern. Im günstigsten Falle betrugen sie 3–4, häufiger 6 Tage wöchentlich. Für die Bearbeitung des eigenen Landes blieben dem Bauern dann bloß die Nächte, in denen er mit erschöpften Tieren beim Mondschein arbeitete.

Das rechtliche Verhältnis, in dem die Bauern im deutschen Osten zu ihren Herren standen, bezeichnet man als E r b u n t e r t ä n i g k e i t. Sie war eine abgewandelte Form der Leibeigenschaft. Die Bauern waren an die Scholle gebunden. Sie unterstanden der Polizeigewalt und der niederen Gerichtsbarkeit des Gutsherrn. Ihre Kinder mußten auf dem Gut Gesindedienste leisten. Wollten sie ein Handwerk lernen oder heiraten, so brauchten sie dafür die Zustimmung des Grundherrn.

In guten Zeiten und unter menschlich denkenden Adligen mochten sich die Bauern wirtschaftlich und sozial geborgen fühlen (patriarchalisches Verhältnis). Verbriefte Rechte besaßen sie nicht. So kam es denn auch vor, daß Bauern ohne Land verdungen, ausgetauscht, verschenkt, meistbietend versteigert oder sogar beim Kartenspiel als Pfand eingesetzt wurden.

3. Das Bürgertum

Die Städte. Großstädte im heutigen Sinn gab es in Deutschland um 1700 noch kaum. Die meisten deutschen Städte zählten nicht viel über 1000 Einwohner: Zunftmeister und Kaufleute, Handwerker und Ladenbesitzer und ihre Dienstboten. Viele lebten als „Ackerbürger" auch von der Landwirtschaft. In den wenigen größeren Städten unterschied man außerdem „ratsfähige Geschlechter", Stadtbeamte, „Reiche" und Rechtsdoktoren.

Den Reichtum der deutschen Städte hatte der Dreißigjährige Krieg vernichtet. Ihr politischer Einfluß ging verloren, als die Fürsten im Kampf gegen die Stände siegten (vgl. S. 35) Die Landesherren schränkten die städtische Selbstverwaltung ein, ließen die Städte durch fürstliche Beamte verwalten und zwangen sie, landesherrliche Garnisonen aufzunehmen.

Für die Bewohner der kleinen Städte hörte die Welt am Stadttor auf. Reisen waren ein zeitraubender und kostspieliger Luxus, den sich nur Vermögende leisten konnten. Die meisten Bürger kamen ihr Lebtage nicht einmal in die Landeshauptstadt. Ihr Leben spielte sich im Haus ab, das auch Werkstatt, Büro und Laden umschloß.

Nur wenige Bürgersöhne konnten hoffen, durch Erfolge in Handel und Gewerbe oder durch ein akademisches Studium sozial aufzusteigen. Die meisten blieben an den Stand gebunden, in den sie hineingeboren waren. Um so starrer waren die sozialen Einteilungen innerhalb der Bürgerschaft. Jede gesellschaftliche Gruppe suchte sich von den andern durch Titel (vgl. S. 72), Kleidung und Aufwand bei Kirchgang, Taufe, Hochzeit und Begräbnis abzuheben.

Unter solchen Umständen verkümmerten Bürgerstolz und Gemeinsinn. Eine unabhängige politische und soziale Haltung des Bürgertums konnte sich im Unterschied zu Westeuropa in Deutschland nicht entwickeln. Das bürgerliche Leben behielt zumeist einen kleinlichen und eigensüchtigen Zug. Die deutsche Stadt blieb räumlich und geistig eine enge Welt.

Beschränkte Entwicklungsmöglichkeiten für den Handel. Nach dem Westfälischen Frieden kam der Handel allmählich wieder in Gang. Seine frühere Bedeutung aber erlangte er nicht mehr. Zu sehr war er durch Z ö l l e   u n d   A b g a b e n behindert, die an Brücken und Straßen sowie an den Grenzen der vielen Herrschaftsgebiete erhoben wurden. In einem Bericht aus dem 18. Jahrhundert heißt es:

„In dem kleinen Strich zwischen Mainz und Koblenz, welcher, die Krümmung des Flusses mitgerechnet, kaum neun deutsche Meilen beträgt, zählt man nicht weniger denn neun Zollstätten. Zwischen Koblenz und Holland sind ihrer wenigstens noch sechzehn, und jede dieser Zollstätten weist in einem Jahr selten weniger als 25 000, gemeiniglich aber 30 000 rheinische Gulden und darüber an."

Das A u s l a n d s g e s c h ä f t lag vielfach in den Händen von Fremden, die sich in deutschen Städten niedergelassen hatten, in Norddeutschland vor allem der Engländer, Niederländer und Portugiesen, im Süden besonders der Italiener. Der Ü b e r - s e e h a n d e l wurde von Engländern und Holländern beherrscht.

So gab es in Deutschland nur wenige bedeutende Handelsstädte. Die wichtigste im Rheingebiet war F r a n k f u r t a m M a i n. Seine guten Verkehrsverbindungen nach dem Osten und in beiden Richtungen des Rheinstromes ließen einen regen Handelsverkehr entstehen. Zu den Messen im Herbst und an Ostern bewegten sich lange Wagenzüge der Kaufleute aus Nürnberg, Augsburg, Straßburg und Köln.

Den Handel mit dem Osten beherrschte L e i p z i g , das in der gewerbetätigsten Gegend Deutschlands und günstig an der Kreuzung der mitteldeutschen und der nord-südlichen Handelsstraße gelegen war.

Bedeutendster Seehafen war H a m b u r g. Es hatte im Dreißigjährigen Krieg keinen Schaden gelitten und besaß außer einer Handelsflotte auch eine kleine Kriegsmarine. Hamburgische Gesandte und Geschäftsträger verhandelten bei den niederländischen Generalstaaten und am Hofe Cromwells. Von den Engländern erlangten sie das Zugeständnis, daß die Navigationsakte (vgl. S. 21) für Hamburg nicht gelten sollte. So blieb Hamburg der Hauptstapelplatz für englische Waren auf dem Festland und ein wichtiger Vertriebsmittelpunkt holländischer und französischer Ausfuhrgüter.

Hemmendes Zunftwesen. Als Hindernis für eine großzügige wirtschaftliche Entwicklung der deutschen Städte erwies sich auch das Zunftwesen.

Die verschiedenen Handwerke waren streng gegeneinander abgegrenzt. Dadurch war jedes in seiner Entfaltung gehemmt. Der Bäcker durfte keine Kuchen herstellen, der Schneider kein Pelzwerk verarbeiten, der Schmied nicht selber seine Hufnägel verfertigen. In Sachsen war die Fabrikation der Schlittschuhe zwischen sieben Zünften streitig.

Häufig war nur eine beschränkte Zahl von Meistern zugelassen. Eine durch Todesfall freigewordene Meisterstelle wurde in erster Linie den Verwandten des Verstorbenen oder dem zugesprochen, der die verwitwete Meisterin heiratete.

Auch den tüchtigen Meister hemmten die Zunftvorschriften, wenn sie bestimmten, daß ,,kein Handwerksmann etwas Neues erdenken, erfinden oder gebrauchen soll''.

Der Bedarf der Höfe und Heere. Seit 1650 wurde eine beträchtliche Zahl von Städten Wohnsitz eines Fürsten und seines Hofstaates (vgl. S. 39). Hier entstand ein großer Bedarf an gehobenen Verbrauchs- und an Luxusgütern.

Die Heere wurden immer größer. Während bei Pavia 1525 insgesamt 40 000 Mann gegeneinander gekämpft hatten, trafen auf den Schlachtfeldern des 18. Jahrhunderts jeweils über 100 000 Soldaten zusammen. Solche Massen konnten sich nicht mehr selbst verpflegen, bekleiden und bewaffnen. Ihre einheitliche Versorgung verlangte eine genormte Massenherstellung.

Weder den Luxusbedarf der Höfe noch den Massenbedarf der Heere konnte das Zunfthandwerk decken. So kam es zu neuen Großformen des Gewerbes: die von ,,Verlegern'' organisierte Hausindustrie und die Manufakturen.

Hausindustrie und Verlagswesen. In einigen Gegenden Deutschlands, wo der Boden nur geringe Erträge einbrachte, entwickelte sich eine H a u s i n d u s t r i e ,

Rechte Seite oben: Die kurfürstliche Residenzstadt München, von der Isarbrücke aus gesehen, im 18. Jh. Kolorierter Stich. – Unten: Berlin im 18. Jh. (vom Strahlower Tor aus gesehen). Kolorierter Stich von F. Rosenberg (vgl. S. 52).

vor allem im Mittelgebirge. Auch in den Gebieten, wo Textilien hergestellt wurden, war sie die vorherrschende Wirtschaftsform: an der Wupper, am Niederrhein und im nördlichen Bayern. Ihre Erzeugnisse wurden im V e r l a g s s y s t e m vertrieben.

Ein Kaufmann, der über Kapital verfügte, „legte" Handwerkern das erforderliche Geld „vor" und besorgte auch meist den Einkauf der Rohstoffe, die sie zuhause verarbeiteten. Die abgelieferten Fertigwaren verkaufte er dann auf eigene Rechnung im großen weiter.

Während der Zunfthandwerker Erzeuger und Verkäufer in einer Person war, wurde der Handwerker im Verlagssystem auf die Produktion beschränkt, der Verkauf Sache des „Verlegers". Dies Verlagswesen dehnte sich auch aufs flache Land aus. Hier wurde die Hausindustrie als Füllarbeit im Winter gegen geringe Bezahlung betrieben. Das drückte auch die Löhne der städtischen Handwerker. Die Verleger nutzten nicht selten ihren Vorteil aus und hielten die Heimarbeiter in wirtschaftlicher Abhängigkeit. Vor allem im Textilgewerbe, im Spinnen, Weben, Stricken und Sticken, mußten Frauen und Kinder mitarbeiten, um ein Auskommen zu haben.

Manufakturen. Beim Verlagssystem war die Erzeugung gleichsam in viele kleine Werkstätten auseinandergelegt (dezentralisierter Großbetrieb). Die M a n u f a k - t u r faßte mehrere Handwerke in einem Hause zusammen (vgl. S. 10). Manufakturen waren als „zentralisierte Großbetriebe" besonders leistungsfähig für die Massenerzeugung. Viele von ihnen wurden von den Fürsten gefördert, die tüchtige Handwerker als „Freimeister" von den Zunftvorschriften entbanden und durch Kredite, Zuschüsse und steuerliche Vorteile unterstützten.

Um billige Arbeitskräfte zu gewinnen, verband man die Manufakturen oft mit Waisen- und Arbeitshäusern, manchmal auch mit Zuchthäusern und Irrenanstalten. Den Arbeitern ging es auch in den Manufakturen nicht gut. Häufig verdienten sie kaum das Nötigste zum Leben. Aber daran nahm man ebenso wenig Anstoß wie an der Kinderarbeit. Es gab noch keine organisierte Arbeiterschaft, die Rechte hätte fordern oder durchsetzen können.

4. Der Adel

Wie die Stadtbürger übte auch der Adel zumeist keinen politischen Einfluß mehr aus. Aber er besaß noch beträchtliche wirtschaftliche und gesellschaftliche Vorrechte: Steuerfreiheit, Vorrang bei Bewerbungen und Beförderungen, bessere Bezahlung bei gleicher Dienststellung und mildere Strafen bei Vergehen und Verbrechen. Zwar wurden einzelne verdiente Beamte oder reiche Kaufleute geadelt. Doch schloß sich der Adelsstand bewußt vom übrigen Volk ab.

Der junge Adlige wurde zu Hause von einem Hofmeister unterrichtet. Er sollte in keine auch von nichtadligen Kindern besuchte Schule gehen.

Statt einer Universität bezog er meist eine „Ritterakademie". Dort lernte er neuere Sprachen sowie Staats- und Verwaltungskunde, unterzog sich ausgedehnten körperlichen Übungen und erwarb ein galantes höfisches Benehmen. Nach Abschluß seiner Ausbildung führte ihn eine „ K a v a l i e r s t o u r " nach Holland, England, Frankreich oder Italien. Dabei vervollkommnete er seine Sprachkenntnisse, besuchte Sehenswürdigkeiten, knüpfte gesellschaftliche Beziehungen an und suchte an den Fürstenhöfen empfangen zu werden. Nach seiner Rückkehr hielt er sich für den Dienst am Hofe des Landesfürsten bereit oder widmete sich der Verwaltung der ererbten Güter.

Ehen mit Bürgerlichen zu schließen oder einen bürgerlichen Beruf auszuüben, war Adligen nicht erlaubt. Nur Erzeugnisse des eigenen Gutes durfte ein Edelmann ver-

ie woll wird von spinn=maister gewogen, denen spinnerinen aus getheilet, und dargegen das garn empfangen, ie woll wird auf denen platt=kartten zum eintrag, und 3. auf denen knießreichen zum settel vor die spinner gestriche ... auf großen Rädern gesponnen. 5. vor rath von allerhand garn.

Spinnsaal mit Handspinnrädern in der Tuchmanufaktur Oberleutensdorf in Böhmen. Kupferstich von W. L. Reiner (1727).

kaufen und im Einzelfall auch größere Geschäfte abschließen. Alles andere galt als ein Verstoß gegen die Standesehre.

Die Zahl der verarmten Adelsfamilien war in Deutschland groß. Aber auch die Söhne der reicheren wünschten, durch Hof-, Regierungs- oder Militärdienst ihren Lebensunterhalt zu verdienen oder ihr Vermögen zu vermehren. Bevorzugt war der Dienst am Hofe des Fürsten, dem sich die Adligen durch einen ähnlichen gehobenen Lebensstil verbunden fühlten.

5. Die Juden

In der Stellung der Juden hatte das Zeitalter der Reformation und der Glaubenskämpfe keinen Wandel geschaffen. Wie im Mittelalter (vgl. Bd. 2, S. 106 und 130) waren sie gezwungen, außerhalb der Berufe und Zünfte zu leben, die als christliche Körperschaften eingerichtet waren. Der Erwerb von Landbesitz war ihnen untersagt, Schulen, Universitäten und öffentliche Ämter blieben ihnen verschlossen. So gingen die Juden noch immer denjenigen Aufgaben nach, welche die Christen nicht erfüllen konnten oder wollten, vor allem dem Kreditgeschäft und dem Handel mit Edelsteinen, Perlen, Seide und ähnlichen Waren.

Die neuen Staaten des absolutistischen Zeitalters brauchten Männer, die imstande waren, Kredit zu geben oder zu vermitteln, komplizierte Geldgeschäfte durchzuführen, Luxusgüter herbeizuschaffen und den Massenbedarf der stehenden Heere zu befriedigen. Hierfür schienen kapitalkräftige Juden wegen ihrer über die Staatsgrenzen hinausreichenden Sippen- und Geschäftsverbindungen besonders geeignet. So wurde es an den meisten deutschen Höfen der Zeit üblich, einen oder mehrere j ü d i s c h e

67

„Faktoren", d. h. Finanz- oder Handelsagenten, zu halten. Sie genossen besondere Vorrechte und hatten dafür den Wünschen von Herrscher und Hof nachzukommen, z. B. Juwelen, Gobelins oder Seidenkleider beizubringen, oder staatliche Aufgaben durchzuführen und etwa für Bekleidung oder Verpflegung eines Heeres zu sorgen. Auch liehen sie den Fürsten Geld auf das zukünftige Steueraufkommen. Einige wenige dieser „Hofjuden" erwarben dabei beträchtliche Vermögen. Nicht selten aber entlud sich auch der Haß der gedrückten Untertanen gegen sie, obwohl er eigentlich der unfähigen und verschwenderischen fürstlichen Verwaltung hätte gelten müssen.

Die meisten Juden waren darauf angewiesen, in kleinen Landstädten als Händler zu leben. Hier waren sie als Personen minderen Rechtes unzähligen Kränkungen und Demütigungen ausgesetzt. Erst im Laufe des 18. Jahrhunderts wurde ihnen dann unter dem Einfluß aufklärerischer Gedanken mehr Schutz und Wohlstand zuteil.

Zusammenfassung:

Die großen Menschenverluste, die der Dreißigjährige Krieg in Deutschland hervorgerufen hatte, wurden langsam durch Geburtenüberschuß und Zuwanderung wettgemacht. Eine „zweite Ostkolonisation" führte Zehntausende von Deutschen nach Ost- und Südosteuropa.

Deutschland blieb noch für lange Zeit ein agrarisches Land. Auf altdeutschem Boden veränderte sich die Lage der Bauern nur wenig. In Ostdeutschland bildete sich die Gutsherrschaft über erbuntertänige Bauern heraus.

Das städtische Bürgertum lebte in engen Verhältnissen, da die Entwicklungsmöglichkeiten für den Handel beschränkt blieben und das Handwerk durch kleinliche Zunftvorschriften gehemmt war.

Den wachsenden Bedarf der Höfe und Heere deckten die Manufakturen und die im Verlagswesen organisierte Hausindustrie. Als fürstliche Finanz- und Handelsagenten dienten einzelne jüdische Hoffaktoren, während die Masse der Juden gedrückt und rechtlos lebte.

Der Adel war politisch entmachtet, blieb aber im Besitz ererbter Privilegien und schloß sich gegen die anderen Stände ab.

V. Kultur und Geistesleben

1. Niedriger Stand der Gesittung nach dem Dreißigjährigen Krieg

Niedergang des Unterrichtswesens. Das 17. Jahrhundert war in andern Ländern eine Zeit der reichen Entfaltung geistigen Lebens. In Deutschland jedoch waren während des Dreißigjährigen Krieges Schulen und Universitäten verödet. Studenten und Schüler hatten die Hörsäle verlassen, um Soldaten zu werden. Nach dem Kriege waren Wissenschaft und Unterricht vielfach in Formelwesen und trockener Gelehrsamkeit erstarrt. Die Masse des Volkes genoß überhaupt keinen Unterricht.

Irrwahn und Aberglaube. Denken und Fühlen der Menschen wurden von Irrwahn und Aberglauben beherrscht. Kometen, Mißgeburten und andere ungewöhnliche Naturerscheinungen hielt man für Vorzeichen von Krieg und Pestilenz. Wahrsager und Astrologen fanden viele Anhänger. Selbst die höchsten Kreise waren von der Macht geheimer Kenntnisse (arcana) überzeugt. Dem „Stein der Weisen" sprach man die Fähigkeit zu, Metalle in Gold zu verwandeln. An vielen Fürstenhöfen waren Goldmacher mit solchen Versuchen beschäftigt. Einer von ihnen, Johann Friedrich Böttger, entdeckte dabei (1709) das Hartporzellan.

Die fürchterlichste Art des Irrwahns war der Glaube an Hexen und Zauberer, denen man die Schuld an Krankheiten und Unglücksfällen beimaß. Durch die Folter wurden den Verdächtigten die unsinnigsten Geständnisse abgezwungen. Tausende endeten auf dem Scheiterhaufen.

Rückständige Justiz. Noch immer galt die „Peinliche Gerichtsordnung" Karls V. mit ihren furchtbaren Strafen, unter denen das Vierteilen bei weitem nicht die grausamste war. Hinrichtungen und Verstümmelungen wurden in aller Öffentlichkeit vollzogen. Sie sollten abschrecken, erweckten aber eher Blutgier und Grausamkeit.

Wie in allen Ländern des Festlandes wurden die Strafprozesse geheim und schriftlich durchgeführt. Der Angeklagte war nahezu hilflos. Der Richter konnte ihm die Kenntnis der Anklageschrift und die Namen der Belastungszeugen vorenthalten und ihn des Verteidigers berauben.

Da Zeugenaussagen und Tatsachen-(Indizien-)beweise als ungenügend galten, unterwarf man den Angeklagten in der Regel der Folter, um ihn zum Geständnis seiner Schuld und zur Nennung seiner vermuteten Mitschuldigen zu zwingen.

Sprachverwilderung. Die deutsche Sprache war völlig verwildert. Wer sich modisch ausdrücken wollte, mischte seine Rede mit lateinischen, spanischen, italienischen und französischen Brocken zu einem kaum verständlichen Kauderwelsch. In einem Privatbrief aus den Kriegsjahren heißt es:

„Sein geliebtes Schreiben habe ich zurecht akzeptiert und daraus seine Gesundheit vernommen, welches mich sehr delektiert. Mich betreffend, so bin ich, Deo sit gratia, in perfekter Gesundheit und prosperitet. Gott wolle uns länger darinnen beiderseits conservieren."

2. Anfänge geistiger Erneuerung

Sprachgesellschaften. Gegen den Verderb der Sprache wandten sich Sprachgesellschaften, die es unternahmen, die Reinheit des Deutschen wiederherzustellen und zu schützen. Die bekannteste war die in Weimar gegründete „Fruchtbringende Gesellschaft", der Fürsten, Edelleute und Gelehrte aller Konfessionen angehörten. In ihrem Reinigungsbestreben (Purismus) gingen die Sprachgesellschaften gelegentlich zu weit, so wenn sie alte Lehnwörter wie „Nase" und „Mantel" durch neue Ausdrücke verdrängen wollten. Aber viele Eindeutschungen haben sich durchgesetzt, z. B. „letzter Wille" für Testament, „Vertrag" für Kontrakt, „Vollmacht" für Plenipotenz.

Amos Comenius. Für eine allgemeine Volkserziehung setzte sich der in Ungarisch-Brod in Mähren geborene J o h a n n A m o s K o m e n s k y (1592–1670), genannt C o m e n i u s , ein. Er war ein edler Mensch, der sich auch in den Greueln einer wilden Zeit und trotz aller erlittenen Verfolgung Menschenfreundlichkeit und Idealismus bewahrte. Comenius wollte die Menschen „zu Glauben und Gottesfurcht, Sitten und Tugenden, und sodann auch Wissenschaften der Sprachen und auch Künsten" erziehen. Der gesamte Unterricht sollte sich auf die Anschauung der natürlichen Welt, erst in zweiter Linie auf die Schriften alter und neuer Autoren stützen. Comenius verfaßte ein systematisches Bilderbuch, den „Orbis Pictus" (Erdkreis im Bild), das weite Verbreitung fand. Seine Ideen wurden durch H e r z o g E r n s t v o n S a c h s e n - G o t h a verwirklicht, der in seinem kleinen Land in musterhafter Form die allgemeine Schulpflicht für Kinder von 5 bis 12 Jahren einführte.

Anfänge des Zeitungswesens. Ein wichtiges Bildungsmittel für alle, die lesen konnten, wurden seit dem 17. Jahrhundert die Zeitungen. Bisher hatte es nur Flugblätter gegeben, die von auffallenden Ereignissen berichteten: Belagerungen, Aufständen, fürstlichen Heiraten, Verbrechen, Seuchen und Feuersbrünsten. Reiche Politiker, Fürsten und große Geschäftsleute ließen sich auch von kundigen Männern geschriebene Nachrichten regelmäßig zuschicken. Seit Beginn des 17. Jahrhunderts erschienen die ersten gedruckten Wochenzeitungen. Sie standen unter strenger Überwachung (Zensur) und enthielten deshalb nur Tatsachenmeldungen ohne Beurteilung und Bewertung, verbreiteten aber wichtige Nachrichten und Kenntnisse. Später wurden nach französischem und englischem Vorbild auch gelehrte und unterhaltsame Zeitschriften herausgegeben.

Gründung von Bibliotheken und Sammlungen. Am Anfang des 17. Jahrhunderts hatte es in Europa nur drei wirklich große Bibliotheken gegeben, in Rom, in Mailand und in Oxford. Bald aber verbreitete sich das Bestreben, die Schätze der Literatur und der Wissenschaften allgemein zugänglich zu machen. Wie in Italien wurden auch in Deutschland zahlreiche Büchereien gegründet, so in Wien, wo die kaiserliche Bibliothek um 1700 bereits an 100 000 Bände zählte, in Berlin, wo der Große Kurfürst eine Bücherei anlegte, und in Wolfenbüttel, wo Leibniz und später Lessing Bibliothekare waren.

Daneben wurden naturwissenschaftliche, münz- und völkerkundliche Sammlungen angelegt, die von Gelehrten und Liebhabern besucht werden konnten und reichen Nutzen stifteten.

August Hermann Francke. Das größte Bildungsunternehmen des Zeitalters in Deutschland erwuchs aus einer neuen Richtung evangelischer Frömmigkeit, dem P i e t i s m u s.

Nach Luthers Tod hatte innerhalb der evangelischen Kirchen erbitterter Streit um die „reine Lehre" eingesetzt, der vielfach zu unversöhnlichem Hader entartete. Dagegen wandten sich einzelne Gruppen von Protestanten, die „Stillen im Lande". Ihr Anliegen war es, vom unfruchtbaren Glaubensstreit loszukommen und zur Innigkeit christlichen Gemütslebens und zu werktätiger Nächstenliebe zurückzufinden.

Aus dem Geist dieser Bewegung wirkte auch A u g u s t H e r m a n n F r a n c k e (1663–1727), Professor der Theologie an der Hallenser Universität und Pfarrer in Glaucha bei Halle. Er gründete aus Spenden ein Waisenhaus und mehrere Schulen, um die Jugend „zur wahren Gottseligkeit und christlichen Klugheit" zu führen. Eine Waisenhausbuchhandlung, die Bibeln verbreitete, und eine Waisenhausapotheke steuerten ihre Gewinne bei, so daß Francke seine Anstalten auf sicherer Grundlage ständig erweitern konnte.

Als Francke starb, wurden die von ihm geschaffenen Einrichtungen von mehreren tausend Schülern, Studenten und Lehrern besucht. Die Kinder wurden nicht nach ihrer Herkunft, sondern nach ihrer Begabung für bürgerliche, gelehrte oder weltmännische Berufe ausgebildet. Franckes Lehre von der Bewährung des Glaubens in der täglichen Pflicht hat auch den Preußenkönig Friedrich Wilhelm I. und den Aufbau seines Staates stark beeinflußt. Francke stand ferner in Verbindung mit Peter dem Großen, den nordischen Staaten, England, Ungarn, Polen, Böhmen und der Türkei.

Franckes letzte Ziele waren weltweit gesteckt: die Erneuerung der gesamten Christenheit und die Gewinnung der nichtchristlichen Welt aus dem Geist tätiger Gottes- und Menschenliebe durch pietistisch Erweckte und Ausgewählte. Sie konnten

Die Franckeschen Anstalten zur Zeit ihres Gründers. Zeitgenössische Darstellung.

nicht erreicht werden. Die F r a n c k e s c h e n A n s t a l t e n standen ein Vierteljahrhundert in Blüte, dann litten sie unter dem Siebenjährigen Krieg und seinen Folgen. Aber Franckes Geist strahlte nicht nur in Deutschland, sondern auch nach England und Amerika aus.

3. Barock und Rokoko

Der Lebensstil des Barock. Die Menschen dieser Zeit lebten in der Spannung zwischen einer gesteigerten Lebensfreude und einem tiefen Bedürfnis nach religiöser Erhebung. In vielen Werken der Dichtung, der Baukunst und der Musik fand dies Lebensgefühl des Barock einen echten und überzeugenden Ausdruck. Im Lebensstil der vornehmen Gesellschaft führte es oft zu bloßer Selbsterhöhung, zu Schwulst und falschem Pathos. Kleidung, Haartracht und Benehmen waren darauf angelegt, den Eindruck von Würde und Erhabenheit zu verbreiten.

Bei beiden Geschlechtern galten Körpergröße und Volleibigkeit (Korpulenz) als schön. Die Herren trugen, um wohlbeleibter zu erscheinen, Hüft- und Wadenpolster und auf dem Kopf eine gepuderte Allongeperücke, die ihre Gestalt höher erscheinen ließ. Die Damen schnürten sich in steife Mieder und frisierten das Haar in die Höhe. Die Kleidung war, allen Luxusgesetzen zum Trotz, kostspielig. Die Gewänder mußten von Samt oder Seide sein, mit teuren Gold- und Silberstickereien oder Spitzen reich besetzt. Viele Menschen neigten dazu, über ihren Stand zu leben.

Einfluß des Hoflebens. Für die Bürger der höheren Schichten war der Hof das unerreichte Vorbild, nahm er doch jede Art von Bildung und Kunstgeschmack für sich in Anspruch. Da es sonst keine Stätten gehobener Lebensführung gab, wurde alles, was hübsch, gescheit oder ehrgeizig war, in den Kreis des Hoflebens hineingezogen. Manches Bürgermädchen wurde die Geliebte eines Hofmannes oder Fürsten. Mancher Lakai brachte es bis zum Geheimsekretär oder gar zum Minister. Jeder

ordentliche Beamte oder tüchtige Offizier sah es als höchstes Lebensziel an, in den Adelsstand „erhoben" zu werden. Ja, mancher Handwerker oder Kaufmann fühlte sich schon geehrt, wenn er für seine Dienste sich als „Hofbäcker, Hofschneider" usw. bezeichnen durfte, denn auch innerhalb des Bürgertums griff die Titelsucht um sich.

Der Doktor der Rechtswissenschaft mußte als „hochgelahrt" angesprochen werden, der Doktor der Medizin als „hocherfahren", der Pastor als „wohlehrwürdig", der Bürgermeister als „hochedel", der Ratsherr als „wohlweise", der Kaufmann als „wohlehrenfest".

Die Herkunft des Barock. In Deutschland hatte der Dreißigjährige Krieg die künstlerischen Kräfte lange Zeit gelähmt. Als die Baufreudigkeit wieder erwachte, waren die Bauherren zunächst darauf angewiesen, fremde Architekten und Handwerker ins Land zu rufen, Niederländer, Franzosen und vor allem Italiener.

In Italien war inzwischen der neue Kunststil des B a r o c k (von portugiesisch „barroco" = schiefrunde Perle) entstanden. Sein frühestes Werk von Bedeutung ist

Die Residenz der Fürstbischöfe in Würzburg. Stich um 1740. Das Schloß ist das Werk des genialen Barockbaumeisters Balthasar Neumann (1687–1753). Vor dem Hauptbau in der Mitte liegt der Ehrenhof. Die beiden Gebäudeflügel links und rechts umfassen selbst wieder zwei große Höfe. Außer fünf Sälen befinden sich im Schloß noch dreihundert Zimmer. Der vorspringende Teil des Mittelbaus wurde gegenüber der oben abgebildeten Form in seiner endgültigen Gestalt etwas verändert.

die aus dem Geiste des erneuerten Katholizismus gestaltete Jesuitenkirche Il Gesù in Rom, die auch außerhalb Italiens zum Vorbild für viele Ordenskirchen wurde.

Italienische und in Italien geschulte Baumeister brachten die barocke Baukunst schon im späten 16. Jahrhundert nach Deutschland. Allgemeine Verbreitung fand sie aber erst gegen Ende des 17. Jahrhunderts, als die Türkengefahr gebannt war. Einheimische bürgerliche Meister schufen nun aus Elementen der italienischen und französischen Kunst einen neuen, eigenen Stil, das deutsche Barock, der besonders in Süddeutschland, Österreich und Böhmen heimisch wurde, aber auch nach Mittel- und Norddeutschland vordrang. Weltliche und geistliche Bauherren stellten den Barockkünstlern eine Fülle lohnender Aufgaben.

Barocke Schloßbauten. Die Fürsten verlangten von den Baumeistern, daß sie ihrer herrscherlichen Größe in Stein und Farbe Ausdruck verliehen.

Diesem Bedürfnis nach würdiger Darstellung (Repräsentation) kamen die Architekten nach, indem sie den barocken Schlössern eine ausgedehnte Schauseite, eine lange, fensterreiche Front,

Rechte Seite oben: Das Austernfrühstück. Gemälde von Jean-François de Troy (1679–1752). Die Festlichkeiten des Hofes wurden vom Adel und vom reichen Bürgertum nachgeahmt. Den Teilnehmern des hier abgebildeten Herrenfrühstücks werden Sekt und Austern gereicht, einige sehen einem in die Luft geflogenen Flaschenpfropfen nach. – Unten: Aufführung der zur Geburt des Dauphin (Thronfolger) verfaßten dramatischen Kantate „La Contesa de Numi" von Leonardo Vinci 1729 im Palast des Kardinals de Polignac in Rom. Gemälde von G. P. Panini. Auf der Bühne, von Wolken halb verdeckt, sitzen zahlreiche als Genien gekleidete Musiker.

gaben. Manchmal schlossen die Gebäudeflügel einen Ehrenhof ein, in dem bei festlichen Gelegenheiten die Karossen der Gäste auffuhren. Durchschritten die Ankommenden dann das mächtige Portal, so empfing sie ein geräumiges Vestibül. Das weite und hohe Treppenhaus führte sie durch ein Spalier von Lakaien und Höflingen zum Mittelpunkt der Anlage, dem großen Saal. Er nahm die gesamte Tiefe des Gebäudes und die Höhe zweier Geschosse ein.

Seine Wände waren mit schwerem, stark geädertem Marmor und Gold ausgestattet, die Decken mit Stukkaturen und Bildern allegorischer (gleichnishafter) Huldigungen für den Fürsten. Vom Festsaal strahlten nach beiden Seiten Galerien und Zimmerfluchten aus.

Auf der Rückseite des Palastes lagen Garten und Park. Von der Terrasse aus überschaute man die geometrisch angelegten Beete, die Kanäle, Teiche und Wasserspiele, in denen sich Meergötter oder Nymphen zu tummeln schienen. Der Park zeigte nicht den natürlichen Wuchs von Bäumen und Sträuchern, sondern war in lebende Mauern geschorener Hecken und grüne Wände aufgeteilt, die sich zu schattigen Gängen, Bögen und Nischen formten. In Hängen und Terrassen wölbten sich Grotten mit Brunnen, die in feuchtkühler Dämmerung sprudelten und rauschten.

Barocke Kirchen- und Klosterbauten. Auch der Frömmigkeit des Zeitalters genügten die älteren Bauten nicht mehr. Sie verlangte nach festlichen, reich geschmückten Räumen, welche die Sinne der Andächtigen gefangen nahmen und ihre Seelen mächtig hinanrissen. So entstand, namentlich in den katholischen Ländern Süddeutschlands und in Österreich, eine Fülle neuer Kirchen.

Ihre breit ausladenden Fassaden sind zuweilen vorgewölbt, als wenn sie ein Bildhauer modelliert hätte. Im Innern lenken die gewaltigen Pfeilergruppen des Langbaues oder – bei ovalem Grundriß – die schwellenden Linien von Brüstungen und Gesimsen die Aufmerksamkeit zur lichtdurchfluteten Kuppel hin, die sich mit ihren leuchtenden Gemälden zu einem Panorama des Himmels und seiner Herrlichkeit auszuweiten scheint. Kehrt das Auge ins Kircheninnere zurück,

so wird es zum Chorraum hingeleitet. Spiralig gewundene Säulen führen es zum Hauptaltar empor, um den sich Engel und Heilige gruppieren. In verzückter Haltung verehren sie die Gottheit. Mit großen Gebärden rufen sie die Sterblichen zur Erhebung der Herzen auf.

Schloß und Kirche verschmolzen in den O r d e n s b a u t e n barocken Stiles. Derartige Klosterbauten, die sich residenzartig um eine Kirche gruppieren, sind z. B. die österreichische Abtei Melk, das bayerische Ettal oder in Schwaben Weingarten und Ottobeuren.

Wallfahrtskirchen. Wallfahrten über weite Strecken waren feste Ereignisse im Jahresbrauch aller Stände. Nach Ettal kamen in manchen Jahren 70000 Wallfahrer.

Der Sinn der Wallfahrt war die Erlangung von Vergebung, Trost und Hoffnung durch Buße und Gebet an einem Ort, den man erst nach langem, mühsamem Fußweg erreichte. Daher baute man die Wallfahrtskirchen abseits der Städte auf Bergen, in Talgründen oder auch in Waldlichtungen. Man legte sie so an, daß eine größere Menschenmenge sie geordnet durchschreiten und am Gnadenbild, meist einem gemalten oder geschnitzten Heiligenbild, vorüberziehen konnte. Und man stattete sie mit Kunstschätzen aus, deren Reichtum den Gnadenüberfluß des Ortes versinnbildlichen sollte.

Eine der schönsten deutschen Kirchen überhaupt ist die W a l l f a h r t s k i r c h e „i n d e r W i e s", im Alpenvorland zwischen Lech und Ammer gelegen. Ihr Gnadenbild, eine Figur des gegeißelten Heilands, hatte in einem Einödhof ein Wunderzeichen getan und durch zahlreiche Gebetserhörungen einen immer stärkeren Strom von Wallfahrern angezogen. Zunächst wurde es in einer schlichten Kapelle untergebracht. Dann ließ der Abt des benachbarten Prämonstratenserklosters Steingaden durch den

Gesamtanlage des Stiftes Melk in der Wachau (vgl. S. 77). Stich aus dem 18. Jh. Die gewaltige Anlage mit ihren langen Gebäudezügen und großen Höfen gipfelt in der doppeltürmigen Kirche mit hoher Kuppel, die sich majestätisch über dem Donautal erhebt.

Landsberger Baumeister und Stukkateur Dominikus Zimmermann mit hohen Kosten eine Kirche bauen und das Gnadenbild 1749 dorthin überführen.

Ein zeitgenössischer Chronist schildert, wie man für die Prozession eine etwa 60 Fuß hohe Triumph- und Ehrenpforte errichtet und zahlreiche Soldaten zu Fuß und zu Pferde sowie einige Pfarreien mit Kreuzen und Fahnen aufgeboten hatte.

„Und ist also um 9 Uhr Vormittags die Gnaden-Bildnus des gegeisselten Heylands autz der kleinen Capellen von 6 Geistlichen Herren des Closters Steingaden genommen, auf ein schönes Ferculum (Tragegerüst) gesetzt, in Begleitung Ihro Hochwürden und Gnaden Hn. Hn. (der Herren) Mariani etc. (und der übrigen) in pontificalibus (in Pontifikalgewändern) und mit den nachfolgenden geistlichen Chor-Herren unter dem Schall (von) 12 Trompeten neben gewexleter Absängung eines Hymni (Lobliedes) und Loßbrennung des grösser- und kleineren Geschütz(es) feyrlichist im (in den) Chor der neuen Kirchen übertragen und eingesetzt worden.

Da dann nach gehaltener Predig und Hoch-Ambt mit Absingung des Te Deum laudamus dise Feyrlichkeit beschlossen worden.

Der Zulauff des Volcks und anderer Personhen ware darbey merckwürdig, daß dero Zahl von einigen auf 12 bis 15tausend Menschen ist gerechnet worden."

Das Rokoko. Nach dem Tode Ludwigs XIV. (1715) wandelten sich die prunkvollen Formen des Barock; es kam die Zeit des R o k o k o (von franz. rocaille = Muschelwerk). Das Rokoko nahm allem Lastenden die Schwere, machte das Kantige und Harte rund und weich, setzte an die Stelle der Würde die Zierlichkeit. Durch die bevorzugte Verwendung der Farben Weiß, Gold, Rosa und Hellblau schuf es Räume von überwältigender Heiterkeit.

Links: Der triumphbogenartige Hochaltar in der von Cosmas Damian Asam 1717–1721 erbauten Klosterkirche Weltenburg an der Donau (in der Nähe von Regensburg). In der Mitte die silberglänzende Reiterfigur des Drachentöters St. Georg. – Rechts: Der von Egid Quirin Asam 1717–1722 geschaffene Hochaltar in der Klosterkirche Rohr (Niederbayern) stellt die Himmelfahrt Mariä dar. Die lebensgroß dargestellten Apostel stehen in verzückter Haltung um den Sarkophag, während die auferstandene Maria von Engeln in den Himmel getragen wird.

Oper und Theater in Wien. Die Habsburger suchten ihre fürstliche Herrlichkeit vor allem in Oper und Theater zu versinnbildlichen. Kaiser L e o p o l d I., der selbst ein begeisterter Komponist war, errichtete 1666 in Wien ein eigenes H o f t h e a t e r. Ordens- und Weltgeistliche schrieben Theaterstücke und Operntexte, schufen perspektivisch gestaffelte Bühnenräume, Vorrichtungen für szenische Verwandlungen sowie Flug- und Versenkungsapparate. Von etwa 1000 Darstellern, darunter der Kaiser selbst, wurden große See- und Landschlachten, Ballette, Feste und Opern aufgeführt, die im Lobpreis der Habsburger Monarchie gipfelten. Andere kirchliche Schaustellungen dienten der Volksbelehrung.

Norddeutsche Barockmusik. Während im katholischen Süden die Baukunst blühte, entfalteten sich im protestantischen Norden die schöpferischen Kräfte vor allem in der Musik. In Hamburg wurde 1678 eine deutsche Oper gegründet. Dort erprobte der aus Halle stammende G e o r g F r i e d r i c h H ä n d e l (1685–1759) seine musikalischen Gaben. Später beherrschte er in Hannover und in London das Musikleben. Seine Opern und Oratorien stellen Höhepunkte der Barockmusik dar. Als Komponist am englischen Königshof genoß Händel so großes Ansehen, daß er als einziger Deutscher nach seinem Tode in der Westminsterabtei beigesetzt wurde.

Einer der bedeutendsten Musiker aller Zeiten war der Leipziger Thomaskantor J o h a n n S e b a s t i a n B a c h (1685–1750). Seine Kunst gründete fest im altlutherischen Glauben. Sie war der Hausmusik, der bürgerlichen und höfischen Gesellschaft ebenso zugedacht wie dem Gottesdienst, für den Bach fünf Jahre hindurch

Allergnädigster König,

Ew. Majestät weyhe hiermit in tiefster Unterthänigkeit ein Musicalisches Opfer, dessen edelster Theil von Deroselben hoher Hand selbst herrühret. Mit einem ehrfurchtsvollen Vergnügen erinnere ich mich annoch der ganz besondern Königlichen Gnade, da vor einiger Zeit, bey meiner Anwesenheit in Potsdam, Ew. Majestät selbst, ein Thema zu einer Fuge auf dem Clavier mir vorzuspielen geruheten, und zugleich allergnädigst auferlegten, solches alsobald in Deroselben höchsten Gegenwart auszuführen. Ew. Majestät Befehl zu gehorsamen, war meine unterthänigste Schuldigkeit. Ich bemerkte aber gar bald, daß wegen Mangels nöthiger Vorbereitung, die Ausführung nicht also gerathen wollte, als es ein so treffliches Thema erforderte. Ich fassete demnach den Entschluß, und machte mich sogleich anheischig, dieses recht Königliche Thema vollkommener auszuarbeiten, und sodann der Welt bekannt zu machen. Dieser Vorsatz ist nunmehro nach Vermögen bewerk=

Die erste Seite der an Friedrich den Großen gerichteten Widmung des „Musikalischen Opfers" (Opfer = Huldigung). Johann Sebastian Bach schickte den ersten Teil seines Werkes zwei Monate nach seinem Besuch in Potsdam an den König (vgl. S. 104).

allwöchentlich eine Kantate komponierte. Bachs Kunst wirkt altmeisterlich und modern zugleich; unerschöpflich ist die Vielfalt ihrer Motive, unvergänglich ihr Gehalt.

Zusammenfassung:

Der niedrige Stand der Gesittung in Deutschland nach dem Dreißigjährigen Kriege wurde allmählich überwunden. Die Bemühungen der Sprachgesellschaften, die Entstehung des Zeitungswesens, die fürstlichen Gründungen von Bibliotheken und Sammlungen, die Anstrengungen bedeutender Volkserzieher bereiteten eine geistige Erneuerung vor.

Die Baulust der Fürsten und Geistlichen gab der Baukunst Gelegenheit zur Entfaltung. Der aus Italien stammende Barockstil verbreitete sich vor allem im katholischen Süddeutschland, in Österreich und in Böhmen.

In den protestantischen Gebieten Mittel- und Norddeutschlands entwickelte sich eine hohe Musikkultur.

Rechte Seite: Das Innere der Wallfahrtskirche „Die Wies" bei Steingaden (vgl. S. 78).

DRITTES KAPITEL

Europa im Zeitalter der Aufklärung

I. Die Aufklärung

1. Wesen und Herkunft

Wesen der Aufklärung. Die Frage: „Was ist Aufklärung?" hat am Ende des Aufklärungszeitalters I m m a n u e l K a n t mit folgenden Sätzen beantwortet:

„Aufklärung ist der Ausgang des Menschen aus seiner selbstverschuldeten Unmündigkeit. Unmündigkeit ist das Unvermögen, sich seines Verstandes ohne Leitung eines anderen zu bedienen. Selbstverschuldet ist diese Unmündigkeit, wenn die Ursache derselben nicht am Mangel des Verstandes, sondern der Entschließung und des Mutes liegt ... Sapere aude! Habe Mut, dich deines Verstandes zu bedienen, ist also der Wahlspruch der Aufklärung."

Heute verstehen wir unter A u f k l ä r u n g eine vom Beginn des 17. Jahrhunderts bis zu Rousseau und Kant reichende Geistesbewegung, die gekennzeichnet war durch den Glauben, daß die Vernunft alles leisten könne in der Erkenntnis der Wahrheit und bei der sinnvollen Gestaltung des Lebens.

Geschichtliche Ursprünge der Aufklärungsbewegung. Die Aufklärung war seit langem vorbereitet. In Humanismus und Renaissance hatten sich Denken, Forschen und künstlerisches Schaffen aus der starken Bindung an die Kirche gelöst (vgl. Bd. 2, S. 155). Die Reformation hatte die persönliche Verantwortung des einzelnen vor Gott betont und damit ungewollt der späteren Selbstherrlichkeit des Menschen vorgearbeitet. Auch die Religionskriege des 16. und 17. Jahrhunderts haben die Aufklärung vorbereiten helfen. Die unmenschlichen Greuel, die sie hervorbrachten, hatten Zweifel an der Richtigkeit des Christentums geweckt.

Diese Zweifel wurden verstärkt durch Erfahrungen, welche die Europäer auf ihren Reisen in fremde Erdteile machten. Der Vergleich der eigenen Sitten, Gesetze und Gewohnheiten mit den fremden mußte kritisch stimmen. Waren nicht die „edlen Wilden", die Indianer Nordamerikas, ohne Christentum und ohne Zivilisation kräftiger, gesünder und glücklicher als die kolonisierenden Europäer? Mußte man Christ sein, um sittlich zu leben? Die Chinesen besaßen eine alte und bewundernswürdige Kultur und waren doch Heiden!

Begründung des Rationalismus. Der denkende Mensch suchte einen neuen Standort, der zweifelsfreie Urteile zuließ und eine Möglichkeit bot, das unbedingt Richtige zu erkennen. Der französische Mathematiker und Philosoph R e n é D e s c a r t e s (1596–1650) fand die Grundlage der Gewißheit im Bewußtsein.

Descartes sagte sich: Wenn ich auch an allem zweifeln will, so ist doch das eine gewiß, daß ich es bin, der zweifelt. Ich denke, also bin ich (cogito, ergo sum). Daraus zog Descartes die Regel: Gewiß ist nur, was ich klar und deutlich erkenne.

Descartes glaubte, die Erkenntnis der Wirklichkeit aus Begriffen aufbauen zu können, die der Verstand sich bildet. Klarheit und Deutlichkeit dieser Begriffe und ihre widerspruchsfreie Verknüpfung geben die Gewißheit, daß die Wirklichkeit so ist, wie der Verstand sie denkt. Damit wurde Descartes der Urheber des R a t i o n a l i s m u s (ratio = Vernunft).

René Descartes. Gemälde von Frans Hals (1581–1666). Descartes war der bedeutendste französische Philosoph seiner Zeit. Da er seine geistige Freiheit nicht einschränken lassen wollte, verließ er sein Heimatland und ging 1629 nach Holland. Von Königin Christine, die er unterrichten sollte, wurde er 1649 nach Stockholm berufen, wo er aber schon nach wenigen Monaten starb.

Fortschritte der Naturwissenschaft. Die Kraft der menschlichen Vernunft schien durch die Fortschritte der N a t u r w i s s e n s c h a f t erwiesen. Seitdem man sich nicht mehr mit den überlieferten Erklärungen der antiken Schriftsteller zufrieden gab, hatte man umstürzende Erkenntnisse gewonnen.

Daß die Erde nicht im Mittelpunkt der Welt steht, hatte schon Kopernikus nahegelegt (vgl. Bd. 2, S. 168 f.). 1610 gab der Italiener G a l i l e o G a l i l e i bekannt, daß er mit Hilfe eines Fernrohres die Jupitermonde entdeckt hatte, die es nach der bisherigen Annahme von schalenförmigen Planetensphären, die sich unter dem Firmament um die Erde drehen, gar nicht hätte geben dürfen. Diese Entdeckung versetzte dem alten Weltbild den Todesstoß. K e p l e r fand dann die Gesetze der Planetenbahnen. Der Engländer N e w t o n wies nach, daß die Schwerkraft es ist, die das ganze Sonnensystem zusammenhält.

Für alle diese Forscher wurde die M a t h e m a t i k das Mittel, die Welt zu verstehen. Bloße Sinneswahrnehmung genügte ihnen zur wahren Erkenntnis nicht. Eine Naturerscheinung war nach ihrer Auffassung erst dann verstanden, wenn die Bedingungen ihrer Entstehung klargestellt waren. Das geschah vorzugsweise im E x p e r i m e n t. Es gab den Gelehrten die Möglichkeit, einen Naturvorgang so lange zu wiederholen, bis der forschende Geist seine Gesetzmäßigkeit entdeckt und in M a ß u n d Z a h l ausgedrückt hatte.

Die Naturforscher wandten sich aber nicht nur den Himmelskörpern zu, sondern auch der irdischen Natur, um sie experimentell zu erkennen. So entstanden die ersten F o r s c h u n g s l a b o r a t o r i e n.

Gelehrte in Spitzenkrause oder Perücke unternahmen in bescheiden ausgestatteten Zimmern geheimnisvolle Operationen, schnitten, sezierten, brachten die Muskeln enthäuteter Frösche zum Zucken, untersuchten unterm Mikroskop, schüttelten Fläschchen, in die sie seltsame Substanzen

getan hatten. So entdeckte man den tierischen Blutkreislauf, die winzigen Lebewesen im Wasser- tropfen, die Gesetze der tierischen Vermehrung. Man fand, daß die Luft nicht eines der vier unteilbaren „Elemente" war, sondern ein Gas, das sich zerlegen ließ. Und aus der Neuen Welt kam die erregende Nachricht, daß es einem Mann namens Benjamin Franklin mit der Erfindung des Blitzableiters gelungen war, die gefürchtete Macht des Blitzes zu bändigen.

Bewiesen diese aufsehenerregenden Fortschritte der Forschung nicht, was alles die menschliche Vernunft durch Naturbeobachtung, Experiment und logisches Folgern leisten konnte?

Die Ausbreitung der Aufklärung. Die Aufklärung verbreitete sich zuerst in den Freien Niederlanden, wohin auch Descartes gegangen war, dann in England. Dort wurde J o h n L o c k e (1632–1704) zum führenden Aufklärungsphilosophen (vgl. S. 86). Von den Niederlanden und von England aus ergriff die Geistesbewegung Frankreich, wo sie vor allem in V o l t a i r e (1694–1778) einen glänzenden Ver- fechter fand. Die beiden Gelehrten D e n i s D i d e r o t und J e a n d ' A l e m - b e r t vertraten die neuen Gedanken in einem umfangreichen Lexikon, der Encyclo- pédie. Anhänger fand die neue Weltanschauung bald in allen Teilen Europas. Der bedeutendste Schriftsteller der deutschen Aufklärung war G o t t h o l d E p h r a i m L e s s i n g (1729–1781).

2. Die Gedankenwelt der Aufklärung

Mensch und Welt. Die Erfolge der Forschung hoben das Selbstbewußtsein des Menschen gewaltig. Seine wissenschaftlichen Fähigkeiten begründeten geradezu seine geistige Majestät. „Man is not weak" – der Mensch ist nicht schwach, schrieb ein Engländer. „Folgen wir der Vernunft, so sind wir nur noch von uns selbst abhängig und werden so gleichsam wie Götter." Der Mensch fing an, der Welt frei und als Meister gegenüber zu treten. Aus dem Wissen erwuchs Macht. Man beherrschte die

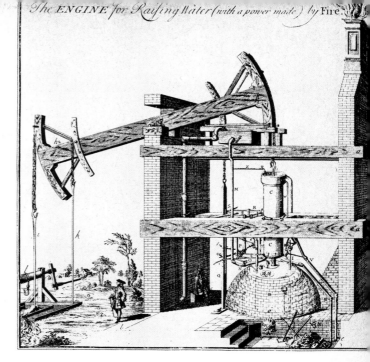

Rechts: Die von Thomas Newcomen seit 1711 gebaute Dampfpumpe, die sich in erster Linie für die Verwendung im Bergbau eignete (Heben von Wasser). Kupferstich von Brighton.

Links: Bevor man die Dampfkraft einsetzen konnte, mußte man sich umständlicher Apparaturen bedienen. Das zeigt auch diese Gelbgießerei, die noch mit Pferdekraft arbeitet.

Natur, wenn man sie erkannt hatte. Und dieser Erkenntnis schien keine Schranke gesetzt, denn die Natur zeigte sich geordnet und mit der Vernunft in Einklang stehend.

Kritik am Christentum. Es konnte nicht ausbleiben, daß sich die Aufklärung gegen die bestehenden Religionen, vor allem gegen das Christentum wandte. Verhängnisvoll wurde, daß die römische Kirche die Erkenntnisse Galileis zu unterdrücken suchte, alle kopernikanischen Schriften verbot und Galilei persönlich durch die Inquisition zum Widerruf seiner Lehren zwang (1633). Dadurch blieben weite Teile der katholischen Welt der neuen europäischen Geistesbewegung verschlossen. Wo aber die neue Wissenschaft lebte und gedieh, wurde das Band zum Glauben gelockert oder zerschnitten. Die Christlichkeit des Geisteslebens, bis dahin selbstverständlich, erlitt einen schweren Stoß.

Widersprachen die Ergebnisse der Forschung den kirchlichen Lehrsätzen, um so schlimmer für die Kirche! Suchte die Kirche die Wahrheit zu unterdrücken, dann fort mit dem religiösen Zwang! – Einer solchen Einstellung erschien schließlich jede Art kirchlicher Autorität als Mißbrauch, der religiöse Ritus töricht, die Bibel selbst als Menschenwerk voll von Irrtümern und Widersprüchen. Als vorbildlich galt nicht der Fromme, sondern der F r e i g e i s t, der Feind der geoffenbarten Religionen.

Die meisten Aufklärer wollten nur das als religiöse Wahrheit anerkennen, was allen Religionen gemeinsam und daher als allen Menschen angeboren betrachtet werden müßte. Ein englischer Schriftsteller aus der Zeit Karls I. hat diese „ N a t u r r e l i g i o n " in fünf Sätze zusammengefaßt:

1. Es gibt ein höchstes Wesen. – 2. Dieses höchste Wesen muß verehrt werden. – 3. Tugend und Frömmigkeit sind die wesentlichsten Teile dieser Gottesverehrung. – 4. Der Mensch ist verpflichtet, seine Sünden zu bereuen und von ihnen zu lassen. – 5. Das Gute und das Böse wird in diesem und in jenem Leben vergolten.

85

Links: John Locke. Kupferstich nach G. Kneller. – Rechts: François-Marie Arouet, genannt Voltaire, am Tisch mit Buch und Globus. Zeitgenössische Darstellung.

Alles, was über diese fünf Sätze hinausgeht – die Lehren von der Erbsünde und der Dreifaltigkeit, die Erlösertat Christi, der Glaube an Wunder –, galt vielen Aufklärern als Zutat herrschsüchtiger Priester und als unwesentlich. Sie verlangten, daß die Religionen einander nicht bekämpfen, sondern dulden sollten (Forderung der T o l e r a n z).

Streben nach Glück. Für das Christentum ist das Leben nur ein Übergang, eine Vorbereitung, der an Prüfungen reiche Weg, der zum Himmel führt. Dieser Auffassung widersprachen die Aufklärer. Sie vertrauten auf die Gegenwart, erwarteten ihre Freuden von dieser Erde. Es schien ihnen geradezu eine Pflicht der Menschen, nach Glück zu streben. Von allen Wahrheiten und Künsten waren diejenigen die wichtigsten, die zum Glück der Menschen beitragen konnten. Auf die Entdeckung der Mittel, die Menschen glücklich zu machen, lief ihre Philosophie hinaus. Das Glück der Menschen zu verwirklichen dünkte ihnen auch die Aufgabe der Politik.

Gesellschaft und Staat im Lichte der Aufklärung. Neu durchdacht wurde das Verhältnis des Menschen zu Staat und Gesellschaft. Die Aufklärer vertraten die Anschauung, alle Menschen seien im Urzustand gleich und frei gewesen. Darum hielten sie Abhängigkeitsverhältnisse wie Sklaverei und Leibeigenschaft für menschenunwürdig und die Bevorzugung einzelner Stände für ungerecht. Der Staat war nach ihrer Meinung ein Zweckverband, entstanden durch einen Vertrag zwischen Herrscher und Untertanen.

J o h n L o c k e verteidigte die englische Revolution von 1688 mit der Begründung, alle Menschen besäßen von Natur die gleichen Rechte. Die Staatsgewalt solle grundsätzlich nicht in den Händen eines einzigen Menschen ruhen, sondern geteilt werden. Die gewählten Vertreter

Links: Charles de Montesquieu. Stich nach Garnerey. – Rechts: Jean Jacques Rousseau. Gemälde von de la Tour.

des Volkes sollten die Gesetze beschließen, der König habe sie auszuführen. Verletze der Herrscher die Gesetze, dann habe das Volk das Recht zur Revolution.

Die Lehre von der G e w a l t e n t e i l u n g übernahm der Franzose M o n t e s q u i e u (1689–1755). Er wollte aber neben der gesetzgebenden und der ausführenden Gewalt (Legislative und Exekutive) noch eine dritte Kraft im Staate wirksam werden lassen, die von den beiden anderen Gewalten unabhängige richterliche Gewalt (Jurisdiktion).

Der aus Genf stammende J e a n   J a c q u e s   R o u s s e a u (1712–1778) lehrte, daß alle Staatsgewalt beim s o u v e r ä n e n   V o l k ruhe. Nur soweit das Volk die Staatsgewalt nicht selbst ausüben könne, übertrage es sie an Beauftragte. Eine Regierung sei keine Gewalt für sich, sondern nur eine Instanz (Stelle) zwischen dem souveränen Volk und den einzelnen Staatsbürgern. Ihre Form sei weniger wichtig, sie müsse sich nach den Umständen richten. Für einen großen Staat scheine die Monarchie am geeignetsten; ein Volk von Göttern würde sich demokratisch regieren.

Den der Regierung erteilten Auftrag könne der Souverän, d. h. das Volk, jederzeit widerrufen oder durch seine Gegenwart zum Erlöschen bringen: „Wenn ein Volk als oberherrlicher Körper gesetzmäßig versammelt ist, ruht jede Befehlsgewalt der Regierung, ist die vollziehende Gewalt aufgehoben und die Person des geringsten Bürgers ebenso heilig und unverletzlich wie die des höchsten Staatsbeamten, weil es in der Anwesenheit des Vertretenen keine Vertreter mehr gibt." Nach diesem Satz hat später die französische Nationalversammlung gehandelt (vgl. S. 128).

Aufgabe des Staates ist es nach Meinung der Aufklärer, den Menschen zu dienen, die sich in ihm zusammengeschlossen haben. Nicht um des Herrschers, sondern um der Regierten willen ist der Staat da. In dieser Gesinnung sind alle Zweige der Staatsverwaltung zu handhaben. Nicht Eigennutz und Willkür, sondern Fürsorge und Gerechtigkeit müssen die Regierungen leiten. Der staatliche Zwang soll so gering wie möglich sein, um die Freiheit der einzelnen nicht unnötig einzuschränken. Die Strafgesetze sollen die Gesellschaft schützen; Vergehen und Verbrechen dürfen nur nach der Bedeutung beurteilt werden, die sie für die Gesellschaft haben. Es ist besser, Verfehlungen zuvorzukommen, als die Schuldigen zu verurteilen, nachdem das Übel nicht mehr gutzumachen ist. Die Rechtssprechung soll regelrecht und geordnet durchgeführt werden. Folter und grausame Strafen sind nutzlos und daher abzuschaffen.

Aufklärung und Wirtschaft. Wie die Aufklärer die natürlichen Rechte des Menschen forderten, so verlangten sie auch eine Wirtschaft, die sich auf die Gegebenheiten der Natur gründete. Entgegen der Auffassung des französischen Merkantilismus (vgl. S. 9) erklärten sie, daß nicht Geld und Handel, sondern Grund und Boden mit ihren Erträgen die Quellen für den Reichtum eines Staates bildeten. Sie waren der Meinung, daß die bäuerliche Lebensweise die natürliche sei, und sahen in den Bauern die tragende Schicht des Staates.

Alle bevormundenden und einschränkenden Vorschriften des Merkantilismus bezeichneten sie als unnatürlich und ungesund. Deshalb forderten sie Freiheit für jede wirtschaftliche Betätigung und statt der staatlichen Lenkung des Wirtschaftslebens die „Herrschaft der Natur". Nach der griechischen Bezeichnung für Naturherrschaft nennt man die Vertreter dieser Lehrmeinung „ P h y s i o k r a t e n ".

Pläne für einen ewigen Frieden. Die Beziehungen der Staaten untereinander sollten nach der Meinung der Aufklärer wie die der Bürger im Staat nach dem Naturrecht geregelt werden. In der Vergangenheit habe es daran gefehlt. Religionskriege hätten die europäischen Nationen gegeneinander antreten lassen, Eroberungskriege Europa gegen Asien und Afrika gestellt – ein Bild, das Trauer und Ekel erwecken müsse! Es sei die Aufgabe des Jahrhunderts der Aufklärung, die Interessengegensätze der Staaten zu dämpfen und Konflikte von der Erde verschwinden zu lassen. Der Krieg sei wie alle Übel nur die Folge eines Irrtums. Sobald man den Irrtum beseitige, werde auch das Übel ausgetilgt. An die Stelle ständiger Kämpfe trete dann ein allgemeiner und e w i g e r F r i e d e.

3. Die Bedeutung der Aufklärung

Es ist nicht schwer, im Denken der Aufklärung Einseitigkeiten zu entdecken. Sie verkannte die Bedeutung von Gemüt und Gewissen. Sie unterschätzte den Wert des Gewordenen und das Gewicht der Überlieferung. Bei kleineren Geistern entartete sie zu Vernünftelei und Besserwisserei.

Aber solche Schwächen können Größe und Leistung der Aufklärung nicht verdunkeln. Die Aufklärer hatten lange Zeit weder die große Zahl noch die Macht auf ihrer Seite. Trotzdem begannen sie mit der nie endenden Aufgabe, gegen Vorurteile und Irrtümer zu kämpfen. Ihnen verdanken wir die Beseitigung eines überholten Weltbildes, die Befreiung von abergläubischen Vorstellungen und die Zunahme der religiösen Toleranz.

Rechte Seite oben: Die Schlacht von Fontenoy am 11. Mai 1745 (vgl. S. 94). Gemälde von Pierre Lenfant. In dieser Schlacht, die Marschall Moritz von Sachsen für Ludwig XV. gegen ein britisch-hannoveranisch-niederländisches Heer in den österreichischen Niederlanden führte, trafen die britische und französische Garde aufeinander. Ihre Kommandeure boten sich gegenseitig das Recht auf den ersten Schuß an. – Unten: Der Salon der Frau Geoffrin. Gemälde von A. Charles Gabriel. Als in Frankreich die Gedanken der Aufklärung aufkamen, gründeten zu ihrer Verbreitung Damen der Hauptstadt in ihren Häusern Salons, wo sich Künstler und Schriftsteller zu Vorlesungen und Gesprächen trafen. Der berühmteste war der Salon der Frau Geoffrin (2. von rechts); hier verkehrten u. a. Montesquieu, Diderot und Jean Jacques Rousseau.

Auch das freiheitliche politische Leben der Gegenwart hat starke Wurzeln im Denken der Aufklärung. Die Ideen der Menschenrechte, der verantwortlichen Regierung, der Volkssouveränität und des Friedens zwischen den Staaten sind durch sie verbreitet und ins politische Leben eingeführt worden.

Schließlich hat die Aufklärung durch Anwendung erfahrungswissenschaftlichen Denkens auf Natur, Technik und Gesellschaft den Grund gelegt, auf dem unsere moderne Lebensform in Europa ruht.

Zusammenfassung:

Aus Humanismus und Renaissance, aus der Reformation und den Erschütterungen der Glaubenskämpfe sowie aus den Fortschritten der modernen Naturwissenschaft erwuchs die Geistesbewegung der Aufklärung.

Die Aufklärung glaubte an die weltdurchdringende und weltverwandelnde Kraft der Vernunft. Sie zog die bestehenden Einrichtungen in Kirche, Staat und Gesellschaft vor den Richterstuhl ihrer Kritik. Sie verkündete die Ideale der Freiheit, Gleichheit, Toleranz und Menschlichkeit und verherrlichte das Streben nach Frieden, Wohlfahrt und irdischem Glück.

II. Preußens Aufstieg zur Großmachtstellung

1. Anfänge Friedrichs des Großen und Maria Theresias

Friedrich als Kronprinz. Wie im Staate, so ließ König F r i e d r i c h   W i l h e l m   I. auch in seiner Familie nur seinen Willen gelten. Um die Zukunft des Staates zu sichern, versuchte er mit allen Mitteln, den Thronfolger nach seinem Bilde zu erziehen. „Ein frommer Christ, ein tüchtiger Soldat, ein sparsamer Haushalter" sollte Friedrich werden. Doch d e r   K r o n p r i n z empfand einen unüberwindlichen Ekel vor dem stumpfsinnigen militärischen Drill und spottete über die Andachtsübungen des frommen Soldatenkönigs. Er erlernte heimlich das Flötenspiel, las gern französische Bücher, spielte Karten und machte Schulden. Für all das hatte der Vater kein Verständnis. Er suchte den Prinzen mit Härte zu ändern, schlug ihn im Jähzorn mit der Faust oder mit dem Stock, selbst in Gegenwart von Offizieren und Bedienten. Friedrich, feinfühlig und stolz, glaubte ein solches Leben nicht länger ertragen zu können und beschloß, bei einer Reise durch Süddeutschland mit seinem Freund K a t t e ins Ausland zu fliehen.

Das Vorhaben scheiterte. Der König ließ die beiden „Deserteure" vor ein Kriegsgericht stellen. Für den Fall des Kronprinzen erklärte sich das Gericht nicht zuständig. Katte wurde zum Tode verurteilt. Seiner Hinrichtung mußte Friedrich durchs Fenster der Gefängniszelle zusehen. In dumpfer Verzweiflung brach er zusammen. Wenn ihn das furchtbare Erlebnis auch nicht zerbrach, so hat es ihn doch tief verwundet und sein Gemüt früh verhärtet.

Nach Beendigung der Haft wurde Friedrich der Provinzialregierung in K ü s t r i n zugewiesen, um die Verwaltung des Staates kennenzulernen. Hier und auf einer Reise nach Ostpreußen begann er die Leistungen des Vaters zu schätzen. Der Vater bemerkte die Sinnesänderung, nahm ihn wieder in das Heer auf und vertraute ihm die Führung eines Regiments an. Als schließlich Friedrich sogar in die Ehe mit einer Prinzessin einwilligte, die der Vater für ihn ausgesucht hatte, kam es zu einer, wenn auch mehr äußerlichen, Versöhnung.

Glückliche Tage verlebte der Kronprinz in dem Schlößchen R h e i n s b e r g im Kreis Ruppin, das er nach seinem Geschmack ausbauen und ausschmücken durfte. Dort konnte er sich neben dem Dienst mit der Musik und den Werken klassischer und französischer Schriftsteller beschäftigen. Vor allem nützte der Kronprinz diese Zeit, um sich ernsthaft weiterzubilden. Er trat in Briefwechsel mit V o l t a i r e und begann selbst mit schriftstellerischen Arbeiten in französischer Sprache. Im Winter 1739/40 schickte er dem Franzosen eine Abhandlung mit dem Titel „Antimachiavell" zu. Darin zeichnete Friedrich das Idealbild eines pflichtbewußten, friedliebenden Fürsten, der seine vornehmste Aufgabe in der Pflege der Künste und Wissenschaften sieht.

Was konnte die Welt von einem solchen jungen Herrscher erwarten, wenn er an die Regierung kam? Würde er die preußische Armee verringern und die Ideen der Aufklärung verwirklichen? Würde er dem Gesetz der Macht gehorchen, das eine Stärkung und Erweiterung des preußischen Staates verlangte?

Erste Regierungsmaßnahmen Friedrichs II. Am 31. Mai 1740 starb Friedrich Wilhelm I. Jetzt war Friedrich König (1740–1786). Seine ersten Maßnahmen schienen denen recht zu geben, die eine

Friedrich II. von Preußen als Kronprinz (1736). Gemälde von Antoine Pesne.

1740

friedliche, aufgeklärte Regierung von ihm erwarteten. Er beseitigte die Folter im Strafprozeß außer bei Hochverrat und bei Bandenverbrechen. Er verfügte die Neuerrichtung der Berliner Akademie der Wissenschaften. Er verkündete in berühmt gewordenen Randnoten Toleranz für alle Religionen. Gleichzeitig freilich erhöhte er das preußische Heer um 10 000 Mann. Gerade war Friedrich dabei, seinen „Antimachiavell" für eine Neuauflage zu bearbeiten, da starb am 20. Oktober 1740 unerwartet Kaiser Karl VI. Thronerbin war seine Tochter Maria Theresia (1740–1780).

Maria Theresias Jugend. Die Kaisertochter hatte eine unbekümmerte Jugend verlebt. Sie hatte das Glück gehabt, nicht wie damals viele Prinzessinnen Opfer einer politischen Heirat zu werden, sondern einen Mann zu finden, dem sie in echter Liebe zugetan war: Franz III. von Lothringen-Toskana. Sie war ohne besondere Berufsvorbereitung aufgewachsen und besaß auch keinen politischen Ehrgeiz. Man hatte eigentlich von ihr nur erwartet, daß sie einem männlichen Erben das Leben schenke. Nun starb, ehe das geschehen war, ihr Vater, und ohne Übergang mußte die junge Fürstin aus dem Kreise ihrer Familie auf die bewegte Bühne der politischen Welt treten.

Das versetzte Maria Theresia in eine schwierige Lage. Österreich war finanziell erschöpft, niedergedrückt durch die Niederlage im Türkenfeldzug, ohne zuverlässige Bundesgenossen, ohne gesicherte Erbfolge. Nur die papierenen Garantien der Pragmatischen Sanktion (vgl. S. 48) waren vorhanden. Sie versagten!

Kaum hatte Karl VI. die Augen geschlossen, da meldeten auch schon die Kurfürsten von Bayern und Sachsen, die mit habsburgischen Erzherzoginnen verheiratet waren,

Links: Maria Theresia im Jahre 1742. Stich von
J. Faber

Rechts: Ein Artilleriepark während der Belagerung
von Tournai (1745)

Erbansprüche an. Den Rückhalt, den sie brauchten, hofften sie bei Frankreich zu finden, dem alten Rivalen Habsburgs. Da griff Friedrich II. ein.

Preußen besetzt Schlesien. Acht Tage nach dem Todesfall in Wien hatte F r i e d -
r i c h II. seine Berater mit dem Plan überrascht:

„Nutzen wir den Augenblick, um Schlesien zu erwerben! Es ist der beträchtlichste Zuwachs, der sich seit langem darbietet, um der preußischen Monarchie eine dauernde und ruhmvolle Vergrößerung zu verschaffen."

Außer dem Wunsch, die Macht seines Staates zu vermehren, trieb Friedrich auch der persönliche Ehrgeiz, sich einen Namen zu machen und den Ruhm des Eroberers zu erwerben.

Im Dezember 1740 marschierte ein kleines preußisches Heer unter Friedrichs Führung nach S c h l e s i e n ein und besetzte das Land und die Hauptstadt Breslau. Gleichzeitig ließ der Preußenkönig der österreichischen Monarchin gegen die Abtretung Schlesiens seine Stimme bei der Kaiserwahl und alle Bundes- und Freundschaftsdienste anbieten.

Maria Theresia stand vor einer schweren Entscheidung. Sie war, wie sie später einmal klagte, „ohne Geld, ohne Kredit, ohne Armee, ohne eigene Erfahrung und Wissenschaft, ja auch ohne allen Rat, weil jeder Minister vorerst zu erspähen sich bemühte, wohin die Sachen sich wenden würden." In dieser Lage entschied die Frau „mit dem Herzen eines Königs" allein. Der preußische Gesandte erhielt in Wien die stolze Antwort: „Kehren Sie zu Ihrem Herrn zurück und sagen Sie ihm, daß, solange nur ein einziger seiner Soldaten in Schlesien stehe, Wir ihm auch nicht ein Wort zu sagen haben."

So begann der Kampf um Schlesien und um die österreichische Erbfolge.

2. Der Kampf um Schlesien und um die österreichische Erbfolge

Der Erste Schlesische Krieg (1740–1742). Gegen Ende Februar 1741 hatte sich ein österreichisches Heer in Mähren gesammelt und rückte gegen Schlesien vor. Am 10. April fand bei M o l l w i t z (westlich Brieg) die erste Schlacht zwischen Österreichern und Preußen statt.

Anfangs überwältigte die österreichische Kavallerie die preußische Reiterei, und die preußische Schlachtordnung begann, in Verwirrung zu geraten. Da führte Feldmarschall Schwerin die preußische Infanterie in einem glänzenden Angriff vorwärts und warf das tapfere, aber schlecht geführte österreichische Heer.

Der preußische Sieg schien der Anfang vom Ende des Habsburgerreiches zu sein. Frankreich schloß ein Bündnis mit Friedrich II. Französische Regimenter rückten über den Rhein vor, vereinigten sich mit bayerischen und sächsischen Truppen und marschierten nach P r a g. Dort nahm Kurfürst Karl Albrecht von Bayern den Titel eines Königs von Böhmen an. Bald darauf wurde er in Frankfurt am Main als K a r l V I I. (1742–1745) zum Kaiser gewählt, der einzige Kaiser seit dem Spätmittelalter, der nicht aus dem Hause Habsburg stammte. Aber am Tage seiner Krönung marschierten österreichische Truppen in seine Landeshauptstadt M ü n c h e n ein, und kurz danach war ganz Bayern von Österreich besetzt.

Österreichische Erfolge. Zwei Ereignisse waren es besonders, welche die Wendung herbeigeführt hatten.

In der höchsten Not hatte sich Maria Theresia entschlossen, b e i d e n U n g a r n H i l f e zu suchen.

Dieser Schritt war kühn, denn bisher hatte man stets vermieden, die unruhigen und unzufriedenen Ungarn in Masse zu bewaffnen. Jetzt trieb die Notwendigkeit dazu. In Trauerkleider gehüllt, die Krone des hl. Stephan auf dem Haupt, trat Maria Theresia in Preßburg vor den ungarischen Reichstag und empfahl sich, ihre Kinder und das Königreich der „Treue und altberühmten Tapferkeit" der Madjaren. Sie errang einen großen moralischen Sieg. Das Mitleid mit dem Schmerz der Königin, ihre Anmut und ihr Scharm rissen die Versammelten hin. Von vielen hundert Stimmen erklang der Zuruf: „Vitam nostram et sanguinem consecramus!" (= Wir weihen unser Leben und Blut!).

Gegen politische Zugeständnisse hatte man unverzüglich begonnen, ungarische Regimenter zu organisieren, die ein wichtiger Teil der habsburgischen Truppen werden sollten.

Zum andern hatte sich Maria Theresia nach einem neuen preußischen Sieg zu Verhandlungen mit Friedrich bereit gezeigt, und dieser hatte seine Verbündeten im Stich gelassen und einen Sonderfrieden geschlossen. Im F r i e d e n v o n B r e s - l a u (1742) gewann Preußen Schlesien und die Grafschaft Glatz.

Mit Hilfe der Ungarn eroberte Maria Theresia P r a g zurück und beraubte Karl VII. seiner kurfürstlichen Länder. Um Frankreichs Machtpläne zu vereiteln, trat England auf die Seite Habsburgs, während sich Sachsen nunmehr vom Krieg zurückzog.

Der Zweite Schlesische Krieg (1744–1745). Diese Erfolge Habsburgs ließen den Preußenkönig um seine Eroberungen bangen. Er erneuerte das Bündnis mit Frankreich und fiel 1744 in Böhmen ein. Aber der Feldzug verlief unglücklich. Kaiser Karl VII. starb 1745, und sein Sohn schloß einen Sonderfrieden mit Habsburg. Ein Heer Maria Theresias stieß im Bunde mit sächsischen Truppen, die jetzt auf Habsburgs Seite standen, nach Schlesien vor. Dort wurden sie jedoch bei H o h e n f r i e d b e r g von Friedrich entscheidend besiegt.

Das Ende der Kämpfe. Im F r i e d e n v o n D r e s d e n (1745) blieb Schlesien preußisch. Der Preußenkönig erkannte Franz, den Gemahl Maria Theresias, als neuen Kaiser an.

Der österreichische Erbfolgekrieg dauerte noch drei Jahre: als Kampf in Italien und Flandern, als Kolonialkrieg zwischen England und den französischen und spanischen Bourbonen. Dann brachte der F r i e d e v o n A a c h e n (1748) der Kaiserin Maria Theresia endlich die allseitige Anerkennung der Pragmatischen Sanktion. Habsburg blieb vor der Zerstückelung, die ihm gedroht hatte, bewahrt. Frankreich ging völlig leer aus.

Da alle Beteiligten nur aus Erschöpfung Frieden geschlossen hatten, war der Friede in Europa und in Übersee eigentlich nur ein Waffenstillstand. Zum endgültigen Waffengang sollte es acht Jahre später kommen.

1756 bis 1763 **3. Der Siebenjährige Doppelkrieg (1756–1763)**

Der koloniale Hintergrund des europäischen Ringens. Preußens Existenzkampf war mit der Entscheidung verknüpft, wer in Übersee führende Weltmacht werden sollte. Schon während der Schlesischen Kriege wurde von Franzosen und Engländern in anderen Erdteilen gekämpft, in Scharmützeln des Grenzerkriegs, im See- und Kaperkrieg, in bewaffneten Schmuggelunternehmungen. Schließlich erwuchs daraus der große Krieg.

Ansicht des Römerbergs in Frankfurt am Main während der Verrichtung der kurfürstlichen Erzämter bei der Krönung Franz I. am 4. Oktober 1745. Stich von Finck und Leutzner.

In I n d i e n waren nicht die Staaten England und Frankreich die Nebenbuhler, sondern die rivalisierenden Handelsgesellschaften beider Länder. Die französische Ostindien-Kompanie erreichte unter ihrem Generalgouverneur F r a n ç o i s D u p l e i x (1741–1754) den Höhepunkt ihrer Macht. 1751 war sie Herrin über ein Gebiet von der Größe Frankreichs mit 30 Millionen Menschen, später auch des Hochlands von Dekkan. Englands Einfluß hatte einen Tiefstand erreicht.

In N o r d a m e r i k a kämpften nicht Handelsgesellschaften, sondern Siedlervölker gegeneinander. Während die E n g l ä n d e r seit Beginn des 17. Jahrhunderts fast die ganze O s t k ü s t e Nordamerikas in Besitz genommen hatten (vgl. S. 97), waren die F r a n z o s e n im Norden in die weiten Räume K a n a d a s und im Süden in das Mündungsgebiet des Mississippi vorgestoßen, dem sie den Namen L o u i s i a n a gaben (vgl. S. 10).

Die französische Besiedlung ging allerdings anders als die englische unter Aufsicht der Regierung vor sich. Einwandern durfte nur, wer vom König die Erlaubnis erhielt. Angeführt von einem Feudalherrn, begleitet von einem Geistlichen, fuhren die französischen Siedler über den Ozean. Die neuen Niederlassungen bekamen keine Selbstverwaltung; die Standesunterschiede der alten Heimat wurden beibehalten. Dennoch standen die Siedler während der Kolonialkriege treu zu ihrer Regierung und leisteten dem französischen König Kriegsdienste.

Die Zukunft Nordamerikas hing ab von dem verschiedenen Wachstum der Siedlervölker und von der Richtung ihrer Ausdehnung.

Um 1750 betrug die Zahl der englischen Siedler fast 400 000. Dagegen lebten in Französisch-Kanada nur 26 000 Weiße, und in dem Riesenraum Louisianas saßen nur 3200 Weiße und 2000 Neger. Die Engländer waren zwischen dem Ozean und dem Waldgebiet der Appalachen eingezwängt und strebten westwärts ins Hinterland. Die Franzosen suchten Kanada mit Louisiana zu verbinden. Sie gingen daran, eine Kette von Militärstationen von der Mündung des St. Lorenz-Stromes bis zu den Großen Seen und von da weiter durch das Tal des Ohio zum Mississippi und bis zu seiner Mündung in den Meerbusen von Mexiko zu errichten und von diesen Flußlinien aus ganz Nordamerika für Frankreich zu erobern.

Auch nach dem Frieden von Aachen (vgl. S. 94) dauerten die Kämpfe an. Sie verliefen zunächst unglücklich für die Engländer. Dank ihrer tüchtigen Truppen und ihrer guten Beziehungen zu den Indianern stießen die Franzosen in Nordamerika siegreich vor. Und auch in Indien gelang es ihnen, den englischen Einfluß weiter zurückzudrängen.

Das änderte sich erst, als William Pitt der Ältere 1756 Leiter der englischen Außenpolitik wurde. Erfüllt von dem Glauben an die Zukunft seines Landes, nahm er den Kampf gegen Frankreich auf. Durch ein Bündnis mit Friedrich II. suchte er Frankreichs Aufmerksamkeit von den kolonialen Kriegsschauplätzen abzulenken und seine Truppen auf dem europäischen Festland zu binden.

Die Einkreisung Preußens. Friedrich II. war durch die beiden Schlesischen Kriege von seiner Ruhmsucht gründlich geheilt und entschlossen, „keine Katze mehr anzugreifen". Maria Theresia hingegen haßte Friedrich als den frevlerischen Rechtsbrecher und wollte sich mit dem Verlust Schlesiens nicht abfinden.

Der österreichisch-preußische Gegensatz mußte sich verschärfen, als Maria Theresia den größten Diplomaten des Jahrhunderts, den Grafen Kaunitz, zum Außen-

Links: Braddocks Marsch nach Fort Duquesne im Juli 1755. Zeitgenössische Darstellung. Der General war mit regulären Truppen eigens aus England gekommen, um das von den Franzosen am Ohio errichtete Fort zu erobern. Er führte seine Soldaten völlig in der vom Kontinent her gewohnten Weise nach Westen. Die Franzosen hatten jedoch die Indianer durch Geschenke für sich gewonnen. Braddock fiel bei ihrem Überfall. Der ihn begleitende Washington aus Virginien konnte mit Mühe gerade noch die Hälfte der englischen Truppen retten.

Rechts: Siedlungsansätze im Osten Nordamerikas bis 1763

politiker gewann. Kaunitz war entschlossen, den deutschen Gegensatz durchzukämpfen und dafür den fast 300jährigen Gegensatz zwischen dem Hause Habsburg und den Bourbonen zu begraben. Schon 1746 kam es zu einem Verteidigungsbündnis zwischen Österreich und Rußland, dessen Zarin E l i s a b e t h den Preußenkönig aus persönlichen Gründen haßte. Auch Sachsen, eifersüchtig auf seinen Nachbarn im Norden, war bereit, Österreich zu helfen. Noch fehlte Frankreich, das in den Krieg mit England verwickelt war.

Da suchte England, um Hannover (vgl. S. 35 f.) gegen einen französisch-preußischen Angriff zu decken, die Unterstützung Rußlands zu gewinnen. Als Friedrich II. von der englisch-russischen Annäherung erfuhr, bot er alles auf, um seinerseits mit England zu einer Verständigung zu kommen. Preußen und England schlossen 1756 den W e s t - m i n s t e r v e r t r a g, in dem sie sich gegenseitig ihre europäischen Besitzungen garantierten. Frankreichs Entrüstung über die preußisch-englische Vereinbarung nützte Graf Kaunitz, um im gleichen Jahre mit Frankreich in V e r s a i l l e s ein Verteidigungsbündnis zu schließen. So hatten England und Frankreich in der Gruppierung der europäischen Mächte die Plätze getauscht, die sie seit den Schlesischen Kriegen eingenommen hatten. Preußen aber sah sich nun eingekreist von Rußland, Österreich, Sachsen und Frankreich.

Friedrichs Kampf um den Bestand der preußischen Monarchie. Durch Berichte seiner Gesandten und seiner Spione war Friedrich II. über die Absichten der Gegner unterrichtet. Als ihm österreichische Truppenbewegungen gemeldet wurden, fragte er dreimal in Wien an, was sie zu bedeuten hätten, erhielt jedoch nur ausweichende Antworten. Da beschloß er, seinen Gegnern zuvorzukommen. Ende August 1756 besetzten preußische Truppen das Königreich S a c h s e n als unentbehrliche Ausgangs-

Links: Wenzel Anton Fürst von Kaunitz, als Staatskanzler seit 1753 Leiter der österreichischen Außen-politik. Stich von J. G. Haid nach einem Gemälde von Martin van Meytens. – Rechts: Zarin Elisabeth I., die Tochter Peters des Großen und unversöhnliche Feindin Friedrichs des Großen. Zeitgenössische Dar-stellung.

basis und wirtschaftliche Rüstkammer. Die Folge dieses Überfalls war, daß Habsburg, Frankreich, Rußland und Schweden ein enges Bündnis schlossen mit dem Ziel, Preu-ßen zu vernichten. Friedrich sollte wieder der „marquis de Brandebourg" (Markgraf von Brandenburg) werden, als den ihn seine Gegner spöttisch bezeichneten. Der Kaiser drohte die Reichsacht an, und der Reichstag beschloß mit erdrückender Mehrheit den R e i c h s k r i e g. Zu Preußen hielten nur noch Hannover, Schaumburg-Lippe, Hessen-Kassel und Sachsen-Gotha. Gegen die 5 Millionen Einwohner der preußischen Monarchie standen 90 Millionen ihrer Gegner.

Friedrichs Plan, Österreich zu schlagen, bevor Rußland und Frankreich zur Stelle wären, mißlang. Wohl drang er in Böhmen ein und siegte bei P r a g. Dann aber unterlag er einer österreichischen Armee bei K o l i n (1757) und mußte nach Sachsen zurück.

Die Österreicher marschierten in Schlesien ein. Die Russen siegten in Ostpreußen; die Schweden drangen über die pommersche Grenze; Hannover brach vor den Fran-zosen zusammen. Berlin wurde von einem österreichischen Streifkorps erschreckt. Ein zweites französisches Heer erschien an der Saale.

In dieser Bedrängnis gelangen Friedrich zwei glänzende Siege. Bei R o ß b a c h in Thüringen schlug er die Reichstruppen und Franzosen, bei L e u t h e n nahe Breslau die Österreicher. Schlesien konnte befreit werden. Ein konzentrischer Marsch der Feinde auf Berlin wurde verhindert. Englische Truppen erschienen auf dem Festland. Die französische Armee wurde hinter den Rhein zurückgeworfen.

Links: Der preußische Gesandte in Regensburg, Freiherr von Plotoh, läßt den Notar Aprill hinauswerfen, als ihm dieser die kaiserliche Reichsacht anzeigt. Stich nach Daniel Chodowiecki. – Rechts: Friedrich der Große nach der Schlacht bei Kolin. Stich von C. Gottl. Geyser.

Trotz dieser Siege schloß sich der feindliche Ring um den Preußenkönig immer enger. Der Tod der Mutter und der Lieblingsschwester, der Verlust nahestehender Waffengefährten machten ihn einsam; die endlosen seelischen und körperlichen Strapazen verhärteten ihn; er war oft krank. Die Schlagkraft der preußischen Truppen sank, ihre Zucht lockerte sich. 1759 vereinigten sich Russen und Österreicher zum Angriff auf Berlin. Bei K u n e r s d o r f (nahe Frankfurt an der Oder) erlitt Friedrich eine furchtbare Niederlage.

Mit 53 000 Mann gegen 70 000 der Verbündeten suchte er durch den Einsatz der eigenen Person die Entscheidung zu erzwingen. Zwei Pferde wurden ihm unter dem Leibe erschossen, eine Flintenkugel durch ein goldenes Etui in der Rocktasche abgelenkt. Friedrich verließ das Schlachtfeld als einer der letzten, starren Auges, wie in Betäubung versunken. „Kann mich denn keine verwünschte Kugel treffen?" hörte man ihn sagen.

Als ihm nicht mehr als 3000 Soldaten zu bleiben schienen, glaubte er das Ende des preußischen Staates gekommen. Er wollte die Niederlage nicht überleben und dachte an Selbstmord. Nach zwei Tagen aber war er wieder Herr seines Willens und seiner Kräfte und brachte einen geordneten Rückzug der versprengten Truppen zustande.

Seitdem kämpfte Friedrich nur noch in der Verteidigung (Defensive). Er hätte Frieden haben können, wenn er Ostpreußen und Schlesien preisgab. Friedrich schlug diese Möglichkeit aus, obwohl auch England, sein einziger Verbündeter, unsicher wurde.

99

Links: Robert Clive. Zeitgenössischer Stich. Clive kam 1743 als Angestellter der Ostindischen Kompanie nach Madras, wurde später Offizier und 1764 Gouverneur und Oberbefehlshaber in Ostindien. – Rechts: William Pitt d. Ä. Gemälde von Houston.

Der englisch-französische Kolonialkrieg. Der leitende englische Staatsmann, W i l l i a m P i t t (vgl. S. 96), war Friedrich II. ebenbürtig an Mut und Energie. Er rüttelte die englische Nation auf und organisierte die Kraft des englischen Volkes. Die Kriegsmarine wurde auf 412 Fahrzeuge verstärkt.

Den Krieg in I n d i e n konnte Pitt R o b e r t C l i v e überlassen, der dort 1757 die Führung im Kampfe gegen Frankreich übernahm. Ihm gelang es, die englische Herrschaft in Nordindien zu begründen, Pondicherri zu erobern, Kalkutta auszubauen, Chandernagore in englische Hände zu bringen. Von nun an beherrschte die Ostindische Kompanie Bengalen. Indien wurde die Grundlage des englischen Reichtums.

Für die Kämpfe in N o r d a m e r i k a machte Pitt selbst alle Kräfte mobil, beschaffte Gelder, stellte die Flotten zusammen, entwarf den Feldzugsplan. 1758 vertrieben englische Regimenter und Kolonisten die Franzosen aus dem Ohiotal, eroberten Fort Duquesne und gaben ihm den Namen Pittsburg. 1759 wurde das Jahr der wichtigsten Erfolge, in dem „Englands Glocken dünn wurden vom Siegesläuten". Zwei Seesiege vernichteten die französische Flotte; im September fiel Quebec. Ein Jahr später kapitulierten Montreal und alle französischen Streitkräfte in Kanada.

1761 wurde Pitt gestürzt. England hatte kein Interesse mehr an den europäischen Kämpfen. Die Hilfsgelder für Preußen versiegten.

Der Ausgang der Kämpfe. Friedrichs Lage wurde hoffnungslos. Die Zeit der Feldschlachten war für ihn vorbei. Die Übermacht der Russen und Österreicher zwang ihn, sich auf Festungen und feste Lager zu stützen. Seine tüchtigsten Offiziere waren

*Landung und Kampf der Engländer bei Quebec (1759). Nachdem die britischen Truppen das Steilufer be-
zwungen hatten, gelang die Eroberung der Stadt in wenigen Stunden. Zeitgenössischer Stich.*

gefallen, die Regimenter zusammengeschmolzen, die wirtschaftlichen Kräfte des preu-
ßischen Staates erschöpft. Mißtrauen und Mutlosigkeit machten sich in den eigenen
Reihen bemerkbar. Frankreich und England verhandelten über den Frieden. Nur ein
Wunder schien Preußen retten zu können.

Da änderte sich plötzlich die Lage. Zarin Elisabeth starb im Januar 1762, und Ruß-
land wurde mit einem Schlag vom Todfeind zum Bundesgenossen. Ihr Nachfolger,
Zar P e t e r III., ein glühender Bewunderer des preußischen Königs, schloß unter
Herausgabe aller Eroberungen Frieden, zwang dadurch auch Schweden zum Friedens-
schluß und ermöglichte Friedrich eine letzte Offensive. Zwar wurde Peter wenige
Monate später ermordet, und seine Gemahlin K a t h a r i n a II. löste wieder das
Bündnis mit Preußen. Doch trat Rußland nicht mehr in den Krieg ein.

Österreich war nun auch am Ende seiner Kraft und seines Kriegswillens angelangt.
So begannen die Verhandlungen um einen F r i e d e n , der 1763 auf Schloß H u -
b e r t u s b u r g (nordöstlich Grimma) unterzeichnet wurde. Schlesien und die Grafschaft Glatz blieben bei Preußen. Sachsen wurde wiederhergestellt. Der Preußenkönig
sicherte Maria Theresia zu, ihrem Sohn Joseph bei der Kaiserwahl seine Stimme zu
geben.

1763

Wenige Tage vorher hatte bereits England mit Frankreich und Spanien in P a r i s
Frieden geschlossen. Frankreich mußte seine Besitzungen in Indien sowie Kanada und
alles Land östlich des Mississippi an England abtreten. Spanien, das in den letzten
Jahren ebenfalls in den Kolonialkrieg eingetreten war, tauschte mit England Florida
gegen die noch völlig unerschlossenen Gebiete westlich des Mississippi.

Das Brandenburger Tor in Berlin 1764. Stich von Daniel Chodowiecki.

Bedeutung der Friedensschlüsse. Der eigentliche Geschlagene war F r a n k - r e i c h. Seine Finanzen waren nun vollends zerrüttet, seine Kriegsflotte verloren, sein Handel ruiniert, sein Ansehen gemindert.

Für E n g l a n d war der Pariser Friede der glänzendste seiner neueren Geschichte. Mit Nordamerika und Indien waren die beiden tragenden Pfeiler seines Weltreiches errichtet (vgl. S. 25 und 97). Das Angelsachsentum hatte Weltgeltung gewonnen.

P r e u ß e n war endgültig zum Range einer fünften europäischen Großmacht emporgestiegen. Damit war entschieden, daß es künftig zwei deutsche Großmächte geben werde; der „deutsche Dualismus" war entstanden.

F r i e d r i c h d e r G r o ß e, umstrahlt vom Glanze militärischen Heldentums, ging als der anerkannt erste Mann Europas aus dem Ringen hervor.

Zusammenfassung:

Die Jahrzehnte nach der Thronbesteigung Friedrichs II. und Maria Theresias waren erfüllt von heftigen Kämpfen in Europa und Übersee.

In den Schlesischen Kriegen und im Siebenjährigen Krieg (1756–1763) erwarb und sicherte Friedrich der Große seinem Staat die Stellung einer europäischen Großmacht. Maria Theresia behauptete ihr Erbrecht und die Einheit der habsburgischen Monarchie. Es entstand der deutsche Dualismus.

Die Kämpfe zwischen England und Frankreich endeten mit dem Niedergang der französischen Macht (Frieden von Paris, 1763). Sie begründeten das englische Weltreich und bereiteten die Weltgeltung des Angelsachsentums vor.

Schloß Sanssouci bei Potsdam. Stich um 1780 (vgl. S. 104).

III. Der aufgeklärte Absolutismus in Mitteleuropa

Mit der Selbstbehauptung Friedrichs des Großen im Siebenjährigen Krieg wurde der Weg frei für eine neue Staatsauffassung und Staatspraxis in Deutschland und Mitteleuropa: den aufgeklärten Absolutismus. In Preußen seit 1740 angebahnt, wurde er nach 1763 vollendet. Er beeinflußte die Regierungsweise Maria Theresias, wenn sie auch von andern Gedanken und Auffassungen ausging. Er wurde in Österreich herrschend unter ihrem Nachfolger Joseph II. und ergriff viele deutsche und außerdeutsche Fürsten.

1. Wesenszüge des aufgeklärten Absolutismus

Der aufgeklärte Absolutismus übernahm einige Gedanken der Aufklärung und suchte sie zu verwirklichen. Der Staat galt den aufgeklärten Monarchen nicht mehr als eine natürlich gewachsene oder von Gott gesetzte Ordnung, sondern als eine von Menschen durch Vertrag geschaffene Einrichtung, nicht als Organismus, sondern als Maschine, die möglichst gut funktionieren soll. Der Fürst herrscht nur deswegen allein, weil ein einziger oberster Lenker nötig ist, damit das feine Getriebe der Hebel und Räder der Staatsmaschine nicht in Verwirrung gerät. Der Herrscher ist nicht Herr, sondern Diener des Staates. Die Erbmonarchie ist nicht gottgewollt, sondern folgt dem ,,Zufall der Geburt".

Die vorgefundenen staatlichen und kulturellen Zustände betrachteten die aufgeklärten Monarchen nicht nur in Einzelheiten als verbesserungswert, sondern durchaus als reformbedürftig. Sie unternahmen es daher, den Staat ,,vernünftiger", d. h. übersichtlicher, einheitlicher, gleichmäßiger zu gestalten und Mißstände, Mißbräuche, entgegenstehende Traditionen zu beseitigen.

Die aufgeklärten Fürsten wollten dem Fortschritt und der Menschlichkeit dienen. Aber sie zweifelten an der schöpferischen Kraft der Völker. Daher war ihr Grundsatz:

„Alles für das Volk! Nichts durch das Volk!" Mögliche Verbesserungen wurden nicht den Regierten überlassen, sondern von oben befohlen, unter Umständen erzwungen.

2. Preußen nach dem Siebenjährigen Krieg

Der alte Fritz. Als der preußische König nach Beendigung des Siebenjährigen Krieges in seine Hauptstadt einritt, sahen die Berliner einen kleinen, hageren Mann mit gebeugtem Rücken und ungepflegter Uniform, den „ a l t e n   F r i t z ". Die Stadt und ihre Bewohner waren ihm fremd geworden. Er zog sich auf sein Schloß S a n s - s o u c i (Sorgenfrei) bei Potsdam zurück.

Dieses Schloß war vom Baumeister Knobelsdorff nach Friedrichs eigenen Entwürfen erbaut worden. Zwischen den Schlesischen Kriegen und dem Siebenjährigen Krieg hatte der König dort glückliche Jahre verbracht. Er hatte einen kleinen Kreis geistreicher Männer um sich versammelt, mit denen er sich abends nach Erledigung der Regierungsgeschäfte angeregt unterhielt oder musizierte (vgl. S. 80). Zu den Mitgliedern dieser „Tafelrunde" gehörte eine Zeitlang auch der französische Schriftsteller und Philosoph V o l t a i r e (vgl. S. 84). Diese sorglose Zeit war nun längst vorüber.

Der König war vereinsamt und hatte für seine Umwelt oft nur noch bitteren Spott übrig. Sein ganzes Denken und Trachten war auf den Wiederaufbau des preußischen Staates gerichtet.

Wirtschaftlicher Wiederaufbau. Unverzüglich ging Friedrich daran, die Wunden zu heilen, die der Krieg dem Lande geschlagen hatte. Er unterstützte nicht nur den Aufbau der L a n d w i r t s c h a f t durch Geld, Saatgetreide, Zugvieh und Steuernachlässe, sondern setzte auch die innere Kolonisation fort. Er ließ weite Strecken Heide- und Sumpflandes urbar machen und gründete etwa 900 Kolonistendörfer. Allein im Oderbruch gelang es ihm, „eine Provinz im Frieden zu gewinnen". Die technischen Verbesserungen des Landbaus wurden fortgesetzt, auf den Domänen die Stallfütterung, der Kartoffelanbau und die Gartenkultur musterhaft vorgeführt. Friedrich dachte auch an die Neuverteilung der Gewanne und die Beseitigung des Flurzwanges, doch scheiterten diese Pläne an den trägen Gewohnheiten der Landbevölkerung und am Widerstand der Gutsherren.

In den S t ä d t e n förderte Friedrich das Gewerbe, vor allem die Tuchmanufaktur. Er gründete neue Gewerbezweige, denen er Monopole (Alleinverkaufsrechte) gab, z. B. die Seidenindustrie und die Berliner Porzellanmanufaktur. In Schlesien und Westfalen wurde der B e r g b a u entwickelt. Dem H a n d e l öffnete der König neue Wege durch den Bau von Kanälen. Der „Brombergkanal" verband die Weichsel mit der Netze, der „Plauensche Kanal" und der „Finowkanal" Elbe, Oder und Havel. Zur Belebung des Überseehandels gründete Friedrich in Berlin eine Bank, die „Seehandlung".

So gelang es, die bisher passive Handelsbilanz Preußens in eine aktive zu verwandeln. Berlin wurde zur Großstadt mit 100 000 Einwohnern. Stettin blühte auf. Von Emden aus entwickelte sich ein preußischer Seehandel. Getreidespeicher sicherten die Armeeverpflegung, hielten die Preise stabil und schützten vor Hungersnot. Insgesamt etwa 300 000 Menschen wanderten unter Friedrichs Regierung nach Preußen ein.

Rechte Seite oben: Friedrich der Große reitet zur Besichtigung des ersten Bataillons Garde. Aquarell von Daniel Chodowiecki. – Unten: Maria Theresia mit ihrer Familie im Schönbrunner Schloß. In der Mitte des großen Sterns auf dem Fußboden der Thronfolger Joseph. Gemälde von Martin van Meytens.

Der König auf Inspektionsreisen. Wie in den Tagen Friedrich Wilhelms I. rollte der Wagen des Königs durchs Land. Jedes Jahr besichtigte Friedrich Teile seiner Armee. Mit Strenge kontrollierte er Ausrüstung und Ausbildung der Soldaten. Bis ein Jahr vor seinem Tode hielt er die großen Manöver persönlich ab.

Regelmäßig besichtigte der König auch die Domänen, die städtischen Gewerbebetriebe, die alten und die neuen Dörfer. Er führte genaue Statistik über die Zahl der Bewohner, über Geburten und Todesfälle, Schulden und Ersparnisse der Untertanen, über Erträge der landwirtschaftlichen und gewerblichen Betriebe. Er erkundete neue Entwicklungsmöglichkeiten. Er lobte und tadelte. Er half bei Feuersbrunst und Überschwemmung mit Geld aus der königlichen Privatschatulle.

Erhaltung der Standesschranken. Bei aller Fürsorge für seine Untertanen dachte Friedrich der Große nicht daran, die herkömmlichen Unterschiede zwischen den Ständen aufzuheben. Im Gegenteil: sie wurden teilweise verschärft.

Den A d e l betrachtete Friedrich als die tragende Schicht des Staates. Aus ihm nahm er die Offiziere, die Diplomaten und die hohen Beamten. Deshalb schützte er auch seinen Besitz. Rittergüter durften nicht vom Staate aufgekauft oder von Bürgerlichen erworben werden. Bürgerliche Offiziere wurden nach dem Siebenjährigen Krieg zumeist verabschiedet.

Das B ü r g e r t u m galt als der Erwerbsstand. Es war von der Rekrutengestellung befreit und vor der Konkurrenz bäuerlicher Handwerker geschützt. Am politischen Leben hatte es keinen Anteil.

Der B a u e r blieb das „Lasttier" der Gesellschaft. Der König hätte ihn gern besser gestellt, wich aber vor den Einsprüchen des Adels zurück. Die Lage der gutsuntertänigen Bauern vermochte er nicht zu erleichtern. Er verbot nur, sie zu „legen" oder roh zu behandeln. Auf den Domänen beschränkte Friedrich die Frondienste. Auch machte er die Besitzrechte der Domänenbauern erblich. Die Bauern der Siedlungsdörfer erhielten von vornherein größere Rechte.

Die Stellung der G e i s t l i c h e n war durch den Grundsatz staatlicher Toleranz bestimmt, den der König kurz nach seinem Regierungsantritt verkündet hatte. Für ihn gehörte der zuverlässige Schutz der Glaubensfreiheit zu den Voraussetzungen einer wachsenden Bevölkerung und eines blühenden Gewerbes. So schaffte er einerseits die geistliche Gerichtsbarkeit ab, andererseits nahm er die aus anderen Staaten ausgewiesenen Jesuiten auf, die nach der päpstlichen Auflösung des Ordens heimatlos waren. Unter den leitenden Beamten Friedrichs gab es keine Katholiken. Aber in Schlesien überließ er das Schulwesen der Gesellschaft Jesu, weil sie kostenlos arbeitete und es sonst an Lehrern fehlte. Im protestantischen Berlin ließ der König die katholische Hedwigskirche bauen.

Reform der Rechtspflege. Auch Gerechtigkeit verstand Friedrich nicht als gleiches Recht für alle. Geltender Grundsatz war die Devise des Schwarzen-Adler-Ordens, den der erste Preußenkönig gestiftet hatte: „Suum cuique!" (= Jedem das Seine!). Jeder Stand sollte seine eigenen Rechte und Pflichten haben.

Friedrichs Reformen gingen vor allem auf Beschleunigung der Prozesse. Mit der schleppenden Rechtsprechung der Vergangenheit wurde Schluß gemacht, das Prozeßrecht erheblich vereinfacht. An die Stelle langer Schriftsätze traten mündliche Verhandlungen.

Um die Stellung der Richter gegenüber den streitenden Parteien zu stärken, machte Friedrich sie zu besoldeten Beamten, die erst nach einer Prüfung und jahrelangem Vorbereitungsdienst angestellt wurden.

Der König verzichtete darauf, in schwebende Verfahren einzugreifen: „Ich habe mich entschieden, den Lauf der Prozesse niemals zu stören; in den Gerichtshöfen müssen die Gesetze sprechen und der Souverän schweigen." Doch behielt sich Friedrich die Aufsicht über die Richter vor, wies sie nach Gutdünken zurecht oder entließ sie. Damit „die Leute in den Provinzen nicht gehudelt würden", überprüfte der König alle Strafurteile. Auch hatte jedermann das Recht, sich an den König mit einer Bittschrift zu wenden.

Gegen Ende seiner Regierung ließ Friedrich ein e i n h e i t l i c h e s G e s e t z - b u c h für die ganze preußische Monarchie ausarbeiten, das „Allgemeine Preußische Landrecht"; es wurde erst nach seinem Tode fertig (1794) und galt bis 1900. Es verzeichnete nicht nur geltendes Recht, sondern stellte auch Grundsätze auf, die weit in die Zukunft vorauswiesen. So wenn es für alle Arbeitswilligen, „welchen es nur an Mitteln und Gelegenheit, ihren Unterhalt selbst zu verdienen, fehlt", das Recht auf Arbeit proklamierte.

Selbstregierung aus dem Kabinett. Friedrich der Große hielt die absolute Monarchie für die schlechteste und für die beste aller möglichen, je nachdem wie sie geführt würde. Für ihn selbst bedeutete das Herrscheramt nicht eine Quelle des Lebensgenusses, sondern der harten Arbeit. Vom Fürsten schrieb er:

„Wenn er der erste Richter, der erste General, der erste Schatzbeamte, der erste Minister der Gemeinschaft ist, so ist er es nicht zur Schaustellung, sondern um die Pflichten dieser Ämter zu erfüllen. Er ist nur d e r e r s t e D i e n e r d e s S t a a t e s , verpflichtet, mit Rechtschaffenheit, mit Weisheit und mit völliger Uneigennützigkeit zu handeln, wie wenn er in jedem Augenblick seinen Mitbürgern Rechenschaft über seine Verwaltung ablegen müßte."

Friedrich übernahm die Verwaltungseinrichtungen seines Vaters, gab ihnen aber ein eigenes Gepräge durch die persönliche Regierungsform. Alles nahm er selbst in die Hand. Gemeinsame Ministerberatungen fanden schließlich gar nicht mehr statt. Aus dem Arbeitszimmer (Kabinett) des Königs gingen Anordnungen (Kabinettsorders) über die Köpfe der Minister hinweg häufig genug direkt an die Provinzialverwaltungen. Der Staat wurde so ein Apparat, der nicht von sich aus funktionierte, sondern ganz vom persönlichen Willen des Königs abhängig war. Darin lag eine große Gefahr. Friedrich selbst war ein sachkundiger, sich im Dienst verzehrender Arbeiter. Was aber sollte werden, wenn ihm ein träger oder unfähiger König folgte?

3. Österreich unter Maria Theresia

Die Persönlichkeit der Kaiserin. M a r i a T h e r e s i a war eine warmherzige Frau, deren Leutseligkeit alle Menschen gefangennahm. Wohl lagen ihrer Regierung einzelne aufklärerische Gedanken zugrunde; ihrem innersten Wesen nach gehörte sie aber der Aufklärung nicht an. Unberührt von jedem Zweifel, ruhte sie in der katholischen Religion ihrer Ahnen. Schicksalsschläge trug sie mit unerschütterlichem Gottvertrauen. Felsenfest glaubte sie an die Bestimmung des Hauses Habsburg.

Die Kaiserin fühlte sich als Haupt eines Vielvölkerstaates und pflegte die internationalen Verbindungen ihrer Familie. Sie setzte die Heiratspolitik ihres Hauses fort und brachte ihre Kinder auf geistliche Fürstensitze und fremde Throne. Der Sitte der Zeit folgend, schrieb sie meist französisch. Aber in der Rede bediente sie sich der deutschen Muttersprache, des liebenswürdigen Wiener Dialekts. Ihren Kindern legte sie das Bekenntnis zur deutschen Sprache, zum angestammten Fühlen und Denken auch an fremden Höfen ans Herz, besonders ihrer Tochter Marie Antoinette, die mit dem französischen König Ludwig XVI. verheiratet war.

Friedrich dem Großen war Maria Theresia vielleicht unterlegen an geistiger Kraft, nicht aber an Mut und Pflichtgefühl. Sie übertraf ihn an Rechtssinn und unverbildeter Herzensgüte. Bei aller Regierungsarbeit blieb sie Hausfrau und Mutter, die 16 Kindern das Leben schenkte, und ihrem Mann eine liebende Gattin. Sie verstand auch ihre herrscherlichen Pflichten als die einer „ersten und allgemeinen Mutter" des Reiches. Friedrich der Große, den die Kaiserin zeitlebens als Rechtsbrecher und Räuber haßte, bekannte von ihr: „Sie hat dem Thron Ehre gemacht und ihrem Geschlecht."

Auf dem Wege zum Gesamtstaat. Die Erfahrungen während der Kriege hatten Maria Theresia gezeigt, daß eine stärkere Zusammenfassung ihrer Länder unbedingt erforderlich war. Um dem Ziel eines Gesamtstaates näherzukommen, schuf sie zunächst für ihre böhmisch-österreichischen E r b l a n d e zentrale Behörden. Die Rechte der Landstände wurden auf die untere Rechtspflege und Verwaltung beschränkt. Die Provinzverwaltung und die Finanzverwaltung wurden ganz verstaatlicht.

U n g a r n war nur lose mit dem Gesamtstaat verbunden und blieb durch eine Zollgrenze von den übrigen Ländern getrennt. Aber der Glanz des Hofes, das heitere und kunstfreudige Wien, das damals Mittelpunkt des deutschen Musiklebens zu werden begann (vgl. S. 79), zogen auch den ungarischen Adel an.

Die Einheitlichkeit der preußischen Verwaltung erreichte das Habsburgerreich nicht. Aber wieviel schwerer hatte es Maria Theresia in ihrem Vielvölkerstaat, wieviel behutsamer mußte sie vorgehen!

Sorge für den Bauernstand. Die Kaiserin wollte auch den Ärmsten eine christliche Landesmutter sein. Deshalb suchte sie die Lasten zu erleichtern und gerechter zu verteilen. Auf den Domänen schaffte sie die Leibeigenschaft ab und verwandelte die Frondienste in Geldleistungen. Der Adel, dem sie damit ein gutes Beispiel geben wollte, folgte ihr freilich nicht. Ebenso gelang die Besteuerung der Adelsgüter nur in der halben Höhe der bäuerlichen Lasten. Doch erreichte die Kaiserin auch in Ungarn eine Regelung der Frondienste zugunsten der Bauern, so daß es den Bauern in den habsburgischen Ländern besser ging als anderswo in Europa.

Den Bauern kam auch die Wiederaufnahme des Siedlungswerkes zugute, das Prinz Eugen einst begonnen hatte. Wieder fuhren Hunderte von deutschen Familien die Donau hinab, um im Schutz der „großen Kaiserin" eine neue Heimat zu finden (vgl. S. 60).

Kirchen- und Kulturpolitik. In den Augen der tief religiösen Maria Theresia war ein rein weltlicher Staat, der die verschiedensten Bekenntnisse duldete, eine Gotteslästerung. Mit Schaudern blickte sie auf das Preußen Friedrichs II. Andererseits lehnte sie jeden Gewissenszwang ab, besteuerte die Geistlichkeit, zog die Stellenbesetzung an sich, schaffte eine Anzahl von Feiertagen ab, setzte kirchliche Gebühren fest. Den Jesuiten nahm sie die Zensur, das Erziehungswesen und die Leitung der Universitäten.

Das gesamte Geistesleben sah sie unter dem Gesichtspunkt der Nützlichkeit. Ihr ureigenstes, aus landesmütterlicher Sorge entsprungenes Werk ist der Aufbau eines vorbildlichen V o l k s s c h u l w e s e n s. Am Ende ihrer Regierungszeit wurden in den deutschen Provinzen u. a. 83 „Haupt"- und 3848 „Trivialschulen" gezählt.

Die Mitregentschaft Josephs II. Nach dem Tode ihres Gatten (1765) machte Maria Theresia ihren Sohn J o s e p h II. zum Mitregenten. Ihm überließ sie vor allem die

Außenpolitik und das Heer. Aber zwischen der bedächtigen Mutter und dem ungestümen Sohn gab es viele Spannungen, zumal manche Forderungen des jungen Monarchen der innersten Überzeugung der Kaiserin widersprachen. Vor allem seiner Außenpolitik sah sie mit Sorge zu. „Gebt der Ruhe und dem Frieden allen den Vorzug vor Eurem Ehrgeiz", mahnte sie: „Besser ein mittelmäßiger Friede als ein glücklicher Krieg."

4. Joseph II.

Persönlichkeit und Ziele. Im Unterschied zu seiner Mutter war J o s e p h   I I. (1780–1790) ganz von den Gedanken der Aufklärung erfüllt. Er kannte die Habsburger Monarchie genau und wußte, wie rückständig sie in manchen Teilen war. Er war fest entschlossen, das Volk aus Vorurteilen, Aberglauben und menschenunwürdigen Gewohnheiten herauszureißen und zu einem besseren, vernünftigeren Leben emporzuführen.

Josephs Vorbild war das Preußen Friedrichs des Großen. Sein Ziel war der machtvolle, übersichtlich gegliederte, obrigkeitlich regierte Einheits- und Wohlfahrtsstaat, in dem alle Untertanen rechtlich gleichgestellt sein und sich der staatlichen Fürsorge

Kaiser Joseph II. und sein Bruder Leopold. Gemälde von Pompeo Batoni. Der dritte Sohn Maria Theresias folgte seinem Vater 1765 in Toskana als Großherzog und seinem Bruder Joseph II. als Kaiser Leopold II. (1790–1792).

erfreuen sollten. Mit unnachsichtiger Energie ging der Kaiser daran, dieses Ziel zu verwirklichen.

Machtpolitik. Nach außen suchte Joseph II. die österreichische Hausmachtpolitik fortzusetzen. 1772, bei der ersten polnischen Teilung (vgl. S. 118), gewann Österreich O s t g a l i z i e n   und   L o d o m e r i e n , 1775 aus türkischem Besitz die B u k o - w i n a . Diese Gebiete waren besonders rückständig, und ihr Erwerb vermehrte die Zahl der nichtdeutschen Untertanen im Habsburgerreich.

Um den Verlust Schlesiens wettzumachen, verfolgte Joseph II. den Plan, Teile Bayerns für sein Haus zu gewinnen. Der kinderlose Kurfürst Karl Theodor von der Pfalz, dem das bayerische Kurfürstentum als Erbe zufiel, war einverstanden. Aber Preußen konnte eine solche Machterweiterung Österreichs in Deutschland nicht hinnehmen. So wurde Friedrich der Große aus eigenem Interesse zum Retter der bayerischen Selbständigkeit. Ein preußisches Heer marschierte in Böhmen ein. Indes brachte der B a y e r i s c h e   E r b f o l g e k r i e g (1778–1779) bloß Truppenbewegungen; es kam zu keiner Schlacht. Russische und französische Vermittlung führten zu einem Friedensschluß, bei dem Österreich das Innviertel gewann.

Noch einmal wiederholte der Kaiser den Versuch, Bayern zu erwerben, indem er Karl Theodor die ö s t e r r e i c h i s c h e n   N i e d e r l a n d e zum Tausch anbot.

Wieder griff Friedrich der Große ein. Er gründete 1785 einen D e u t s c h e n F ü r - s t e n b u n d , der sich den Bestrebungen des Kaisers entgegenstellte. Joseph II. mußte seine bayerischen Pläne endgültig begraben.

Vereinheitlichung der Staatsverwaltung. Auf dem Weg zum Einheitsstaat ging Joseph II. weit über Maria Theresias Reformen hinaus. Er nahm den Ländern der Monarchie die Selbstverwaltung, hob ihre Sonderrechte auf und schaltete die Stände aus. Ohne Rücksicht auf geographische und geschichtliche Voraussetzungen wurden die Erblande in 13, Ungarn in 8 Distrikte (Verwaltungseinheiten) eingeteilt, die der Kontrolle der Zentralbehörde in Wien unterstanden. Als Verwaltungssprache in der gesamten Monarchie führte Joseph das Deutsche ein, weil er es für die Sprache der höchsten Kultur in seinem Reiche hielt.

Gleichheit der Untertanen. Die B a u e r n befreite der Kaiser von jeder Art Untertänigkeit und Schollenpflichtigkeit: „Es soll jedem Untertan freistehen, nach Belieben und auch ohne Einwilligung seiner Grundherrschaft zu heiraten, sich auf Wissenschaften zu verlegen, Künste und Handwerke zu erlernen und das Erlernte auszuüben." Dienste und Naturalabgaben sollten die Bauern mit Geld ablösen. Ziel war, sie zu freien Zinspächtern zu machen. Alle Grundstücke, auch die der Adligen und Geistlichen, sollten einheitlich besteuert werden.

Auch die Rechtsstellung der J u d e n wurde verbessert. Sie durften die bisher vorgeschriebene Sonderkleidung ablegen und deutsche Familiennamen annehmen. Sie wurden zum Studium zugelassen, konnten ein Handwerk ausüben und Fabriken gründen.

Für alle Untertanen wünschte Joseph II. ein e i n h e i t l i c h e s R e c h t , unparteiische und uneigennützige Richter und einen raschen und billigen Rechtsgang. Er schaffte die Folter ab und setzte an die Stelle der Todesstrafe die lebenslängliche Zwangsarbeit des Schiffeziehens nach russischem Vorbild.

Kirchenpolitik. Auch die Kirchenpolitik des Kaisers stand im Zeichen zunehmender Gleichheit. Ein T o l e r a n z e d i k t gewährte (1781) den Protestanten und Orthodoxen alle bürgerlichen Rechte und freie private Religionsausübung. Das katholische Bekenntnis blieb beherrschend: die Bethäuser der Nichtkatholiken durften keine Türme und keinen Eingang von der Hauptstraße her haben. Doch ließ man Übertritte zum Protestantismus zu.

Im übrigen wollte der Kaiser die katholische Kirche Österreichs von Rom lösen und sie dem Nutzen des Staates dienstbar machen. Bei diesen s t a a t s k i r c h l i c h e n B e s t r e b u n g e n fand er die Unterstützung hoher katholischer Geistlicher.

| 1781 |

Um den Einfluß des Papstes auszuschalten, durfte kein päpstliches Schriftstück ohne staatliche Billigung veröffentlicht werden. Den Bischöfen war verboten, sich direkt nach Rom zu wenden. Die Priestererziehung wurde verstaatlicht, der Gottesdienst und die Zahl der kirchlichen Feiertage wurden staatlich geregelt. Prozessionen und Wallfahrten waren verboten. Alle nur beschaulichen religiösen Orden ließ Joseph auflösen. Von 2000 Klöstern verschwanden 700. Ihr Vermögen wurde eingezogen; es sollte zu Siedlungszwecken verwendet werden. Die Klosterinsassen versorgte der Staat.

Die Pfarrsprengel wurden neu eingeteilt. Aus landesfürstlicher Machtvollkommenheit begründete Joseph II. zahlreiche neue Pfarreien. Allein in Niederösterreich wurden 263 neue Seelsorgestationen ins Leben gerufen, in Ungarn mehr als 1000.

Die Kirche sollte ein Werkzeug staatsbürgerlicher Erziehung werden. Die Priester sollten helfen, nützliche und gehorsame Untertanen heranzubilden. Als idealer Seel-

Kaiser Joseph II. begrüßt Papst Pius VI., der während seines Aufenthalts in Wien in der Hofburg residierte. Stich von Bouitelli.

sorger galt, wer, „geleitet von Christus, Menschen, Vaterland und Beruf liebt, Religion und Tugend, . . . Unterricht und moralische Wirkung unter den Menschen verbreitet".

Gegen Josephs Kirchenpolitik vermochte auch der Papst nichts. Er kam sogar selbst nach Wien, mußte aber unverrichteter Dinge wieder abreisen.

Soziale Fürsorge. Mit besonderem Erfolg nahm sich der Kaiser derjenigen unter seinen Untertanen an, die nicht selbst für sich sorgen konnten. Es entstanden zahlreiche Blinden- und Taubstummenheime, allgemeine Krankenhäuser (so das große, für 2 000 Kranke berechnete Wiener Allgemeine Krankenhaus), Entbindungsanstalten und Waisenhäuser, ein erstes Findelhaus und Irrenanstalten. Vor allem diesen segensreichen Werken, die in Deutschland nachgeahmt wurden, verdankte der Kaiser seine Volkstümlichkeit.

Widerstände. Joseph II. hatte zweifellos die besten Absichten: er wollte seine Untertanen beglücken. Aber der „gekrönte Menschenfreund" war zugleich ein Tyrann, der sich nicht scheute, die Menschen zu ihrem Glück zu zwingen. Für Herkommen, alten Glauben und landschaftliche Besonderheiten hatte er keinen Sinn. Gegenüber menschlichen Irrtümern und Schwächen brachte er keine Geduld auf. Herrisch, ungestüm drängend, übers Ziel hinausschießend, schuf er sich viele Feinde. Die Maßnahmen gegen die Kirche riefen überall Erbitterung hervor. In den Erblanden, unter den Augen des Kaisers, regte sich dumpfer Groll, in Ungarn leistete man Widerstand, in Belgien kam es zum offenen Aufruhr.

Maria Theresia hatte die U n g a r n aus Dankbarkeit und Klugheit stets zuvorkommend behandelt. Joseph II. verletzte das ungarische Nationalgefühl aufs tiefste. Er verzichtete auf die Krönung in Ungarn und ließ die altehrwürdige Stephanskrone als Museumsstück nach Wien bringen. Die Beseitigung der Stände und der Leibeigenschaft brachte das Land in Gärung. Am meisten verbitterte die Einführung des Deutschen als Amtssprache anstelle des Lateins. Die ungarische Sprache, bisher weder literarisch noch politisch verwendet, wurde nun zum Symbol nationaler Freiheit. Deutschenhaß flammte auf. Der Adel bereitete einen Aufstand vor.

Die sieben n i e d e r l ä n d i s c h e n P r o v i n z e n hatte der Kaiser durch seinen Tauschplan (vgl. S. 109) in ihrem Stolz gekränkt. Die Beseitigung der alten ständischen Freiheiten (vgl. Bd. 2, S. 217) löste einen Aufstand aus, der von den Freien Niederlanden und von Preußen unterstützt wurde. Im Januar 1790 vollzog sich der Abfall: die Republik der „Vereinigten belgischen Provinzen" wurde ausgerufen. Erst nach Josephs Tode konnten sie mit Waffengewalt für das Haus Habsburg zurückgewonnen werden.

Scheitern des Reformwerks. Die zehn Jahre von Josephs Regierung gehören zu den bewegtesten der österreichischen Geschichte. Rund 6 000 Erlasse bezeugen den Arbeitseifer, aber auch die Hast des Kaisers. Von allen aufgeklärten Fürsten verfuhr er am entschiedensten. Doch er übereilte alles, wollte zuviel auf einmal und fand nicht genügend geeignete Helfer und Diener. So scheiterte er am Widerstand des Adels und der breiten Masse. Kurz vor seinem Tode mußte sich Joseph II. entschließen, die meisten seiner Verordnungen zurückzunehmen. Er starb 49jährig in dem niederdrückenden Gefühl, vergebens gegen Unverstand und Egoismus der Menschen gekämpft zu haben (1790).

Haydn und Mozart. Seinen reinsten Ausdruck fand das Österreich Josephs II. in der Musik Haydns und Mozarts.

J o s e p h H a y d n (1732–1809) schuf im Dienste des Fürsten Eszterházy seine unsterblichen Sinfonien und Divertimenti. Ihm war, wie Schiller forderte, „einzige Triebkraft der Kunst die rechte Liebe zum Menschentum". So feierte er in seinen Oratorien nicht nur die Schöpfergröße Gottes und die Erlösungstat Christi, sondern auch die Schönheit des ersten Menschenpaares und den Zauber des Landlebens im Gang der Jahreszeiten. Die Melodie der Haydnschen Kaiserhymne verband sich später mit dem Text des Deutschlandliedes von Hoffmann zur deutschen Nationalhymne.

W o l f g a n g A m a d e u s M o z a r t (1756–1791) ließ sich nach Konzert- und Bildungsreisen in Italien, England und Frankreich als freier Künstler in Wien nieder, wo er als hinreißender Konzertpianist die Herzen der adligen und bürgerlichen Gesellschaft gewann. Den Geist der Zeit geben am deutlichsten seine Opern wieder. Wie Lessings „Nathan der Weise" zeigt Mozarts Oper „Die Entführung aus dem Serail", daß echte Menschlichkeit auch zwischen Muslimen und Christen Brücken baut. „Die Hochzeit des Figaro" ist kein adelsfeindliches Revolutionsstück wie ihre Vorlage, die Komödie des Franzosen Beaumarchais, sondern endet mit der Versöhnung zwischen Adel und Bürgertum. Die „Zauberflöte" schließlich verherrlicht den Sieg der Hoffnung über das Grauen, der Menschenliebe über den Haß und der lichten Kräfte von Natur und Geist über die Mächte der Finsternis und der Zerstörung.

Zusammenfassung:

Nach dem Siebenjährigen Krieg setzte sich in Mitteleuropa als vorherrschende Regierungsweise der aufgeklärte Absolutismus durch.

Friedrich der Große sorgte als „erster Diener" seines Staates für die wirtschaftliche Wohlfahrt Preußens und reformierte die Rechtspflege. Er erhielt die Trennung der Stände aufrecht und regierte selbstherrscherlich aus dem Kabinett.

Maria Theresia förderte als christliche Landesmutter das Wohl ihrer Untertanen. Sie faßte die Länder des Habsburgerreiches stärker zusammen und suchte die internationalen Verbindungen ihres Hauses zu festigen.

Die folgerichtigste und entschlossenste Verwirklichung des aufgeklärten Absolutismus erstrebte Joseph II. Er vergrößerte das Habsburgerreich um Gebiete aus polnischem und türkischem Besitz. Er vereinheitlichte die österreichische Staatsverwaltung, hob die Leibeigenschaft der Bauern auf, verkündete Toleranz für alle christlichen Bekenntnisse, verbesserte die Rechtsstellung der Juden und stellte die römisch-katholische Kirche Österreichs in den Dienst des Staates. Er sorgte in vorbildlicher Weise für Schwache und Kranke.

Josephs überstürzte Reformen riefen den Widerstand der Außenländer hervor und mußten zum großen Teil wieder rückgängig gemacht werden. Erfolglos blieben auch seine Versuche, Österreichs Stellung in Deutschland zu stärken.

IV. Rußland und Osteuropa

1. Die inneren Verhältnisse Rußlands

Herkunft und Thronbesteigung Katharinas II. K a t h a r i n a II. (1762–1796) war eine deutsche Prinzessin aus dem Hause Anhalt-Zerbst. Sie kam im Alter von 15 Jahren nach Rußland und fand sich in der fremden und unübersichtlichen Welt des Ostens dank ihrer großen Klugheit schnell zurecht. Sie lernte eifrig Russisch und trat zum orthodoxen Glauben über. Mit kühler Berechnung und schauspielerischem Geschick verstand sie es, sich beliebt zu machen.

Ihre Ehe mit dem dummen und rüpelhaften Zaren P e t e r III. verlief unglücklich. Peter wurde von der kaiserlichen Garde gezwungen abzudanken und kurz danach ermordet. Katharina war Zarin. Sie zeigte sich als gramerfüllte, in Tränen zerfließende Witwe, bestrafte aber den Mord an ihrem Gatten nicht, sondern überschüttete die Mörder mit Gnadenerweisen.

Rußland beim Regierungsantritt Katharinas II. Als sie auf den Thron kam, hatte Katharina wohl antike und zeitgenössische politische Schriftsteller gelesen, die Praxis von Politik und Verwaltung aber kannte sie nicht. Um einen Überblick über die Verhältnisse in ihrem Reich zu gewinnen, unternahm sie Studienreisen. Was sie dabei an Mißständen feststellte, überstieg alle Erwartung.

Die oberste Behörde Rußlands, der Senat, besaß nicht einmal vollständige Karten des Reiches. Von 28 Millionen Rubel Staatseinkünften verschwanden 12 in den Taschen der Beamten. Die Bauernschaft war mit Steuern überlastet und suchte immer wieder ihr Leben durch Aufstände zu erleichtern, die durch Truppen niedergeworfen wurden. Die Soldaten erhielten oft lange

Zarin Katharina II. Gemälde von Pietro Rotari.

keinen Sold. Die Kriegsflotte konnte man nach dem Urteil der Kaiserin bestenfalls zum Heringsfang verwenden. Die Gesetzgebung war gänzlich verworren, der Richterstand bestechlich.

Aufklärerische Reformansätze. Katharina II. hatte Gedanken englischer und französischer Aufklärer in sich aufgenommen und suchte zunächst in deren Sinn zu wirken.

Die Zarin stand im Briefwechsel mit Diderot und Voltaire, schriftstellerte selbst und sammelte Kunstwerke. Sie schickte junge Russen zum Studium ins Ausland, suchte das Schulwesen zu verbessern und gründete eine höhere Schule für Mädchen. Sie trieb innere Kolonisation, rief deutsche Siedler ins Land (vgl. S. 60) und träumte von der Aufhebung der Leibeigenschaft. Sie plante ein einheitliches modernes Gesetzbuch und verfaßte selbst dazu eine „Instruktion" (Denkschrift) im Geiste Montesquieus.

Doch scheiterten alle Bemühungen der Zarin an der Unbildung und am Widerstand des russischen Adels. Als Rußland von einem furchtbaren Bauernaufstand unter Führung des Kosaken P u g a t s c h ó w erschüttert wurde, gab Katharina ihre Pläne auf und beschloß, die herrschende Ordnung mit Hilfe des Adels zu festigen.

Adelsfreundliche Innenpolitik. Eine V e r w a l t u n g s r e f o r m vermehrte die Verwaltungsbezirke (Gouvernements) und stellte an ihre Spitze Adlige, die der Herrscherin unmittelbar unterstanden. So wurde ein dichteres Netz von staatlichen Einrichtungen über das Land gebreitet, als bisher bestanden hatte. Aufstände von der Ausdehnung des Pugatschowschen kamen über ein Jahrhundert lang nicht mehr vor.

Die V o r r e c h t e d e s A d e l s wurden von Katharina 1785 in einer „Gnadenurkunde" erweitert und bestätigt. Ausdrücklich erkannte die Zarin an, daß die Adligen von persönlichen Steuern und von jeglicher Dienstleistung frei waren, und gewährte

ihnen große wirtschaftliche Vorteile. Die Lage der B a u e r n hingegen verschlech-
terte Katharina erheblich.

Sie verschenkte große Teile der Staatsgüter mit ihren freien Kronbauern an ihre Günstlinge
und beraubte so etwa eine Million Menschen aller persönlichen Rechte. Die schon leibeigenen
Bauern wurden vollends versklavt. Die Gutsherren durften sie mit Stockstreichen und Ruten-
hieben züchtigen, sie zu schwerem Zuchthaus (kàtorga) verurteilen und sie wie Sklaven verkaufen. Katharina verbot sogar den Entrechteten bei schweren Strafen, über Willkür und Grausamkeit ihrer Herren Klage zu führen.

Menschenfreundliche adlige Schriftsteller, die an diesen Zuständen Kritik übten,
ließ Katharina verfolgen und einkerkern.

2. Rußlands Ausgreifen nach Süden und Westen

Ausmaß und Gründe der russischen Ausdehnungspolitik. Als Katharina II. 1762
auf den russischen Thron erhoben wurde, betrug die Zahl ihrer Untertanen etwa
20 Millionen. Bei ihrem Tod 1796 hinterließ sie ein Gebiet, das von rund 36 Millionen
Menschen bewohnt war. Zu drei Vierteln war diese Bevölkerungszunahme durch Eroberung zustande gekommen: Rußland annektierte während Katharinas Regierung
über 500 000 qkm, etwa die Bodenfläche des Deutschen Reiches vor 1914. Diese gewaltige Ausdehnung (Expansion) erfolgte vor allem in zwei Richtungen: nach Süden
gegen die Türkei, nach Westen gegen Polen. Zu diesen Eroberungen wurde Katharina II. nicht nur durch den Wunsch getrieben,
ihre Macht zu erweitern, sondern auch durch die Bedürfnisse der russischen Volks-
wirtschaft.

Links: Russische Bauernstube zur Zeit Katharinas II. Radierung von Jean Baptiste Leprince. – Rechts: Jemelka Pugatschów. Zeitgenössischer Stich.

Bisher hatte Rußland seinen Import an westeuropäischen Waren mit der Ausfuhr von Eisen und Holz, Talg und Häuten, Tauwerk und Hanf, Flachs und Leinwand bezahlt. Nun nahm in England während der Industrialisierung (vgl. S. 231) die Bevölkerung um über 2 Millionen Menschen zu. Auf dem Weltmarkt stiegen die Getreidepreise. Die russischen Gutsbesitzer konnten hoffen, durch vermehrten Getreideanbau gute Gewinne zu erzielen. Der beste Boden für Weizenanbau, die südrussische Schwarzerdezone, befand sich damals in polnischem und türkischem Besitz. Die Verschiffung südrussischen Weizens wiederum konnte nur lohnen, wenn sie über eigene Häfen am Schwarzen Meer geschah.

Rußland brauchte für einen gewinnbringenden Weizenexport das südrussische Schwarzerdegebiet, eigene Häfen am Schwarzen Meer und die Durchfahrt durch Bosporus und Dardanellen ins Mittelmeer.

Türkenkriege und Südausdehnung. Der türkisch-russische Krieg (1768–1774) wurde von der Hohen Pforte eröffnet, aber die Russen siegten zu Wasser und zu Lande. Der Friede von Kütschük-Kainardschi (Dorf bei Silistria) 1774 brachte sie ihren Zielen im Süden erheblich näher.

| 1774 |

Die Türkei verzichtete auf ihre Hoheitsrechte über die tatarische Bevölkerung am Schwarzen und Asowschen Meer. Rußland erhielt das Mündungsgebiet des Dnjepr, die Steppe zwischen Dnjepr und Bug und freie Handelsschiffahrt in allen türkischen Gewässern. Katharina II. übernahm das Schutzrecht über die orthodoxen Christen im osmanischen Reich und gewann damit die Möglichkeit, sich jederzeit in die Verhältnisse auf dem Balkan und im Vorderen Orient einzumischen.

Das Chanat der Krim konnte 1783 ganz annektiert werden. Eine ausgedehnte Zone unbesiedelten fruchtbaren Bodens („Neu-Rußland"), für den Getreideanbau wie ge-

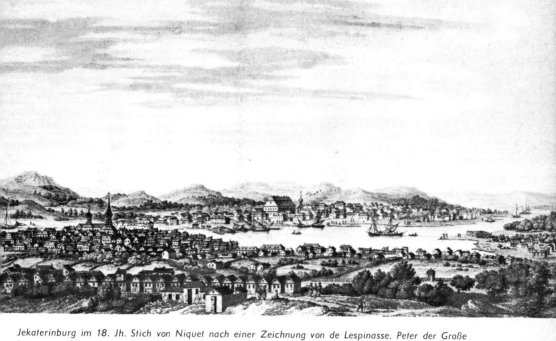

Jekaterinburg im 18. Jh. Stich von Niquet nach einer Zeichnung von de Lespinasse. Peter der Große hatte seine Gründung vor den Ausläufern des Ural nach seiner Gemahlin Katharina I. genannt. Während der Regierung Katharinas II. wurden die Erzlager im Ural entdeckt. Die Zarin ließ die Straße bauen, die Jekaterinburg mit den anderen Verkehrswegen des Reiches verband.

schaffen, war in Rußlands Besitz gelangt. Der Gründung von Schwarzmeerhäfen stand nichts mehr im Wege.

Statthalter in den neueroberten Gebieten wurde Katharinas Günstling Fürst P o t - j ó m k i n , ein bedeutender Kolonisator. Er gründete im Süden der Krim Stadt und Hafen Sewastópol, am Unterlauf des Dnjepr die Stadt Chersón mit Werft und Kriegs- hafen. Er suchte die Steppe zu besiedeln und kümmerte sich um die Ausbreitung des Weinbaues und der Seidenraupenzucht.

Katharinas Pläne gingen weit über das Erreichte hinaus. Sie träumte von der Zer- schlagung der Türkei und von der Wiederaufrichtung des byzantinischen Kaisertums unter ihrem Enkel Paul, den sie Konstantin nannte und dem sie Spielkameraden grie- chischer Sprache gab. Ein neuer Krieg mit der Türkei brachte Rußland jedoch nur das Gebiet zwischen Bug und Dnjestr. Dort wurde 1796, im Todesjahr der Kaiserin, der Hafen O d e s s a gegründet.

Die Türkei als Reich blieb bestehen. Aber der Vorstoß Rußlands nach Süden hatte die Frage aufgeworfen, was aus ihrem verfallenden Staatswesen werden sollte. Bisher war Österreich der Vorkämpfer gegen die Türkei gewesen und hatte die Führung der Balkanslawen erstrebt. Jetzt war Rußland am Schwarzen und auf dem Ägäischen Meer erschienen. Es erhob Anspruch auf die Donaufürstentümer Moldau und Walachei. Sein Fernziel war der Besitz Konstantinopels und der Meerengen. Wer würde in Zu- kunft das Erbe der europäischen Türkei antreten: Österreich oder Rußland? Das war der Inhalt der das folgende Jahrhundert hindurch immer wieder auflebenden „o r i e n t a l i s c h e n F r a g e ".

117

Die Aufteilung Polens. Nahezu drei Jahrhunderte lang war Polen eine Großmacht gewesen. Aber während sich die andern Festlandmächte zu absoluten Monarchien entwickelten, setzte sich in Polen die u n u m s c h r ä n k t e A d e l s h e r r s c h a f t durch.

Zwei Drittel der etwa 9 Millionen zählenden polnischen Bevölkerung waren leibeigene Bauern. Von ihrer Arbeit lebten 600 000 Geistliche und etwa 1 300 000 Adlige, von denen die Reichsten, 100–150 mächtige Grundbesitzer, sich wie Fürsten gebärdeten. Das Bürgertum war bedeutungslos. Die polnischen Juden, etwa 1 000 000 Menschen, brachten sich meist kümmerlich als Handwerker, Krämer und Makler durch und fanden im Studium religiöser Bücher Lebensweisheit, Trost und Erbauung.

Den grundbesitzenden Adligen, die sich als Nation fühlten, lag nichts an einer starken Königsmacht; sie waren nur auf ihre Vorteile bedacht und wählten von in- und ausländischen Fürsten zum König, wer ihnen die meisten Zugeständnisse machte. Im polnischen Reichstag, der Ständevertretung, kamen kaum Beschlüsse zustande, weil das Veto eines einzigen Magnaten (Angehörigen des hohen Adels) genügte, um eine Gesetzesvorlage zu Fall zu bringen. Die Fehden des Adels nahmen kein Ende. Zu alledem litt das Land noch unter den religiösen Gegensätzen zwischen Katholiken, Orthodoxen, Calvinisten und Juden.

Die Nachbarn Polens behandelten den in sich zerrissenen Staat wie herrenloses Land. Rußland wünschte, sich ganz Polen als „Schutzgebiet" (Protektorat) gefügig zu machen. Als es auf den Widerstand der anderen Großmächte traf, griff es eine frühere Anregung Friedrichs des Großen auf und schlug Österreich und Preußen vor, daß die drei Staaten sich Teile des polnischen Gebietes angliedern sollten. So kam es 1772 zu
1772 einer e r s t e n T e i l u n g P o l e n s . Rußland erhielt die Gebiete bis zur Düna und zum Dnjepr, Friedrich der Große das Ermland und Westpreußen, größtenteils altes Deutschordensland (vgl. S. 53). Auch Österreich beteiligte sich an dem Geschäft und nahm Galizien und Lodomerien.

Zwanzig Jahre später kam es zur z w e i t e n T e i l u n g (1793). Die Zarin fand abermals einen Vorwand, um sich in die polnische Innenpolitik einzumischen und sich

118

Linke Seite: Karikatur auf die Teilung Polens 1772. Zeitgenössischer Stich von F. L. Nilson. Links Katharina II., ihr gegenüber Friedrich der Große und Joseph II. Alle wollen ein Stück aus Polen herausreißen. In der Mitte König Stanislaus von Polen, der Günstling Katharinas, der nach oben zeigt und das Recht beschwört, 23 Jahre später aber doch seine Krone verliert.

Rechts: Die Teilungen Polens

dabei zu bereichern. Wiederum beteiligte sich Preußen an der russischen Eroberungspolitik; es erhielt Danzig und ein ansehnliches Stück polnischen Gebietes. Vergeblich wehrte sich das polnische Volk gegen die Zerreißung seines Landes. Schon zwei Jahre später verschwand der polnische Staat ganz von der europäischen Landkarte. In der **dritten Teilung** 1795 wurde auch noch Restpolen zwischen Rußland, Preußen und Österreich aufgeteilt.

Damit waren die staatlichen Gewichte in Europa verschoben. Die deutschen Staaten grenzten jetzt unmittelbar an Rußland. Das Zarenreich war endgültig auch eine europäische Macht geworden. Seine Feindschaft oder Freundschaft wog in Zukunft viel schwerer als bisher.

Zusammenfassung:

Zarin Katharina II. (1762–1796) setzte das Werk Peters des Großen fort. Ihre Versuche, im Sinne der Aufklärung Reformen durchzuführen, blieben an der Oberfläche. Die Vorrechte des Adels wurden erweitert und gefestigt.

In zwei Türkenkriegen gewann Rußland das südrussische Schwarzerdegebiet, den Zugang zum Schwarzen Meer und die Krim. Katharina II. übernahm die Schutzherrschaft über die orthodoxen Glaubensgenossen in der Türkei. Es entstand die orientalische Frage.

Der polnische Adelsstaat wurde in drei Teilungen (1772, 1793, 1795) ein Opfer seiner Nachbarn Rußland, Preußen und Österreich.

VIERTES KAPITEL

Das Zeitalter der Französischen Revolution und Napoleons

I. Der erste Staat mit freiheitlicher Verfassung: Die Vereinigten Staaten von Amerika

1. Kampf um Freiheit und Unabhängigkeit

Streit der Kolonisten mit dem Mutterland. Die Kolonisten auf dem amerikanischen Kontinent, die sich im Laufe des 17. Jahrhunderts an der nordamerikanischen Ostküste niederließen, kamen größtenteils aus England. Viele von ihnen waren Puritaner (vgl. S. 27), die vor den Verfolgungen im Mutterland geflohen waren. In jahrzehntelanger, zäher Arbeit erschlossen sie das Land und verdrängten die indianischen Ureinwohner oder rotteten sie aus. In dem unkultivierten Siedlungsgebiet konnten sich nur Menschen behaupten, die widerstandsfähig waren und es verstanden, rasch und entschlossen zuzupacken. So wuchs in den dreizehn, in sich recht verschiedenen Neuenglandstaaten (vgl. S. 97) ein selbstbewußtes Siedlervolk heran. Diese Kolonisten waren mit allen a u f g e k l ä r t e n Menschen Europas der Meinung, daß die Menschen von Natur aus frei und gleichberechtigt seien. Sie sahen die Staatsordnung als einen V e r t r a g an, der auch geändert werden kann, wenn es nötig ist.

Nur widerwillig ertrugen sie, die gewohnt waren, ihre inneren Angelegenheiten weitgehend selbst zu regeln, die wirtschaftliche Bevormundung des Mutterlandes. Sie durften z. B. Korn, Wolle oder Tabak nur nach England verkaufen und mußten dafür Einrichtungsgegenstände, Geräte oder Waffen abnehmen. Die Neuengländer nahmen es allerdings mit diesen Gesetzen nicht allzu genau, denn es lag immerhin ein Ozean zwischen ihnen und dem Mutterland.

Nach dem kostspieligen Kolonialkrieg zwischen England und Frankreich (1756–1763) (vgl. S. 100) bekamen die Kolonisten ihre Abhängigkeit besonders empfindlich zu spüren. Sie sollten die Kriegsfolgelasten Englands mittragen. Das Mutterland belegte die Kolonien mit neuen Steuern. Die Zollgesetze wurden verschärft. Dagegen leisteten die Siedler Widerstand. Sie wollten keine Gesetze anerkennen, die ein Parlament verabschiedet hatte, in dem sie nicht vertreten waren („No taxation without representation"). Die englische Regierung lenkte ein, weil sie eine Rebellion befürchtete und verlangte nur einen wirtschaftlich bedeutungslosen Teezoll als Zeichen der Abhängigkeit. Aber gerade diese Abhängigkeit erkannten die Neuengländer nicht mehr an. In einer Dezembernacht des Jahres 1773 bestiegen einige Bürger, als Indianer verkleidet, drei Teeschiffe aus Ostindien, die im Hafen von B o s t o n ankerten, und warfen die ganze Ladung kurzerhand ins Meer.

Der Befreiungskampf der 13 Kolonien. Das war der Anlaß zu einem langwierigen und harten Kampf zwischen dem Mutterland und den Kolonien. Sieben Jahre dauerte der Krieg. Die alten europäischen Gegner Englands auf dem Felde der Kolonialpolitik, Frankreich, Holland und Spanien, stellten sich bald auf die Seite der „Rebellen". Doch hätten diese den Krieg gegen die englischen Truppen nicht gewonnen, wäre nicht G e o r g e W a s h i n g t o n ihr Führer gewesen. Dieser Pflanzersohn aus Virginia vermochte schließlich den „Kongreß", zu dem sich die Kolonisten vorläufig

Der Überfall auf englische Teeschiffe im Hafen von Boston im Dezember 1773. Zeitgenössische Darstellung.

zusammengeschlossen hatten, soweit zu einigen, daß er die notwendigen Geldmittel aufbrachte. Washington formte die zusammengewürfelten Haufen von Freiwilligen zu einem geordneten Heer. Als Leiter der Ausbildung setzte er einen tüchtigen ehemaligen Offizier Friedrichs des Großen ein, der sich ihm freiwillig zur Verfügung gestellt hatte: F r i e d r i c h   W i l h e l m   v o n   S t e u b e n.

Im Laufe des Krieges erlitten die amerikanischen Truppen zahlreiche Rückschläge. Die Kolonien waren unter sich uneins. Sie erlahmten im Einsatz für die gemeinsame Sache. Washington hielt durch, spornte seine Mitbürger immer wieder an und errang schließlich den Sieg. Was diesem Manne im Krieg wie im Frieden die Kraft gab, alle Schwierigkeiten zu überwinden, war der Glaube an die schönere Zukunft des Menschen, den er mit den Anhängern der Aufklärung teilte.

2. Begründung des neuen Staatswesens

Die Verfassung der Vereinigten Staaten (USA). Am 4. Juli 1776 erklärten die 13 Kolonien unter Berufung auf die unveräußerlichen M e n s c h e n r e c h t e (vgl. S. 132) ihre U n a b h ä n g i g k e i t von England. Im F r i e d e n   v o n   V e r s a i l l e s (1783) erkannte das Mutterland diese Selbständigkeit an.

1776

Nun begannen langwierige Verhandlungen über eine gemeinsame Verfassung. Im Jahre 1787 war sie fertiggestellt. Zum ersten Mal war ein Staatsgrundgesetz entstan-

Links: Friedrich Wilhelm von Steuben. Zeitgenössischer Stich. – Rechts: George Washington. Stich nach einem Gemälde von Stuart.

den, das auf Gedankengängen der aufgeklärten Staatsdenker L o c k e , M o n t e s q u i e u , R o u s s e a u und britischer Verfassungstradition beruhte.

Die Amerikaner sahen sich als Vorkämpfer für die Freiheit und die allgemeinen Menschenrechte. G e o r g e   W a s h i n g t o n hat diesem stolzen Bewußtsein der Nation in einer Abschiedsadresse im Jahre 1796 Ausdruck gegeben:

„Es wird einer freien, aufgeklärten Nation, die in nicht mehr allzu ferner Zukunft auch eine mächtige Nation sein wird, zur Ehre gereichen, der Menschheit das herrliche und darin völlig neue Beispiel eines Volkes zu geben, das sich allezeit durch die erhabenen Grundsätze der Gerechtigkeit und Menschenliebe leiten läßt."

Die Organe der Verfassung. Die gesetzgebende Gewalt (Legislative) übt der K o n g r e ß aus. Er besteht aus zwei Kammern. Im R e p r ä s e n t a n t e n h a u s sitzen die Abgeordneten der Parteien, die in direkter Wahl auf zwei Jahre gewählt werden. In den S e n a t entsendet jeder Bundesstaat zwei Vertreter. Alle zwei Jahre

Rechte Seite oben: Unterzeichnung der amerikanischen Unabhängigkeitserklärung. Gemälde von John Trumbull (1756–1843). Thomas Jefferson überreicht im Namen des mit der Ausarbeitung beauftragten Ausschusses den Entwurf der Unabhängigkeitserklärung. Rechts neben ihm Benjamin Franklin (vgl. S. 84). – Unten: Die Einnahme von Yorktown am 17. Oktober 1781. Gemälde von Auguste Couder. In der Mitte der Sieger Washington. Links von ihm Rochambeau, der das französische Hilfskorps geführt hatte. Halbrechts hinter ihm Lafayette (vgl. S. 130). Bei der Kapitulation von Yorktown geriet ein britisches Korps von 7000 Mann in Gefangenschaft.

122

Jefferson und Franklin vor der Unabhängigkeitshalle in Philadelphia. Zeitgenössische Darstellung.

wird ein Drittel der Senatoren neu gewählt. Dadurch wird erreicht, daß die Tradition in der Führung der politischen Geschäfte nicht abreißt.

Die ausführende Gewalt (Exekutive) in den USA (United States of America) liegt in den Händen des P r ä s i d e n t e n. Er ist Staatsoberhaupt und Regierungschef zugleich. Das Volk wählt ihn über einen Ausschuß von Wahlmännern auf 4 Jahre (indirekte Wahl). Der Präsident bestimmt den Kurs der Regierung. Die Mitglieder seines Kabinetts (Staatssekretäre) beruft er ohne Zustimmung des Kongresses. Er leitet die Außenpolitik, ernennt alle Bundesbeamten und Bundesrichter und hat den Oberbefehl über die Streitkräfte. Aber er ist doch auch von der Volksvertretung abhängig, z. B. in der Verwendung der Staatsgelder, beim Abschluß von Auslandsverträgen oder bei Kriegserklärungen.

Das O b e r s t e B u n d e s g e r i c h t, die rechtsprechende Gewalt (Jurisdiktion), wacht darüber, daß die in der Verfassung verankerten Freiheiten der Bürger und Bundesstaaten nicht verletzt werden. Seine Richter werden auf Lebenszeit ernannt.

Die Verfassung der USA

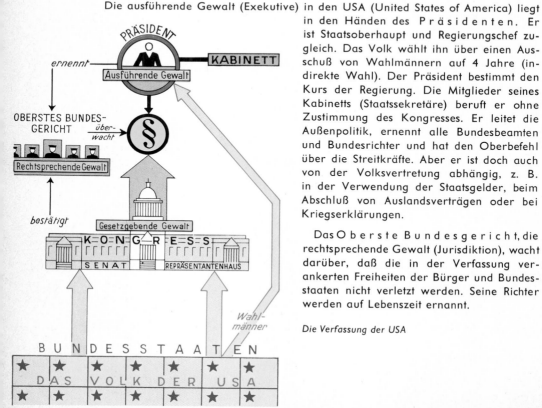

PRÄSIDENT
Ausführende Gewalt
KABINETT
ernennt
OBERSTES BUNDES-GERICHT
über-wacht
§
Rechtsprechende Gewalt
bestätigt
Gesetzgebende Gewalt
K O N G R E S S
SENAT
REPRÄSENTANTENHAUS
Wahl-männer
B U N D E S S T A A T E N
DAS VOLK DER USA

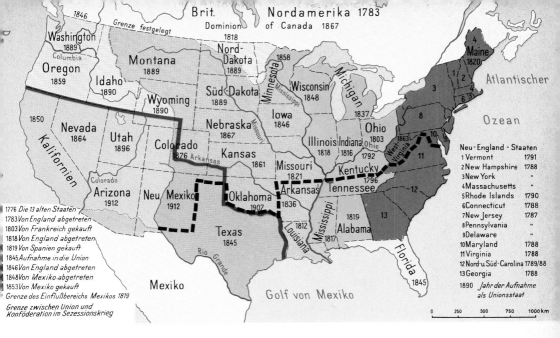

Die Entwicklung der USA

Die Rückwirkung auf Europa. Der Freiheitskampf der Nordamerikaner und das Beispiel ihres Staates, der die Freiheit des Menschen und das Streben nach Glück zu unveräußerlichen Rechten seiner Bürger erklärte, wirkten zurück auf die Völker Europas. Dies zeigte sich schon bald in Frankreich, wo das Volk im Verlauf einer blutigen Revolution die absolutistische Königsherrschaft stürzte, um sie durch die Herrschaft des Volkes zu ersetzen.

Zusammenfassung:

Die Vereinigten Staaten von Amerika (USA) erklärten 1776 ihre Unabhängigkeit vom Mutterland. Sie beriefen sich dabei u. a. auf unveräußerliche Menschenrechte und betonten, daß alle Staatsgewalt vom Volke ausgeht.

Die Verfassung der USA wurde zum Vorbild für die Europäer, die um ihre politische Freiheit kämpften. Der erste Präsident der USA war George Washington, der Führer der Freiheitsbewegung.

II. Die Revolution des französischen Volkes

1. Die Ursachen der Revolution

Die Forderungen der Bürger und Bauern. Die Schriften der Aufklärer hatten in Frankreich eine weite Verbreitung gefunden. Den bedrückten Bauern und den selbstbewußten Bürgern waren die zahlreichen Vorwürfe, die darin gegen Geistlichkeit und Adel und den Staat überhaupt erhoben wurden, aus dem Herzen gesprochen. Sie

Links: Französische Karikatur aus dem Jahre 1789. Der Bauer muß den Priester und den Adligen tragen.

Rechts: Die Eröffnung der Ständeversammlung in Versailles. Gemälde von Auguste Couder. Über der Versammlung thront der König. Auf der rechten Seite die Vertreter des Adels, die ihre mit Straußenfedern geschmückten Hüte auf die Knie gelegt haben. Links die Geistlichkeit, in der Mitte die Abgeordneten des dritten Standes. In der vierten Reihe in nachdenklicher Haltung Robespierre (vgl. S. 139).

Obwohl der Fortschritt in Handel und Industrie fast ausschließlich der Tatkraft des Bürgertums zu verdanken war, verweigerten die adeligen Stände dem dritten Stand sein entsprechendes politisches Mitbestimmungsrecht. Gewiß konnten nur die gebildeten Leute die gelehrten Werke von R o u s s e a u („Gesellschaftsvertrag") und M o n t e s q u i e u („Der Geist der Gesetze") lesen (vgl. S. 87). Aber bis in die Provinzstädte und in die Dörfer verbreiteten Flugschriften und Karikaturen die Gedanken von der Freiheit des Volkes.

Adel und Geistlichkeit wurden im Zeitalter des Absolutismus vom König immer seltener zum Dienst im Staate herangezogen. Die Pflichten der beiden ersten Stände nahmen ab, ihre Ehren- und Besitzrechte blieben ihnen aber erhalten. Sie bezogen Renten und Pensionen für Ämter, die sie nie ausgeübt, und besaßen Güter, ohne dafür den früher einmal damit verbundenen Staatsdienst zu leisten. Kein Wunder, daß man bissig bemerkte: „Die Aristokratie hat sich nur die Mühe gegeben geboren zu werden."

Notjahre. Der junge König L u d w i g X V I. war nicht so selbstherrlich und verschwenderisch, wie man den Königen jetzt allgemein nachzusagen pflegte. Er war um Reformen bemüht, so gut er es eben verstand, und wollte die zerrütteten Finanzen des Staates wieder in Ordnung bringen. Aber er und seine Minister erreichten diese Ziele nicht. Die Schuldenlast des Staates war durch Kriege, Verluste in den Kolonien und Verschwendung am Hofe sehr hoch angewachsen. Nur neue Steuern konnten den Staat noch retten. Doch die Bürger klagten gerade über die hohe Steuerlast und die Zölle, welche die freie Entfaltung in Handel und Gewerbe so sehr behinderten.

Der Winter von 1788 auf 1789 war sehr kalt. In den beiden letzten Jahren hatten Überschwemmungen und Hagel zu Mißernten geführt. In den Städten fehlte es an Brot. Die

Preise stiegen. In Paris starben Leute vor Hunger und Kälte, und es kam zu einzelnen Ausschreitungen. Es war für den König nicht angenehm zu erfahren, daß man jede Nacht erneut Plakate an die Mauern des Schloßparkes von Versailles klebte, auf denen geschrieben stand: „Schloß zu verkaufen, Minister zu henken, Krone zu verschenken." Den König ergriff die Furcht. Die Einführung neuer Steuern war nur möglich mit Zustimmung der G e n e r a l s t ä n d e , der Vertreter der Geistlichkeit, des Adels und des dritten Standes (Bürger und Bauern). Seit 1614 hatten es die Könige nicht mehr für nötig gehalten, das Steuerbewilligungsrecht der Ständevertretung zu achten und diese zusammenzurufen. Jetzt m u ß t e es sein.

2. Von der Ständeversammlung zur Revolution

Die Wahl der Stände. Als die Regierung die Wahl der neuen Ständevertreter ausschrieb, ging eine Welle der Erregung durchs Land. Man war sich sowohl in den Salons wie in den Bauernhütten darüber einig, daß die Generalstände noch andere Aufgaben lösen müßten, als bloß Steuern bewilligen. Man fürchtete oder hoffte, diese Versammlung werde eine Staatsordnung nach den Gedanken der Aufklärung schaffen. Darum mußte es von großer Bedeutung sein, wieviele Vertreter jedem Stand zugebilligt wurden und welches Abstimmungsverfahren gelten sollte.

In der Zeit vor den Wahlen nahm die Zahl der Flugschriften und Spottzeichnungen von Tag zu Tag zu. D e r d r i t t e S t a n d (le tiers état) forderte mindestens ebenso viele Vertreter, wie Geistlichkeit und Adel zusammen erhalten sollten (600). Das war nicht unbillig; 25 Millionen Bürgern und Bauern standen noch nicht einmal 100 000 Angehörige der beiden ersten Stände gegenüber. Der dritte Stand war sich stolz bewußt, eigentlich das Volk zu sein. Er wollte die Nation leiten. Eine kleine Schrift des

Der Schwur im Ballhaus von Versailles. Gemälde von Jacques Louis David (vgl. S. 148).

A b b é   S i e y è s   (1789) trug den ersten zündenden Kampfruf schon in ihrem Titel: „Was ist der dritte Stand? – Alles. Was ist er bisher gewesen? – Nichts. Was verlangt er? – Etwas zu werden." Mit Jubel wiederholte man überall: „Der dritte Stand allein ist die Nation!"

Der dritte Stand setzte schließlich beim König die Verdoppelung der Zahl seiner Abgeordneten (früher 300) durch. Über die Form der Abstimmung – nach Ständen oder Kopfzahl – war aber vor der Wahl noch keine Entscheidung gefallen.

Die Nationalversammlung.

Am 5. Mai 1789 trat die Versammlung der Generalstände in Versailles zusammen. Der dritte Stand hatte schon manchen Adligen und Geistlichen für sich gewonnen. Als sein Führer trat der entschlossene und redegewandte G r a f   M i r a b e a u   auf. Er war ein erklärter Feind des Absolutismus und ein Freund der Aufklärung. Dieser Adlige stellte sich der bürgerlichen Sache zur Verfügung.

Der König verlangte, daß wie bisher nach Ständen abgestimmt werden sollte. Was nützte aber dem dritten Stand die doppelte Vertreterzahl, wenn er von den beiden anderen Ständen, der Geistlichkeit und dem Adel, jederzeit überstimmt werden konnte? Hier galt es unerbittlich zu sein. Die Abgeordneten des dritten Standes erklärten sich deshalb als die v e r f a s s u n g g e b e n d e   N a t i o n a l v e r s a m m l u n g. Sie schworen sich gegenseitig im B a l l h a u s   v o n   V e r s a i l l e s : „Wir wollen nicht eher auseinandergehen, bis wir Frankreich eine V e r f a s s u n g   gegeben haben." Dann luden sie die anderen Stände ein, mit ihnen zu beraten. Als der zögernde König nach einigen Tagen die Nationalversammlung anerkannte, ja sogar selbst die Vereinigung der drei Stände befahl, hatte er damit die Vorrechte des absoluten Königtums aufgegeben und die Ordnung des Staates in die Hände des Volkes gelegt.

Camille Desmoulins ruft im Garten des Palais Royal die Menge zu den Waffen. (12. Juli 1789.) Stich von Berthault nach Jean-Louis Prieur.

Sturm auf die Bastille. In ganz Frankreich herrschte große Unruhe. Vor allem in Paris, dessen Versorgung mit Nahrungsmitteln von Tag zu Tag schwieriger wurde, breitete sich eine bedenkliche Stimmung aus. Der König hatte seinen Finanzminister Necker, der das Vertrauen der Bürger besaß, kurzerhand entlassen. Das Gerücht ging um und bestätigte sich auch, daß der König gegen die Bevölkerung der Hauptstadt Truppen einsetzen wolle.

An verschiedenen Plätzen sprachen leidenschaftliche Redner auf das Volk ein. Sie malten in grellen Farben das Bild der neuen Freiheit, priesen die neue Würde der Franzosen, die nunmehr ihren Staat selbst gestalten und führen würden. Unter ihren Zuhörern waren viele Bürger zum Losschlagen bereit, sie warteten nur auf das Stichwort. Von einem Redner im Garten des Palais Royal wurde es gegeben. Er hielt ein Paar Pistolen in den Händen und schrie: „Zu den Waffen!"

Dann berichtete er atemlos: „Ich komme soeben von Versailles. Necker wurde weggejagt. Das ist das Signal zu einer Bartholomäusnacht gegen die Patrioten. Heute abend noch werden alle deutschen und schweizerischen Regimenter des Königs auf dem Marsfeld ausrücken, um uns niederzumetzeln. Eine einzige Hilfe bleibt uns: zu den Waffen zu eilen!" Tausende schrien: „Zu den Waffen!"

Die Revolution des Volkes hatte begonnen. Ein langer Zug durchzog die Straßen von Paris. Da stellte sich der Kolonne eine Abteilung Dragoner entgegen. Ein paar Schüsse fielen. Einige Menschen wurden getroffen. Das empörte Volk warf Steine, Flaschen, Stühle auf die Soldaten. Sie mußten abziehen. Die Nachricht von diesem Zwischenfall eilte wie ein Lauffeuer durch die Stadt. Von Mal zu Mal erzählte man die Sache grausiger. In der Stadtmitte strömte das Volk zusammen. Waffenläden wurden erbrochen, aus dem Stadthaus die Gewehre gewaltsam herausgeholt, Brände entfacht, Läden, königliche Lagerhäuser und einige Klöster geplündert.

Irgend jemand hatte den Einfall, man könnte auch in der alten Königsburg, in der B a s t i l l e , nach Waffen suchen. Sein Vorschlag fand den Beifall der erregten Menge. Die „Bastille", früher das Gefängnis für politische Häftlinge, war für die Revolutionäre das Sinnbild der Despotie und der politischen Unfreiheit; sie drangen in die Festung ein, töteten den Kommandanten und einige Soldaten der kleinen Besatzung und durchsuchten die Zitadelle nach Waffen. Später wurde das Bauwerk völlig zerstört. Der 14. Juli, der Tag der Erstürmung der Bastille, wurde der N a t i o n a l f e i e r t a g der Franzosen.

14. Juli 1789

Der König zog die Truppen aus der Umgebung von Paris und aus Versailles zurück. Die Bürger selbst durften jetzt Waffen tragen. Man bildete eine Bürgerwehr, die N a t i o n a l g a r d e . Ihre Fahne, die Trikolore, war dreifarbig: das Blau und Rot der Stadtfarben von Paris, dazwischen das Weiß des Lilienbanners der Bourbonen. Die Führung der neuen Bürgerwehr übernahm der M a r q u i s d e L a f a y e t t e , der schon im amerikanischen Unabhängigkeitskrieg für die Freiheit gekämpft hatte. Mit dieser Bürgermiliz war den Revolutionären ein bedeutendes Machtmittel in die Hand gegeben. Die Gegenwehr des Königs wurde ständig schwächer. Viele seiner Anhänger verloren den Mut, zumal die Revolution sich von Paris aus über ganz Frankreich ausbreitete.

Empörung der Bauern. Überall auf dem Lande erhoben sich die Bauern und plünderten oder brandschatzten die Schlösser ihrer Grundherren, die Losungsworte der Revolution auf ihren Lippen: liberté, égalité, fraternité (Freiheit, Gleichheit, Brüderlichkeit)! Kam ein Beamter des Königs oder des Gebietsherrn, um Steuern und Abgaben einzufordern, so konnte er froh sein, wenn er vor der Wut der Bauern sein nacktes Leben rettete. Überall verbrannte man die Grundbücher und Urkunden, die Zeugen einer jahrhundertealten Abhängigkeit der Bauern. Jetzt war die Stunde der Rache und der Befreiung gekommen.

Viele Schloßherren flüchteten mit ihren Familien bei Nacht und Nebel über den Rhein nach Deutschland. Diese Adligen waren bestrebt, kampfkräftige Truppen zusammenzubringen, unter deren Schutz sie wieder heimkehren könnten, um das „Ancien Régime" wiederherzustellen.

Der Privilegienverzicht der Nationalversammlung. Die Abgeordneten der Nationalversammlung dachten nicht daran, die feudalen Privilegien zu verteidigen. Im Grunde mißbilligten sie zwar die Anschläge auf Gut und Leben des Adels, fanden aber nicht den Mut, mit gesetzlichen Maßnahmen gegen die Aufrührer vorzugehen. Selbst Vertreter des Adels waren schon von den revolutionären Ideen beeinflußt.

Der H e r z o g v o n A i g u i l l o n , einer der reichsten Grundherren, meinte, man könne das Volk nur zur Vernunft bringen und die Einheit der Nation wiederherstellen, indem man „auf den barbarischen Rest der feudalen Rechte" in aller Form verzichte.

Der V i c o m t e d e N o a i l l e s , der Schwager Lafayettes, der freilich außer seinen Schulden nichts zu verlieren hatte, stellte in der Abendsitzung der Nationalversammlung am 4. August

Rechte Seite oben: Die Erstürmung der Bastille. Gemälde eines unbekannten Künstlers. – Unten: „Der denkwürdige 10. August" (1792). Gemälde von Jacques Bertaux. Der Sturm auf die Tuilerien (vgl. S. 138) dürfte sehr wirklichkeitsnah dargestellt sein, da der Maler Zeichenlehrer an der Ecole Militaire war und sein Bild bereits 1793 in Paris ausgestellt wurde.

1789 überraschend den Antrag, daß „künftig die Steuerpflicht gleich und allgemein verbindlich wird, daß alle Herrenrechte ablösbar, alle Fronpflichten aber, alle Leibeigenschaft und persönliche Unfreiheit ohne Entgeld abgeschafft werden." Statt des erwarteten Widerspruchs fand er die Zustimmung von Herzögen, Erzbischöfen, hohen Beamten und kleinen Landadligen. Plötzlich ergriff ein Taumel der Begeisterung für Recht und Gleichheit die Mitglieder der Versammlung. Einer suchte den anderen durch Verzichtbereitschaft zu übertreffen.

In der Nachtsitzung vom 4. zum 5. August 1789 faßte die Nationalversammlung folgende Beschlüsse: Abschaffung der Leibeigenschaft; Ablösung der Herrenrechte; Beseitigung der gutsherrlichen Gerichtsbarkeit; Abschaffung des ausschließlichen Jagdrechtes; Umwandlung der Zehnten in Geldzahlungen; Abschaffung aller Geldvorrechte und Steuerbefreiungen; Gleichheit der Steuerpflicht vom Beginn des Jahres 1789 an; Zulassung aller Bürger zu Ämtern in Staat und Heer; unentgeltliche Rechtspflege und Abschaffung der Käuflichkeit der Ämter; Aufhebung von Sondervorrechten der Provinzen und der Städte Paris, Lyon, Bordeaux usw.; Abschaffung der Pfründenhäufung und der ohne Recht erlangten Pensionen; Umbildung der Zünfte. Damit war in einer Nacht die ständisch gegliederte und gestufte Gesellschaft durch den Entschluß der Privilegierten selbst beseitigt worden.

Die Menschenrechte als Grundlage der Verfassung. Im Geiste der Aufklärung und nach dem Vorbild der amerikanischen Verfassung arbeitete die Nationalversammlung die E r k l ä r u n g   d e r   M e n s c h e n r e c h t e aus. Der Stolz des mündig gewordenen Staatsbürgers und die Hoffnung auf eine neue Gemeinschaft der freien und gleichberechtigten Menschen kamen darin zum Ausdruck:

„Die Menschen werden frei und an Rechten gleich geboren und bleiben es . . . Die Freiheit besteht darin, alles tun zu können, was einem anderen nicht schadet . . . Das Gesetz hat nur Handlungen zu verbieten, die der Gesellschaft schädlich sind . . . Das Gesetz ist der Ausdruck des allgemeinen Willens . . . Niemand kann kraft eines Gesetzes bestraft werden, welches nicht vorher aufgestellt und gegen das Verbrechen bekanntgemacht oder gesetzmäßig angewendet worden ist . . . Die freie Äußerung der Gedanken und Meinungen ist eines der wertvollsten Rechte des Menschen; daher darf jeder Bürger frei sprechen, schreiben, denken, mit dem Vorbehalt jedoch, daß er in den durch das Gesetz bestimmten Fällen für den Mißbrauch dieser Freiheit haftet . . . Die Gesellschaft hat das Recht, jeden Staatsbeamten wegen seiner Verwaltung zur Rechenschaft zu ziehen . . . Da das Eigentumsrecht unverletzlich und geheiligt ist, darf niemand seines Eigentums beraubt werden, wenn nicht die gesetzlich bestätigte öffentliche Notwendigkeit es durchaus erfordert, und auch dann nur unter der Bedingung einer gerechten und vorherigen Entschädigung . . . Da die Nationalversammlung willens ist, die französische Verfassung nach den Grundsätzen, welche sie soeben anerkannt und erklärt hat, einzuführen, so hebt sie hiermit unwiderruflich die Einrichtungen auf, welche die Freiheit und Gleichheit der Rechte verletzen . . . Es gibt keinen Adel, keine Pairswürde mehr, weder erbliche Auszeichnungen noch Klassenunterschiede, noch Feudalrechte, weder Patrimonialgerichte noch irgendeinen Titel, keine der Benennungen und Vorrechte mehr, die davon abstammen . . . Es gibt für keinen Teil der Nation noch irgendein Individuum weder ein Privilegium noch eine Ausnahme von dem allgemeinen Recht der Franzosen . . ."

3. Das Ringen um eine konstitutionelle Monarchie

Die Nationalversammlung unter dem Druck der Straße. Das Geschrei des Volkes auf der Straße drang immer wieder in den Sitzungssaal der Nationalversammlung, die im Herbst 1789 von Versailles nach P a r i s übergesiedelt war. Die schwierigen Beratungen einer Verfassung konnten nicht in Ruhe stattfinden. Unter den 600 000 Einwohnern der Hauptstadt gab es genug Leute, die sachlich berechtigte Gründe hatten

Links: Ein Revolutionsplakat. Auf der rechten Seite steht ein Jakobiner. Auch das Rutenbündel im Hintergrund wird von einer Jakobinermütze gekrönt. – Rechts: Assignaten aus der Revolutionszeit.

oder sich an persönliche Demütigungen erinnerten, um jede Gelegenheit wahrzunehmen, mit den oberen Ständen und königlichen Behörden abzurechnen. In ihrer Verbitterung waren sie leicht dafür zu gewinnen, auf der Straße zu demonstrieren.

Versuch zur Behebung der Finanznot. Ehe die Nationalversammlung die Verfassung im einzelnen beraten konnte, mußte sie die Aufgabe erledigen, um derentwillen sie ursprünglich berufen worden war; sie mußte die wirtschaftliche und finanzielle Notlage des Staates beheben. Es war der Bischof T a l l e y r a n d , der den radikalen Vorschlag machte, alle Kirchengüter zum Staatseigentum zu erklären, sie zu verkaufen und so Geld in die leere Staatskasse zu bringen. Auf den Wert des eingezogenen Kirchengutes wurden Geldanweisungen, „A s s i g n a t e n", ausgestellt. Sie liefen bald wie Papiergeld um und sanken allmählich in ihrem Wert; denn der Staat druckte mehr als er mit dem kirchlichen Eigentum decken konnte (Inflation). Bei dem Überangebot an Grund und Boden ging auch die Nachfrage rasch zurück, und der Staat mußte die kirchlichen Liegenschaften unter ihrem eigentlichen Wert verkaufen.

Um die Kirchen zu entschädigen, beschloß die Nationalversammlung ein Gesetz, das den Staat verpflichtete, die kirchlichen Einrichtungen zu unterhalten und die Geistlichen zu besolden. Die Priester sollten von nun an das Brot des Staates essen. Er verlangte von ihnen den Eid auf die Verfassung. Viele weigerten sich; sie wollten nicht in Abhängigkeit vom Staat geraten.

Fluchtversuch des Königs. Ludwig XVI. war über das Vorgehen der Nationalversammlung gegen die Kirche zutiefst erschrocken. Welche revolutionären Beschlüsse würde die Nationalversammlung jetzt noch fassen? Lebten er und seine Familie nicht

Der Zug der Marktfrauen nach Versailles am 5. Oktober 1789. Zeitgenössische Darstellung.

wie Gefangene im Stadtschloß, seitdem Tausende von Parisern unter Führung der Marktfrauen an einem Oktoberabend des Jahres 1789 nach Versailles gezogen waren und ihn genötigt hatten, nach Paris mitzugehen?

Angst und Unsicherheit befielen den König. Im Juni 1791 versuchte er, mit seiner Familie zu entfliehen. Verkleidet und mit falschen Papieren versehen, wollte die königliche Familie zunächst einmal bis zur ostfranzösischen Grenze gelangen. Vergebens. Der König wurde unterwegs erkannt, verhaftet und nach Paris zurückgeführt. Mit diesem Fluchtversuch hatte der König eigentlich schon selbst abgedankt. Das Volk glaubte seinen Beteuerungen nicht, daß er ihn nur unternommen habe, um die Monarchie zu retten. Für die Freunde der Revolution war der König ein Hochverräter. Was Wunder, wenn eine zweite Revolutionswelle das Königtum hinwegspülte!

| 1791 | **Die Verfassung von 1791.** Bis ins Jahr 1791 zogen sich die Verfassungsberatungen in der Nationalversammlung hin. Aber dann lag ein staatliches Grundgesetz vor, das später andere europäische Staaten sich zum Vorbild nahmen.

Die Macht im Staate gehörte von nun an dem Volke. Frankreich blieb zwar eine Monarchie, aber die Verfassung schränkte die Macht des Königs erheblich ein (konstitutionelle Monarchie = durch Verfassung eingeschränkte Monarchie). Er behielt die a u s ü b e n d e G e w a l t (Exekutive), vertrat den Staat gegenüber anderen Völkern, leitete die Außenpolitik, ernannte Minister und Offiziere.

Die Innenpolitik war seinem Einfluß weitgehend entzogen; denn an der Spitze der 83 neu gebildeten Bezirke („Departements"), in die Frankreich ohne Rücksicht auf die geschichtliche Überlieferung eingeteilt wurde, standen von der Bevölkerung gewählte

134

Ludwig XVI. und seine Familie werden am 22. Juni 1791 in Varennes zur Rückkehr nach Paris gezwungen. Stich von Pierre Gabriel Berthault nach Jean-Louis Prieur.

Räte. Die Beamten und Richter der Verwaltungsbezirke wurden ebenfalls vom Volk gewählt, und die Gemeinden verwalteten sich selbst.

Die g e s e t z g e b e n d e G e w a l t (Legislative) war einer Nationalversammlung anvertraut, deren Mitglieder alle zwei Jahre neu gewählt werden sollten. Das Wahlrecht blieb – im Widerspruch zur feierlichen Erklärung der Gleichheit – an die Bezahlung einer bestimmten Steuersumme geknüpft. Diese war so festgesetzt, daß nur die wohlhabenden Bürger, nicht aber Lohnarbeiter und Besitzlose politische Rechte im Staat besaßen.

Die r i c h t e r l i c h e G e w a l t (Jurisdiktion) lag in den Händen ausgebildeter Juristen. Alle Sondergerichte des Königs und der Grundherren verschwanden; in den Schwurgerichten saßen zusammen mit den Berufsrichtern gewählte Bürger über Bürger zu Gericht.

Am 14. September 1791 leistete der König den Eid auf die neue Verfassung. Er hatte sich dagegen gesträubt, solange es ging. Was war ihm noch an wirklichen Vollmachten geblieben? Selbst sein königlicher Einspruch, sein „Veto", gegen einen Beschluß der Nationalversammlung war nutzlos, wenn diese auf ihrer Entscheidung beharrte.

4. Von der konstitutionellen Monarchie über die Republik zur Diktatur

Die Parteienbildung. Als das Verfassungswerk fertiggestellt war, trat an die Stelle der v e r f a s s u n g g e b e n d e n die in der Verfassung vorgesehene g e s e t z - g e b e n d e N a t i o n a l v e r s a m m l u n g. In ihr saßen lauter neue, meist sehr junge Abgeordnete. Je nach ihren politischen Ansichten schlossen sie sich zu P a r -

t e i e n zusammen. Die radikalste Gruppe waren die J a k o b i n e r. Sie hießen so, weil sie im früheren Jakobskloster ihre Klubsitzungen abhielten. Für sie war die Revolution nicht zu Ende, solange Frankreich noch einen König hatte. Immer wieder versuchten die Wortführer der Jakobiner, unter ihnen R o b e s p i e r r e , D a n t o n , M a r a t , dem Volk die Unterdrückung durch Königtum und Adel zum Bewußtsein zu bringen und zum radikalen Kampf aufzurufen: „Wer Revolutionen macht, wer das Gute will, darf nur im Grabe schlafen. Zwischen dem Volk und seinen Feinden gibt es nur das Schwert", schrieb der junge Jakobiner S a i n t - J u s t (1767–1794). Die Partei hatte vor allem in den ärmeren Vorstadtvierteln großen Anhang.

Die G i r o n d i s t e n , deren politische Führer aus der Gironde stammten, und die bei inneren Machtkämpfen aus dem Jakobinerklub der Pariser Kommune ausgestoßen wurden, vertraten die französische Provinz. Hier war man vielfach noch königstreu gesinnt. Zweifellos wollten zunächst die meisten Franzosen das Königtum erhalten wissen. Als aber die europäischen Mächte und die von den Emigranten zusammengebrachten Truppen das revolutionäre Frankreich mit Krieg bedrohten, gewannen die Gegner der Monarchie die Oberhand.

Krieg gegen die Revolutionsfeinde im Ausland. Die deutschen Fürsten in der Nachbarschaft Frankreichs befürchteten, daß ihre Untertanen von den Gedanken der Revolution angesteckt würden. Österreich und Preußen erklärten sich gemeinsam bereit, die Monarchie gegen die Revolution zu verteidigen.

In Paris debattierten die Wortführer der Parteien in der Nationalversammlung genau so leidenschaftlich über „Krieg oder Frieden" wie die Bürger der Stadt auf den öffentlichen Plätzen. Die Jakobiner wollten erst im Innern die Revolution zu Ende führen und sahen die bisherigen Erfolge durch einen Krieg nur gefährdet. Die Girondisten erhofften von einem Krieg die Beseitigung der starken Spannungen im eigenen Volk. Sie glaubten, die Nation würde im Krieg wie ein Mann gegen die Bedrohung ihrer Freiheit zusammenstehen.

Schließlich zwang die Mehrheit der Nationalversammlung den König, Österreich den Krieg zu erklären (1792). Für mehr als zwanzig Jahre kamen Unruhe, Not und Tod über Europa.

Die zweite Revolutionswelle und das Ende der Monarchie. Tausende ergriffen begeistert die Waffen zum Ruhme der erwachten Nation. Tausende aber widersetzten sich auch der befohlenen, in den Zeiten der Söldnerheere unbekannten Aushebung. Es kam zu blutigen Aufständen. Die Parteienkämpfe nahmen an Heftigkeit zu.

Der Heerführer der heranrückenden österreichischen und preußischen Truppen, der H e r z o g v o n B r a u n s c h w e i g , unterstützte ungewollt die Sache der radikalen Königsgegner. Er drohte der Stadt Paris mit Vernichtung, „wenn Ihren Majestäten dem König, der Königin und der königlichen Familie die mindeste Gewalttat oder Beleidigung" widerführe.

Ein Sturm der Entrüstung ging durch die Hauptstadt: Der König war ein Verräter!

Rechte Seite oben: Die Rückkehr der königlichen Familie nach Paris am 25. Juni 1791 (vgl. S. 134). Zeitgenössische Darstellung. Der Wagen mit dem König und seiner Familie wird von Soldaten der Nationalgarde in dicht geschlossenen Reihen begleitet. – Unten: Der Abmarsch der Freiwilligen. Gemälde von Edouard Détaille. Nachdem die gesetzgebende Nationalversammlung das „Vaterland in Gefahr" erklärt hatte, zogen die Freiwilligen am 22. Juli 1792 durch Paris. Das Bild zeigt den Pont-Neuf (Neue Brücke) mit dem Zelt der Regierungsvertreter, in dem sich die jungen Männer in die Freiwilligenlisten eintragen ließen.

Ludwig XVI. vor seiner Hinrichtung auf dem Revolutionsplatz. Kupferstich von P. G. Berthault.

Die Jakobiner hatten recht gehabt! Niemand anders als er und die Emigranten hatten die fremden Mächte veranlaßt, gegen das revolutionäre Frankreich zu marschieren!

Am 10. August stürmten bewaffnete Bürger das königliche Schloß. Unter den roten Jakobinermützen — früher hatten die Galeerensträflinge solche Mützen getragen — sah man auch wieder die erregten Gesichter der revolutionären Wortführer. Der König flüchtete mit seiner Familie zu den Abgeordneten der Nationalversammlung; seine Schweizergarde verteidigte bis zum eigenen Untergang den leeren Palast. Sein Leben hatte der Monarch zwar gerettet, aber man nahm ihm alle seine Rechte. Für ihn und seine Familie begann die letzte Leidenszeit, die Gefangenschaft im Festungsturm des T e m p l e (Staatsgefängnis).

Die Einführung der Republik. Mit dem König fiel auch die Monarchie. Nach einem geänderten Wahlrecht wählten alle Franzosen über 21 Jahre eine neue National-versammlung, den N a t i o n a l k o n v e n t , der Frankreich eine r e p u b l i k a -n i s c h e V e r f a s s u n g geben sollte. Am 21. September 1792 wurde die Republik ausgerufen. An ihrer Spitze standen Jakobiner, die jetzt schonungslos die Anhänger des Königs verfolgten. D a n t o n , aller Gerechtigkeit zum Hohn „Justizminister", ließ Volksgerichte bilden, die ohne Zeugen und Beweisaufnahme „Verdächtige" ver-urteilten. Die „Volksjustiz" tobte sich aus.

Im Herbst dieses Jahres wurde der König selbst des Hochverrats angeklagt. Nach heftigen Kämpfen zwischen Gemäßigten und Radikalen im Konvent, wobei es vor allem vielen Girondisten an Mut mangelte, sprachen 361 Abgeordnete gegen 360 den „Bürger Louis Capet" in einer öffentlichen Abstimmung des Todes schuldig. Am 21.

Links: Georges Danton. Gemälde eines unbekannten Künstlers. – Rechts: Maximilien Robespierre. Zeitgenössische Darstellung.

Januar 1793 bestieg der König das Blutgerüst (Guillotine). Er starb aufrecht und furchtlos.

Schreckensherrschaft und Diktatur. Die blutigen Ausschreitungen hatten mit dem Tode des Königs noch lange nicht ihren Höhepunkt erreicht. Nicht nur die Königin Marie Antoinette folgte ihrem Gemahl auf die Guillotine, sondern auch nahezu alle Angehörigen der königlichen Familie.

Dann bekämpften sich die Revolutionäre gegenseitig. Der Nationalkonvent hatte zwar eine Verfassung beschlossen, aber sie wurde gleich wieder außer Kraft gesetzt. Eine kleine Gruppe des Konvents, der sogenannte W o h l f a h r t s a u s s c h u ß (9 Mitglieder), hatte praktisch die Staatsgewalt in den Händen. Danton leitete ihn. Auch dieser Jakobiner vergoß reichlich Blut, galt aber in seinem Klub als zu weichherzig und versöhnlich. Er mußte schließlich R o b e s p i e r r e Platz machen und endete auf dem Schafott. Überall im Lande richtete Robespierre Revolutionstribunale ein, von denen Priester, Mönche, Königsfreunde, Girondisten, Dantonisten und selbst Leute aus dem eigenen Lager als Gegner der Revolution im Schnellverfahren verurteilt und dann erschossen, ertränkt oder enthauptet wurden. Täglich starben auf Grund von Urteilen nach dem sogenannten „Blutgesetz" 60 bis 80 Menschen.

Robespierre war überzeugt, daß die revolutionären Ideale nur durch Gewalt zum Siege geführt werden könnten. Dabei wollten er und seine Gesinnungsgenossen alles vernichten, was ihren Ideen widersprach, vor allem auch die traditionelle Kirche. Die Kathedrale Notre Dame in Paris wurde zum T e m p e l d e r V e r n u n f t geweiht. Der Konvent gab als s e i n e n Beschluß bekannt, daß es ein höchstes Wesen gebe

139

Straßenszene in Paris während der Schreckenszeit 1793. Zeitgenössische Darstellung.

und die Seele unsterblich sei. Der strenge Moralist Robespierre bekannte sich zu einer aufgeklärten Religion als notwendige Grundlage des Staates. Eine n e u e Z e i t - r e c h n u n g sollte mit der Errichtung der Republik beginnen. Neue Monatsnamen und Feste wurden eingeführt und eine zehntägige Woche verkündet.

Die Diktatur auf allen Gebieten des Lebens, die Morde und Verfolgungen, im Namen der Tugend und der Vernunft verübt, erregten allmählich selbst bei den Anhängern Robespierres Furcht und Abscheu. Als der Diktator im Konvent wieder einmal eine „Säuberung" in den eigenen Reihen angekündigt hatte, wurde er verhaftet und unter dem Jubel des Volkes – bei wieviel Hinrichtungen hatte es gejubelt! – enthauptet. Saint-Just (vgl. S. 136) hielt Robespierre als einziger Kampfgenosse die Treue und folgte ihm aufs Schafott.

Zusammenfassung:

Die Bürger Frankreichs waren von den Ideen der Aufklärung erfüllt und verlangten ein politisches Mitspracherecht. Bauern und Bürger lehnten sich gegen die Vorrechte des Adels und der Geistlichkeit auf. Die Einberufung der Ständevertreter zur Behebung der Finanznot führte 1789 zur Revolution.

Die Nationalversammlung schaffte die Privilegien ab und machte Frankreich zur konstitutionellen Monarchie (1791).

Nach dem Fluchtversuch des Königs und dem Angriff Österreichs und Preußens siegten die radikalen Jakobiner und erklärten Frankreich zur Republik (1792). König Ludwig XVI. und Königin Marie Antoinette endeten auf der Guillotine (1793).

Der Wohlfahrtsausschuß des Nationalkonvents übte eine Schreckensherrschaft aus.

Schließung der Jakobinerkirche in Paris am 12. Nov. 1794. Stich nach Duplessis-Bertaux.

III. Die Umgestaltung Europas unter Napoleon

1. Das revolutionäre Frankreich im Kampf gegen die europäischen Monarchien

Die Herrschaft des Direktoriums. Nach dem Tode Robespierres nahm der Terror ein Ende. An die Spitze der Republik, die wiederum eine neue Verfassung erhielt, trat ein „Direktorium" von fünf Männern (1795–1799). Das Volk schickte wohl seine Vertreter in einen „Rat der Alten" und in den „Rat der Fünfhundert", hatte aber praktisch wenig Einfluß, weil die neue Verfassung das Wahlrecht wiederum auf das Besitzbürgertum beschränkte. Noch war Krieg; Frankreich brauchte eine straffe Führung, es mußte alle Kräfte zusammenfassen, um gegen seine Feinde bestehen zu können.

1795 bis 1799

Volksheer gegen Söldnerheer. Gleich zu Beginn des Kampfes hatte das französische Volksheer den Angriff der österreichischen und preußischen Truppen zurückgeschlagen. Als sich aber England mit nahezu allen Fürstenstaaten des Kontinents in der ersten Koalition gegen Frankreich verbündete, kamen schwere Jahre für die Republik (erster Koalitionskrieg 1792–1797). Der Feind drang ins Land ein.

Jetzt wurde die Jugend zwischen 18 und 25 Jahren zu den Waffen gerufen. Die Nation brachte ein Heer von 600 000 Soldaten zusammen, das von einem neuen Geist beseelt war. Diese jungen Männer wollten ihr Vaterland verteidigen und zugleich für die fortschrittlichen Ideen der großen Revolution kämpfen. Sie betrachteten sich als

Sendboten einer neuen Freiheit, die sie den unterdrückten Völkern Europas bringen wollten. Ihr Ruf „Krieg den Palästen, Frieden den Hütten!" fand manchen Widerhall in Europa. Das Kriegslied, das sie anstimmten, gab ihrem Kampfgeist und ihrer Opferbereitschaft Ausdruck; kein Söldnerheer der Verbündeten kam ihnen darin gleich. Bei der französischen Rheinarmee sangen die Soldaten zum ersten Mal die M a r s e i l - l a i s e „Allons, enfants de la patrie", die spätere Nationalhymne der Franzosen:

> Voran fürs Vaterland, ihr Brüder!
> Der Tag des Ruhms kam nun herbei!
> Ihr blut'ges Banner hebt schon wieder
> vor uns empor die Tyrannei.
> Hört ihr, wie die Soldatenhorden
> da draußen in den Feldern schrei'n?
> Sie dringen bis in unsre Reih'n,
> uns Weib und Kinder zu ermorden!
> Auf Bürger, reiht euch ein! Die Waffen in die Hand!
> Marschiert! Mit Schurkenblut getränkt sei unser Land!

Auch die Heimat stellte alle Kräfte in den Dienst der Vaterlandsverteidigung: „Alle Franzosen werden für den Dienst in der Armee aufgeboten. Die jungen Leute werden kämpfen, die Verheirateten werden Waffen schmieden und Lebensmittel transportieren, die Frauen werden Zelte und Kleider nähen und in den Hospitälern dienen, die Kinder werden Charpie[1] zupfen; die Greise werden sich auf die öffentlichen Plätze fahren lassen, um den Mut der Krieger, den Haß gegen die Könige und die Liebe zur Republik zu entflammen."

Mit diesen Worten verkündete der Kriegsminister C a r n o t die a l l g e m e i n e W e h r p f l i c h t. Die Bürger Frankreichs waren dazu bereit. Sie verteidigten ja ihren eigenen Staat, führten einen Krieg, den sie durch i h r e Abgeordneten und die von i h n e n bestellte Regierung beschlossen hatten. Die Soldaten der Republik hatten oft nur Lumpen am Leibe, und es fehlte ihnen häufig an Brot. Aber ein gleicher Glaube beseelte sie alle; Offiziere, Unteroffiziere und Mannschaften folgten bedingungslos der Fahne der Revolution. Sie konnten darben, wenn es nötig war; sie schleppten keinen großen Troß hinter sich her.

Auch die Offiziere lebten anspruchslos. Viele stammten aus dem Mannschaftsstand, und manche hatten es als Söhne von Bauern und Arbeitern bis zum General gebracht. Die Art, wie die Generale der Revolutionsarmeen den Kampf führten, war ganz neu. An den entscheidenden Schwerpunkten der Front zogen sie soviel Truppen und Artillerie wie nur möglich zusammen. Ohne Rücksicht auf Verluste ließen sie dort in Massen angreifen. Wenn es die Lage verlangte, gingen die Truppen auch in aufgelöster Ordnung vor und nutzten geschickt die Deckungsmöglichkeiten im Gelände. In der Führung ihrer Soldaten entwickelten die Offiziere Phantasie und kümmerten sich wenig um die alten Regeln der Kriegskunst.

Kriegserfolge. So hatten die französischen Heere bald auf allen Kriegsschauplätzen Erfolg. Sie standen am Rhein, in den österreichischen Niederlanden, eroberten Holland und kämpften in Italien.

Die Uneinigkeit der Verbündeten machte die Lage für Frankreich noch günstiger. P r e u ß e n schloß 1795 in Basel einen Sonderfrieden mit Frankreich und erklärte

| 1795 |

---

[1] Alte Leinwand wird zerzupft und daraus Verbandstoff hergestellt.

sich mit der Abtretung der deutschen Gebiete auf dem linken Rheinufer einverstanden. In einer Geheimbestimmung ließ es sich rechtsrheinisches Gebiet als Entschädigung für die eigenen Verluste auf der linken Rheinseite zusichern. Preußen hatte den Kampf gegen das republikanische Frankreich aufgegeben, um sich einen Beuteanteil bei der Aufteilung Polens zu sichern (vgl. S. 119).

2. Der Aufstieg Napoleons

Der junge Offizier. Als im Sommer 1792 der Pariser Pöbel zum erstenmal in das königliche Schloß eindrang, stand auf der Terrasse am Seineufer, gegen einen Sockel gelehnt, ein kleiner Offizier mit schmalem Gesicht, olivfarbener Haut und lebhaften Augen. Er beobachtete den Ansturm der Massen auf den Palast und wunderte sich, daß niemand Widerstand leistete. Mit einer Miene voll Verachtung rief er aus: „Die Elenden! Man müßte die ersten Fünfhundert niederkartätschen, der Rest würde schnell davonlaufen!" Achselzuckend ging er weg.

Napoleon. Unvollendetes Gemälde von Jacques Louis David (vgl. S. 148).

Der junge Mann kam von der Kriegsschule in Brienne, war eben erst zum Offizier befördert worden und hieß N a p o l e o n B o n a p a r t e. Er stammte aus Korsika, wo er 1769 als Sohn eines Rechtsanwaltes geboren war. Als Freund der Revolution war er durchaus mit der Abschaffung des Königstums einverstanden. Aber die leidenschaftlichen, ungezügelten Ausbrüche der Volksmassen verachtete er tief, obwohl er sie später selbst benutzte, um zur Macht zu kommen. Denn Geltung, Macht und Ruhm wollte er gewinnen, der Ehrgeiz verzehrte ihn fast. Freilich war er auch stets bereit, sich selbst rücksichtslos einzusetzen. Sein Name wurde zum erstenmal in ganz Frankreich bekannt, nachdem er sich als Artilleriehauptmann bei der Einnahme der Stadt Toulon ausgezeichnet hatte. Er war die Seele des Angriffs gewesen, er hatte den erfolgreichen Plan der Beschießung ausgedacht. Die Engländer mußten Stadt und Hafen räumen. Zur Belohnung ernannte der Konvent den „Bürger Bonaparte" zum Brigadegeneral. Sein Vorgesetzter, der die Ernennung vorschlug, schrieb an den Konvent: „Wenn man gegen ihn undankbar wäre, würde dieser Offizier sich selbst befördern."

Erfolgreicher Italienfeldzug mit neuer Taktik. Wenig später machte sich Napoleon erneut um die Republik verdient, als er in der Hauptstadt einen monarchistischen Aufstand im Straßenkampf niederschlug. Jetzt übergab das Direktorium dem sechsundzwanzigjährigen General den Oberbefehl über die Truppen in I t a l i e n. Die Aufgabe war nicht leicht. Er fand ein schlecht ausgerüstetes, disziplinloses Heer vor. Aber Napoleon wußte, wie er seine Soldaten zu behandeln hatte, wie er sie zur Zucht

zwingen und begeistern konnte. Er teilte mit ihnen Not und Gefahr. Er sprach in seinen Befehlen eine Sprache, die sie verstanden. Sie nannten ihn, den sie verehrten und liebten, ihren „petit caporal".

Neben persönlichen Führungseigenschaften verdankte Napoleon seine Erfolge einer n e u e n Taktik. Er setzte an vielen Stellen kleinere Verbände zum Kampf an und entschied erst nach der sich entwickelnden Lage, wo angegriffen, hingehalten oder bloß getäuscht werden sollte. Er hielt Reserven zurück, die er im entscheidenden Augenblick einsetzte; kurz, er führte beweglich; sein Einsatz der Truppen war sowohl geplant als auch improvisiert.

Auf diese Weise gewann Napoleon in Italien zahlreiche Schlachten gegen die Österreicher und drang schließlich über die Ostalpen in Richtung auf Wien vor. Habsburg schloß nun zu C a m p o F o r m i o (1797) Frieden, gab wie Preußen (vgl. S. 143) das linke Rheinufer preis und verzichtete auf die österreichischen Niederlande und die Lombardei. Als Entschädigung erhielt es das Gebiet der Republik Venedig.

Das Verhältnis zu den eroberten Ländern. Nach der Übernahme des Oberbefehls hatte sich Napoleon in einem Aufruf an die Italiener gewandt:

„Völker von Italien, das französische Heer kommt, um eure Fesseln zu sprengen. Das französische Volk ist ein Freund aller Völker. Habt Vertrauen zu uns; euer Eigentum, eure Religion, eure Sitten sollen geachtet werden! Wir führen als großmütige Feinde Krieg und nur gegen die Tyrannen, die euch unterjochen."

Die Wirklichkeit war anders. In den eroberten Gebieten stürzten zwar die Revolutionsheere sofort die Regierungen und errichteten Republiken (z. B. in Holland, der Schweiz, in Oberitalien und im Kirchenstaat). Trotzdem mußten die „befreiten"

Links: Die Schlacht bei den Pyramiden am 21. Juni 1798. Zeitgenössischer Stahlstich.

Rechts: Die Seeschlacht bei Abukir am 2. August 1798. Zeitgenössische Darstellung. „L'Orient", das französische Admiralsschiff, fängt Feuer und wird zerstört.

Staaten hohe Tribute entrichten, um die finanzielle Lage Frankreichs zu bessern. Diese Gelder waren dem Direktorium bald unentbehrlich. So geriet die Revolutionsregierung in die Abhängigkeit von General Napoleon.

Der Kampf mit England in Ägypten und die zweite Koalition. Frankreich hatte zweifellos nach den Siegen seiner Revolutionsheere eine Vormachtstellung in Europa gewonnen. Aber ein Schatten lag bedrohlich über den glänzenden Erfolgen Napoleons: die Feindschaft Englands. Der General hoffte, Großbritannien im Mittelmeer vernichtend zu treffen. Überraschend fuhr er mit einer Flotte von Toulon aus, nahm Malta, landete in Ägypten und siegte b e i d e n P y r a m i d e n über ein Reiterheer der türkischen Mamelucken. Schon glaubte Napoleon, die lebensnotwendige Verbindung zwischen England und Indien durchschnitten zu haben, da erhielt er die Meldung, daß die französische Flotte in einer S e e s c h l a c h t b e i A b u k i r (1798) von den Engländern völlig vernichtet worden sei. Den siegreichen Truppen Napoleons war der Rückweg abgeschnitten. Was hatte es für einen Wert, daß er bis Syrien vordrang und die Türken schlug? Die Seeschlacht hatte die Entscheidung gebracht, der ägyptische Feldzug war gescheitert.

Napoleon verließ seine Armee und kehrte rasch nach Frankreich zurück. Schlechte Nachrichten erreichten ihn. England hatte 1798 unter seinem fähigen Ministerpräsidenten W i l l i a m P i t t d e m J ü n g e r e n eine z w e i t e K o a l i t i o n zusammengebracht. Außer Österreich nahmen jetzt auch Rußland, Portugal, Neapel und die Türkei am Kriege teil.

Die österreichischen und russischen Truppen brachten den Franzosen schwere Verluste bei. Oberitalien wurde zurückgewonnen. Das Direktorium wußte sich angesichts der Kriegslage, der Geldentwertung und der Hungersnot keinen Rat mehr. So war es

Das englische Unterhaus 1793 während einer Rede des 34jährigen Premierministers William Pitt d. J. Gemälde von Carl Anton Hiekel. Auf dem Tisch liegt der goldene Zeremonienstab, das Hoheitszeichen des Unterhauses.

kein Wunder, daß Frankreich nach dem starken Mann rief und die Pariser den heimkehrenden Napoleon umjubelten. Niemand dachte an den Mißerfolg seines Unternehmens in Ägypten. Für das Volk war General Napoleon der siegreiche Held, welcher aus dem Orient kam, um die Nation zu retten.

Der Staatsstreich vom 18. Brumaire (9. November 1799). Die Stunde für einen Staatsstreich war günstig. Napoleon nützte sie. Mit Hilfe der Armee hatte er sich auf den Schlachtfeldern seine Machtstellung geschaffen, und mit Hilfe der Armee verjagte er jetzt das Direktorium (1799).

D r e i K o n s u l n übernahmen die Staatsführung – in Wirklichkeit lag die Macht in den Händen Napoleons, des E r s t e n K o n s u l s, der sich auf z e h n J a h r e wählen ließ. Es blieb praktisch ohne Bedeutung, daß es noch einen Senat und eine Volksvertretung gab. Napoleon war der Diktator Frankreichs. Seinen Staatsstreich und die neue Verfassung billigten die Franzosen in einer Volksabstimmung mit 3 Millionen gegen 1562 Stimmen. Drei Jahre später ließ sich Napoleon, wiederum in einer Abstimmung, zum K o n s u l a u f L e b e n s z e i t wählen.

Das Vertrauen der Nation in den Soldaten Bonaparte erwies sich als berechtigt. Abermals besiegte er die Österreicher in Italien und schloß mit ihnen 1801 den F r i e d e n v o n L u n é v i l l e, der die Abmachungen von Campo Formio bestätigte. Nach Friedensschlüssen mit Neapel, Portugal, Rußland und der Türkei kam es auch zum Frieden mit England. Der Vertrag wurde in A m i e n s geschlossen (1802).

Die französische Armee am Hospiz des Großen St. Bernhard am 18. Mai 1800. Lithographie von Albrecht Adam. Während die Österreicher den Feind am Mt. Cenis erwarteten, überschritt Napoleon an dieser Stelle die Alpen.

3. Die Neuordnung Frankreichs durch Napoleon

Der Code Napoléon. Napoleon verstand nicht nur, seine Truppen auf dem Schlachtfeld zum Siege zu führen, sondern er konnte auch einen zerrütteten Staat rasch wieder ordnen. Mit großem Geschick nützte er die gesellschaftlichen und rechtlichen Veränderungen, welche die Revolution gebracht hatte, und baute ein neues Frankreich auf. Die Rechtsgleichheit aller Franzosen ließ er bestehen und gab ihr in seinem berühmten Rechtsbuch, dem C o d e   N a p o l é o n , feste gesetzliche Formen. Die Steuerlast verteilte sich jetzt auf alle Bürger gleich welchen Standes. Jeder Franzose konnte, wenn er tüchtig war, zu den höchsten Stellen in Beamtentum und Armee aufsteigen. Gleichzeitig heilte Napoleon auch manche der Wunden, welche die Revolution geschlagen hatte. Die Emigranten durften zurückkehren. Freilich blieb ihr aufgeteilter Grundbesitz in den Händen der zahlreichen Kleinbauern.

Das Kaisertum. Der geschickte Staatsmann söhnte sich mit der Kirche aus. Der Korse brauchte auch die Stimmen der kirchentreuen Katholiken Frankreichs, als er sich im Jahre 1804 zum K a i s e r   d e r   F r a n z o s e n wählen ließ. Zwar setzte sich Napoleon in der Kathedrale Notre-Dame in Paris einen goldenen Lorbeerkranz als Zeichen seiner durch Siege errungenen Würde selbst aufs Haupt, nahm aber gerne vom anwesenden Papste die Salbung an, um seinem Kaisertum eine religiöse Weihe zu verleihen. Er fühlte sich zugleich als römischer Kaiser und als Nachfolger Karls

1804

147

des Großen. Der alte Hochadel Frankreichs sammelte sich am Kaiserhof. Verdiente Heerführer traten ihm als Neugeadelte ebenbürtig zur Seite. Der Kaiser, einerseits Vollender und Vollstrecker der Revolution, wollte andererseits das neue Kaisertum bei den Franzosen und in aller Welt zu Ansehen bringen. Architekten und Bildhauer erhielten den Auftrag, die neue kaiserliche Größe in der Baukunst und Malerei zu verherrlichen. Der damalige Stil eignete sich dazu: das E m p i r e . Nach römischem Vorbild bevorzugten die Künstler strenge, klare Formen und hoheitsvolle Haltung, gemildert freilich durch spielerische Leichtigkeit, das Erbe des französischen Rokoko.

4. Napoleons Kampf um die Vorherrschaft in Europa

Die dritte Koalition. Auf dem Wege zur Herrschaft über Europa trat dem Kaiser jetzt wieder England entgegen. Pitt brachte eine d r i t t e K o a l i t i o n gegen Frankreich zustande: Österreich, Schweden und Rußland verbündeten sich mit England.

1805

Napoleon schlug zwar die Festlandsmächte bei A u s t e r l i t z in Mähren (1805), wo sich die Heere von drei Kaisern (Kaiser Franz II., Zar Alexander I. und Napoleon) gegenüberstanden. Der Sieg in dieser „Dreikaiserschlacht" war aber geschmälert durch die entscheidende Niederlage zur See, die Napoleons Flotte kurz zuvor bei T r a f a l - g a r (zwischen Cadiz und Gibraltar) durch die englischen Geschwader des Admirals N e l s o n erlitten hatte. Danach mußte Napoleon seinen Plan aufgeben, mit Hilfe der Flotte die Insel England anzugreifen.

Die Neuordnung Deutschlands durch Napoleon. Im Herzen des Kontinents hatte Napoleon leichteres Spiel. Die deutschen Fürsten ließen sich gern gewinnen. Napoleon hatte ihnen versprochen, sie für die im Frieden von Lunéville verlorenen linksrheinischen Gebiete rechtsrheinisch zu entschädigen.

Als er daranging, sein Versprechen zu erfüllen, war er sehr großzügig. Denn was in seinem Auftrag ein Ausschuß des Regensburger Reichstages verteilte, wurde anderen deutschen Fürsten abgenommen. Durch den sogenannten „ R e i c h s -

1803

d e p u t a t i o n s h a u p t s c h l u ß " (1803) wurden die geistlichen Fürsten enteignet. Ihre Gebiete fielen weltlichen Herren zu (Säkularisierung)[1]. Auch Reichsgrafen, Reichsritter und freie Reichsstädte, die sich Jahrhunderte den Drohungen und Lokkungen der Landesherren entzogen hatten, verloren ihre Reichsunmittelbarkeit. Ihre Territorien wurden als Entschädigung B a y e r n , W ü r t t e m b e r g , B a d e n , H e s s e n und P r e u ß e n einverleibt (Mediatisierung)[2]. Über 1600 Herrschaften, die im Laufe der Jahrhunderte entstanden waren, verschwanden. Der heillosen Zersplitterung des Reiches setzte der französische Sieger zwar damit ein Ende, ging aber

[1] Übergang von Kirchengut in die w e l t l i c h e Hand.
[2] Übergang einer reichsunmittelbaren Herrschaft an einen Landesherren; diese steht dadurch nur noch m i t t e l b a r im Bezug zur Reichsgewalt.

Rechte Seite oben: Der Schwur der Horatier. Gemälde von Jacques Louis David, dem Hofmaler Napoleons. Das Bild wurde bereits 1784 in Rom gemalt, weist aber viele Merkmale auf, die für den Empirestil (vgl. oben) kennzeichnend sind: Rückgriff auf Stilformen und Stoffe der römischen Antike, pathetische Gesten als Zeichen von Heldentum und Patriotismus. – Unten: Napoleon krönt seine Gattin Josephine in der Kathedrale Notre-Dame zu Paris am 2. Dezember 1804. Gemälde von Jacques Louis David. Rechts neben Napoleon Papst Pius VII. In der Loge im Hintergrund Napoleons Mutter, die in Wirklichkeit jedoch an der Zeremonie nicht teilgenommen hat. Im Vordergrund die aus altem und neuem Adel ernannten Würdenträger des Hofes.

Französisches Biwak am Vorabend der Schlacht von Austerlitz (vgl. S. 148). Gemälde von L. A. Bacler d'Albe. Am Jahrestag seiner Krönung errang Napoleon östlich von Brünn einen seiner glänzendsten Siege. Die „Dreikaiserschlacht" verlief genau nach den Plänen Napoleons, der das Gelände sorgsam erkundet hatte.

wie immer unbekümmert über alte angestammte Rechte hinweg. Durch die Entmachtung der R e i c h s r i t t e r s c h a f t und der g e i s t l i c h e n F ü r s t e n verlor der deutsche Kaiser seine getreuesten Anhänger. Und gerade darum war es Napoleon zu tun. Denn die neuen Mittelstaaten, deren rechtsrheinische „Entschädigung" vier- bis achtmal größer war als die linksrheinischen Verluste, schuldeten jetzt dem französischen Kaiser Dank. Sie finanzierten zum Teil seine Kriege und stellten ihm ihre Soldaten zur Verfügung.

Das Ende des alten Reiches. Nach der Niederlage des Kaisers Franz II. in der „Dreikaiserschlacht" bei Austerlitz (vgl. S. 148) fügten sich die deutschen Fürsten den Wünschen des erfolgreichen Eroberers. Sie erhoben keinen Widerspruch, als der französische Gesandte 1806 auf dem Reichstag in Regensburg erklärte:

„Seine Majestät der Kaiser und König sieht sich verpflichtet zu erklären, daß er den Bestand der deutschen Verfassung nicht mehr anerkennt. Aber er erkennt nichtsdestoweniger an die vollkommene Souveränität eines jeden der Fürsten, deren Staaten heute Deutschland bilden. Er wird mit ihnen dieselben Beziehungen halten wie mit den anderen unabhängigen Mächten Europas."

1806

16 Fürsten in Süd- und Mitteldeutschland traten daraufhin aus dem Deutschen Reiche aus. Sie schlossen sich als souveräne Staaten zum R h e i n b u n d (1806) zusammen und erklärten, jedes deutsche Reichsgesetz sei „in bezug auf ihre genannten Majestäten

Phantastischer Plan für einen Angriff der Franzosen auf England aus dem Jahre 1801: Die französische Armee soll durch einen (im geheimen angelegten!) Kanaltunnel nach England ziehen. Die Invasion soll durch einen gleichzeitigen Luft- und Seeangriff unterstützt werden.

usw., ihre Staaten und Untertanen künftighin null und nichtig". Dagegen riefen sie „Seine Majestät den Kaiser der Franzosen" zum Protektor (Schutzherrn) aus und schlossen mit ihm eine militärische Allianz (Bündnis). Napoleon erlaubte seinen Verbündeten die weitere Eingliederung reichsunmittelbarer Städte und Herrschaften. Er verteilte außerdem Königskronen an Bayern und Württemberg und verlieh die großherzogliche Würde an Baden und Hessen-Darmstadt.

Es war folgerichtig, daß Kaiser F r a n z II. wenige Tage später die deutsche K a i s e r k r o n e n i e d e r l e g t e und sich nur noch Franz I., Kaiser von Österreich, nannte. Seit dem Untergang der Staufer hatten die Fürsten ihre Selbständigkeit gegenüber Reich und Kaiser immer weiter ausgebaut; jetzt war diese Entwicklung abgeschlossen.

Der Zusammenbruch Preußens. Preußen hatte sich im Sonderfrieden von Basel (1795) eine Ruhepause von zehn Jahren erkauft (vgl. S. 142). Lange zögerte es, im Kampf um Europa klar Partei zu ergreifen. Als nun Friedrich Wilhelm III. (1797–1840) und sein Kabinett sich endlich gegen Napoleon entschieden, war der Augenblick schlecht gewählt. Österreich war eben bei Austerlitz geschlagen worden. Preußen, das ihm keine Unterstützung gewährt hatte, stand jetzt allein gegen Napoleon und seine moderne Armee. In der Doppelschlacht von J e n a und A u e r s t ä d t (Oktober 1806) erlitt es eine völlige Niederlage. Das preußische Heer löste sich auf. Die

Napoleons Einzug in Berlin am 20. Oktober 1806. Zeitgenössischer Kupferstich. Das Viergespann der Siegesgöttin auf dem Brandenburger Tor, das auf dem Bild noch zu sehen ist, ließ Napoleon als Siegesbeute nach Paris bringen.

Festungen ergaben sich meist ohne Gegenwehr. Kolberg, das sich unter der Führung von Gneisenau und Nettelbeck hartnäckig verteidigte, bildete ebenso wie Graudenz eine rühmliche Ausnahme.

Nach knapp zwei Wochen zog Napoleon in B e r l i n ein. Der Kommandant der Stadt ließ in dieser Lage den Berlinern mitteilen: „Der König hat eine Bataille (Schlacht) verloren, Ruhe ist die erste Bürgerpflicht." Die Franzosen schlugen bald darauf auch die Russen, die den Preußen zu Hilfe gekommen waren. Die preußische Königsfamilie flüchtete vor dem Eroberer zuerst nach Königsberg, dann nach Memel.

Da Napoleon viel daran lag, Rußland als Bündnispartner im Kampf gegen England zu gewinnen, schloß er mit dem Zaren Alexander I. in T i l s i t einen milden Frieden. Auf seine Bitten hin nahm der Kaiser auch von seinem Plan Abstand, den preußischen Staat aufzulösen. Die Friedensbedingungen für Preußen waren allerdings überaus hart. Es mußte die bei der zweiten und dritten polnischen Teilung gewonnenen Gebiete abtreten. Napoleon machte ein H e r z o g t u m W a r s c h a u daraus und stellte es unter die Hoheit des Königs von Sachsen, der dem Rheinbund beigetreten war. Westlich der Elbe errichtete der französische Kaiser das K ö n i g r e i c h W e s t f a l e n (1807–1813). König wurde sein Bruder Jerôme.

So war Preußens Staatsgebiet auf weniger als die Hälfte zusammengeschmolzen, seine Heeresstärke blieb auf 42 000 Mann beschränkt. Es hatte laufend hohe Summen an Kriegsentschädigung zu zahlen und die Kosten für die französische Besatzung zu

Links: Königin Luise von Preußen im Reitkostüm. Gemälde von Ternite (1810). – Rechts: Kontrollmaß-nahme während der Kontinentalsperre. Französische Soldaten untersuchen am Ranstädter Tor in Leipzig, ob englische Waren eingeführt werden. Radierung von Christian Gottlieb Geißler.

tragen und geriet deshalb in die größte wirtschaftliche Not. Vergeblich unternahm die preußische K ö n i g i n   L u i s e einen Bittgang zu Napoleon; sie wurde abgewiesen.

5. Napoleon auf der Höhe seiner Macht

Die Kontinentalsperre. Napoleon wußte wohl, wie entscheidend für ihn die Nieder-lage zur See bei Trafalgar gewesen war. Um England dennoch zu treffen, zwang er alle europäischen Staaten, vor allem Rußland, zur Beteiligung an seinem großen Plan, das Inselreich wirtschaftlich niederzuringen: die britischen Inseln wurden zum Sperr-gebiet erklärt. Kein Hafen des europäischen Kontinents sollte für englische Schiffe offen sein. Kein Staat durfte mit England Handel treiben.

Auf dem europäischen Festland litt man sehr unter diesen Maßnahmen. Man ent-behrte vor allem Tee, Zucker und Kaffee; nur ungern verzichtete man auf englische Tuche, Baumwolle und manche Luxuswaren. Der Schmuggel und Schleichhandel suchte und fand darum viele Wege von den britischen Inseln nach Europa. Die napo-leonische Seepolizei hatte alle Hände voll zu tun.

Anfangs hatte diese sogenannte K o n t i n e n t a l s p e r r e allerdings auch für Großbritannien üble Folgen. Die Industrialisierung des Landes hatte bereits begonnen;

153

Zusammenkunft Napoleons I. mit Zar Alexander I. auf dem Njemen bei Tilsit im Juni 1807. Gemälde von J. B. Melling. Die französisch-russische Annäherung hatte nur kurzen Bestand, weil das Zarenreich auf die Dauer nicht gewillt war, die Folgen der Kontinentalsperre zu tragen (vgl. S. 165).

neu errichtete Fabriken mußten wegen Absatzmangels geschlossen werden. So kam gerade die Arbeiterschaft in arge Not. Der englische Kaufmann war gezwungen, sich neue Märkte zu suchen. In den spanischen und portugiesischen Kolonien Mittel- und Südamerikas fanden englische Waren bald guten Absatz. So konnte England mitten in der schweren Zeit der Kontinentalsperre neue überseeische Handelsbeziehungen anknüpfen, die seine Bedeutung als erste See- und Handelsmacht der Welt für das ganze 19. Jahrhundert begründeten.

Der Fürstentag zu Erfurt. Nach dem Frieden von Tilsit stand Napoleon auf der Höhe seiner Macht. Es hatte den Anschein, als würde ihm alles gelingen. Im Oktober 1808 wollte der französische Kaiser zeigen, welche Fülle an Macht und Ansehen er besitze. Er entbot Könige und Fürsten Europas zu einem Kongreß nach Erfurt. 4 Könige und 34 allerdurchlauchtigste Fürsten huldigten ihm. Selbst der russische Zar Alexander I. war anwesend.

In Erfurt hatte auch G o e t h e drei längere Unterredungen mit Napoleon. Der Kaiser sagte voll Hochachtung von ihm: „Voilà un homme!"[1] Einen nicht minder starken Eindruck hatte der Dichter vom Imperator Europas empfangen, und noch im Jahre 1813 rief er den Deutschen zu: „Schüttelt immer an euren Ketten, ihr werdet sie nicht zerbrechen, der Mann ist euch zu groß!"

[1] Wahrhaftig, ein großer Mensch!

154

Um die Zeit der Kontinentalsperre schien sich eine Teilung der Welt zwischen Frankreich und England abzuzeichnen. Die zeitgenössische Karikatur des englischen Zeichners James Gillray zeigt daher Napoleon (rechts) und den englischen Minister Pitt (links) beim Aufteilen der Erdkugel.

Zusammenfassung:

Die revolutionären Volksheere Frankreichs besiegten die Söldnerheere der konservativen europäischen Mächte.

Napoleon zeichnete sich als General der französischen Revolutionsheere aus. Er nutzte sein militärisches Ansehen politisch aus, wurde 1799 zum Konsul gewählt und errichtete 1804 ein neues Kaisertum. Er war zugleich Erbe und Überwinder der Revolution. In zahlreichen Feldzügen erkämpfte er für Frankreich die Vorherrschaft in Europa.

Napoleon säkularisierte die geistlichen Territorien des Reiches und mediatisierte die reichsunmittelbaren Herrschaften (1803). Das Deutsche Reich löste sich auf (1806).

IV. Erneuerung und Befreiung

1. Erste Erhebungen

Widerstand gegen die Kontinentalsperre. Goethe sollte sich täuschen, auch Napoleon war nicht unbesiegbar. Überall in Europa litten die Völker unter dem Joch seiner Herrschaft und versuchten, seiner Allgewalt Widerstand zu leisten.

Schon auf dem Fürstentag zu Erfurt mußte Napoleon mit den ihm verbündeten Herrschern langwierige Verhandlungen über eine Waffenhilfe bei einem Feldzug gegen die S p a n i e r führen. Dieses Volk wehrte sich auch dann noch gegen die Fremdherrschaft, als Napoleon den spanischen König abgesetzt, seinen eigenen Bru-

155

dann so t Moj und to t august dies Jahres gelange es den Andreas Hoffer Gastwirth in Passeir als Kommandirender K.K. Landes Vertheidigungs General die Franzosen und Bayrn durch angelegten sturm aus der Stadt Innsbruck bis Kufstein zu vertreiben. Wer so wie dieser denkt, den kan es leicht gelingen das er den Sieg sahn, im land nummehr kann schwungen.

Zeitgenössisches Flugblatt mit dem Bild Andreas Hofers (1809)

der J o s e p h als König nach Madrid geführt und mit französischen und Rheinbundtruppen etliche Schlachten gewonnen hatte. Im K l e i n k r i e g (Guerilla), durch englisches Geld und Truppen unterstützt, schadeten die Spanier den Franzosen, wo und wie sie konnten. Spanien bot durch Landschaft und Klima dafür günstige Voraussetzungen. Nationalstolz und katholischer Glaubenseifer machten die kleinen spanischen Kampfgruppen zu gefährlichen Gegnern.

Die Politik der Kontinentalsperre brachte Napoleon nicht nur in Spanien endlose Schwierigkeiten. P o r t u g a l, schon lange politisch und wirtschaftlich mit England verbunden, machte nicht mit und mußte deshalb besetzt werden; der P a p s t weigerte sich, den Engländern seine Häfen zu sperren, verlor den Kirchenstaat und wurde nach Frankreich in Gefangenschaft geführt. Sogar in der eigenen Familie fand Napoleon Widerstand. Sein Bruder L u d w i g, den er zum K ö n i g v o n H o l l a n d gemacht hatte, entsagte 1810 der Krone, weil er den Zusammenbruch der Niederlande, zu dem die Handelssperre unvermeidbar führen mußte, nicht verantworten wollte. Napoleon erklärte diesen Staat kurzerhand zur französischen Provinz.

Freiheitskampf und Niederlage Österreichs. In Österreich entflammte der nationale Widerstand, als der Korse in Spanien kämpfte. E r z h e r z o g K a r l rief das österreichische Volk auf, sich in der „Landwehr" für den Kampf gegen Napoleon vorzubereiten. Sein Aufruf zur Volksbewaffnung fand in Tirol stärksten Widerhall. Dort zogen die Bauern mit Kreuz und Fahne in den Krieg. A n d r e a s H o f e r, der Gastwirt vom Passeiertal, war ihr Kommandant. Die Aufständigen vertrieben sogar die französischen Truppen und die Bayern aus Innsbruck. Sie setzten ihren Freiheitskampf auch noch nach dem Friedensschluß zwischen Österreich und Napoleon fort. Andreas Hofer geriet durch Verrat in die Hände der Franzosen und wurde in Mantua erschossen (1810).

Rechte Seite oben: Napoleon empfängt im April 1807 in seinem ostpreußischen Hauptquartier, Schloß Finckenstein, den persischen Gesandten in der Absicht, den Schah mit dem türkischen Sultan zu versöhnen, um beide Mächte gegen Rußland ausspielen zu können. Gemälde von Mulard. – Unten: Erschießung von Aufständischen in Madrid im Mai 1809. Gemälde des spanischen Malers Francisco de Goya (1746–1828).

Wie dem Tiroler Bauernvolk war auch dem österreichischen Heer unter der Führung von Erzherzog Karl zunächst ein großer Erfolg beschieden: Zum erstenmal gelang es, den Unbesiegbaren, der aus Spanien herbeigeeilt war, zu schlagen. (Schlacht bei A s p e r n 1809). Den letzten Kampf allerdings gewann Napoleon wieder; er siegte bei W a g r a m , und in S c h ö n b r u n n bei Wien diktierte er den F r i e d e n . Der Widerstand Österreichs schien endgültig gebrochen. Zum Zeichen der Versöhnung mit den Habsburgern vermählte sich Napoleon wenig später mit M a r i e L u i s e , der Tochter Kaiser Franz I. Zugleich hoffte er, durch diese Verbindung im Ansehen bei den europäischen Fürstenhäusern zu steigen, die ihn immer noch für einen Emporkömmling der Revolution hielten. Der österreichische Staatsminister G r a f S t a d i o n , der Heer und Verwaltung reformiert hatte, mußte nach dem Friedensschluß sein Amt an den bisherigen Gesandten in Paris, G r a f M e t t e r n i c h , (vgl. S. 176) abtreten.

Widerstand in Preußen. Das Beispiel des Volkswiderstandes, wie es die Spanier und Tiroler gegeben hatten, riß in den deutschen Staaten nur kleine Gruppen mit. Der preußische M a j o r v o n S c h i l l , der mit seinem Husarenregiment das Zeichen zu einem Aufstand gab, fand wenig Gefolgschaft und erlag der feindlichen Übermacht in Stralsund. Er selbst fiel im Kampf. Elf seiner Offiziere wurden in Wesel standrechtlich erschossen. Der junge H e r z o g v o n B r a u n s c h w e i g kämpfte mit mehr Glück gegen Napoleon; er konnte sich bis zur Wesermündung durchschlagen, mit seiner „schwarzen Schar" nach England entkommen und mit einer englisch-deutschen Legion in Spanien gegen den Korsen antreten.

2. Wiederaufbau des preußischen Staates

Reformen in den deutschen Ländern. Wollte Deutschland wirklich den Kampf gegen den großen Eroberer und seine Armee bestehen, so mußte das Volk von einer ähnlichen patriotischen Begeisterung erfüllt sein wie die Soldaten der Revolutionsheere Napoleons. Solange sich allerdings die Landeskinder nur als Untertanen ihrer allergnädigsten Landesherren und nicht als mitverantwortliche Bürger im Staat fühlen durften, konnte man von ihnen eine Verteidigung „ihres" Vaterlandes nicht erwarten. Preußen und alle anderen deutschen Staaten hatten gewissermaßen eine Revolution nachzuholen.

In den Rheinbundstaaten war das französische Vorbild naturgemäß von großem Einfluß auf die Innenpolitik. So haben z. B. in B a d e n der Staatsminister v o n R e i t z e n s t e i n und in B a y e r n der Minister G r a f M o n t g e l a s straff verwaltete und klar gegliederte Staaten geschaffen. Insbesondere sah man in der Vereinheitlichung des Rechts, wie sie Napoleon in Frankreich durchgeführt hatte, einen echten Fortschritt. In P r e u ß e n hatte der leitende Minister G r a f H a r d e n b e r g die Notwendigkeit von Reformen klar erkannt und nach dem Zusammenbruch von 1806/07 seinem König Friedrich Wilhelm III. gesagt: „Majestät, wir müssen dasselbe v o n o b e n her machen, was die Franzosen v o n u n t e n her gemacht haben."

Das deutsche Nationalgefühl. Freilich konnten Reformen „von oben her" nur erfolgreich sein, wenn sie im Herzen des Volkes Widerhall fanden.

Gegen Ende des 18. Jahrhunderts bekam für die gebildeten Deutschen das Wort „Vaterland" wieder einen tieferen Sinn. Die nationale Begeisterung der Franzosen während der Revolution fand auch jenseits des Rheins Widerhall und gab dem deut-

Links: Johann Gottlieb Fichte. Zeitgenössische Radierung. – Rechts: Josef Görres. Zeitgenössisches Gemälde.

schen Nationalgefühl Auftrieb. Schon zwei Jahrzehnte vor der französischen Revolution hatte in Deutschland Johann Gottfried H e r d e r (1744–1803) geschrieben, daß jedem Volk ein unverwechselbarer Charakter eigen sei. Darum habe jedes Volk einen besonderen Auftrag in der Geschichte. Dabei bekannte sich Herder zugleich zu dem Gedanken der Aufklärer (vgl. S. 86), daß alle Völker „Brüder einer Menschheit" seien. Von ihm beeinflußt, haben in ähnlicher Gesinnung unsere „K l a s s i - k e r " Schiller und Goethe, aber auch jene Gelehrten und Dichter, die man zu den R o m a n t i k e r n zählt (z. B. die Brüder Grimm, Wilhelm von Humboldt, Clemens Brentano, die Brüder Schlegel) eigenes und fremdes Volkstum geachtet und erforscht. Vor allem die Romantiker haben nicht nur Lieder, Sagen und Märchen der Deutschen gesammelt, sondern auch englische, spanische, italienische, selbst indische, persische und arabische Literatur übersetzt und sich um deren Verständnis bemüht. Viele verbanden die Liebe zum eigenen Volk mit einer weltbürgerlichen Gesinnung.

Nach den Enttäuschungen über die Auswüchse der französischen Revolution und den Unterdrücker Napoleon verlor jedoch die Verherrlichung des eigenen Volkes und die Ablehnung der Franzosen zuweilen jedes Maß. Aus einem leidenschaftlichen Glauben an die gottgewollte Freiheit des Einzelmenschen wie der Völker kämpfte der Dichter H e i n r i c h v o n K l e i s t gegen den Franzosenkaiser. Dieser hatte für die französische Jugend 1806 einen „ R e i c h s k a t e c h i s m u s " eingeführt. Er war dem christlichen Katechismus nachgebildet und sollte den Glauben an den Kaiser lehren. Als Antwort auf die Frage, was man Kaiser Napoleon schulde, war da z. B. zu lesen:

„Wir schulden unserem Kaiser Napoleon Liebe, Gehorsam, Achtung, Treue, Kriegsdienst und Steuern, auch heiße Gebete für sein Wohl, weil Gott ihn im Krieg und Frieden mit seinen Gaben

159

Die im Jahre 1810 von Wilhelm von Humboldt gegründete Berliner Universität. Zeitgenössische Darstellung.

überhäuft und ihn zu seinem Abbild auf Erden gemacht hat. Unsern Kaiser ehren und ihm dienen, heißt also so viel, wie Gott selber ehren und ihm dienen. Er ist es, den der Höchste in schwierigen Zeitläufen erweckt hat. Durch die Weihe des Papstes ist er der Gesalbte des Herrn geworden."

Kleist verfaßte nun einen „Katechismus der Deutschen". Hier fragt ein Vater seinen Sohn:

„Was hältst du von Napoleon, dem Korsen, dem berühmtesten Kaiser der Franzosen?" Und der Vater lehrt dem Sohn die Antwort: „Für einen verabscheuungswürdigen Menschen, für den Anfang alles Bösen und das Ende alles Guten; für einen Sünder, den anzuklagen die Sprache der Menschen nicht hinreicht und angesichts dessen den Engeln einst am jüngsten Tage der Odem vergehen wird."

Scharf, aber doch nicht so maßlos wie Kleist griff der Publizist Josef Görres in seiner Zeitung „Rheinischer Merkur" den Kaiser an. Vor allem verhöhnte er die vaterlandsvergessenen Rheinbundfürsten. Die Professoren Ernst Moritz Arndt, Friedrich Schleiermacher, Johann Gottlieb Fichte fühlten sich als Lehrer der Nation, ob nun Geschichte, Theologie oder Philosophie ihre eigentlichen Lehrfächer waren. Sie begründeten aus der Geschichte, aus Sitte und Brauchtum, aus der Sprache, der Kunst und der Religion die Berufung gerade des deutschen Volkes zum Kampf um die Befreiung Europas.

Freiherr vom Stein. So war geistig der Boden bereitet für eine Staatsreform, die der Reichsfreiherr Karl vom und zum Stein (1757–1831) in Preußen in Angriff nahm. Der Lebenslauf dieses Staatsmannes gibt uns einen Einblick in die

Links: Freiherr vom Stein. Zeitgenössisches Gemälde. – Rechts: Freiherr von Hardenberg. Stich von Sintzenich nach einem Gemälde von H. Schröder.

Welt jener rund 350 Familien West- und Süddeutschlands, die vor der Mediatisierung als Reichsritter unmittelbar dem Kaiser unterstanden (vgl. S. 148).

Seit mehr als 500 Jahren saßen die Herren vom und zum Stein auf ihrer Burg bei Nassau an der Lahn. Sie besaßen zwei Dörfer und hatten in ihrer langen Geschichte Lehnsrechte in mehr als 50 weiteren Ortschaften im Taunus, Westerwald und am Mittelrhein erworben. Aber der Besitz war im ganzen doch so klein, daß immer nur einer der Söhne ihn erben und dort standesgemäß leben konnte. Karl war das neunte Kind von zehn, und zwei Brüder waren älter als er; trotzdem haben seine Eltern ihm den Familienbesitz zugesprochen.

Einer der Brüder schlug wie viele seiner Standesgenossen die diplomatische Laufbahn ein. Er war preußischer Gesandter beim Fürstbischof von Mainz. Zwei weitere Brüder wählten ebenfalls einen dem Adel vorbehaltenen Beruf, sie wurden Offiziere in österreichischen und französischen Diensten.

Der Familienerbe studierte zunächst einige Semester Rechtswissenschaft in Göttingen. Er verließ die Universität ohne irgendein Examen, denn der Adelige bedurfte solcher Nachweise nicht. Für seine Laufbahn waren vor allem die Standesverbindungen ausschlaggebend. Die Eltern schickten Karl nach einer kurzen Tätigkeit beim Reichskammergericht in Wetzlar und beim Reichstag in Regensburg auf die damals für den Adel selbstverständlichen Bildungsreisen („Kavalierstouren", vgl. S. 68). Stein kam nach Frankreich, sah sich die Bergwerke im Salzburgischen an, besichtigte die Gruben in der Steiermark und ließ sich Erzförderung und Verhüttung in Ungarn zeigen.

Die Mutter Steins stand in verwandtschaftlichen Beziehungen zu dem sächsischen Freiherrn von Heinitz, den Friedrich der Große als Minister an die Spitze der preußischen Bergbauverwaltung gestellt hatte. Auf dessen Empfehlung hin ernannte der König den noch nicht Dreiundzwanzigjährigen 1780 zum Kammerherrn und Referendar am Bergwerks- und Hüttendepartement. Friedrich II. achtete darauf, daß der junge Mann eine ordentliche Fachbildung erwarb: „Stein muß die Bergwerkssachen aus dem Grunde lernen, denn wenn man das nicht gründlich lernt, so ist es nichts." Der Freiherr hörte Vorlesungen an den Bergakademien von Freiberg und Clausthal, studierte den polnischen Bergbau und hielt sich neun Monate in England auf, dessen Bergwerkswesen und Eisenindustrie besonders fortschrittlich waren. Nicht ohne Grund warnten einige Engländer die Betriebsleitungen vor dem deutschen Fachmann, denn dessen „Studium" lief auf Industriespionage hinaus.

In der Beamtenlaufbahn kam Stein rasch voran. 1784 war er bereits Direktor der westfälischen Bergämter, wechselte 1787 in die allgemeine Verwaltung über, war 1793 Oberpräsident im westlichen Teil Preußens und wurde 1804 als Minister in das Generaldirektorium nach Berlin berufen.

Stein blieb als königlicher Beamter ein kühler, sachlicher und kritischer Beobachter. In Polen und Mecklenburg erfuhr er mit Erbitterung, wie die Bauern ausgenutzt wurden. Im Bereich des Bistums Münster dagegen sah er, wie sie an „Erben- und Kirchspieltagen" ihre Dorfangelegenheiten selbständig regelten. In seinem eigenen Amtsbereich setzte er sich für höhere Bergarbeiterlöhne und Pensionen ein, forderte gleiche Gewerbesteuer für Stadt und Land und ließ zum ersten Male seit der Römerzeit wieder Chausseen für den Wirtschaftsverkehr anlegen. Stein war stolz darauf, daß sie nicht wie bisher im unbezahlten Frondienst gebaut worden waren, sondern in ehrlich bezahlter Lohnarbeit.

Überall sah er auf Kenntnisse und Leistungen. Darum war er von vielen seiner Standesgenossen enttäuscht, weil sie außer ihrem Adel nichts aufzuweisen hatten. Der König war am Hofe von einer Gruppe adeliger Kabinettsräte umgeben, die der Freiherr in seinem Zorn „eine boshafte Rotte niederer Faultiere" nannte. Sie hatten auf den nicht besonders fähigen König Friedrich Wilhelm III. einen starken Einfluß. Gegen sie konnten die Minister ihre sachlichen Argumente oft nicht zur Geltung bringen. Über diese Zustände verfaßte Stein einige scharf formulierte Denkschriften und schlug einschneidende Reformen in der „Regierungsverfassung" vor. Er fiel deshalb in Ungnade. Der König nannte ihn einen „widerspenstigen, trotzigen, hartnäckigen und ungehorsamen Staatsdiener" und entließ ihn im Januar 1807.

Nach dem Tilsiter Frieden (Juli 1807), in der größten Not also, holte man Stein zurück. Gleich nahm er seine Reformpläne wieder auf. Zuerst wollte er allen Bürgern die gleichen Rechte und Pflichten geben, damit sie sich je nach ihrer Tüchtigkeit entfalten, ihre Kräfte regen und sich in ihren Leistungen miteinander messen könnten.

Bauernbefreiung. Die preußischen Könige hatten die Bauern ihrer Krondomänen schrittweise von der drückenden Erbuntertänigkeit befreit. Einzelne adelige Grundherren waren diesem Beispiel gefolgt. Die weitaus größere Zahl der Bauern in Preußen wartete aber noch auf ihre Befreiung. Diesem Ziel diente das E d i k t v o m 9. O k t o b e r 1 8 0 7. Allen denen, die seit Jahrhunderten in der Abhängigkeit von einem Grundherrn gestanden hatten, die nicht ohne dessen Erlaubnis hatten heiraten dürfen, die von Generation zu Generation an die Scholle gebunden, die durch Zinsen, Leistung von unbezahlten Hand- und Spanndiensten dauernd belastet waren, klang es wie eine herrliche Verheißung: „Mit dem Martinitage 1810 hört alle Gutsuntertänigkeit in unseren sämtlichen Staaten auf. Nach dem Martinitag 1810 gibt es nur noch freie Leute." Soweit sich die Großgrundbesitzer nicht widersetzten, brachte dieses Edikt auch dem letzten Kätner p e r s ö n l i c h e F r e i h e i t, nicht aber die Ablösung von herrschaftlichen Lasten und Diensten.

Aufhebung der Standesschranken. Für Adel, Bürger und Bauern galt nach dem Edikt allgemein die Freiheit im Gebrauch ihres Grundeigentums. Jeder konnte Güter erwerben und verkaufen wie er wollte. Jeder konnte jetzt den Beruf ergreifen, zu dem

| 1807 |

162

er sich befähigt fühlte, ohne auf den Stand, aus dem er kam oder in den er übertrat, Rücksicht nehmen zu müssen. Auch der Adlige durfte nun einem bürgerlichen Beruf nachgehen. Die Bauern aber konnten endlich hoffen, eigenen Grund und Boden zu erwerben und zu bearbeiten. Wieviel eher waren sie deshalb auch bereit, dieses Eigentum, wenn nötig, mit der Waffe zu verteidigen!

Städteordnung. Ein Jahr später erhielten die Städte durch das E d i k t v o m 1 9. N o v e m b e r 1 8 0 8 die Selbstverwaltung. Rat und Zünfte besaßen von nun an keine Vorrechte mehr. Auch die Rechte des Königs, der bisher den Bürgermeister und die Gemeindebeamten ernannt hatte, wurden eingeschränkt. Von jetzt an wählten die Bürger Stadtverordnete. Diese vertraten die Bürgerschaft in allen Gemeindeangelegenheiten. Sie wählten auch den Magistrat und schlugen dem Landesherrn drei Kandidaten vor, von denen er einen zum Bürgermeister bestimmte. Es war Sache der Stadt, ihre Finanzen in Ordnung zu halten, das Schulwesen auszubauen, die Armen zu versorgen, die Polizei einzusetzen.

Für Stein leiteten diese Edikte nur die ersten Maßnahmen in der Reform des Staates ein. Ihm schwebte vor, auch den Landgemeinden Selbstverwaltung zu geben. Genauso wollte er in den Kreisen, Provinzen und zuletzt im ganzen preußischen Staat die Bürger zur Mitarbeit an der Verwaltung und Gesetzgebung heranziehen.

Regierungsreform. Diese kühnen Gedanken durchzuführen, fand Stein nicht Gelegenheit und Zeit. Er konnte noch eine neue Provinzeinteilung ausarbeiten und vom König die Unterschrift für die U m b i l d u n g d e r o b e r s t e n R e g i e r u n g s - b e h ö r d e n erhalten. Das Generaldirektorium (vgl. S. 56) wurde aufgehoben. Künftig gab es nur fünf Fachminister. Ihre Aufgabenbereiche (Ressorts) waren: Innere Verwaltung, Finanzen, Außenpolitik. Krieg und Justiz.

Steins Ächtung. Nach dieser Reform der höchsten Staatsbehörden mußte Stein gehen. Diesmal floh er sogar außer Landes, über Österreich nach Rußland. Dem Kaiser Napoleon war nämlich ein Brief in die Hände gefallen, worin Stein sich voll Hoffnung über die nationalen Erhebungen in Spanien, Österreich und Norddeutschland ausgesprochen hatte. Der König mußte ihn entlassen. Napoleon sprach die Acht über ihn aus.

Nur knapp anderthalb Jahre hatte Stein Zeit gehabt, sein großes Reformwerk einzuleiten. Nach dem Sieg über Napoleon glaubte der preußische König, auf die Mitarbeit dieses Mannes verzichten zu können. Ohne Groll, in gleicher Pflichterfüllung, wie er dem Staate gedient hatte, bewirtschaftete dieser ein Leben lang „freie Herr" den Familienbesitz bis zu seinem Tode.

Fortsetzung der Reform durch Hardenberg. Es gab im grundbesitzenden Adel und in der alten preußischen Bürokratie genug Leute, welche die Ächtung Steins durch Napoleon, die Einziehung seiner Güter und den Haftbefehl für den Flüchtigen durchaus nicht bedauerten. Sie hofften auf ein Ende der Reformen. Doch der Nachfolger Steins, der S t a a t s k a n z l e r H a r d e n b e r g , setzte trotz aller Widerstände noch neue Reformgesetze durch: eine Verbrauchssteuer für alle Bürger, Befreiung von Zunftzwang, Gleichberechtigung der Juden. Er hob gegen großen Widerstand die Steuerfreiheit des Adels auf und tat damit einen weiteren Schritt auf dem Weg zur Gleichheit der Bürger. Die kleineren Bauern freilich, die sich nur durch Abgabe von Bauernland von der Verpflichtung zu Hand- und Spanndiensten loskaufen konnten, sanken zum ländlichen Proletariat herab (vgl. 230).

Links: Gerhard Johann David von Scharnhorst. Zeitgenössisches Gemälde. – Rechts: August Neidhardt von Gneisenau. Zeitgenössische Darstellung.

Die Heeresreform. Die aus aller Herren Länder geworbenen oder zum Dienst gepreßten Soldaten des preußischen Königs waren in ihrem Kampfgeist den französischen Volksheeren unterlegen. Oberstleutnant S c h a r n h o r s t aus Hannover, der 1801 in preußische Dienste trat, hatte klare Pläne, wie die Armee zu reorganisieren sei.

Er sprach sich für eine a l l g e m e i n e W e h r p f l i c h t aus. Wenn alle Staatsbürger dem Vaterland als Soldaten dienten, mußten allerdings die bisher üblichen entehrenden Behandlungsmethoden und Strafen wegfallen. Ein tüchtiges soldatisches Führerkorps war nur zu gewinnen, wenn allein die Leistung der Maßstab für die Besetzung der höchsten militärischen Ränge war. Scharnhorst schrieb:

„Indem man bisher einem einzigen Stande, dem Adel, diese Vorrechte gab, gingen alle Talente und Kenntnisse des übrigen Teils der Nation für die Armee verloren, und dieser Stand sah sich gar nicht in die Notwendigkeit versetzt, sich die militärischen Talente zu erwerben, da seine Geburt und eine lange Lebensdauer ihn zu den höchsten militärischen Posten hinaufbringen mußten." – „Einen Anspruch auf Offiziersstellen können in Friedenszeiten nur Kenntnisse und Bildung gewähren, im Krieg ausgezeichnete Tapferkeit, Tätigkeit und Überblick."

Scharnhorst fand auch einsichtige Offiziere, die ihn bei seinen Reformen unterstützten, wie z. B. den aus Sachsen stammenden späteren Generalstabsoffizier G n e i s e n a u. Aber der größte Teil der adligen Offiziere stand gegen ihn.

Gegen ihren Widerstand und unter den Augen der französischen Besatzungsmacht hat Scharnhorst, seit 1807 Chef der Militärreorganisations-Kommission, doch einige Reformen durchführen können. Entehrende Strafen, z. B. das Spießrutenlaufen, wurden abgeschafft. Die Offizierslaufbahn, die bisher nur den Adligen offenstand, sollten jetzt auch tüchtige Soldaten aus dem Bürgerstand einschlagen können. Eine gesetzliche Aushebung der Wehrpflichtigen ersetzte die üblen Methoden der Zwangswerbungen (Einführung der allgemeinen Wehrpflicht erst 1813, vgl. S. 169).

Der Aufbau und die Vergrößerung des Heeres waren am schwersten durchzuführen, denn Napoleon hatte die preußische Heeresstärke auf 42 000 Mann begrenzt. Um nicht gegen diese Anordnung zu verstoßen und doch möglichst viele junge Bürger im Wehrdienst auszubilden, berief man in raschem Wechsel Wehrfähige zur K u r z - a u s b i l d u n g ein (Krümpersystem). Das aktive Heer überschritt also nie die festgesetzte Stärke, konnte aber im Kriegsfalle sofort um ein Vielfaches vergrößert werden.

In den Befreiungskriegen 1813 hat sich dieses System bewährt. Das stehende Heer (die sogenannte „Linie") wurde mit ausgebildeten Reservisten aufgefüllt. Überdies ergänzte man diese Linientruppe durch die „ L a n d w e h r ". In ihr leisteten die ungedienten älteren Jahrgänge Kriegsdienst. Der Kampfwert dieser bürgerlichen Miliz war naturgemäß nicht sehr groß, aber in ihrer Einsatzbereitschaft und Tapferkeit stand sie dem aktiven Heer nicht nach.

Scharnhorsts Versuche, menschlichen und staatsbürgerlichen Geist in der Armee wirksam zu machen, hatte nur teilweise und vorübergehend Erfolg. Scharnhorst hat selbst gewußt, wie sehr die soldatische Gemeinschaft, von der Sache her auf Befehl und Gehorsam aufgebaut, bürgerlich-demokratischer Ordnung widerstrebt. 1809 schrieb er seinem Sohn Wilhelm in die Kaserne:

„Im Militär muß man sich gefallen lassen, Ungerechtigkeiten aller Art zu ertragen, und selbst in den Punkten, wo die Gesetze das Gegenteil buchstäblich bestimmen; es ist nicht möglich, daß man im Militär Menschen von solcher Moralität und Einsicht in allen Graden hat, daß sie die Gesetze dem Geiste nach zu vollziehen imstande sind."

3. Napoleons Zug nach Rußland

Der Bruch mit Rußland. Mit viel Geld und möglichst wenig eigenen Truppen hatte England den nationalen Widerstand des Festlandes dauernd geschürt. Die Insel, die nach Vernichtung der französischen Flotte unangreifbar war, konnte nur besiegt werden, wenn die Kontinentalsperre zum wirtschaftlichen Ruin Englands führte. Streng ging Napoleon gegen alle Blockadebrecher vor, obwohl er selbst im Interesse der französischen Wirtschaft auf Umwegen mit England Tauschhandel trieb. Schließlich war auch der russische Bundesgenosse nicht mehr gewillt, weiterhin die wirtschaftlichen Nachteile der Sperre zu tragen. Rußland weigerte sich offen, seine Häfen für neutrale Schiffe zu schließen und benachteiligte die Franzosen bei der Einführung eines Zolltarifs. Napoleon entschloß sich, Rußland niederzuwerfen. Er spielte sogar mit dem Gedanken, von dort aus nach Indien vorzustoßen, um damit England einen tödlichen Schlag zu versetzen.

Der Feldzug gegen Rußland. Mit mehr als 700 000 Soldaten aus allen europäischen Ländern, davon 180 000 Deutsche, marschierte Napoleon im Sommer 1812 nach Rußland. Von den Österreichern rechts, von den Preußen links flankiert, führte Napoleon das Hauptheer der „Großen Armee" über Warschau den Russen entgegen. Nach langem Marsch durch das von den zurückweichenden Russen verwüstete Land schlug er sie bei Smolensk und vor den Toren M o s k a u s . Der Imperator zog in die Hauptstadt ein, welche die Russen geräumt hatten. Aber schon in der ersten Nacht ging die aus Holz gebaute Stadt in Flammen auf. Auch hier hatten die Russen das Feuer selbst gelegt. Damit fehlten den französischen Truppen die Quartiere.

| 1812 |

Der Brand von Moskau 1812. Zeitgenössischer russischer Holzschnitt.

Die Nachschubstraßen waren lang und durch Partisanen[1] bedroht. Der Winter nahte. Napoleon bot dem Zaren den Frieden an. Die Antwort blieb aus. Nach vier Wochen, als schon die Straßen durch die Herbstregen verschlammt waren und der erste Schnee fiel, trat der Kaiser mit seinem Heer den Rückzug an. In der Winterkälte – das Thermometer zeigte im Dezember 37 Grad unter Null – erfroren viele Soldaten, zumal der Hunger alle geschwächt hatte. Die erschöpften Truppen wurden überdies dauernd von Kosakenschwärmen angegriffen. Beim Übergang über die B e r e s i n a brachen die Brücken, und viele fanden den Tod in den Fluten. Aber auch die geretteten Armeekorps lösten sich bald auf. Kleine versprengte Gruppen, in Lumpen gehüllt, suchten sich bei grimmiger Kälte nach Westen durchzuschlagen.

Napoleon hatte aus Paris die Nachricht von einem Anschlag gegen seine Regierung erhalten und fuhr im Schlitten eilig in die Heimat zurück. Ganz Europa hielt den Untergang der „Großen Armee" für ein Gottesgericht über den vermessenen Kaiser. Er aber gab sich noch nicht geschlagen. Der preußische und der österreichische Flügel hatten geringere Verluste gehabt. Mit aller Energie betrieb Napoleon neue Aushebungen. Der Heeresbericht vom 3. Dezember 1812, worin Einzelheiten vom „entsetzlichen Unglück der französischen Armee" veröffentlicht wurden, schließt mit dem Satz: „Die Gesundheit Sr. Majestät war nie besser."

[1] Kämpfer hinter den Linien, die nicht zu den regulären Truppen gehören, völkerrechtlich deshalb auch nicht als Soldaten anerkannt sind.

Rechte Seite: Ch. W. von Faber du Faur, der als Offizier der württembergischen Hilfstruppen an Napoleons Rußlandfeldzug teilnahm, hat seine Erlebnisse in zahlreichen Zeichnungen und farbigen Skizzen wiedergegeben. Oben: Eine Gruppe von Soldaten der „Großen Armee" auf dem Rückzug durch die verschneiten Ebenen Rußlands. – Unten: Biwak in dem seit Wochen zerstörten Smolensk am 13. November 1812. Die Soldaten tragen Holz zusammen, um sich am Feuer aufzuwärmen.

Die Tat des Generals York. Im Hauptquartier des Zaren weilte als ständiger Berater F r e i h e r r v o m S t e i n. Er machte seinen ganzen Einfluß geltend, um den russischen Kaiser von einem Ausgleich mit Napoleon abzuhalten. Der Kommandeur des preußischen Hilfskorps der „Großen Armee", G e n e r a l Y o r k, fand den Mut zu selbständigem Handeln, wie es im preußischen Heer bis dahin unerhört war. Er schloß mit dem Kommandeur der gegenüberstehenden russischen Truppen ein Neutralitätsabkommen. York wußte, wie sehr er mit dieser K o n v e n t i o n v o n T a u r o g g e n aller militärischen Tradition zuwiderhandelte. Er schrieb darüber an seinen König:

„Eure Königliche Majestät kennen mich als einen ruhigen, kalten, sich in die Politik nicht mischenden Mann. Solange alles im gewöhnlichen Gange ging, mußte jeder treue Diener den Zeitumständen folgen, das war seine Pflicht. Die Zeitumstände aber haben ein ganz anderes Verhältnis herbeigeführt, und es ist ebenfalls Pflicht, diese nie wieder zurückkehrenden Verhältnisse zu benutzen . . .

Ich erwarte nun sehnsuchtsvoll den Ausspruch Eurer Majestät, ob ich gegen den wirklichen Feind vorrücke oder ob die politischen Verhältnisse erheischen, daß Eure Majestät mich verurteilen. Beides werde ich mit treuer Hingabe erwarten, und ich schwöre Eurer Königlichen Majestät, daß ich auf dem Sandhaufen ebenso ruhig wie auf dem Schlachtfelde, auf dem ich grau geworden bin, die Kugel erwarten werde."

4. Die Befreiungskriege

Volkserhebung in Preußen. Noch konnte und wollte der König vom französisch besetzten Berlin aus seinen General nicht unterstützen. Als aber Stein im Auftrage des Zaren nach Königsberg kam, dort die ostpreußischen Stände berief und die kampf-

*Links: Der Übergang über die Beresina (vgl. S. 166).
Lithographie von Albrecht Adam. Zwei Armeekorps sowie
Napoleon selbst und seine Garde konnten sich über die
beiden von Pionieren geschlagenen Brücken retten. 15000
Menschen, darunter auch französische Flüchtlinge aus
Moskau samt ihren Familien, blieben auf dem jenseitigen
Ufer zurück und gerieten in russische Gefangenschaft.*

*Rechts: Friedrich Wilhelms III. Aufruf „An mein Volk" in
der „Schlesischen privilegierten Zeitung"*

fähigen Männer sich begeistert zur Landwehr meldeten, da wurde auch der König
von der allgemeinen Volksbewegung mitgerissen.

Er begab sich jetzt nach Breslau, das außerhalb des französischen Besatzungsgebietes
lag, und erließ den Aufruf zur Bildung freiwilliger Jägerkorps. Ein Edikt verkündete
die allgemeine Wehrpflicht und hob ausdrücklich alle Befreiungen davon auf. Mit seinem Aufruf „An mein Volk" löste der preußische König Begeisterung aus, und sofort strömten aus allen Provinzen die Männer zu den Waffen.
Eine Begeisterung und Opferwilligkeit ohne Beispiel beseelte das ganze Volk. Der Bauer
stand neben dem Studenten in den Freikorps, der Linie oder der Landwehr. Reiche
Kaufleute halfen den Schülern und Studenten, ihre Ausrüstungen zusammenzubringen;
denn dem Staat fehlten Zeit und Geld, um so schnell ein Heer auszurüsten. Dichter
besangen den „heiligen" Volkskrieg. Theodor Körner hat vor allem das
berühmte Korps des Majors von Lützow verherrlicht und ist selbst als Lützowscher
Jäger gefallen. Eine nationale Hochstimmung herrschte im Volk. Alle Patrioten hofften, daß aus diesem Krieg ein einiges und freies Deutschland hervorgehen werde.

Sieg der Verbündeten. Ende Februar 1813 war ein preußisch-russisches Bündnis
geschlossen worden. Napoleon eilte mit eigenen Soldaten und Rheinbundtruppen nach
Sachsen. Er schlug in zwei Schlachten die gemeinsam kämpfenden Preußen und
Russen. Der Kaiser unterschätzte seinen Sieg und schloß mit den Gegnern einen
Waffenstillstand, um für eine Truppenverstärkung Zeit zu gewinnen.

Noch war es den Verbündeten nicht gelungen, Österreich auf ihre Seite zu
ziehen. Unter der Führung Metternichs bewahrte es zunächst eine abwartende
Haltung. Der kluge Staatsmann wollte sehen, welche Partei Habsburg mehr zu bieten
habe, und hielt überdies eine künftige Vormachtstellung Rußlands für mindestens
ebenso gefährlich wie die französische. In den Verhandlungen ging aber Napoleon

169

Kampf vor dem Grimmaischen Tor während der Völkerschlacht bei Leipzig am 19. Oktober 1813. Zeitgenössischer Stich.

auf das österreichische Angebot der Rheingrenze nicht ein. So trat Österreich der Koalition gegen den Kaiser bei, die auch durch England und Schweden unterstützt wurde und der sich nach einigem Zögern auch Bayern anschloß.

1813 In der Völkerschlacht bei Leipzig im Oktober 1813 konnten die Verbündeten das napoleonische Heer nach hartnäckigen Kämpfen besiegen. Doch war es nicht gelungen, den Kaiser mit seinen Truppen vollständig einzuschließen. Er entging der Umklammerung. Die Rheinbundstaaten wechselten jetzt nach Zusicherung ihres Besitzstandes ins Lager der Verbündeten über. Auf seinem Rückzug stieß Napoleon bei Hanau auf den Widerstand der Bayern, die ihm den Weg nach Westen versperren wollten. Der Kaiser schlug sie und setzte mit seinem Heer über den Rhein.

5. Napoleons Untergang

Verhandlungen, Feldzug in Frankreich und Frieden. Staatskanzler Metternich hatte an einer vollständigen Niederlage Frankreichs kein Interesse. Sie hätte nur ein Anwachsen der russischen und preußischen Macht gebracht. Wieder leitete er Verhandlungen mit Napoleon ein und schlug ihm vor, Frankreich solle sich mit seinen „natürlichen" Grenzen – Pyrenäen, Alpen und Rhein – zufrieden geben. Der französische Kaiser zögerte, lehnte dann aber ab. Da setzten sich die deutschen Patrioten und die Engländer durch, welche den Einmarsch in Frankreich und die Absetzung Napoleons verlangten.

Im Frühjahr 1814 zogen die Verbündeten nach wechselvollen Kämpfen in Paris ein. Der französische Senat beschloß die Absetzung Napoleons. Dieser entsagte der Krone

Parade russischer Truppen vor dem österreichischen Kaiser und dem russischen Zaren in Mannheim am 27. Juni 1815. Stich von Karg.

und erhielt die Insel E l b a als Fürstentum zugewiesen. Den französischen Thron bestieg L u d w i g X V I I I., der Bruder des 1793 hingerichteten Königs. Mit ihm schlossen die verbündeten Mächte Frieden. Dieser e r s t e P a r i s e r F r i e d e war sehr milde; denn die Sieger machten einen klaren Unterschied zwischen Napoleon und der französischen Nation. Frankreich behielt die Grenzen von 1792 und überdies die Stadt Saarbrücken.

Rückkehr Napoleons und zweiter Pariser Frieden. Von Elba aus beobachtete Napoleon genau die Entwicklung der europäischen Verhältnisse. Die Sieger konnten sich über die Beute nicht einig werden (vgl. S. 178). In Frankreich selbst wuchs die Unzufriedenheit mit der Regierung des Königs, der die zurückgekehrten Emigranten unterstützte. König, Adel und Klerus nahmen Rache an ihren ehemaligen Gegnern und wollten das „Ancien régime" wiederherstellen. Da landete Napoleon im Frühjahr 1815 auf französischem Boden. Die königlichen Truppen, die ihn bekämpfen sollten, gingen zu ihm über. Paris und ganz Frankreich jubelten dem Kaiser zu.

Von den verbündeten Mächten drängten Preußen und England sofort auf militärische Abwehr. In den österreichischen Niederlanden bei L i g n y gewann Napoleon seine letzte Schlacht. Wenige Tage später traf er auf die vereinigten Heere der Engländer und Preußen bei W a t e r l o o. In dieser Schlacht haben der Engländer W e l l i n g t o n und Feldmarschall B l ü c h e r mit seinem Generalstabschef G n e i s e n a u durch eine gemeinsame Operation Napoleons letztes Heer restlos aufgerieben. Die „Herrschaft der 100 Tage" war zu Ende. Zum zweiten Mal unterzeichnete Napoleon eine Abdankungsurkunde. Er bat England um ein Asyl, aber man

Napoleon auf der Fahrt in die Verbannung. Gemälde von William Orchardson Quiller.

verbannte ihn auf die Insel S t. H e l e n a im Atlantischen Ozean. Dort starb er verbittert 1821.

Abermals schloß man mit Frankreich zu Paris Frieden. Jetzt mußte es das Saargebiet an Preußen, Landau an Bayern abtreten und eine Kriegsentschädigung von 700 Millionen Francs zahlen. Ludwig XVIII. war mit den verbündeten Heeren nach Paris zurückgekehrt. Frankreich empfand darüber keine Freude.

Zusammenfassung:

In mehr als zwanzigjähriger Kriegszeit verteidigten die europäischen Monarchien die alte Ordnung gegen die neuen Ideen der französischen Revolution. Sie wehrten sich, allen voran England, gegen den Herrschaftsanspruch Napoleons. Der Eroberer verbreitete jedoch die demokratischen Gedanken der Französischen Revolution über den Kontinent. In den von Napoleon beherrschten Völkern wirkten sie weiter. Der Widerstand gegen den Imperator stärkte bei diesen Völkern das nationale Bewußtsein.

In Preußen bemühten sich die Staatsmänner Freiherr vom Stein und Graf Hardenberg sowie die Generäle Scharnhorst und Gneisenau, aus den Untertanen mündige Staatsbürger zu machen.

Der russische Feldzug Napoleons scheiterte. Nach den Befreiungskriegen mußte der Kaiser abdanken. Die bourbonische Monarchie wurde wiederhergestellt.

Einsichten und Begriffe

Der Staat. Zu allen Zeiten suchten die Menschen ihr Zusammenleben zu ordnen und gegen Angriffe zu sichern. Für diese Ordnung hat sich seit Beginn der Neuzeit das Wort „Staat" eingebürgert. Es kommt aus der italienischen Sprache. „Stato" bedeutet Zustand oder Ordnung und bezeichnet in Italien seit dem 15. Jahrhundert das politische Gemeinwesen.

Die Ordnung eines Staates gilt in einem bestimmten Gebiet (S t a a t s g e b i e t). Alle Menschen, die zu einem Staat gehören, sind seine Staatsbürger, gleichviel, ob sie nach Volkszugehörigkeit, Sprache, Religion und Sitte sich voneinander unterscheiden oder einander ähnlich sind (S t a a t s v o l k). Der Staat wahrt seine Hoheit sowohl nach innen gegenüber den Staatsbürgern (S t a a t s g e w a l t) als auch nach außen (S o u v e r ä n i t ä t). Zweck und Aufgabe des Staates sollte die Sorge um das G e m e i n w o h l sein.

In einem engeren Sinne versteht man unter Staat die Personen oder Gruppen, die Gesetze geben oder ausführen, Feinde abwehren sowie Rechtsbrecher bestrafen, also Gesetzgebung (Legislative), Regierung und Verwaltung (Exekutive), Gerichtswesen (Jurisdiktion), Polizei und bewaffnete Macht. Hier spricht man besser von S t a a t s o r g a n e n.

Nach der Organisation der Staatsgewalt unterscheidet man verschiedene S t a a t s f o r m e n. Die griechische Staatslehre kannte drei Grundformen: Monarchie (Ein-Mann-Herrschaft), Aristokratie (Herrschaft der Besten) und Demokratie (Volksherrschaft).

Die Monarchie. Die Herrschaft des Monarchen ist im Altertum und im Mittelalter religiös begründet. Nach damaliger Anschauung beruft die göttliche Macht den einzelnen König, meist sogar ein ganzes königliches Geschlecht (Geblütsrecht) zum Herrscheramt. Könige besitzen ihr Amt von Gottes Gnaden, darin liegt ihre Würde; diese wird in den kultischen Weiheakten bei der Thronbesteigung, in den königlichen Gewändern und den Zeremonien am Hofe deutlich sichtbar.

Der Monarch wird entweder durch Erbfolge (E r b m o n a r c h i e) oder durch Wahl innerhalb des fürstlichen Geschlechts oder durch freie Wahl (W a h l m o n a r c h i e) bestellt. Die tatsächliche Gewalt des Monarchen ist entweder unumschränkt (absolut) oder in verschiedenem Maße eingeschränkt (konstitutionelle oder parlamentarische Monarchie).

Die absolute Monarchie. Absolut ist die Monarchie, in der alle Staatsgewalt ungeteilt dem Monarchen zusteht und von ihm ausgeht. Der absolute Monarch ist oberster Gesetzgeber, Gerichtsherr und Kriegsherr; er lenkt persönlich Regierung und Verwaltung.

Kennzeichen des absoluten Monarchie sind außerdem die planmäßige Zusammenfassung aller Kräfte des Staates, das Streben nach politischer und militärischer Einheit, die Zentralisierung der Verwaltung und die Aufrichtung einer festen gesellschaftlichen Ordnung.

Die absolute Monarchie unterscheidet sich von der Willkürherrschaft eines Tyrannen vor allem durch die Bindung des Herrschers an eine ihn im Gewissen verpflichtende religiöse oder sittliche Ordnung.

Der Absolutismus wurde zunächst aus göttlichem Recht abgeleitet (G o t t e s g n a d e n t u m). Beim a u f g e k l ä r t e n A b s o l u t i s m u s stand der Gedanke im Vordergrund, daß das Wohl der Untertanen am sichersten erreicht werde, wenn ein einziger Lenker die Staatsmaschine in Gang halte. Der absolute Monarch erschien hier weniger als Herr denn als Diener des Staates.

Die konstitutionelle Monarchie. Ihr Monarch ist nicht nur durch Religion, Tradition und Gewissen gebunden, sondern auch durch eine V e r f a s s u n g (lat. constitutio) in seinen Rechten beschränkt. Vertretende Körperschaften (Kammern, Abgeordnetenhäuser, Parlamente) wirken mit bei der Gesetzgebung und bei der Aufstellung des Staatshaushaltes (Budget). Die Regierung freilich wird vom König berufen und entlassen. Die Minister sind ihm allein verantwortlich. Die Machtmittel des Staates (Streitkräfte, Polizei, Verwaltung) hält der Monarch fest in der Hand.

Die Parlamentarische Monarchie. Sie ist verhältnismäßig früh in England entstanden. In ihr liegt die gesetzgebende Gewalt allein bei der V o l k s v e r t r e t u n g. Der Monarch bestätigt lediglich die vom Parlament gewählte Regierung. Diese ist nicht auf sein Vertrauen angewiesen, sondern vom Parlament abhängig. Dem König kommt in der parlamentarischen Monarchie etwa die Stellung eines Staatspräsidenten zu. Die ererbte Würde des Königtums bringt freilich die Hoheit des Staates in besonderer Weise zum Ausdruck.

173

FÜNFTES KAPITEL

Zwischen Restauration und Revolution

I. Die Epoche Metternichs

1. Die Abwendung von der Revolution

Hoffnung und Enttäuschung. „Die Sonne der Freiheit geht auf!" So hatten Dichter, Philosophen und Politiker das große Ereignis der französischen Revolution anfangs begrüßt. Schiller und Klopstock fühlten sich hoch geehrt, als das revolutionäre Frankreich sie zu seinen „Ehrenbürgern" machte. Goethe schilderte in „Hermann und Dorothea" die Begeisterung, die anfangs durch Europa ging:

„Schauten nicht alle Völker in jenen drängenden Tagen nach der Hauptstadt der Welt, die es schon so lange gewesen und jetzt mehr denn je den herrlichen Namen verdiente?"

Aber die Greuel der Revolution seit dem Jahre 1792 enttäuschten viele. Im Namen der Freiheit, Gleichheit und Brüderlichkeit war Blut vergossen worden. Im gleichen Namen hatte sich Napoleon in seinen Aufrufen an die europäischen Völker gewandt, und doch hatte er Krieg, Entbehrung und Unfreiheit gebracht. So war die Stimmung in Europa am Ende der napoleonischen Herrschaft zwiespältig. Die einen sagten allen Neuerungen und allem Fortschritt ab. Andere wußten wohl zu unterscheiden. Auch sie verabscheuten nackte Gewalt und Eroberung. Aber für sie war in der Revolutionsepoche ein Licht aufgeleuchtet, das sie nicht mehr verlöschen lassen wollten, das Licht der staatsbürgerlichen Freiheit. Das galt vor allem für die deutsche Jugend, die in den Befreiungskriegen gekämpft hatte.

Hemmende Kräfte. Doch gleich nach 1815 kamen in allen Ländern wieder jene Politiker zum Zuge, die am liebsten das Rad der Geschichte zurückdrehen wollten. Der in Besitz und Macht zurückgekehrte europäische Adel hatte den festen Willen, jede Revolution seiner Untertanen von vornherein unmöglich zu machen. Deshalb sträubte er sich gegen p a r l a m e n t a r i s c h e   V e r f a s s u n g e n . Voller Mißtrauen betrachtete er vor allem jene Völker, die ihre n a t i o n a l e   E i n h e i t forderten. Ihre Forderungen konnten leicht revolutionäre Unruhen hervorrufen. Von den Deutschen, den Italienern, den Polen, den Finnen und von den Völkerschaften auf dem Balkan schien für die verantwortlichen Staatsmänner deshalb die größte Gefahr auszugehen.

2. Der Wiener Kongreß

1814 bis 1815

Der Kongreß tanzt. Im Herbst 1814 kamen die europäischen Staatsmänner in Wien zusammen, um die künftige Ordnung Europas zu beraten. Alles, was Rang und Namen besaß, war bei diesem Fürstenkongreß zugegen. Für die dort versammelten europäischen Adligen waren Volksaufstände, Vertreibung und Flucht wie böse Träume vergangen. Sie suchten das alles zu vergessen. Die alten Zeiten sollten wiederkehren. In prunkvollen Festen, Bällen, Jagden, Landpartien feierte man den Sieg über die Revo-

Der Wiener Kongreß. Gemälde von Jean Baptiste Isabey, einem Schüler J. L. Davids. Außen links: Wellington, der Sieger von Waterloo. Neben ihm (sitzend) der preußische Staatskanzler Hardenberg, Steins Nachfolger. Daneben (stehend) Fürst Metternich. An der linken Tischseite der englische Minister Castlereagh, an der rechten Tischseite Talleyrand, der Vertreter Frankreichs.

lution und den Emporkömmling Napoleon. Treffend sagte einer der Teilnehmer: „Der Kongreß tanzt, aber er geht nicht vorwärts."

Die politischen Ziele. Die meisten Fürsten und ihre Diplomaten waren sich über die grundsätzlichen Ziele des Kongresses einig. Sie sahen es als ihre Aufgabe an, alle umstürzlerischen Bewegungen zu unterdrücken, die Völker auf dem Kontinent wieder gehorsam unter die Führung ihrer Landesväter von Gottes Gnaden zu bringen und die „gute alte Zeit" wiederherzustellen (Restauration).

Die adligen Herren Europas sagten damit einer gemeineuropäischen politischen Strömung den Kampf an, die mit ihren geistigen Wurzeln bis in die Aufklärung (vgl. S. 82) zurückreichte: dem L i b e r a l i s m u s. Die europäischen Liberalen waren bei allen Unterschieden sich darin einig, daß die persönlichen und politischen Rechte der Staatsbürger in Verfassungen festzulegen und zu sichern seien. Denn aus bitteren Erfahrungen heraus mißtrauten sie dem Staat. Eine Bewegung, die so wenig staats- und autoritätsgläubig war, mußte natürlich die Herrschaft der Fürsten gefährden.

Im politischen Programm der Staatsmänner kam eine richtige Erkenntnis aus der Revolutionszeit zum Ausdruck: Freiheitsstreben kann bei den Volksmassen leicht in schrankenlose Willkür umschlagen. Aber es war ein zu bequemes Rezept, unter Berufung auf diese Gefahr jeden liberalen Fortschritt in den Staatsverfassungen verhindern zu wollen.

Klemens Fürst von Metternich. Gemälde von Th. Lawrence.

Den Frieden in Europa sollte ein **G l e i c h g e w i c h t d e r K r ä f t e** verbürgen. Aber wie konnte man es zwischen den fünf Großmächten England, Frankreich, Österreich, Preußen und Rußland herstellen? Jede sah sich durch einen Machtzuwachs der anderen benachteiligt oder gefährdet. Die verbündeten Sieger rangen heftig miteinander um Landbesitz und Staatsgrenzen.

Fürst Metternich. Bei diesen zähen Verhandlungen hing viel vom Geschick der Diplomaten ab. Der führende Kopf unter ihnen war zweifellos der österreichische Staatskanzler **F ü r s t   M e t t e r n i c h.**

Klemens Graf von Metternich war 1773 in Koblenz geboren. Er hatte als Junge in nächster Nachbarschaft die Französische Revolution erlebt. Das „Jakobinertum" der hemmungslosen Massen war seinem aristokratischen Wesen zuwider. Er mochte die Neuerer und Umstürzler im politischen Leben ebensowenig leiden wie im gesellschaftlichen und im künstlerischen. Die Naturschwärmerei der romantischen Maler und Dichter, ihre innere Unruhe und nie gestillte Sehnsucht konnte er nicht nachempfinden. Auch für die Volks- und Freiheitshelden des jungen Goethe oder Schillers, den „Götz von Berlichingen" oder den „Tell", konnte er sich nicht begeistern. Er schätzte die kühle und strenge Vornehmheit der klassizistischen Kunst. Mit dem hochbetagten Geheimen Rat Goethe traf er mehrmals in Karlsbad zusammen. Sicher urteilte er über die Jugend seiner Zeit nicht anders als der greise Dichter: „Es gibt sehr vorzügliche junge Leute, aber die Hansnarren wollen alle von vorne anfangen und unabhängig, selbständig, original, eigenmächtig, uneingreifend (d. i. ohne Verbindung mit der Tradition), gerade vor sich hin, und wie man die Torheiten alle nennen mag, wirken und dem Unerreichbaren genug tun."

Metternichs Vater hatte in österreichischen Diensten gestanden. Mit ihm kam er nach Wien. Durch Heirat mit einer Enkelin des alten Kaunitz, der unter Maria Theresia und Joseph II. Staatskanzler gewesen war, wurde der junge Metternich Österreicher. Als habsburgischer Gesandter kam er 1806 an den Hof Napoleons. Dort eroberte er sich rasch die Herzen der hohen Gesellschaft, insbesondere der Damen. Denn der Graf (Fürst wurde er im Jahre 1813) war ein geistreicher Plauderer, ein Freund und Kenner der französischen Aufklärer, liebenswürdig, gesellig, aber auch kühl berechnend im politischen Geschäft. Als Politiker war er eher geneigt, eine Sache in geduldigen Verhandlungen zu Ende zu bringen, als kriegerisch zu lösen. Lange hatte er versucht, mit Napoleon eine Begrenzung seiner Macht auszuhandeln. Nur zögernd führte er 1813 Österreich ins Lager seiner Gegner (vgl. S. 169).

Auf dem Kongreß unterstützte er den alten englischen Grundsatz, in Europa ein Gleichgewicht der Mächte herzustellen. Nicht um jeden Preis, aber so weit es möglich und vernünftig war, sollte die europäische Aristokratie ihre alten Rechte wieder erhalten. Den Forderungen nach einem deutschen Nationalstaat verschloß sich Metternich beharrlich. Vergeblich machte der Freiherr vom Stein, der im Dienste des Zaren die deutschen Angelegenheiten auf dem Kongreß vertrat, auf die liberalen und nationalen Belange aufmerksam. Metternich wandte sich als Mensch wie als österreichischer Staatsmann gegen solche Wünsche. Was würde, wollte man sie erfüllen, aus dem Habsburger Vielvölkerstaat? Und aus Europa? Wie sollten sich österreichische Erzherzöge in Florenz und Parma, die Bourbonen in Neapel, die Zaren in Finnland, der dänische König in Holstein, der englische in Hannover behaupten können, wenn diese nationale Bewegung siegen würde? Hier konnte Metternich auf die Unterstützung aller europäischen Fürsten zählen.

Die Staaten in Mitteleuropa nach dem Wiener Kongreß

Links: Fürst Talleyrand. Gemälde von Pierre Prud'hon.

Rechts: Das Palais Thurn und Taxis in Frankfurt am Main, der Sitz des Deutschen Bundes (vgl. S. 180). Zeitgenössische Darstellung.

Graf Talleyrand. Der Kongreß kam in der Frage der Gebietsverteilung nicht weiter. Die Verbündeten zerstritten sich. Das war die günstige Stunde für den Vertreter des besiegten Frankreich, für T a l l e y r a n d. Er war ein außerordentlich geschickter Diplomat und hatte nacheinander dem absoluten König, den Herren der Revolution und dem Kaiser Napoleon gedient. Jetzt vertrat er den zurückgekehrten Bourbonen. Jedesmal war er „rechtzeitig" zur neuen Staatsgewalt übergegangen. Den Fürsten Metternich hatte er schon in der Pariser Gesellschaft kennengelernt.

Talleyrand zog für Frankreich großen Nutzen aus dem Gegensatz, der zwischen Österreich–England einerseits und Rußland–Preußen andererseits bestand. Das Zarenreich und Preußen hatten nämlich miteinander verabredet, daß Rußland ganz Polen und Preußen ganz Sachsen erhalten sollte. Österreich widersprach heftig. Preußen, seinem Gegenspieler in Deutschland, wollte es einen derartigen Machtzuwachs nicht zubilligen. Noch energischer widersetzte es sich einer Ausdehnung Rußlands nach Westen. Der Konflikt führte beinahe zum Krieg zwischen den ehemaligen Verbündeten. Schließlich endete er doch in einem Kompromiß.

Die staatliche Neuordnung Europas. P r e u ß e n erhielt ungefähr zwei Drittel von Sachsen. Für die an Rußland fallenden Gebiete aus der dritten polnischen Teilung wurde Preußen S c h w e d i s c h - P o m m e r n zugesprochen. Außerdem erhielt es im Westen die Kurlande T r i e r und K ö l n sowie die Bistümer M ü n s t e r und O s n a b r ü c k. Daraus formte es die neuen Provinzen R h e i n l a n d und W e s t - f a l e n. Damit war Preußen zum unmittelbaren Nachbarn Frankreichs geworden und sollte nach dem Willen der Verbündeten vor allem dafür sorgen, daß dieses Land nicht wieder zum Unruheherd Europas werde.

Rußland gewann die Oberherrschaft über Polen, denn das neue Königreich wurde in Personalunion mit Rußland vereinigt. Es behielt auch das im Jahre 1809 eroberte Finnland und Bessarabien (1812).

England ließ sich bestätigen, was es schon in der napoleonischen Zeit gewonnen hatte: Malta, Ceylon, das Kapland und die Insel Helgoland. Den britischen Staatsmännern war außerdem sehr daran gelegen, die Grenzen des unruhigen Frankreich durch eine Reihe mittlerer Staaten zu bewachen. Darum betrieben sie die Bildung eines Königreiches der Vereinigten Niederlande aus den Gebieten Hollands und der österreichischen Niederlande. In dem neuen Königreich mußten protestantische Niederländer mit katholischen Flamen und Wallonen zusammenleben. Das führte zu starken Spannungen. Schon 1831 brach dieser Staat wieder auseinander (vgl. S. 190).

Frankreich erhielt, nicht zuletzt dank der geschickten Verhandlungen Talleyrands, einen günstigen Frieden (zweiter Frieden von Paris, vgl. S. 172). Der Abzug der Besatzungstruppen nach spätestens 5 Jahren wurde vertraglich zugesagt. Doch dem schwachen bourbonischen Königtum nützte die Milde der Sieger wenig. Nur mit Widerwillen hatte das französische Volk die Trikolore wieder durch das Lilienbanner der Bourbonen ersetzt.

Österreich gab seine Besitzungen in den Niederlanden und am Oberrhein auf. Damit wandte es sich vom Westen des Reiches ab, und sein Staatsgebiet verwuchs von jetzt an noch enger mit dem Donauraum. Der Habsburgerstaat gewann durch die neue territoriale Geschlossenheit an Kraft. Während Preußen die „Wacht am Rhein" übernahm, bewahrte und verteidigte Österreich seinen spannungsreichen Vielvölkerstaat zwischen dem türkischen und russischen Nachbarn bis zum Ende des

Ersten Weltkrieges. Es erhielt die italienischen Provinzen L o m b a r d e i und V e n e t i e n. Die nord- und mittelitalienischen Fürstentümer besetzte es mit den nachgeborenen Söhnen des Hauses Habsburg (Sekundogenituren). Allerdings war die österreichische Herrschaft für das italienische Volk schwer zu ertragen. Denn auch in ihm war, wie überall in Europa, der Wunsch nach nationaler Einheit erwacht.

Die S c h w e i z, aus der Frankreich in der Revolutionszeit eine unitarische Republik mit gleichberechtigten Kantonen gemacht hatte, wurde jetzt ein Staatenbund aus 22 Kantonen, dem die Großmächte Europas die Neutralität für „ewige Dauer" verbürgten.

3. Der Deutsche Bund

Die Verfassung. In den Freiheitskriegen war auch bei den Deutschen das Bewußtsein ihrer nationalen Zusammengehörigkeit gewachsen. Deshalb fürchteten die Fürsten der deutschen Länder für ihre Selbständigkeit. Österreich und Preußen wollten ihre Souveränität zugunsten einer Zentralgewalt ebensowenig einschränken wie die deutschen Mittelstaaten. In nüchterner Überlegung schlug deshalb Metternich einen locker gefügten Staatenbund vor. So beschloß der Kongreß die Schaffung des „ D e u t s c h e n B u n d e s ". Neben deutschen Fürsten gehörten ihm auch ausländische Herrscher an, soweit ihnen deutsches Land untertan war: der König von England als König von Hannover, der König von Dänemark als Herzog von Holstein und der König der Vereinigten Niederlande als Großherzog von Luxemburg.

Nach der Verfassung des Bundes waren die 35 Fürstenstaaten und vier freien Städte, welche ihm angehörten, durch mindestens einen Gesandten im B u n d e s t a g in Frankfurt am Main vertreten. In ihm führte Österreich den Vorsitz. Wichtige Gesetze galten nur dann als beschlossen, wenn die Vertreter aller Mitgliedstaaten zustimmten. Das geschah sehr selten.

Die Verfassung des Deutschen Bundes war als sogenannte „ D e u t s c h e B u n d e s a k t e " ein Teil des Wiener Vertragswerkes. Sie stand also unter dem Schutz, aber auch der Aufsicht der europäischen Großmächte. Immerhin gab es in ihr Bestimmungen, die gesamtdeutsche Einrichtungen auf den Gebieten des Rechts, der Verteidigung und Wirtschaft erlaubt hätten. Die Souveräne waren allerdings nicht daran interessiert. Selbst die ausdrückliche Bestimmung, daß die deutschen Einzelstaaten V e r f a s s u n g e n mit ständischer Vertretung des Volkes erhalten sollten, erfüllten nur einige Fürsten der Mittel- und Kleinstaaten. Sehr früh gab der Großherzog von S a c h s e n - W e i m a r, der Freund Goethes, seinem Lande eine Verfassung (1816). Die süddeutschen Herrscher von B a d e n, W ü r t t e m b e r g, B a y e r n und H e s s e n - D a r m s t a d t folgten bald diesem Beispiel. In Österreich und Preußen aber warteten die Bürger vergeblich auf das Recht, durch ein gewähltes Parlament an der Regierung und Verwaltung des ganzen Landes mitwirken zu können.

Biedermeier, Studenten und Staatsbehörden. Viele Deutsche, welche die Französische Revolution und die folgenden Kriegszeiten miterlebt hatten, waren von Herzen froh, daß der Erdteil und ihr Vaterland wieder zur Ruhe kamen. Ordnung war ihnen wichtiger als politische Mitbestimmung. Sie wollten weder von der großen noch von der kleinen Politik viel wissen. Man war des Kämpfens müde geworden. Es war auch so vieles innerhalb der Familie, der bäuerlichen Wirtschaft, des Handwerks, in Dorf und Stadt neu aufzubauen und zu ordnen. Diese näheren Aufgaben packte man überall herzhaft an und erreichte bald wieder einen bescheide-

Die Bürgerstunde. Holzschnitt von Ludwig Richter.

nen Wohlstand. Der Städter fühlte sich in seinem behaglich eingerichteten Heim, der Bauer auf seinem Hof am wohlsten. Wenn man an Festtagen in den Schützen- und Gesangvereinen gesellig zusammenkam, sprach man nicht von den großen politischen Ereignissen im Vaterland und in der Welt, sondern von Beruf und Arbeit, Heim und Mode, von den gesellschaftlichen Ereignissen am Hofe des Landesherrn. In gebildeten Kreisen unterhielt man sich viel über Baukunst, Malerei, Dichtung und Musik. Diese geruhsamen Bürger nannte man später etwas spöttisch „ B i e d e r m e i e r ". Wenn sie auch tüchtig und rührig ihre persönlichen Geschäfte führten, so brauchte man doch von ihnen keine Revolution im Staate zu befürchten.

Für gefährlich aber hielten die Landesherren die S t u d e n t e n . Sie hatten während der Befreiungskriege in glühender Begeisterung für die deutsche Einheit und Freiheit gekämpft und machten nun, an ihre Universitäten zurückgekehrt, kein Hehl daraus, wie sehr ihnen die selbständigen Einzelstaaten im Deutschen Bund und die Rückkehr zum alten fürstlichen Regiment mißfielen.

Sie schlossen sich über die Landsmannschaften hinaus zur „ D e u t s c h e n B u r s c h e n s c h a f t " zusammen (Bursche = Student). Der Turnvater Jahn, der die Jugend zu sportlichen Übungen aufrief, hatte bei ihrer Gründung mitgewirkt. Bald nach 1815 sah man an allen Hochschulen die Burschenschaftler mit ihrem Samtbarett auf langem Haar, ihrem schwarzen Rock und dem schwarz-rot-goldenen Band auf der Brust. Diese Farben hatten viele von ihnen als Lützower Jäger getragen; jetzt waren sie das Sinnbild für ihren Kampf um ein christlich-deutsches, geeintes und freies Vaterland.

Als sich die Burschenschaften im Oktober 1817 auf der W a r t b u r g bei Eisenach trafen, um die Erinnerung an die Reformation und die Völkerschlacht bei Leipzig zu feiern, wurden dort hitzige Reden gehalten. Im Feuer ihrer Freiheitsfackeln, die sie am Abend zur Burg hinauftrugen und dort in einen Scheiterhaufen warfen, wollten einige Studenten nach Abschluß der Feier symbolisch die alte Zeit selbst verbrennen. Im Ulanenschnürleib, im Korporalstock und im Zopf sahen sie die Sinnbilder der rückschrittlichen Gewalten, warfen sie in die Flammen und schleuderten noch etliche politische Schriften hinein.

Bücherverbrennung beim Wartburgfest 1817. Tuschzeichnung von Christian Gottlieb Geißler.

Da witterten Metternich und die deutschen Fürsten Revolutionsgefahr. Aus den süddeutschen Parlamenten kamen überdies immer wieder Berichte über kühne Reden liberal gesinnter Abgeordneter. In Württemberg war der Dichter Ludwig Uhland für die Freiheit und das Recht des Volkes eingetreten, und auf den Universitäten saßen zu Füßen gefährlicher Lehrer die noch gefährlicheren Studenten. Einer von ihnen, Karl Ludwig Sand, hatte sich 1819 dazu hinreißen lassen, den Lustspieldichter Kotzebue zu ermorden, der die Regierungen vor den revolutionären Studenten gewarnt hatte.

Jetzt griffen die Behörden der deutschen Staaten unter der Führung Metternichs ein. In den K a r l s b a d e r   B e s c h l ü s s e n von 1819 legten die deutschen Fürsten ihre Maßnahmen zur Unterdrückung der Freiheitsbewegung fest. Zuerst gingen sie gegen die Studenten vor. Die Burschenschaft wurde verboten, der Lehrbetrieb an den Landesuniversitäten streng überwacht, verdächtige Professoren wurden entlassen. Die Zeitungen und alle Schriften geringeren Umfangs mußten vor ihrer Veröffentlichung einem besonders dazu bestellten Beamten vorgelegt werden (Vorzensur).

Darüber hinaus begann man nun in allen Ländern nach „ D e m a g o g e n " (Volksaufrührern) zu suchen. In Preußen, dem Lande der Erhebung von 1813, fahndete

1819

Rechte Seite oben: Parade in Berlin 1829. Gemälde von Franz Krüger. Zar Nikolaus I. führt sein preußisches Kürassierregiment König Friedrich Wilhelm III. vor. – Unten: Mondaufgang am Meer. Gemälde von Caspar David Friedrich (1823). Die Jahre nach dem Wiener Kongreß waren nicht nur die Zeit des „Biedermeier", sondern auch die Entstehungszeit vieler Werke der deutschen Romantik (vgl. S. 159).

man besonders eifrig nach ihnen und verdächtigte sogar so bedeutende und verdiente Männer wie den Freiherrn vom Stein und den Theologen Schleiermacher. Dem Turnvater Jahn machte man nach einer Haft von sechs Jahren den Prozeß, sprach ihn mangels Beweises frei, stellte ihn aber unter Polizeiaufsicht. Der Dichter Ernst Moritz Arndt, Professor in Bonn, erhielt 20 Jahre Lehrverbot. Der Schriftsteller Fritz Reuter aus Mecklenburg wurde als verdächtiger Burschenschaftler von einem preußischen Gericht des Hochverrats angeklagt. Allerhöchste Gnade wandelte sein Todesurteil schließlich in dreißigjährige Festungshaft um.

Durch diese Verfolgungen wurde die liberale und nationale Bewegung auf Jahre hinaus gewaltsam unterdrückt.

4. Kämpfe um die nationale Unabhängigkeit

Die Heilige und die Große Allianz. Es war ein Lieblingsgedanke des russischen Zaren A l e x a n d e r I., daß die Monarchen Europas die wiederhergestellte Ordnung durch ein enges Bündnis für die Zukunft sichern sollten. Der Zar war ein frommer Mann. Es war ihm ernst, als er auf dem Wiener Kongreß die Gründung einer „ H e i l i g e n A l l i a n z" vorschlug. Sie sollte sich auf die „erhabenen Wahrheiten des Christentums" stützen; denn sie allein könnten „den menschlichen Einrichtungen Dauer verleihen". Unter diesen Gesichtspunkten verpflichteten sich die Herrscher von Rußland, Preußen und Österreich zum gegenseitigen Beistand „bei jeder Gelegenheit und an jedem Ort" (1815). Alle europäischen Staaten traten der Allianz bei, mit Ausnahme Englands, der Türkei und des Kirchenstaates.

Aber die europäischen Fürsten dachten bei dieser Allianz mehr an künftige politische Aktionen als an „erhabene Wahrheiten". Sie wollten gemeinsam den revolutionären Geist unterdrücken. So stand es denn auch deutlicher in einem zweiten, wichtigeren Vertrag zu lesen, den die vier siegreichen europäischen Mächte noch im gleichen Jahre miteinander schlossen. In dieser „ G r o ß e n A l l i a n z" verpflichteten sich Rußland, Österreich, Preußen und England, gemeinsam militärisch einzugreifen, falls in Frankreich erneut die bestehende Ordnung durch revolutionäre Bestrebungen gestört würde. Als Frankreich 1818 aus dieser Vormundschaft entlassen und selbst in den Bund der Großmächte aufgenommen wurde, gab es wirklich so etwas wie eine übernationale Organisation, mit deren Hilfe Metternich versuchte, jeder revolutionären Bewegung entgegenzutreten.

Hinter diesen Allianzen verbarg sich trotzdem eine gewisse Unsicherheit der restaurativen Gewalten. Metternich selbst schrieb im Jahre 1820: „Die Zeit schreitet in Stürmen vorwärts, ihren ungestümen Gang gewaltsam aufhalten zu wollen, wäre ein eitles Unternehmen."

Der Freiheitskampf unterdrückter Völker. Durch Truppeneinsatz und Polizeimaßnahmen hielten die europäischen Monarchen ihre Völker zunächst leidlich im Zaume. Auch Metternich, der geschickte „Kutscher Europas", hatte große Mühe, das in viele Mittel- und Kleinstaaten aufgeteilte I t a l i e n durch österreichisches Militär zum Gehorsam gegenüber seinen fremden Fürsten zu zwingen. In S p a n i e n und P o r t u g a l schlugen französische Truppen im Auftrag der Allianz Aufstände gegen die absolute Königsherrschaft nieder. Aber als die S ü d a m e r i k a n e r und die G r i e c h e n um ihre nationale Freiheit kämpften, erwies sich deutlich die Ohnmacht der Allianzen.

Das Ende der Kolonialherrschaft in Südamerika. Die portugiesischen und spanischen Kolonien in Südamerika hatten die Schwäche ihrer Mutterländer unter napoleonischer Herrschaft ausgenützt, um sich selbständig zu machen. Die Aufstandsbewegung ging von Venezuela aus. S i m o n B o l í v a r (1783–1830), der mit Recht den Beinamen „el Libertador" (der Befreier) erhielt, war Revolutionär und Staatsmann zugleich. Er führte die Kämpfe in seiner Heimat Venezuela, in Peru und in Bolivien, dessen erster Präsident er war, erfolgreich zu Ende. Diese revolutionäre Welle pflanzte sich in ganz Mittel- und Südamerika fort. Nach zwei Jahrzehnten (1810–1830) hatte sich der Kontinent von der Kolonialherrschaft freigemacht.

Bolivar versuchte, die neuen Staaten auf dem ersten panamerikanischen Kongreß (1826) in Panama zur Zusammenarbeit zu bewegen. Grenzstreitigkeiten verhinderten jedoch eine Einigung. Auch waren die neuen Staaten noch zu sehr mit ihren eigenen Schwierigkeiten beschäftigt.

Die südamerikanischen Staaten zu Beginn des 19. Jh.

In der E p o c h e d e r R e s t a u r a t i o n wollten Spanien und Portugal mit Hilfe der „Großen Allianz" Lateinamerika wieder ihrer Oberherrschaft unterwerfen. Der geplanten militärischen Intervention widersprach England energisch. Während der Kontinentalsperre hatte es sich den südamerikanischen Markt erschlossen. Obwohl es der Allianz angehörte, erkannte es die neuen Staaten an und errichtete in den wichtigsten südamerikanischen Städten britische Konsulate.

Auch die USA setzten sich für die Unabhängigkeit der südamerikanischen Staaten ein. Zweifellos waren sie daran interessiert, das wirtschaftliche und politische Erbe der vertriebenen Kolonialmächte auf dem Kontinent zu übernehmen. Ihre Expansionsabsicht ließ sich gut als Freiheitsprogramm formulieren. J a m e s M o n r o e, der damalige Präsident, erklärte 1823 in einer Kongreßbotschaft, die später als M o n r o e - d o k t r i n bezeichnet wurde, den Anspruch auf die südamerikanische Einflußsphäre:

185

Simon Bolívar. Zeitgenössischer Stich.

„... Es ist unmöglich, daß die verbündeten Mächte ihr politisches System auf irgendeinen Teil der beiden Kontinente ausdehnen sollten, ohne unseren Frieden und unser Glück zu gefährden; auch kann niemand glauben, daß unsere südlichen Brüder, sich selber überlassen, es aus eigenem Antrieb annehmen würden. Es ist deshalb gleicherweise unmöglich, daß wir eine solche Einmischung, in irgendwelcher Gestalt, mit Gleichgültigkeit ansehen sollen ..."

Aus der Botschaft war klar zu erkennen, daß die USA notfalls sogar bereit waren, die europäischen Mächte mit Waffengewalt am Eingreifen zu hindern. „Amerika den Amerikanern" hieß das neue politische Programm. Zugleich war die Monroedoktrin eine deutliche Absage an das Mutterland Europa, in dessen Angelegenheiten sich die USA ihrerseits ebenfalls nicht einmischen wollten.

Die innere Entwicklung der südamerikanischen Staaten. Die w i r t s c h a f t l i c h e n u n d s o z i a l e n L e b e n s b e d i n g u n g e n änderten sich mit dem Ende der Kolonialherrschaft keineswegs für die jungen Staaten.

Auch in Zukunft blieb die indianische Urbevölkerung unterdrückt und von Ausrottung bedroht. Die I n d i o s gehörten zusammen mit den N e g e r n , den M e s t i z e n (Mischlingen aus der Verbindung zwischen Indianern und Weißen), den M u l a t t e n (aus der Verbindung zwischen Negern und Weißen) zu der Unterschicht. Zu ihr zählten in den meisten Ländern drei Viertel bis vier Fünftel der Gesamtbevölkerung. Sie arbeiteten auf den als Monokulturen angelegten Plantagen. Kaum 7% besaßen eigenes Land. Aus den früheren Sklaven waren Fronarbeiter geworden. In der zweiten Hälfte des Jahrhunderts entwickelten sich die Haziendas mit Hilfe ausländischen Kapitals zu landwirtschaftlichen Großunternehmen. Statt des bisherigen patrón beutete nun eine anonyme Kapitalgesellschaft die Arbeiter aus. Die neuen Herren spekulierten an der Börse mit Grund und Boden und den Agrarprodukten.

Der Dollar verdrängte das englische Pfund. Die Amerikaner investierten in der mechanisierten Landwirtschaft, im Bergbau, in Handels- und Industrieunternehmen, in der Energie- und Verkehrsentwicklung. Ein berüchtigtes Beispiel ihrer Wirtschaftspolitik ist die 1899 gegründete U n i t e d F r u i t C o m p a n y bis heute geblieben, die sich im Bananenhandel und in der Konservenindustrie das Monopol mit allen Mitteln zu sichern wußte.

Eine umfangreiche K u l t u r p r o p a g a n d a ergänzte die imperialistische Wirtschaftspolitik. Das Ideal in der Ära des Fortschritts sollte der „American way of life" sein. Protestantische Missionsgesellschaften kamen ins Land.

Die herrschende w e i ß e O b e r s c h i c h t war im allgemeinen nicht schwer zu gewinnen oder zu bestechen. Sie verfestigte ihre Herrschaft durch den Einwandererstrom, der gegen Ende des Jahrhunderts aus Europa ins Land kam, überwiegend aus Italien, Portugal und Spanien. Die Einwanderer suchten und fanden meist Anschluß an die Ober- und Mittelschicht. Niemand wollte in den dünn besiedelten Agrargebieten oder im Bergland leben. In den Städten fanden die Europäer jene Berufe, die sie erstrebten: Kaufmännische Tätigkeit, Verwaltungsposten, Stellungen als Soldaten und Polizisten, Beamten und Facharbeiter. In den Slums der rasch wachsenden Städte hausten auch die von den Plantagen geflohenen Arbeiter. Sie hofften ihre großen Familien vom Abfall der reichen Bürger und durch Gelegenheitsarbeit ernähren zu können.

Die s o z i a l e n S p a n n u n g e n in allen Staaten führten häufig zur Bildung radikaler Gruppen. Es kam zu Aufständen und Bandentätigkeit. Alle Guerilleros kämpften gegen Großgrundbesitzer, Unternehmer, Staatsgewalt und Kirche.

M e x i k o erlebte von 1910 bis 1917 eine beispielgebende revolutionäre Phase, in der die Aufständischen Landaufteilungen und Verstaatlichungen durchsetzten. Der hohe Klerus der katholischen Kirche, der politisch ganz auf Seiten der reichen Führungsschicht stand, bekam die Angriffe der Revolutionäre hart zu spüren. Dieser Kampf endete mit der Trennung zwischen Staat und Kirche in Mexiko.

Angesichts des andauernden wirtschaftlichen und sozialen Elends bei nur geringen Fortschritten bildeten sich in den neuen Staaten keine stabilen politischen Ordnungen aus. Auf dem Papier stand zwar manche demokratische und republikanische Verfassungsformel. Aber meist wechselten sich diktatorische Cliquen von Politikern oder Militärs in der Herrschaft ab. Bei diesen Machtkämpfen mischten ausländische Staaten, vor allem die USA, kräftig mit. Wie es ihren jeweiligen Interessen entsprach, nahmen sie für oder gegen die revolutionäre Gruppe Partei (vgl. S. 249).

So brachte das Ende der spanischen und portugiesischen Kolonialherrschaft den jungen südamerikanischen Staaten keineswegs die innere und äußere Freiheit. Die europäischen Völker kümmerte das Schicksal der Südamerikaner wenig. Ihr Interesse galt damals dem zur gleichen Zeit ausgebrochenen Freiheitskampf der Griechen, denen sich alle europäischen Nationen in ihrer Kulturtradition eng verbunden fühlten.

Das Ende der türkischen Herrschaft in Griechenland. Die christlichen B a l - k a n v ö l k e r versuchten, schon um ihres Glaubens willen, immer wieder, sich von der türkischen Herrschaft zu befreien. Wie alle europäischen Völker wurden sie sich zu Beginn des 19. Jahrhunderts auch ihrer nationalen Eigenart bewußt. Von jetzt an kämpften sie noch leidenschaftlicher um ihre Freiheit. Obwohl der türkische Sultan seit dem 18. Jahrhundert viel von seiner Macht verloren hatte, war er doch noch immer so mächtig, daß die Balkanvölker den Widerstand allein nicht hätten wagen können. Sie wußten aber die R u s s e n aus politischen und religiösen Gründen an ihrer Seite. Moskau, ,,das dritte Rom", fühlte sich als Beschützer aller orthodoxen Christen. Diese Freundschaft paßte auch in das politische Programm des Zarenreiches: es suchte durch die Dardanellen den Zugang zum Mittelmeer zu finden. Metternich stellte sich den Russen entgegen; denn es brachte Österreich keinen Vorteil, wenn statt der Türken die Russen auf dem Balkan herrschten. Und widersprach die Unterstützung der Volksaufstände durch Rußland nicht auch allen Grundsätzen der Allianzpolitik? Doch Zar Alexanders Nachfolger, Nikolaus I., vertrat diese Grundsätze bloß im eigenen Hause. Wenn es darum ging, die Macht des Sultans zu schwächen, spielten die feierlichen Versprechen keine Rolle.

Die Stimmung in Europa gab dem Zaren recht. Die Türken waren grausam gegen griechische Aufrührer und Freischärler vorgegangen. Überall in Europa wandte sich die Anteilnahme diesen Freiheitskämpfern zu. Die G r i e c h e n hatten sich als tüchtige Kaufleute erwiesen, eine beachtliche Handelsmarine aufgebaut und waren für die Europäer die Nachfahren jener Helden, die bei Marathon und Salamis gekämpft hatten. War deren Schicksal nicht dem ihrigen ähnlich? Man besang es in neuen Griechenliedern. Freiwillige zogen nach Hellas, um den Freiheitskämpfern beizustehen. „Griechenfreunde" (Philhellenen) in ganz Europa sammelten Geld, Medikamente und Bekleidung. Den Kindern gab man in jener Zeit griechische Namen.

Die Regierungen der Großmächte ließen sich von der Begeisterung der europäischen Völker nicht fortreißen. Da aber Rußland bereits Kriegsschiffe ins Mittelmeer geschickt hatte, fühlten sich E n g l a n d und F r a n k r e i c h ebenfalls verpflichtet, Schiffe zur Beobachtung zu entsenden. Die Flottenbefehlshaber, in ihren Herzen ganz auf Seiten der Griechen, begnügten sich aber nicht mit der Rolle der Zuschauer. Sie griffen bei N a v a r i n o (Stadt an der Südwestküste Griechenlands) die türkische Flotte an. Damit war ein Krieg ausgebrochen, den keine Regierung beabsichtigt hatte. Er endete mit der Niederlage der Türkei.

Im Frieden zu A d r i a n o p e l (1829) mußte die Hohe Pforte ein selbständiges Königreich Griechenland anerkennen. Wie Serbien wurden jetzt auch die Donaufürstentümer M o l d a u und W a l a c h e i (das spätere Rumänien) halbsouveräne Staaten. Sie erhielten eigene Fürsten, blieben aber türkische Vasallen.

Österreich unter Metternich hatte das selbständige Handeln seiner Verbündeten in keinem Falle verhindern können. Die Allianz der europäischen Fürsten war damit auseinandergebrochen.

Zusammenfassung:

Im 19. Jahrhundert kamen Liberalismus und Nationalismus in Europa zu kräftiger Entfaltung. Die konservativen Mächte verteidigten aber zäh die alten ständischen Staats- und Gesellschaftsformen.

Auf dem Wiener Kongreß siegten noch einmal die Verteidiger der Legitimität und Restauration unter Führung des österreichischen Staatskanzlers Fürst Metternich.

Die Heilige und Große Allianz der europäischen Monarchen hatte den Zweck, gemeinsam die liberale und nationale Bewegungen der Völker zu unterdrücken und sich dabei gegenseitig zu unterstützen.

Der Wiener Kongreß suchte zwischen den europäischen Großmächten ein Gleichgewicht herzustellen. Die deutschen Fürstenstaaten schlossen einen locker gefügten Staatenbund. Die Gesandten der Einzelstaaten tagten in Frankfurt unter dem Vorsitz Österreichs.

Die Allianzpolitik war in Italien, Spanien und Portugal zeitweise erfolgreich; sie versagte in Südamerika und in Griechenland.

Die südamerikanischen neuen Staaten kamen nach der Ablösung der Kolonialherrschaft in den Sog der imperialistischen Politik. Die krassen wirtschaftlichen und sozialen Gegensätze im Innern verhinderten den Aufbau demokratischer Staatswesen.

Rechte Seite: Das Alltagsleben der französischen Bevölkerung in den ersten Jahrzehnten des 19. Jahrhunderts hat der Maler Louis-Léopold Boilly in zahlreichen Bildern festgehalten. Das Gemälde oben stammt von 1803. Es stellt „Die Ankunft der Postkutsche" dar: Zwei schwere pferdebespannte Fahrzeuge sind aus Flandern in Paris angekommen und werden abgeladen. Das Bild unten, „Gratisvorstellung im Komischen Theater" von 1819, zeigt eine bewegte Straßenszene der Restaurationszeit.

II. Die liberale Bewegung in Europa in der Zeit von 1830 bis 1848

1. Die Julirevolution in Frankreich und ihre Auswirkungen

Frankreich. In Frankreich hatte man den Bogen der Restauration überspannt. Wer als Anhänger der Revolution oder Napoleons bekannt war, geriet in die Mühle der „Säuberungen". Das Land stand jetzt unter dem „weißen Terror". Die ehemaligen Emigranten forderten hohe Entschädigungen. Die Franzosen hatten zwar 1814 eine Verfassung nach englischem Vorbild erhalten (die „Charte"), aber die königliche Regierung richtete sich wenig danach. Der Nachfolger des verträglichen Ludwig XVIII., König K a r l X. , schränkte das Wahlrecht erheblich ein und löste eine neu gewählte Abgeordnetenkammer gleich wieder auf. Er verschärfte die Pressezensur.

1830

Da demonstrierten in Paris Studenten, Bürger und Arbeiter mit der verbotenen Trikolore (1830). Sie forderten die Republik. Wieder einmal erlebte die Hauptstadt Protestversammlungen, Straßen- und Barrikadenkämpfe. Der König gab nach wenigen Tagen nach. Er floh nach England.

Die siegreichen Revolutionäre wußten nichts mit ihrem Siege anzufangen. Das Parlament aber bekannte sich zur Monarchie. In ihm überwogen die Vertreter des reichen Bürgertums, da nur die großen Steuerzahler das Wahlrecht besaßen. Die Deputierten wählten L o u i s P h i l i p p e aus dem Hause Orléans zum neuen König. Er trug sich wie ein Bürger und war deshalb beim einfachen Volk beliebt. Man konnte „dem König mit dem Regenschirm" in den Straßen von Paris begegnen. Mit ihm erhielt Frankreich eine ganz neue Art von Königtum. Nicht nach dem Geburtsrecht, sondern als Vertrauensmann des Volkes auf Grund eines Staatsvertrages bestieg Louis Philippe (der „Bürgerkönig") den Thron. Die Minister galten als die Beauftragten des Parlaments, dem sie auch verantwortlich waren. Der Satz: „Le roi règne, mais il ne gouverne pas" (Der König trägt die Krone, aber er regiert nicht), brachte die neue Stellung des Königs richtig zum Ausdruck. In den Ministerien wie im Parlament verdrängte das besitzende Bürgertum den Adel aus seinen führenden Stellungen. Die Arbeiter und Kleinbürger allerdings konnten weder ihre politische noch ihre wirtschaftliche Stellung verbessern.

Belgien. Die Julirevolution wirkte auf ganz Europa. Im Königreich der Vereinigten Niederlande löste sie eine nationale Bewegung aus. Der südliche, katholische Teil, der sich vom nördlichen, dem calvinistischen Holland, unterdrückt fühlte, erhob sich. Unter dem Schutze Englands und Frankreichs wurde aus ihm das unabhängige K ö n i g r e i c h B e l g i e n gebildet (1831). Seine freiheitliche Verfassung galt allen Liberalen Europas als vorbildlich. England erreichte, daß der neue Staat von den fünf Großmächten für n e u t r a l erklärt wurde. Es lag dem Inselreich daran, die flandrische Küste, von der aus seine eigene so leicht zu bedrohen war, aus allen europäischen Streitigkeiten herauszuhalten.

Polen. Zäh hielt sich in der oft aufgeteilten polnischen Nation der Wille zur nationalen Einheit. Jetzt flammte er wieder kräftig auf. Die Polen unter russischer Herrschaft erhoben sich gegen Nikolaus I., doch unterlagen sie trotz verzweifelten Widerstandes der Überzahl der zaristischen Truppen. Preußen, das wegen der polnischen Bevölkerung in der Provinz Posen sehr in Sorge war, schickte Truppen dorthin. Sie hinderten die vor den Russen fliehenden Polen am Grenzübertritt. Dagegen war bei allen Liberalen Europas die Begeisterung für die Polen groß; auch in Deutschland

Das Hambacher Fest am 27. Mai 1832 auf der Maxburg bei Hambach in der Pfalz. Zeitgenössische Darstellung.

feierte man die zahlreichen Flüchtlinge als Freiheitshelden und Vorkämpfer gegen Fürstenwillkür. Aber den Worten folgten keine Taten, und man überließ die Polen ihrem Schicksal.

Deutschland. In Sachsen, Hannover und Kurhessen setzten die Liberalen jetzt den Erlaß von landständischen Verfassungen durch. Die Sprache der liberalen Führer wurde wieder zuversichtlicher. Flugblätter und Zeitungen forderten Freiheit der Meinungsäußerung, auch vor den Gerichten, sowie freie Religionsausübung. Nun war der Weg zur Freiheit zwar mit der Verfassunggebung und der Einrichtung von Parlamenten in verschiedenen Einzelstaaten schon beschritten. Wie aber sollte ein gesamtdeutsches Parlament gegen den Willen der souveränen Fürsten zustande kommen? Der Bundestag in Frankfurt dachte nicht daran, die Verfassung des Deutschen Bundes zu reformieren. Von ihm war nichts zu erhoffen. Im Gegenteil; er beantwortete die liberalen und nationalen Forderungen erneut mit Verboten und Zensuren.

Einen günstigen Anlaß, um die Liberalen erneut und noch rücksichtsloser als 1814 zu verfolgen, bot den Frankfurter Behörden ein Treffen der Liberalen in Hambach in der Pfalz im Jahre 1832. Etwa 25 000 Liberale bekannten sich auf diesem Hambacher Fest zu den Ideen der Freiheit und des Völkerfriedens. Auch Franzosen, Polen und Italiener nahmen an dieser Kundgebung teil. Die Reden, die man hielt, waren durchglüht von Nationalstolz und brüderlicher Verbundenheit mit allen Freiheitskämpfern in Europa. Allzu optimistisch verkündeten die Sprecher, es würde alles

Die europäische Diplomatie, bewaffnet mit Feder und Tintenfaß kommt den Polen „eiligst" (auf einer Schildkröte) zu Hilfe. Zeitgenössische Karikatur (vgl. S. 191).

gut, wenn nur erst einmal die Fürsten verjagt wären. Dann würden sich die Völker „brüderlich" zusammenschließen:

„Es wird kommen der Tag, der Tag des edelsten Siegsstolzes, wo der Deutsche vom Alpengebirg und der Nordsee, vom Rhein, der Donau und der Elbe den Bruder im Bruder umarmt, wo die Zollstöcke und Schlagbäume, wo alle Hoheitszeichen der Trennung und Hemmung und Bedrückung verschwinden; ... wo freie Straßen und freie Ströme den freien Umschwung aller Nationalkräfte bezeugen; ... wo die Fürsten die bunten Hermeline feudalistischer Gottstatthalterschaft mit der männlichen Toga deutscher Nationalwürde vertauschen und der Beamte, der Krieger, statt mit der Bedientenjacke des Herrn und Meisters, mit der Volksbinde sich schmückt; wo nicht 34 Städte und Städtlein, von 34 Höfen das Almosen empfangend, um den Preis hündischer Unterwerfung, sondern wo alle Städte, frei emporblühend aus eigenem Saft, um den Preis patriotischer Tat ringen; ... wo jeder Stamm, im Innern frei und selbständig, zu bürgerlicher Freiheit sich entwickelt und ein starkes, selbstgewobenes Bruderband alle umschließt zu politischer Einheit und Kraft ...

Ja, es wird kommen der Tag, wo ein gemeinsames deutsches Vaterland sich erhebt, das alle Söhne als Bürger begrüßt und alle Bürger mit gleicher Liebe, mit gleichem Schutz umfaßt ...

Es lebe das freie, das einige Deutschland!
Hoch leben die Polen, der Deutschen Verbündete!
Hoch leben die Franken, der Deutschen Brüder, die unsere Nationalität und Selbständigkeit achten!
Hoch lebe jedes Volk, das seine Ketten bricht und mit uns den Bund der Freiheit schwört!
Vaterland – Volkshoheit – Völkerbund hoch!"

Im politischen Leben veränderte sich aber trotz politischer Aktivität der Liberalen zunächst kaum etwas. Denn die führenden Männer saßen entweder in Zuchthäusern und Festungen oder sie hatten, bitter enttäuscht, ihr Vaterland verlassen, waren vielfach nach Amerika ausgewandert.

In dieser Zeit der erzwungenen politischen Ruhe waren jedoch im Bereich der Wirtschaft entscheidende Veränderungen im Gange. Denn die Entdeckungen der Naturwissenschaft und die Erfindungen der Technik begannen sich auszuwirken.

2. Der Fortschritt in der Wirtschaft

Die liberale Wirtschaft in England. In England hat der wissenschaftliche und technische Fortschritt sich zuerst ausgewirkt. Hier wurde die staatlich gebundene Wirtschaft, der Merkantilismus, durch den F r e i h a n d e l abgelöst (vgl. S. 88).

Der erste Verfechter der vollständigen wirtschaftlichen Freiheit war A d a m S m i t h (1723–1790). Er lehrte, der Staat solle die Herstellung, den Kauf und Verkauf der Produkte und ihren Austausch über die Erde hin ruhig den einzelnen Bürgern überlassen. Im freien Wettbewerb der Kräfte würden sich schon die tüchtigsten Männer und die besten Waren durchsetzen. Wenn der Staat in die freie Wirtschaft hineinrede, würde er nur die Tatkraft des einzelnen hemmen und so die Wirtschaft schädigen. Denn der Nutzen des einzelnen käme in der Wirtschaft auch der Gesamtheit zugute. Vor allem müsse der Staat seine Zölle abschaffen. Sie seien ein großes Hindernis beim Austausch der Güter. Es habe keinen Sinn, in schottischen Treibhäusern Wein zu ziehen, wenn er in Portugal fast ohne Pflege viel besser gedeihe; ebenso sinnlos sei es, in einem Staate unter vielen Schwierigkeiten eine Industrie aufzubauen, wenn ein anderer Staat die benötigten Industriegüter billiger und leichter herstellen könne. Jedes Land solle sich bemühen, die Waren herzustellen, für die es die besten natürlichen Voraussetzungen mitbringe. Was einem Staate fehle, müsse durch den Handel beschafft werden. Ganz natürlicherweise kaufe man die Waren dort, wo sie am billigsten seien. Darum solle man den einzelnen Handwerker und Kaufmann, frei von jedem Zunftzwang, nach seiner Begabung arbeiten lassen und seinem Erfolgsstreben keine Hindernisse in den Weg legen. Dann käme man von selbst zu einer gesunden Wirtschaftsordnung.

Für die Wirtschaftsform des Freihandels (liberale Wirtschaft) besaß kein Staat bessere Vorbedingungen als England. Es hatte schon zur Zeit der Befreiungskriege seine Textil- und Eisenindustrie ausgebaut; es besaß reiche Rohstoffquellen in den Kolonien; seine Schiffe beherrschten die Wasserstraßen der Welt; die großen Geldgeschäfte der Kaufleute wurden in London abgeschlossen. Zwar stellte auch in Großbritannien die rasche Industrieentwicklung den Staat vor neue und schwierige Aufgaben; aber das reiche Land konnte einem freien Spiel der Kräfte in der Weltwirtschaft doch recht zuversichtlich entgegensehen.

Die Wirtschaft in den Staaten des „Deutschen Bundes". Anders war die Lage in Deutschland. Ehe man hier an einen freien Güteraustausch über die Grenzen des Bundes hinaus denken konnte, mußten erst einmal in Deutschland selbst die Schranken zwischen den Einzelstaaten fallen. An der Grenze jedes der 39 Staaten begann das „Ausland". Man durfte die Grenze zum Nachbarn nur mit einem Paß überschreiten. Gepäck und Handelsgut waren an jeder Grenze neu zu verzollen. Die Maße, Münzen und Gewichte jedes Landes unterschieden sich voneinander: Es gab sächsische, rheinische, fränkische, österreichische Gulden; es gab Reichstaler, aber auch rheinische, preußische, schlesische Taler, und jede Münze hatte ihren besonderen Wert. Der sächsische Scheffel war doppelt so groß wie der preußische. Das linksrheinische Bayern maß nach längerem Fuß als das rechtsrheinische. Ein Zentner war nicht überall gleich schwer. Einmal rechnete man ihn zu 46 kg (in heutigem Gewicht ausgedrückt), ein anderes Mal auch höher; das größte Zentnergewicht wog so schwer wie heute ein Doppelzentner. Dazu kamen die von Land zu Land verschiedenen Preise und der sehr schleppende und teure Güter- und Briefverkehr – es war nicht leicht, Kaufmann im „Deutschen Bund" zu sein oder eine Reise durch Deutschland zu unternehmen!

Friedrich List. Friedrich List, der Sohn eines Reutlinger Weißgerbermeisters, setzte seine ganze Kraft für eine Verbesserung der Wirtschafts- und Verkehrsverhältnisse in Deutschland ein. Als Kanzleischreiber hatte er zuerst sein Brot verdient. Aber nebenbei machte er sich mit den wirtschaftlichen und politischen Verhältnissen seiner Zeit vertraut. Schon mit 28 Jahren wurde er, ohne studiert zu haben, als Professor der Staatswissenschaften an die Universität Tübingen berufen. Zwei Jahre später, 1819, gründete er in Frankfurt einen Verein deutscher Kaufleute. In seinem Auftrag verfaßte

List eine Denkschrift zur „Aufhebung der Zölle im Innern Deutschlands" und legte sie dem Bundestag vor. Die deutschen Fürsten wollten ihre wirtschaftliche Selbständigkeit nicht geschmälert sehen und lehnten den Vorschlag ab.

Friedrich List war ein freimütiger Mann. Er trat auch im württembergischen Landtag offen gegen Mißstände in der Regierung auf. Seine Unerschrockenheit hatte er auf der Festung Hohenasperg mit einer Gefängnisstrafe zu büßen. Ein Teil der Strafe wurde ihm erlassen, als er sich verpflichtete, nach Amerika auszuwandern. Nach mancherlei Schwierigkeiten kam er dort zu Vermögen und Ansehen. In der Neuen Welt, wo man die Enge der Kleinstaaten nie gekannt hatte und bereits Dampfschiff und Eisenbahn zur Überwindung der großen Entfernungen einsetzte, wurde der Verbannte in seinen Plänen nur noch bestärkt. Zum amerikanischen Konsul in Leipzig ernannt, kehrte er nach Deutschland zurück.

Jetzt setzte er sich besonders für den Ausbau der Verkehrswege ein und hoffte, so auch die politische Einheit und Freiheit vorbereiten zu können. Er fand zunächst wenig Verständnis. Sein E n t w u r f   e i n e s   E i s e n b a h n n e t z e s für ganz Deutschland wurde von vielen Seiten angefeindet. Die fürstlichen Regierungen lehnten solche Entwürfe, die über ihre Landesgrenzen hinaus geplant waren, rundweg ab. Die Postverwaltungen sahen sich schon vor dem Ruin, Fuhrleute und Gastwirte fürchteten, brotlos zu werden. Männer der Wirtschaft suchten zu beweisen, daß Eisenbahnen ein sehr teures und nutzloses Verkehrsmittel seien. Ärzte rechneten mit Gesundheitsschäden bei den Reisenden, und viele glaubten, daß diese fauchenden und keuchenden Maschinen den Frieden ihrer behaglichen Welt zerstören würden.

Dennoch konnte List eine erste Strecke seines geplanten Eisenbahnnetzes bauen lassen, den Schienenweg zwischen Leipzig und Dresden (1837). Einige kürzere

Strecken waren schon vorher eröffnet worden. Die **e r s t e   d e u t s c h e   E i s e n -
b a h n** fuhr 1835 zwischen Nürnberg und Fürth. Aber die neue und lange sächsische
Linie zeigte erst die wirkliche Bedeutung der Eisenbahn: sie war besonders für den
Transport schwerer und sperriger Güter geeignet. Man erkannte jetzt ihren großen
Nutzen für die Wirtschaft. Viele private Gesellschaften wurden eigens zu dem Zweck
gegründet, das Kapital für den Bahnbau bereitzustellen. Die Staaten des Deutschen
Bundes übernahmen jedoch nur zögernd den Ausbau des Schienenweges als ihre
Aufgabe; das Großherzogtum Baden begann 1838 im Oberrheintal die erste Linie zu
bauen, die Staatseigentum war. Dann aber wurde das deutsche Bahnnetz von Jahr-
zehnt zu Jahrzehnt immer mehr ausgebaut. Um die Jahrhundertwende war der
Schienenweg Deutschlands länger als der Äquator (vgl. S. 223).

Friedrich List war seiner Zeit nicht nur mit seinen Eisenbahnplänen weit voraus,
er vertrat auch die Meinung, daß Deutschland seine **I n d u s t r i e** gewaltig entwickeln müsse, um seiner stetig wachsenden Bevölkerung Arbeit und Brot zu verschaffen und dadurch den Strom der Auswanderer einzudämmen. Grundsätzlich bekannte er sich zur Wirtschaftsform des Freihandels; er empfahl aber, die ausländischen Industrieerzeugnisse so lange mit **S c h u t z z ö l l e n** zu belegen, bis die deutsche Industrie stark genug geworden sei, um mit den anderen Mächten auf dem Weltmarkt erfolgreich in Konkurrenz treten zu können.

Die Restaurationszeit verstand diesen Mann und seine fortschrittlichen Pläne nicht.
Lists Lebensmut sank. Im Jahre 1846 gab er sich selbst den Tod.

Der Deutsche Zollverein. Lists Vorschlag, die Binnenzölle aufzuheben, hatten alle
deutschen Länder abgelehnt. Aber Preußen arbeitete auf die wirtschaftliche Einheit
des eigenen Staates hin.

Entwicklung d. Deutschen Zollvereins

1818 Preußisches Zollgesetz

Anschlüsse:
1819 Fsm. Sondershausen (S.)
1826 Fsm. Anhalt
1828 Preußisch-Hessisch.Zollverein
1829 Ghzm. Hessen
1830 Birkenfeld (B.)
1831 Kfsm. Hessen

1828/33 Süddeutscher Zollverein
*1833 Kgr.Bayern, Kgr.Württembg.,
fsm.Hohenzollern(H.)*

1828/33 Mitteldeutscher Handelsverein
1833 Kgr. Sachsen, Thüringische St.

Flächenfarben: Gebiet d. Deutschen Zollvereins am 1.1.1834

↗ *Freie Reichsstadt*

Beitritte ab 1.1.1834

1828-33 Mitteldeutscher Handelsv.
*1834-36 Steuerverein(Hannover,
Oldenburg, Braunschweig)*
*1836 Baden, Nassau, Freie Reichs-
stadt Frankfurt/M.*
1838 Waldeck (W.)
*1842 Luxemburg, Braunschweig,
Lippe-Detmold(L.:D.)*
1854 Hannover, Oldenburg
*1867 Mecklenburg-Schwerin/
Strelitz, Schleswig, Holstein,
Lauenburg(L.)*
1872 Reichslande Elsaß-Lothr.
*1888 FreieReichsstadt: Hamburg,
Bremen*

1818 erließ die preußische Regierung ein Gesetz, das die Zölle im Innern des Landes aufhob und so den Binnenverkehr erleichterte. Sie forderte die Nachbarländer zur Teilnahme an einem preußischen Zollverein auf. Diesen fiel der Entschluß nicht leicht; denn die Abneigung gegen das politisch reaktionäre Preußen war groß. Weil aber das Angebot wirtschaftlich günstig war – alle Staaten, die sich anschlössen, sollten auch an den Zolleinnahmen entsprechend ihrer Bevölkerungszahl beteiligt werden –, konnte Preußen allmählich den größeren Teil der deutschen Länder für seinen Plan gewinnen. Auch die süddeutschen Staaten machten nach einigen Widerständen mit.

1834

Am 1. Januar 1834 fielen die meisten der binnendeutschen Zollschranken. Der Deutsche Zollverein unter Preußens Führung war entstanden. Nur einige norddeutsche Staaten, die mit ihrem Handel mehr nach England und Übersee orientiert waren, wie Hamburg und Bremen, traten nicht bei. Auch Österreich schloß sich aus wirtschaftlichen und politischen Bedenken nicht an. Ein Beitritt hätte es zu einer Unterordnung unter Preußen gezwungen, das im Zollverein führend war.

In diesen Wirtschaftsfragen zeigte sich schon, wie schwer eine politische Einigung Deutschlands werden mußte, wenn es darum ging, Macht und Einfluß der beiden Großstaaten miteinander auszugleichen.

Zusammenfassung:

Auch in der Restaurationszeit ließen sich die liberalen und nationalen Kräfte nicht völlig unterdrücken. Die Julirevolution in Frankreich (1830) gab der Freiheitsbewegung in Europa neuen Auftrieb (Belgien, Polen, Deutschland).

England löste zuerst die staatlich gebundene Wirtschaft durch den Freihandel (liberale Wirtschaft) ab.

Friedrich List versuchte vergebens, eine Verbesserung der Wirtschafts- und Verkehrsverhältnisse in Deutschland zu erreichen. Erst der Deutsche Zollverein (1834) führte zu einem engeren wirtschaftlichen Zusammenschluß der meisten deutschen Staaten unter der Führung Preußens.

Einsichten und Begriffe

Volk. Das Wort hat mehrere Bedeutungen, die man sorgfältig unterscheiden sollte.

Ursprünglich bedeutet „Volk" Leute, Haufen, Menge, Gruppe; so spricht man heute noch von Kriegsvolk, Fußvolk, viel Volk (z. B. in Szenenanweisungen).

Schon früh meinte man mit Volk auch die Bevölkerung, d. h. die Gesamtheit der Bewohner eines bestimmten Bereichs (Volkszählung, Volksgesundheit usw.).

Später wurde das Wort „Volk" als Bezeichnung für die Masse der einfachen Leute (lat. vulgus) im Unterschied zu den Standespersonen gebraucht. Auch im Französischen bezeichnete das Wort „peuple" die Masse der Regierten im Unterschied zum absoluten Fürsten, zu den oberen Ständen oder zur Regierung überhaupt. In ähnlichem Sinne gebrauchte man die Begriffe Volkssouveränität, Volkswille, Volksabstimmung usw.

Herder und die deutschen Romantiker sahen im Volk eine organische Gemeinschaft von unverwechselbarem Charakter, „gleichsam ein Individuum", das sich in der Geschichte entfaltet und sich in Sprache, Musik, Kunst, Religion und Rechtsformen besonders deutlich ausspricht.

Nation. Für dies Wort hat sich bis heute keine in aller Welt geltende Begriffsbestimmung finden lassen. Es kommt von lat. nasci = geboren werden. Die Römer nannten „natio" eine Gruppe von Menschen gleicher Abstammung, Lebensart und Heimat. Im Mittelalter nannte man die verschiedenen Stämme „nationes". In der Neuzeit gewann das Wort im Englischen und Französischen die Bedeutung von „Staat". Der Völkerbund (1920) hieß League of Nations, bzw. Societé des Nations. Auch in der United Nations Organisation (UNO) sind die Mitgliedstaaten Nations genannt.

Bei uns versteht man unter Nation eine langdauernde Lebensgemeinschaft von einer gewissen Gleichartigkeit der äußerlichen Lebensweise sowie des Denkens und Fühlens, die sich ihrer Zusammengehörigkeit bewußt ist und auch künftig ein gemeinsames Leben führen will.

Gründet sich das Zusammengehörigkeitsgefühl auf gemeinsame Kulturleistungen, so spricht man von K u l t u r n a t i o n. Lebt die Kulturnation in einem Staat (wie in England und Frankreich schon verhältnismäßig früh), so ist sie auch eine S t a a t s n a t i o n. Italien und Polen waren lange Kulturnationen, ohne Staatsnationen zu sein.

Eine wichtige Voraussetzung gemeinsamer Kultur ist vielfach die Sprachgemeinschaft. Doch können Menschen gleicher Sprache verschiedene Nationen bilden (z. B. England und die USA) und ein Volk mit mehreren Sprachgruppen eine Nation werden (Schweiz).

Nationalgefühl, Nationalismus. In den Nationen, die sich ihrer Eigenart und ihres Eigenwertes bewußt sind, lebt der berechtigte Wille, sich zu erhalten, zu behaupten und zur Geltung zu bringen. Echtes N a t i o n a l g e f ü h l erkennt auch die Werte anderer Nationen an: „Achte jedes Mannes Vaterland, aber das deinige liebe!" Ein übersteigertes Nationalgefühl, das die eigene Nation zum obersten Wert macht, heißt N a t i o n a l i s m u s. Seine fanatische und aggressive Form nennen wir nach einer französischen Lustspielfigur „ C h a u v i n i s m u s".

Weltbürgertum. Weltbürgertum, auch K o s m o p o l i t i s m u s genannt (Fremdwort aus dem Griechischen), verträgt sich nicht mit einem gesteigerten völkischen oder nationalen Bewußtsein. Der Weltbürger bewertet die Zugehörigkeit zu einem Stamm, einem Volk oder einer Nation geringer als die Verbundenheit mit der Menschheit. Sein optimistischer Zukunftstraum ist beschlossen in der Vorstellung: „Alle Menschen werden Brüder".

Weltbürgerliche Gesinnung finden wir bei den Gebildeten zur Zeit der weltumspannenden hellenistischen Kultur. Sie ist auch im Christentum angelegt, nach dessen Lehre alle Menschen vor Gott gleich sind, weil jeder eine unsterbliche Seele besitzt. Alle haben an Christi Erlösungstat teil und sind einander durch das Liebesgebot verpflichtet. In der Aufklärung und in der deutschen Klassik war weltbürgerliche Gesinnung Ausdruck echter Humanität. Nur die weltbürgerliche Gesinnung aller Menschen könnte den ewigen Frieden garantieren. Weltbürger sind daher aus innerer Logik pazifistisch gesinnt und müssen sich deshalb oft den Vorwurf wirklichkeitsfremder (utopischer) Weltbeurteilung gefallen lassen.

SECHSTES KAPITEL

Die gescheiterten Revolutionen von 1848

I. Das erfolgreiche Schweizer Vorspiel und die Februarrevolution in Frankreich

1. Der Kampf um Einheit und Demokratie in der Schweiz

Der Staatenbund. In dem locker gefügten Staatenbund der Schweiz (vgl. S. 180) unterschieden sich die einzelnen Kantone in Sprache, Konfession und Geschichte. In den katholischen Kantonen herrschte die konservative Gesinnung vor; in die evangelischen fand der liberale und demokratische Geist der Zeit leichter Eingang. Alle Kantone aber achteten auf die Wahrung ihrer Selbständigkeit innerhalb der Konföderation (vgl. das Autokennzeichen CH = Confoederatio Helvetica).

Der Sonderbund der katholischen Kantone. Die konfessionelle Spannung zwischen den Kantonen war nach dem Wiener Kongreß besonders stark. Die Katholiken hielten an ständischen Lebensformen fest. Sie fürchteten den religionsfeindlichen Liberalismus, der sich in den größeren Kantonen ausbreitete. Deshalb verteidigten sie den Einfluß der Kirche auf den Staat, z. B. in der Schulaufsicht. Die evangelischen Kantone traten für eine Reform des Bundes ein, wünschten die Abschaffung der Privilegien und eine Trennung von Staat und Kirche, gerade im Bereich der Erziehung und Schulaufsicht. Die sieben katholischen Kantone fühlten sich von der ständig wachsenden radikalen Bewegung bedrängt. Um ihre „Souveränitäts- und Territorialrechte" zu verteidigen, schlossen sie sich 1845 zu einem S o n d e r b u n d zusammen. Die übrigen Kantone sahen in diesem Bund im Bunde eine Zerstörung der staatlichen Einheit. 1847 kam es deshalb zu einem Krieg (S o n d e r b u n d s k r i e g) zwischen beiden Gruppen, der nach drei Wochen zur Niederlage der katholischen Kantone führte.

Die Verfassung des Bundesstaates. Nach dem Bürgerkrieg gab sich die Schweiz 1848 eine neue Verfassung nach dem Vorbild der amerikanischen. Im S t ä n d e r a t (dem Senat vergleichbar) sind die Kantone vertreten. Im N a t i o n a l r a t (dem Repräsentantenhaus vergleichbar) haben die Parteienvertreter Sitz und Stimme. Beide Häuser bilden die B u n d e s v e r s a m m l u n g . Sie wählt für drei Jahre die sieben Mitglieder des B u n d e s r a t e s , an dessen Spitze der B u n d e s p r ä s i d e n t steht.

Die Regierungen und Bürger der europäischen Staaten waren interessierte und zum Teil leidenschaftlich erregte Zuschauer des vorrevolutionären Spiels auf der Schweizer Bühne. Je nach ihrer Gesinnung ergriffen sie Partei. Es kam sogar zu Plänen eines kriegerischen Eingreifens, aber schließlich respektierten doch alle die auf dem Wiener Kongreß garantierte schweizerische Neutralität.

2. Der Sturz des Bürgerkönigs und die Zweite Republik in Frankreich

Die Februarrevolution. Louis Philippe enttäuschte die Franzosen. Mit der Zeit stellte es sich heraus, daß er eben doch kein König des Volkes war. Seiner Regierung fehlte jedes fortschrittliche Streben. Nur Großkaufleute und Industrielle (kaum drei Prozent der Bevölkerung) besaßen das Wahlrecht, weil ein hoher Steuersatz die Kleinbürger und den vierten Stand, die Arbeiter, ausschloß.

Revolutionäre vom Februar 1848 im Thronsaal der Tuilerien. Stich nach J. Lange.

Als der Ruf nach einer W a h l r e f o r m besonders in Paris immer lauter wurde, verbot die Regierung Versammlungen und beschnitt die Pressefreiheit. Die Massen griffen am 21. Februar 1848 zu den Waffen, kämpften und siegten auf rasch errichteten Barrikaden, zumal die Nationalgarde sich geweigert hatte, gegen die Aufrührer zu kämpfen. Drei Tage später floh der König nach England.

Die Niederlage des Proletariats. Zum zweitenmal wurde Frankreich eine Republik. Sie war dieses Mal von den K l e i n b ü r g e r n und der I n d u s t r i e a r - b e i t e r s c h a f t erkämpft worden. In wenigen Jahrzehnten hatte sich dieser neue Stand gebildet. Es ging diesen „ P r o l e t a r i e r n ", wie Marx sie nannte (vgl. S. 235), wirtschaftlich sehr schlecht. Heute konnten sie noch Arbeit haben und morgen schon arbeitslos auf der Straße liegen. Darum hieß ihre Parole „Recht auf Arbeit". Die provisorische republikanische Regierung erkannte dieses Recht ausdrücklich an. Der Staat versuchte, die zahlreichen Arbeitslosen in sogenannten „Staatlichen Arbeitsstätten" zu beschäftigen. Man setzte sie zu Erdarbeiten ein und zahlte ihnen wöchentlich einen Lohn von 8 Francs, der in Wirklichkeit nur eine Unterstützung war.

Als eine neu gewählte bürgerlich-republikanische Nationalversammlung die unproduktiven „Staatlichen Arbeitsstätten" wieder aufhob, revoltierten die Arbeiter, die als Nationalgardisten Waffen besaßen, noch einmal. Sie kämpften verbissen und zäh wie Menschen, die nichts als ihre Armut zu verlieren haben. Der Radikalismus der Arbeiterschaft erschreckte die Nationalversammlung. Sie ließ durch die Armee in heftigen Straßenkämpfen die e r s t e A r b e i t e r r e v o l u t i o n Europas niederschlagen. Die Bürger atmeten erleichtert auf; denn sie hatten gefürchtet, Leben und Gut zu verlieren, wenn diese republikanisch-sozialistisch gesinnten Arbeiter im Staate

Links: Napoleon III. Gemälde von Hippolyte Flandrian

Rechts: Napoleon III. empfängt zusammen mit Kaiserin Eugenie eine siamesische Gesandtschaft im Schloß Fontainebleau. Zeitgenössisches Gemälde.

entscheidenden Einfluß gewonnen hätten. Sie wünschten sich jetzt einen starken Mann wie Kaiser Napoleon. Dessen Bild hatte sich nämlich in der Erinnerung des französischen Volkes allmählich verklärt. Im Jahre 1840 hatte man den „kleinen Korporal" nachträglich im Invalidendom zu Paris beigesetzt, und viele Franzosen wallfahrteten zu seinem Grab.

3. Louis Napoleon und das Zweite Kaiserreich

Die Präsidentschaft. Diese Stimmung nutzte der Neffe des Kaisers, L o u i s N a - p o l e o n , geschickt aus. Abenteuerliche, ehrgeizige Pläne hatte er im Kopf, er träumte von einem erneuerten Kaisertum. Weil er den Namen des großen Korsen trug, fand er viele Anhänger, obwohl er als fast unbekannter Mann eben erst aus der Verbannung zurückgekommen war. Louis Napoleon verstand es, republikanische und soziale Gesinnung vorzutäuschen. 1848 wählte ihn eine große Mehrheit zum Präsidenten der Republik.

Das Kaisertum. Das Präsidentenamt betrachtete er nur als eine Stufe zum Thron. Durch eine geschickte und erfolgreiche Wirtschafts- und Sozialpolitik gewann er auch das Vertrauen der Kleinbürger und Arbeiter. 1851 wagte er einen S t a a t s s t r e i c h. Da er aus der Armee die monarchisch gesinnten Offiziere entfernt hatte, konnte er rasch allen Widerstand brechen. Die Gegner des Staatsstreiches wurden verhaftet (26 000) und teilweise nach Algier verschickt. Napoleon proklamierte sich zum Präsidenten auf 10 Jahre und ließ seine Stellung durch eine Volksabstimmung bestätigen. Schon ein Jahr später setzte er eine neue Volksabstimmung in Szene, um für sich und seine Nachkommen die Kaiserwürde zu gewinnen. Das Ziel war erreicht. Als N a p o - l e o n I I I. war er jetzt „Kaiser der Franzosen, durch Gottes Gnade und des Volkes Willen" (1852–1870).

Wieder hatte die Revolution mit der Diktatur eines Napoleon geendet. Der neue Bonaparte war nicht weniger als der erste auf seine „gloire" bedacht, konnte sich aber an militärischer und staatsmännischer Begabung nicht entfernt mit seinem Onkel messen.

II. Die deutsche Revolution

1. Wetterzeichen in Deutschland

Die Göttinger Sieben. Auch nach 1830 blieben in Deutschland staatliche Zensurbehörden und Überwachungskommissionen eifrig bemüht, alle „revolutionsverdächtigen" Männer aufzuspüren und zum Schweigen zu bringen. Trotzdem leuchteten immer wieder Wetterzeichen eines kommenden Sturmes auf.

Im Jahre 1837 z. B. traten s i e b e n P r o f e s s o r e n der Göttinger Universität, darunter die Gebrüder Grimm, gegen ihren neuen König auf. Er hatte die dem Königreich Hannover 1833 gewährte Verfassung eigenmächtig wieder außer Kraft gesetzt. Die Universitätslehrer wurden ihres Amtes enthoben, drei von ihnen des Landes verwiesen. Viele fortschrittlich gesinnte Bürger jubelten diesen aufrechten Männern zu. Ihr Schicksal ließ manchen deutschen Bürger, der bisher allem politischen Geschehen gleichgültig gegenübergestanden hatte, aufhorchen. Offensichtlich war es nicht einerlei, ob man politisch wachsam und zu Entscheidungen bereit war, oder ob man sich in den engen Kreis seiner eigenen Welt zurückzog.

Der aufgelöste „Vereinigte Landtag" in Preußen. In Preußen erwartete man vom neuen König F r i e d r i c h W i l h e l m I V. (1840–1861) die Erfüllung des bereits 1815 von seinem Vorgänger gemachten Versprechens, dem Volke eine Verfassung zu geben. Dazu war er unter keinen Umständen bereit. Nach seiner Ansicht hatte Gott allein ihn in sein königliches Amt berufen. Wie hätte er da auch nur eines seiner angestammten Rechte preisgeben dürfen? Er kam sich schon sehr fortschrittlich vor, als er 1847 auf ständischer Grundlage einen „Vereinigten Landtag" berief. Darin saßen die adligen, großbürgerlichen und bäuerlichen Vertreter aller preußischen Provinzen. Nur in Finanzfragen gewährte ihnen der König ein Mitbestimmungsrecht. Ihm schien das genug an Mitwirkung des Volkes.

Den liberalen Abgeordneten jedoch war das zu wenig. Sie verlangten eine echte Volksvertretung, die regelmäßig tagte, den jährlichen Staatshaushalt kontrollierte (Budgetrecht) und Gesetze mit Mehrheit auch gegen den Willen des Königs beschließen konnte. Es zeigte sich, daß die Mehrheit der Ständevertretung vom „Zeitgeist" angesteckt war. Sie verweigerte ihrem König die Bewilligung der Gelder für den Bahnbau Berlin-Königsberg. Friedrich Wilhelm IV. schickte daraufhin seinen Landtag ungnädig nach Hause. Eine Hungersnot im selben Jahr steigerte die politische Mißstimmung.

2. Erhebung in den deutschen Mittelstaaten

Gemäßigte und radikale Revolutionäre. Die ersten Aufstände in den deutschen Mittelstaaten zeigten schon deutlich, daß es überall gemäßigte und radikale Gruppen von Revolutionären gab. Beide kämpften für die deutsche Einheit und Freiheit. Beide stellten in allen Ländern die gleichen Grundforderungen auf: Pressefreiheit, Öffentlichkeit des Gerichtswesens und Schwurgerichte (Teilnahme von Geschworenen, d. h. ausgelosten Bürgern, an der Rechtsprechung), Volksbewaffnung (Bürgerwehr) und Wahl eines deutschen Parlaments.

Die Radikalen aber forderten darüber hinaus den Sturz der fürstlichen Regierungen und die Errichtung einer deutschen Republik. Sie verlangten außerdem stets soziale Verbesserungen. Von einer Revolution erhofften sie sich „Gerechte Besteuerung nach dem Einkommen . . . Wohlstand, Bildung und Unterricht für alle . . . Schutz und Gewährleistung der Arbeit. Ausgleichung des Mißverhältnisses von Kapital und Arbeit."

Die Arbeiterbewegung 1848. Die wirtschaftliche Lage der Handwerker, der Manufaktur- und Heimarbeiter war in den einzelnen Ländern sehr verschieden. Sie lebten aber alle in hoffnungsloser Abhängigkeit, soweit sie nicht als selbständige Kleinproduzenten arbeiteten. Der größere Teil der Arbeiterschaft dachte trotzdem nicht an einen politischen Klassenkampf gegen Adel und Bürgertum.

Im Revolutionsjahr 1848 schlossen sich alle Arbeiter- und Gewerbevereine in der „Arbeiterverbrüderung" zusammen. Stefan Born (1824–1894), ein Schriftsetzer aus Berlin, leitete die Dachorganisation. Entgegen dem Revolutionsprogramm von Marx und Engels (vgl. S. 235f) bekannte sich Born zur „gesetzlichen Revolution", d. h. zur Reform innerhalb des bestehenden Staatssystems. Er schrieb: „Wir wollen eine Vermittlung der gesellschaftlichen Gegensätze, wir erstreben sie." Die organisierte Arbeiterschaft wollte mehr Brot, mehr Recht, mehr Menschlichkeit. Durch einen friedlichen Ausgleich zwischen Kapital und Arbeit hoffte sie ihre Ziele zu erreichen. In dieser Hinsicht teilten die Arbeiter den Optimismus der bürgerlichen Revolutionäre, die in der Verfassungsfrage mit einer gütlichen Vereinbarung zwischen Fürsten und Volk glaubten rechnen zu können.

Der badische Aufstand. Auf Baden, das schon im „Vormärz" (die Zeit vor der Revolution) eine recht aktive liberale Bewegung hatte, wirkten die französischen Unruhen zuerst ein. Volksversammlungen wurden abgehalten und Flugschriften verteilt. Die Stunde für die radikalen Vorkämpfer einer Revolution schien gekommen. Die Namen ihrer Führer, H e c k e r und S t r u v e , Advokaten aus Mannheim, waren in aller Munde. Kleinbauern und Handwerker liefen ihnen zu. Der „rote Hecker" mit blitzenden Augen unter einem breitrandigen Schlapphut, langem Haar und Vollbart, nahm durch die Macht seiner Rede gefangen. Er sammelte am Oberrhein Freischärler um sich, lauter handfeste „Revolutionäre", und unternahm mit ihnen den vergeblichen Versuch, eine deutsche Republik auszurufen. Truppen des Deutschen Bundes trieben die ungeordneten Freischaren im April 1848 schnell auseinander.

Die fürstlichen Zugeständnisse. In allen Mittel- und Kleinstaaten gaben die fürstlichen Regierungen fast widerstandslos den rasch sich ausbreitenden Volksaufständen nach. Die Herrscher versuchten, durch Berufung neuer Minister („Märzminister") aus den Reihen führender Liberaler den Aufruhr zu beschwichtigen. Das war gar nicht so schwer. Denn der größte Teil der Revolutionäre war zwar liberal, aber auch monarchisch gesinnt und wünschte, sich mit seinem Fürsten gütlich zu verständigen.

Friedrich Hecker (1848). Zeitgenössische Darstellung.

Etwas anders verlief die Entwicklung in Bayern. König Ludwig I. galt vielen Liberalen sogar als ein fortschrittlicher Herrscher. Dennoch erregte er den Unwillen seiner Untertanen, weil er am Hofe die herausfordernd auftretende Tänzerin Lola Montez mit besonderer Gunst auszeichnete. Dem König fiel es mindestens ebenso schwer, sich von dieser Frau zu trennen, wie die politischen Forderungen seiner Bürger zu erfüllen. Er tat beides und dankte zugunsten seines Sohnes Maximilian II. ab.

Den Machtverhältnissen innerhalb des Deutschen Bundes entsprechend konnte die Entscheidung über das Schicksal der deutschen Nation in keinem der mittleren oder kleinen Staaten fallen, sondern nur in Österreich oder Preußen.

3. Aufruhr in Wien und Berlin

Die Märzereignisse in Wien. In Bittschriften und Versammlungen stellte das Volk auch hier wie überall die bekannten politischen Forderungen. Die Regierung M e t - t e r n i c h ließ sich davon nicht beeindrucken. Da gingen am 13. März 1848 Studenten und Arbeiter auf die Straßen. Kaiserliche Truppen rückten an, und es kam zu erbitterten Kämpfen. Mit falschen Pässen mußte Metternich aus dem Staate fliehen, dessen Politik er fast 40 Jahre lang bestimmt hatte.

Unter dem Druck der Aufstände und in der ersten Verwirrung wurde von der Wiener Regierung „alles bewilligt". Aus einem Fenster der Wiener Hofburg wehte bald die schwarz-rot-goldene Fahne, die huldigende Studenten ihrem Kaiser Ferdinand I. gebracht hatten. Eilig berief der Monarch liberale Politiker und gab schon

Am Morgen des 29. Februar 1848 fand man am Kärnter Tor in Wien ein Plakat mit der Aufschrift: „In einem Monat wird Fürst Metternich gestürzt sein. Es lebe das konstitutionelle Österreich!". Schon vor Ablauf dieser Zeit mußte der bis dahin allmächtige Staatskanzler Wien verlassen. – Zeitgenössische Darstellung.

am 25. April eine neue Verfassung bekannt, die sich an das von den Liberalen geschätzte belgische Vorbild anlehnte. Aber gegen die „von oben verfügte" Verfassung kam es im Mai zu Straßendemonstrationen, und der Reichstag erhielt eilfertig den Auftrag, eine andere „Konstitution" auszuarbeiten.

Von Wien breitete sich die Revolution über das ganze Land aus. Die Bauern forderten die Abschaffung aller Abgaben an die Grundherren, sie wollten frei sein. Die einzelnen Nationen des Vielvölkerstaates erhoben jetzt den lange gefürchteten Anspruch auf Selbstregierung. V e n e t i e n und die L o m b a r d e i fielen offen ab. Die U n g a r n verlangten unter Führung des radikalen Politikers L á j o s K o s - s u t h (sprich: Kóschut) ein eigenes Ministerium. Es sollte nur dem ungarischen Reichstag verantwortlich sein. Die ungarischen Soldaten rissen die kaiserlichen Hoheitszeichen von ihren Uniformen; auf den Kasernenhöfen hörte man nur noch Kommandos in der Muttersprache. In Prag kämpften die T s c h e c h e n unter Führung des Geschichtsschreibers F r a n z P a l a c k y (sprich: Pálazki) um ihre nationale Selbstbestimmung.

Aber auch die R u m ä n e n , S e r b e n und K r o a t e n machten die Ansprüche ihres Volkstums geltend. Sie sahen ihre Gegner allerdings mehr in den Ungarn als in den Österreichern. Der Kaiser und seine Regierung übersahen die Lage nicht mehr. Minister verließen ihre Posten, der Hof suchte Zuflucht in Innsbruck, die Donaumonarchie schien vor dem Zerfall zu stehen.

Das Palais des Prinzen Wilhelm wird am 20. März 1848 als „Nationaleigentum" bezeichnet und dadurch vor der Plünderung bewahrt. Zeitgenössische Darstellung. Prinz Wilhelm, der spätere Deutsche Kaiser, der die Nachgiebigkeit seines königlichen Bruders mißbilligte, galt den Aufständischen als Urheber der Straßenkämpfe („Kartätschenprinz"). Er mußte sich auf Wunsch Friedrich Wilhelms IV. nach England begeben (vgl. S. 250).

Die Märzereignisse in Berlin. Aus dem Rheinland, aus Westfalen, Schlesien und anderen Provinzen brachte der Telegraph täglich neue Nachrichten über Volksversammlungen und Aufruhr nach Berlin. In der Stadt hielten die Bürger Versammlungen ab und schickten Abordnungen ins königliche Schloß, um die Forderungen des Volkes zu überbringen. Die Massen rotteten sich auf der Straße zusammen. Auch hier setzte der König sogleich Truppen ein. Dadurch stieg die Aufregung nur noch mehr. Das Volk auf den Straßen forderte stürmisch den Abzug der Soldaten. Friedrich Wilhelm IV. war über diese Haltung seines Volkes erschüttert. Er begriff nicht, wie die Untertanen eine solche Sprache mit ihrem König sprechen konnten. Am 18. März 1848 stellte er eine V e r f a s s u n g in Aussicht und versprach, sich für eine R e f o r m d e s D e u t s c h e n B u n d e s einzusetzen.

Diese Zugeständnisse wurden mit Jubel begrüßt. Eine große Menschenmenge zog vor das Schloß und brachte dem König Huldigungen dar. Sie mißtraute aber dem wachhabenden Militär auf dem Schloßhof. Erbitterte Drohungen gegen die Soldaten wurden laut. Da gab der König Befehl, den Schloßplatz zu räumen. Durch Zufall gingen zwei Gewehrschüsse los. Niemand war getroffen, aber die Menge glaubte an Verrat und königlichen Befehl. Jetzt flammte Widerstand auf. In den Zufahrtsstraßen zum Schloß wurden Barrikaden errichtet, Handwerksgesellen, Studenten, Arbeiter und Kleinbürger kämpften gegen die angreifenden Truppen. Bis zum Morgengrauen des 19. März dauerte die Straßenschlacht. Während der Nacht beriet und verhandelte der König. Gegen Morgen gab er den unbesiegten Truppen den Befehl, den Kampf einzustellen.

Barrikadenkampf in Berlin 1848. Zeitgenössische Darstellung.

In einem Aufruf „An meine lieben Berliner" versprach er, die Truppen an jenen Plätzen zurückzunehmen, wo die Bürger die Barrikaden freiwillig abbrechen würden. Das bedeutete den Sieg der Revolution. Der König machte ihn vollständig, als er, auf dem Balkon stehend, vor den in den Schloßhof getragenen Märzgefallenen zum Zeichen der Ehrung den Hut abnahm.

Zunächst hatte es den Anschein, als wolle der preußische König nicht nur seinem Land eine Verfassung geben, sondern auch die Lösung der gesamtdeutschen Frage einleiten. Am 21. März unternahm er einen U m r i t t durch die Straßen Berlins, geschmückt mit einer schwarz-rot-goldenen Armbinde und von Prinzen, Generalen und Ministern begleitet. Er versprach, die Leitung Deutschlands „für die Tage der Gefahr" zu übernehmen, erließ einen Aufruf „An Mein Volk und die deutsche Nation" und verkündete sogar: „Preußen geht fortan in Deutschland auf."

Anfang April trat der vom König entlassene „Vereinigte Landtag" (vgl. S. 202) wieder zusammen. Auf Antrag der neuen liberalen Regierung beschloß er die Wahl einer „p r e u ß i s c h e n   N a t i o n a l v e r s a m m l u n g", die mit der Krone eine Verfassung „vereinbaren" sollte.

So hatten die Volkserhebungen, vor allem durch die Kampfbereitschaft der radikalen Gruppen, im ersten Ansturm überall gesiegt. Das Schicksal Deutschlands schien jetzt in erster Linie von den drei großen verfassunggebenden Versammlungen in Wien, Berlin und in Frankfurt am Main abzuhängen.

Rechte Seite: Aufbewahrung der im März gefallenen Revolutionäre vor dem Deutschen Dom auf dem Gendarmenmarkt in Berlin. Ausschnitt aus einem unvollendeten Gemälde Adolf Menzels.

206

4. Die Nationalversammlung in der Paulskirche

Das erste gesamtdeutsche Parlament. Unmittelbar aus der Volksbewegung heraus, ohne Wahl, versammelten sich am 31. März 1848 etwa 600 Männer in Frankfurt am Main. Sie waren nicht vom Deutschen Bund beauftragt, keine Regierung hatte sie abgeordnet. Sie bildeten das sogenannte „ V o r p a r l a m e n t " und beschlossen, allgemeine Wahlen für eine verfassunggebende Nationalversammlung auszuschreiben. Für je 50 000 Bürger sollte ein Vertreter in die deutsche „Konstituierende Versammlung" gewählt werden. Ihre Aufgabe sollte es sein, eine Reichsverfassung zu schaffen. Der Bundestag wie auch die einzelnen Regierungen der Länder erkannten diesen Beschluß ohne Widerstand an.

Am 18. Mai 1848 trat in Frankfurt am Main die N a t i o n a l v e r s a m m l u n g zusammen. Es war ein großer nationaler Feiertag, als die Abgeordneten des deutschen Volkes unter Glockengeläut und Kanonendonner, umbraust vom Jubel der Zuschauer, in die Paulskirche einzogen. Der weite Rundbau war mit schwarz-rotgoldenen Fahnen geschmückt. Alle Erwartungen schienen gerechtfertigt, wenn man auf die große Zahl bedeutender Männer blickte, die das Volk in dieses erste gesamtdeutsche Parlament entsandt hatte. Neben Uhland, Arndt, Jahn, Jakob Grimm saßen Männer des praktischen Lebens: Richter, Verwaltungsbeamte, Kaufleute, allerdings nur wenige Angehörige des kleinen Mittelstandes und ein einziger Bauer. Zuerst wählte die Versammlung H e i n r i c h v o n G a g e r n, eine würdevolle Erscheinung und ein gewandter Redner, zu ihrem Präsidenten.

Die Einsetzung einer provisorischen Zentralgewalt. Nach dem Vorschlag Heinrich von Gagerns schuf die Nationalversammlung zunächst eine p r o v i s o - r i s c h e Z e n t r a l g e w a l t (= vorläufige Gesamtregierung). Als Reichsver-

Links: Die deutsche Nationalversammlung in der Paulskirche. Auf dem Podium der Präsident Heinrich von Gagern. Die Paulskirche, 1786 bis 1833 im klassizistischen Stil erbaut, war der Nationalversammlung als Tagungsort zur Verfügung gestellt worden. Das Podium steht auf der Stelle des ursprünglichen Kanzelaltars. Zeitgenössische Darstellung.

Rechts: Einzug der Abgeordneten in die Paulskirche am 18. Mai 1848. Zeitgenössische Darstellung.

weser wurde der volkstümliche Erzherzog Johann von Österreich gewählt. Er bildete dann ein Reichsministerium. Die Regierungen der Einzelstaaten erkannten das vorläufige Reichsoberhaupt an, und der Bundestag trat der neuen Regierung seine Rechte ab. Aber als die Truppen der Einzelstaaten auf das neue Reichsoberhaupt vereidigt werden sollten, weigerten sich gerade die beiden Großmächte Preußen und Österreich, ihre Soldaten einer übergeordneten Reichsgewalt zu unterstellen.

Die Haltung der Nachbarstaaten. Der Glanz festlicher Tage verblaßte gar bald vor der Vielfalt der Aufgaben. Die deutschen Fürstenstaaten, darunter zwei Großmächte, waren nicht einfach wegzufegen, wie es Hecker und Struve mit ihren Freischärlern ohne Erfolg versucht hatten: Anfangs sah es so aus, als ob die westeuropäischen Staaten, vor allem Frankreich, die Revolution wohlwollend unterstützen würden, während das Zarenreich von allem Anfang an ihr geschworener Gegner war. Aber je länger sich die Bildung eines neuen Gesamtstaates hinzog, desto mehr rückten auch die konstitutionellen Monarchien von dem Werk der Paulskirche ab. Ein geschlossener Nationalstaat in der Mitte Europas konnte – so schien es – das Gleichgewicht gefährden.

Die Bildung von Parteien. Die Abgeordneten waren vom Volke nicht als Vertreter eines genau festgelegten politischen Programms gewählt worden, sondern man hatte sich für solche Männer entschieden, die in der Öffentlichkeit hohes Ansehen genossen (Persönlichkeitswahl). Viele von ihnen hatten jahrelang in den Landtagen in Wort und Schrift für ein freies und gemeinsames Vaterland gekämpft. In der praktischen Arbeit des Parlaments bildeten sich Gruppen heraus, die ein bestimmtes politisches Programm vertraten, die Fraktionen (Parteien). Die r a d i k a l e , r e p u b l i k a n i s c h gesinnte Gruppe, welche im Parlament auf der linken Seite saß, erhielt den Namen

„die Linke". Ihre Mitglieder waren moderne Demokraten, d. h. sie
bekannten sich zur politischen und sozialen Gleichheit aller Bürger und sprachen
darum dem Adel das Vorrecht der Herrschaftsausübung ab. Auf der rechten Seite
saßen die Monarchisten. Sie verteidigten das gottgewollte Herrschaftsprivileg
des Adels und die überkommene Gliederung der Gesellschaft in Stände. Die Konservativen bestanden aus einer allerdings nur kleinen reaktionären und einer
größeren fortschrittlichen Gruppe. Diese gemäßigt Liberalen saßen in der
Mitte des Halbrunds und wurden deshalb „rechtes Zentrum" genannt (im
Gegensatz zum republikanisch gesinnten „linken Zentrum"). Sie traten für eine gemeinsame deutsche Verfassung ein und wollten einen Erbkaiser an die Spitze des
Reiches stellen. Zugleich sollten aber die fürstlichen Einzelstaaten mit ihren Besonderheiten bestehen bleiben.

Die Grundrechte. Die Beratungen des Parlaments begannen mit der Aufstellung der
Grundrechte und zogen sich darüber monatelang hin. Die Ideale der Freiheit, für die
so viele mutige Männer im „Vormärz" gekämpft und gelitten hatten, sollten nun als
unverletzliche Rechte in die Verfassung aufgenommen werden. Die „Menschenrechte", wie sie zuerst Amerika und dann Frankreich feierlich verkündet hatten, waren
das geschichtliche Vorbild. Sorgfältig wurde jeder Satz beraten. So lauteten die entscheidenden Bestimmungen:

Alle Deutschen sind vor dem Gesetz gleich. Alle Standesvorrechte sind abgeschafft. Die öffentlichen Ämter sind für alle Befähigten gleich zugänglich. Die Wehrpflicht ist für
alle gleich.
Die Freiheit der Person ist unverletzlich. Die Verhaftung einer Person soll, außer
im Falle der Ergreifung auf frischer Tat, nur geschehen kraft eines richterlichen, mit Gründen
versehenen Befehls. Dieser Befehl muß im Augenblick der Verhaftung oder innerhalb der näch-
sten 24 Stunden dem Verhafteten zugestellt werden.
Die Wohnung ist unverletzlich.
Das Briefgeheimnis ist gewährleistet.
Jeder Deutsche hat das Recht, durch Wort, Schrift und bildliche Darstellung seine Mei-
nung frei zu äußern.
Die Pressefreiheit darf unter keinen Umständen und in keiner Weise durch vorbeugende
Maßregeln beschränkt oder aufgehoben werden.
Jeder Deutsche hat volle Glaubens- und Gewissensfreiheit.
Die Wissenschaft und ihre Lehre sind frei.
Für die Bildung der deutschen Jugend soll durch öffentliche Schulen genügend
gesorgt werden. Es steht einem jeden frei, seinen Beruf zu wählen und sich für ihn auszubilden,
wie und wo er will.
Das Eigentum ist unverletzlich.
Die richterliche Gewalt wird selbständig von den staatlichen Gerichten geübt.
Niemand darf seinem gesetzlichen Richter entzogen werden. Ausnahmegerichte sollen nie statt-
finden.
Jeder deutsche Staat soll eine Verfassung mit Volksvertretung haben. Die Minister sind
der Volksvertretung verantwortlich.

Großdeutsche und Kleindeutsche. Inzwischen war es Herbst geworden, ehe die
Hauptaufgabe, die Ausarbeitung der Verfassung, in Angriff genommen werden konnte.
Die fürstlichen Länderregierungen hatten Zeit gehabt, sich vom ersten Schreck zu er-
holen. Sie konnten mit Hilfe der Truppen ihr Regiment wieder festigen. Das Parlament
hätte mit seiner Arbeit schneller zu Ende kommen müssen; denn die Zeit arbeitete für
die alten Gewalten. Aber die zu lösenden Fragen waren eben sehr schwer.

Nach der gründlich ausgearbeiteten (am 27. März 1849 angenommenen) V e r f a s s u n g sollte an der Spitze des Reiches ein Kaiser stehen. Aber wer sollte es sein? Der Kaiser von Österreich? Der neue, revolutionsfeindliche Ministerpräsident Österreichs, Fürst Schwarzenberg, hatte erklärt, entweder gliedere man die gesamte Donaumonarchie mit ihren verschiedenen Völkerschaften dem neuen Reiche ein oder Österreich verzichte überhaupt auf seinen Beitritt. Wie aber stellte man sich diese Eingliederung vor? Mußte man nicht den Tschechen, Ungarn und Slowaken – einem Drittel der Gesamtbevölkerung – recht geben, wenn sie es ablehnten, als Abgeordnete in ein deutsches Parlament einzuziehen, in dem man ihre Sprache nicht verstand und in dem sie in jedem Falle in der Minderheit blieben?

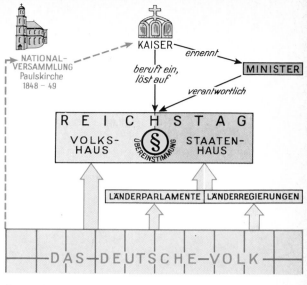

Der Verfassungsentwurf von 1849

Wer aber konnte es andererseits verantworten, das deutsche Österreich aus dem neuen Reichsverband einfach auszuschließen, nachdem es so lange Wächter und Schirmer des Reiches in Südosteuropa gewesen war? Ludwig Uhland machte sich vor allem zum Sprecher der großen Zahl derer, die für ein G r o ß d e u t s c h l a n d eintraten, das die deutschsprachigen Gebiete Österreichs umfassen und dessen fremdsprachige Kronländer in einem besonderen Vertrag locker angliedern sollte.

Eine andere Gruppe sprach sich angesichts der großen Schwierigkeiten mit dem Vielvölkerstaat Österreich für ein K l e i n d e u t s c h l a n d aus. Sie wollte dem preußischen König die Krone anbieten. Österreich sollte aus dem engeren deutschen Nationalstaat ausgeschlossen bleiben, jedoch die Möglichkeit erhalten, mit ihm einen „weiteren" Bund zu schließen.

Erb- oder Wahlkaisertum. Eine andere Frage war zwar nicht ganz so schwierig, aber auch ihre Erörterung kostete das Parlament viel Zeit. Sollte das Kaisertum in einem Hause erblich sein, oder sollte das Volk in demokratischer Weise jedesmal einen der deutschen Fürsten zum Kaiser wählen? Für beide Lösungen ließen sich gute Gründe anführen. So brachte denn auch die entscheidende Abstimmung nur eine ganz geringe Mehrheit für das E r b k a i s e r t u m.

Das Ende der Nationalversammlung. Während man in Frankfurt noch um die Lösung der groß- und kleindeutschen Frage rang, hatte F ü r s t S c h w a r z e n b e r g die Revolution in der ganzen Donaumonarchie niedergeschlagen. Österreich wurde wieder absolutistisch regiert. Damit war eine großdeutsche Lösung unmöglich geworden.

Als die Nationalversammlung schließlich am 28. März 1849 zur K a i s e r w a h l schritt, enthielten sich die Großdeutschen begreiflicherweise der Stimme. 290 von 538 Abgeordneten wählten den preußischen König zum Kaiser.

Aber dieser Sieg kam sogar für die Kleindeutschen zu spät. Denn F r i e d r i c h W i l h e l m I V. dachte überhaupt nicht daran, „sich mit einem vollen Tropfen demokratischen Öles" salben zu lassen, wie der Dichter Ludwig Uhland einmal im

Die Erschießung Robert Blums vor Wien am 9. November 1848. Zeitgenössische Darstellung.

Parlament gefordert hatte. Schon im Dezember 1848 hatte der König in einem ver-traulichen Brief geschrieben, er lehne eine Krone ab, die durch den „Ludergeruch der Revolution von 1848 verunehrt" sei. Im Tone höflich, aber in der Sache ebenso ab-lehnend antwortete er nun jenen Abgeordneten der Nationalversammlung, die ihm am 3. April 1849 seine Wahl zum „Kaiser der Deutschen" mitteilten.

Damit war das Werk der Paulskirche gescheitert. Republikanische Revolutionäre versuchten von Baden aus eine neue Aufstandswelle auszulösen. Schon gingen Sol-daten der Bundesfestung Rastatt zu den Freischärlern über. Aber zu Hilfe gerufene preußische Truppen schlugen die Revolte rasch nieder. Die Abgeordneten der Natio-nalversammlung kehrten zum größten Teil enttäuscht in ihre Länder zurück. Ein R u m p f p a r l a m e n t von 100 Abgeordneten, die zur radikalen Linken gehörten, versuchte in Stuttgart weiterzutagen. Der württembergische König ließ aber bald den Sitzungssaal schließen und die Abgeordneten durch berittene Polizisten auseinander-jagen.

5. Deutschland nach der Revolution

Ursachen des Scheiterns der Revolution. Weshalb war nun eigentlich das Ver-fassungswerk gescheitert? C a r l S c h u r z – ein Revolutionär, der beim letzten Aufstand der Radikalen in Rastatt mitgekämpft hatte, dann floh, nach Amerika aus-wanderte und dort ein bedeutender Staatsmann wurde (vgl. S. 247) – urteilte folgen-dermaßen: „Dem Frankfurter Parlament fehlte das Genie, das die Gelegenheit er-kennt und rasch beim Schopf ergreift – es vergaß, daß in gewaltsam bewegter Zeit die Weltgeschichte nicht auf den Denker wartet."

Die Abordnung der Frankfurter Nationalversammlung bei König Friedrich Wilhelm IV. Zeitgenössische Darstellung.

Er hat richtig gesehen. Der rechte Augenblick des Handelns war versäumt worden. In der langen Zeit der Beratungen gewannen die Fürsten mit Hilfe ihrer Truppen die Macht zurück. Wie beim Ausbruch der Revolution waren auch bei ihrem Ende die politischen Verhältnisse in Wien und Berlin ausschlaggebend.

Österreich. Das kaiserliche Heer hatte bis zum Herbst 1848 die Aufstände in Italien, Ungarn und Böhmen niedergeschlagen. Alle Zugeständnisse an die verschiedenen Nationalitäten wurden damit hinfällig. In Wien, das vom Kaiser verlassen war, gewannen die Demokraten mehr und mehr die Macht. Die Revolution bekam sozialistische Züge. Arbeiterbataillone kämpften neben Bürgergarden. Der Gemeinderat unterstellte die Stadt einem gewählten Kommandanten. Hartnäckig wehrten sich die Revolutionäre gegen die kaiserlichen Truppen. Ein radikaler Abgeordneter der Pauls-kirche, R o b e r t B l u m , eilte von Frankfurt ins belagerte Wien, um dessen Widerstandswillen zu stärken und die Demokraten zu beraten. Doch Ende Oktober fiel die Stadt.

F ü r s t S c h w a r z e n b e r g richtete als neuer Ministerpräsident ein strenges Regiment auf. Standgerichte verurteilten die Revolutionsführer zum Tode. Weder der Einspruch des Frankfurter Parlaments noch Protestversammlungen in Deutschland retteten Robert Blum das Leben. Über seine Unverletzlichkeit als Abgeordneter setzte sich der Fürst bewußt und demonstrativ hinweg. Die Tätigkeit des verfassunggeben-den Reichstages war selbstverständlich zu Ende, er wurde aufgelöst. Schwarzenberg erließ für ganz Österreich eine Verfassung, in der nicht mehr von den Sonderrechten der verschiedenen Völkerschaften die Rede war.

Daraufhin flammte in Ungarn noch einmal der Aufstand auf. Der fanatische Führer der liberalen Opposition, L á j o s   K o s s u t h , erklärte Ungarn zur selbständigen Republik und begann den Kampf um die Unabhängigkeit. Die Wiener Regierung sah sich nach Hilfe um. Zar Nikolaus I., in seinem eigenen Land ein rücksichtsloser Verfechter des Absolutismus, schickte ein starkes Heer über die Karpaten. Der ungarische Widerstand wurde gebrochen. Nach diesem Sieg bedurfte Schwarzenberg auch keiner Verfassung mehr. Eine kaiserliche Verordnung hob sie 1851 auf.

Preußen. Der preußische König, der im März den Aufruf an seine „lieben Berliner" erlassen hatte, nannte im Dezember die Revolution von 1848 „die albernste, dümmste, schlechteste, – wenn auch, gottlob, nicht böseste des Jahrhunderts!" Bei dieser Einstellung war zu erwarten, daß der König alsbald dem österreichischen Beispiel nacheiferte und mit Hilfe des Heeres die Tätigkeit der preußischen Nationalversammlung beendete. Diese hatte es sogar gewagt, in ihrem Verfassungsentwurf den Zusatz „von Gottes Gnaden" hinter dem Namen des Königs zu streichen! Der immer noch romantisch von mittelalterlicher Kaiserherrlichkeit träumende Monarch war darüber empört. Der grundbesitzende Adel, das Offizierskorps, die Beamtenschaft, aber auch viele königstreu gesinnte Bauern waren aus den verschiedensten Gründen froh, daß die stark „links" eingestellte verfassunggebende Versammlung aufgelöst wurde. Zur Abwehr liberaler und demokratischer Bestrebungen bildete sich eine k o n s e r v a t i v e   P a r t e i . Am 5. Dezember 1848 verkündete der König aus eigener Vollmacht eine Verfassung, die bis 1918 in Kraft blieb. Von den Liberalen wurde sie „ o k t r o y i e r t e (aufgezwungene) V e r f a s s u n g " genannt.

Im „ H e r r e n h a u s ", der ersten Kammer, saßen auf Grund erblichen Privilegs Mitglieder des Adels und vom König berufene Männer. Das Volk sollte in der zweiten Kammer, im „ A b g e o r d n e t e n h a u s " vertreten sein. Aber das verhinderte ein am 30. Mai 1849 vom König verordnetes, ausgeklügeltes D r e i k l a s s e n w a h l r e c h t .
Die Bevölkerung wurde nach ihren Steuerleistungen in drei Klassen eingeteilt. Die hochbesteuerten Bürger der ersten und zweiten Klasse machten nur einen Bruchteil der Bevölkerung aus, hatten aber die meisten Vertreter im Abgeordnetenhaus. Zur dritten Klasse gehörte der weitaus größte Teil der Einwohner Preußens, aber sein Steueraufkommen war klein und entsprechend auch die Zahl seiner Abgeordneten.

Dieses System konnte natürlich das staatsbürgerliche Verantwortungsbewußtsein der Bürger nicht fördern.

Preußische Unionspläne. Friedrich Wilhelm IV. war im Grunde seines Herzens liberalen und demokratischen Ideen nie zugetan gewesen. Doch träumte er von seiner nationalen Aufgabe. Er, der König von Preußen, wollte die deutsche Einheit über eine U n i o n   d e r   F ü r s t e n ohne Österreich zustande bringen. Die Mittel- und Kleinstaaten stimmten zu und verhandelten im Frühjahr 1850 mit Preußen in Erfurt über eine Verfassung. Österreich stellte sich dieser preußischen Initiative entgegen. „Aus Deutschland hinauswerfen lassen wir uns nicht", sagte Fürst Schwarzenberg, trat für eine Erneuerung des Deutschen Bundes ein und war, der Unterstützung des Zaren gewiß, bereit gegen Preußen zu marschieren. Da sprach der König im Vertrag von O l m ü t z im November 1850 den Verzicht auf seine Unionspläne aus und erklärte sich mit der Wiederherstellung des alten Bundestages in Frankfurt einverstanden.

1850

Die Erneuerung des deutschen Bundes. So trat denn 1851 in Frankfurt wieder der alte Bundestag zusammen. Wie ein Spuk waren die Ereignisse und Gestalten des „tollen Jahres" 1848 verschwunden. Die führenden Revolutionäre waren entweder tot, saßen im Gefängnis oder waren ins Land der Freiheit, nach Amerika, ausgewandert.

214

Sechstes Blatt aus der 1849 entstandenen Holzschnittfolge „Auch ein Totentanz" von Alfred Rethel.

Keine der europäischen Revolutionen des Jahres 1848 hatte ihre politischen Ziele erreicht. Die große Aufgabe, den Völkern Europas die n a t i o n a l e E i n h e i t und die s t a a t s b ü r g e r l i c h e F r e i h e i t zu bringen, blieb aber dem 19. Jahrhundert weiterhin gestellt.

Die Ruhe des „Vormärz" konnte unter keinen Umständen wiederkehren. Denn die weltweite technisch-industrielle und in deren Folge auch wirtschaftlich-soziale Revolution hatte schon begonnen. Sie hat mit anderer Wucht als die Revolution von 1848 am politischen und gesellschaftlichen Aufbau des alten Europa gerüttelt. Unter ihren Stößen fielen – spätestens nach dem Ersten Weltkrieg – die letzten Reste des alten Obrigkeitsstaates in Europa.

Zusammenfassung:

Nach einem kurzen Bürgerkrieg gab sich die Schweiz 1848 eine demokratische Verfassung nach dem Vorbild der USA.

Die Februarrevolution in Frankreich war die erste Arbeiterrevolution in Europa. Die Arbeiter erhoben soziale Forderungen.

Die revolutionäre Bewegung pflanzte sich über ganz Europa fort. Die Ziele der Aufstände waren aber bei den einzelnen Völkern recht verschieden.

In der deutschen Revolution kämpften die Bürger hauptsächlich um die in einer Verfassung garantierte Freiheit und nationale Einheit des Volkes. Sie wollten mit ihren Fürsten zu einer „Vereinbarung" kommen. Nur die kleine Gruppe der Radikalen wünschte eine Einheitsrepublik und stellte soziale Forderungen auf.

In Frankfurt beriet das erste deutsche Parlament ein Jahr lang über einen Gesamtstaat.
Das Werk der Paulskirche scheiterte aus folgenden Gründen:

1. Weder die vorläufig gebildete Reichsregierung unter Erzherzog Johann von Österreich noch die Führer der Revolution hatten Machtmittel in den Händen, wie sie die Fürsten besaßen.
2. Die Armeen revoltierten nicht. Die fürstlichen Regierungen gewannen Zeit, um in ihren Ländern die Revolution niederzuschlagen.
3. Das Landvolk, damals die Mehrheit, blieb überwiegend seinen Landesfürsten treu.
4. Der König von Preußen lehnte die ihm angebotene deutsche Kaiserkrone ab.

Die Revolution hat dem deutschen Volk weder eine fortschrittliche Verfassung noch die nationale Einheit gebracht. Aber sie hat die liberalen und demokratischen Ideen in Deutschland gefördert und den Willen zur Einheit gestärkt.

Einsichten und Begriffe

Verfassung. In jedem politischen Gemeinwesen, das sich nicht gerade in einer Umwälzung (Revolution) befindet, ist wenigstens durch ungeschriebene Überlieferung festgelegt, wie, durch wen und in welchen Formen die Staatsgewalt ausgeübt wird. Diese G r u n d o r d n u n g e i n e s   j e d e n   S t a a t e s heißt Verfassung in der weitesten Bedeutung des Wortes.

In einem engeren Sinne versteht man heute unter Verfassung ein s c h r i f t l i c h   n i e d e r g e l e g t e s   S t a a t s g r u n d g e s e t z, in dem die Rechte und die Pflichten der Staatsbürger und der Staatsorgane festgehalten und gegeneinander abgegrenzt sind.

Berühmte Beispiele einer verhältnismäßig frühen Abgrenzung von Herrschaftsrechten im Staat sind die Habeas-Corpus-Akte von 1679 (vgl. S. 22) und die Declaration of Rights von 1689 (vgl. S. 24) sowie die Verfassung der USA von 1787 (vgl. S. 121).

Verfassungsstaat. Einen entschieden freiheitlichen Sinn hat das Wort Verfassung in dem Begriff Verfassungsstaat. Die meisten seiner Grundsätze wurden zwar schon vor 1815 erkannt und verkündet: Volkssouveränität, Regierungsverantwortlichkeit, Gewaltenteilung und Unverletzlichkeit der persönlichen Freiheitsrechte (Grund- oder Menschenrechte). Voll verwirklicht wurde er aber erst in unserem Jahrhundert. Im modernen Verfassungsstaat unterliegen die staatlichen Organe der Kontrolle unabhängiger Gerichte. Die wesentlichen Beziehungen zwischen den Bürgern und den Staatsorganen sind gesetzlich geordnet und rechtlich nachprüfbar. Von dieser Seite betrachtet, kann der Verfassungsstaat auch als R e c h t s s t a a t bezeichnet werden.

Volkssouveränität. Im Verfassungsstaat ist das Staatsvolk Träger der Staatshoheit (Souveränität des Volkes). Die Staatsorgane arbeiten in seinem Auftrag, den es durch freie Wahlen erteilt.

Gewaltenteilung. Im Verfassungsstaat ist die Staatsgewalt zwischen mehreren Staatsorganen geteilt, die sich gegenseitig kontrollieren. Zum Grundsatz staatlichen Lebens wurde die Gewaltenteilung durch die Lehren der Aufklärung. Aus dieser Zeit stammt die Unterscheidung von gesetzgebender, ausführender und richterlicher Gewalt: Legislative, Exekutive, Jurisdiktion.

Die Notwendigkeit einer Gewaltenteilung ergibt sich aus der bitteren Erfahrung, daß alle Macht zum Mißbrauch neigt und daß daher wirksame Gegengewichte nötig sind. Vor allem muß die richterliche Gewalt von der gesetzgebenden und ausführenden unabhängig sein.

Jede Teilung der Gewalten schwächt die Entscheidungsgewalt des Staates; sie mindert aber die Gefahr der Diktatur. In Bundesstaaten wird die sachliche Teilung noch durch eine regionale ergänzt (in der Bundesrepublik Deutschland z. B. zwischen Bund und Ländern).

Grundrechte. Viele Verfassungen legen die sogenannten Grund- oder Freiheitsrechte der Einzelperson fest, die der Staat nicht verletzen darf, weil sie der Ausdruck der Menschenwürde sind. Wichtige Menschen- oder Grundrechte sind: das Recht auf Leben und körperliche Unversehrtheit; das Recht auf Freiheit und auf Eigentum; Gleichheit vor dem Gesetz; Glaubens-, Gewissens- und Meinungsfreiheit; Schutz vor willkürlicher Verhaftung; das Recht des Widerstandes gegen staatliche Unterdrückung. Diese Freiheitsrechte sind gesichert, wenn dem Staatsbürger das Recht zusteht, gegen Willkürakte staatlicher Organe ein unabhängiges Gericht anzurufen.

SIEBTES KAPITEL

Die großen Umwälzungen des Jahrhunderts im Zeichen von Technik und Industrie

I. Moderne Technik und Weltgeschichte

Jahrtausendelang haben die Völker der Erde nur mit ihren näheren Nachbarn Kultur- und Handelsgüter ausgetauscht. Wohl fuhren schon immer kühne Seefahrer über die Meere, entdeckten neues, unbekanntes Land und brachten seltsame Pflanzen und Waren aus diesen Ländern heim.

Aber die Handelsverbindungen blieben locker, verfielen wieder, und eine enge, dauernde Austauschgemeinschaft kam nicht zustande. Die gegenseitige Abhängigkeit der Völker war gering. Erst seit dem Zeitalter der Entdeckungen (um 1500), seit Kolumbus und Vasco da Gama, wurden die Beziehungen zwischen den Völkern der Welt immer enger (vgl. Bd. 2, S. 172).

Zur Überwindung des Raumes haben die Menschen lange Zeit Pferd, Maultier, Kamel, Elefant, Ruder- und Segelschiff verwandt. An ihre Stelle traten nun Eisenbahn und Dampfschiff, später auch Auto und Flugzeug. Die Geschwindigkeiten der Verkehrs- und Nachrichtenmittel vergrößerten sich; die Welt schien kleiner zu werden. So ist im 19. und 20. Jahrhundert aus der Geschichte einzelner Völker und Staaten eine unteilbare, gemeinsame W e l t g e s c h i c h t e geworden.

II. Veränderung der Geburts- und Sterbeziffern

1. Fortschritt in Heilkunde und Hygiene

Rückgang der Kindersterblichkeit. Die neue Epoche setzte mit einem Geburtenanstieg ein, der bereits im 18. Jahrhundert begann und in der ganzen Welt zu beobachten war. Die Kindersterblichkeit ging zurück, und die durchschnittliche Lebensdauer der Erwachsenen erhöhte sich. Diesen Fortschritt verdankte die Menschheit vor allem den neuen Erkenntnissen der H e i l k u n d e und H y g i e n e.

Die Geburtenziffer lag fast zu allen Zeiten höher als die Sterblichkeitsziffer, und trotzdem war die Menschheit nur langsam weitergewachsen. Denn der Tod raffte durchschnittlich ein Drittel, oft sogar die Hälfte und noch mehr aller Säuglinge hinweg. Die Mütter starben vielfach bei der Geburt, die Männer im besten Alter. Mehr als die Kriege wüteten damals die Seuchen unter den Menschen. Noch im deutsch-französischen Kriege von 1870/71 starben mehr Soldaten an Seuchen als auf dem Schlachtfeld.

Medizinische Fortschritte. Das änderte sich, als die Heilkunde in der Erforschung der Krankheitserreger und ihrer Bekämpfung Fortschritte machte, als man den Blattern, der Cholera, dem Typhus, der Tuberkulose und dem Kindbettfieber nicht mehr machtlos gegenüberstand. Die Erfindung von betäubenden Mitteln (Narkose) und die Erkenntnis, daß man bei ärztlichen Eingriffen absolut keimfrei arbeiten müsse (Aseptik), haben manches Menschenleben gerettet, das früher unweigerlich dem Tode verfallen war.

Statistik der Todesursachen in Deutschland 1875–1924

Es starben von 100 000 Einwohnern an

	1875	1912	1924
angeborenen Fehlern	—¹	104	76
Altersschwäche	—	164	142
Scharlach	46	8	1
Masern	31	14	3
Diphtherie	159	21	6
Typhus	74	3	3
Tuberkulose	323	151	120
Ruhr	31	—	—
Lungenentzündung	—	128	190
Influenza	—	10	24
Kreislaufstörung	—	161	177
Krebs	—	71	98
durch Selbstmord	16	—	23

¹ In allen Fällen, wo keine Zahlen angegeben sind, fehlen entsprechende statistische Unterlagen.

Die Medizin lehrte jetzt, daß Vorbeugen noch wichtiger sei als Heilen. Das hatte für den öffentlichen und privaten Wohnungsbau, für die Errichtung von Schulen, Bädern, Kranken- und Armenhäusern und Gefängnissen weitreichende Folgen. Wo aber Trägheit und Profitgier des Menschen eine Verbesserung der Lebensverhältnisse hinderten, wo Armut dem hygienischen Fortschritt hemmend in den Weg trat, da hausten immer noch das menschliche Elend und der Tod.

2. Bevölkerungsanstieg

Im ganzen gesehen haben sich im Laufe des 19. Jahrhunderts die Erkenntnisse der Medizin durchgesetzt. Der Anstieg der Geburten und das Absinken der Sterblichkeit waren so groß, daß die Wissenschaft schon mit einer regelmäßigen Verdoppelung der Menschheit binnen zwanzig Jahren rechnete und eine Überbevölkerung der Erde in bedrohlicher Nähe sah. Die Angst, daß man bald nicht mehr genügend Lebensraum und Nahrung auf der Welt habe, trug mit dazu bei, daß man den landwirtschaftlichen Ertrag zu steigern suchte, eifrig um koloniale Erwerbungen bemüht war und die Technik vorwärtstrieb.

Bei allen Völkern der Welt stiegen die Bevölkerungskurven steil an: E u r o p a s Bevölkerung stieg in 100 Jahren (1800 bis 1904) von 175 auf 460 Millionen. D e u t s c h - l a n d s Einwohnerzahl wuchs ungefähr in derselben Zeit von 25 auf nahezu 65 Millionen. Die V e r e i n i g t e n   S t a a t e n konnten ihre Einwohnerzahl mehr als verdoppeln. Sie stieg, wenn man die 5½ Millionen europäischer Einwanderer hinzu-

Rechte Seite oben: Die Förderanlage eines englischen Kohlenbergwerks um 1790. Gemälde eines unbekannten Künstlers. Die Grundbesitzer, denen nach dem geltenden Recht auch die unter der Erde befindlichen Bodenschätze gehörten, konnten ihr Vermögen vervielfachen, wenn unter ihrem Grund und Boden Kohlevorkommen entdeckt wurden (vgl. S. 231). – Unten: Schwarzwälder Glasbläserei. Gemälde von M. Dilger (um 1820). Hier hat sich gegenüber der Zeit, in der diese Betriebe entstanden, wenig oder nichts geändert. Der Übergang von der Manufaktur zur Fabrik (vgl. S. 227) kündigt sich noch nicht an.

rechnet, von 32 auf 76 Millionen. Auch der Menschenreichtum I n d i e n s (352 Millionen) und C h i n a s (440 Millionen) schon um 1900 ist weitgehend auf die medizinischen und hygienischen Umwälzungen des vergangenen Jahrhunderts zurückzuführen. Nahezu überall wuchs die Bevölkerung um mehr als das Zweifache.

III. Neue Methoden in der Landwirtschaft

1. Dörfliches Leben um 1800

Jahrhundertelang war das Landschaftsbild des Dorfes und seiner Umgebung unverändert geblieben. Das Ackerland bebaute man um 1800 noch, wie schon im frühen Mittelalter, in der D r e i f e l d e r w i r t s c h a f t. Die Ackergeräte waren die gleichen geblieben. Die Felder der einzelnen Bauern lagen oft in der ganzen Dorfgemarkung zerstreut, was die Bodenbearbeitung erheblich erschwerte und den Ertrag minderte. In normalen Zeiten trugen die Äcker, was man zum Leben brauchte. Europa war im Vergleich zu heute dünn bevölkert. Von den 25 Millionen Menschen in Deutschland lebten drei Viertel auch jetzt noch auf dem Lande.

Für die G r o ß v i e h h a l t u n g brauchte man viel Weide- und Brachland, da der planmäßige Anbau von Futterpflanzen kaum bekannt war. Jeden Herbst war man gezwungen, einen Teil der Tiere zu schlachten, weil das Futter fehlte. Den ganzen Winter mangelte es an Frischfleisch, und auf dem Mittagstisch stand immer wieder Gesalzenes. Die Ernährung war in der kalten Jahreszeit sehr vitaminarm, was manche Mangelkrankheiten verursachte.

Wer von den Bauern W a l d besaß, hatte eine Quelle sicherer Einkünfte. Denn das Holz war Heizmaterial und Rohstoff für viele Gegenstände der bäuerlichen und gewerblichen Wirtschaft.

2. Veränderungen durch Forschung und Technik

Steigerung der landwirtschaftlichen Erträge. In England entwickelte man schon im 18. Jahrhundert neue Methoden des Ackerbaues, die den Ertrag erheblich steigerten.

Man hatte erkannt, daß nicht jede Pflanze dem Boden die gleichen Kräfte entzieht. Wenn man nur in richtiger Weise die Fruchtarten wechselte, konnte man jedes Jahr alle Äcker bebauen und brauchte kein Feld mehr brachliegen zu lassen. Der Boden erholte sich trotzdem, weil er nicht in der gleichen Weise beansprucht wurde. Diese Lehre vom F r u c h t w e c h s e l, die in Deutschland der Hannoveraner A l b r e c h t T h a e r (1752–1828) nach englischem Vorbild gelehrt und auf seinem Mustergut erprobt hatte, löste die uralte Dreifelderwirtschaft ab.

Auch die Bodenarten untersuchte man jetzt wissenschaftlich, verbesserte sie durch wohlberechnete Bewässerungs- oder Entwässerungsanlagen und konnte den Ertrag um ein Vielfaches steigern, als J u s t u s L i e b i g

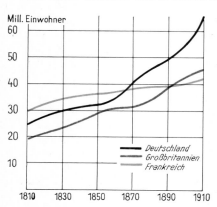

Das Wachstum der Bevölkerung in Deutschland, Großbritannien und Frankreich

Das Laboratorium Justus Liebigs in Gießen. Zeichnung von Wilhelm Trautschold (1842).

(1803–1873) die k ü n s t l i c h e D ü n g u n g eingeführt hatte. Der vermehrte Anbau von Futterpflanzen, vor allem von Klee und Rüben, brachte das Ende der herbst-
lichen Großviehschlachtungen. Die Züchtung von Tierrassen mit besseren Leistungen
machte die Viehhaltung lohnender.

Bildung landwirtschaftlicher Genossenschaften. Wollte sich der Bauer auf dem
Markt behaupten, dann brauchte er Geld z. B. für zeitgemäße Ackergeräte oder für
neu entwickelte Sorten von Saatgut; er mußte auch geeignete Einrichtungen haben,
um die verderblichen Güter, die mit der Bahn in weit entfernte Großstädte gebracht
wurden, gegen Verderbnis zu schützen. Zu alledem reichten die finanziellen und technischen Mittel des einzelnen nicht aus, und so entstanden nach und nach l a n d -
w i r t s c h a f t l i c h e G e n o s s e n s c h a f t e n , bäuerliche Berufsverbände, die
auch die Rechte der Bauern gegenüber Gemeinde und Staat wahrnahmen. Der Staat
förderte ebenfalls den landwirtschaftlichen Fortschritt und richtete Forschungsanstal-
ten, Versuchs- und Zuchtgüter, landwirtschaftliche Hoch- und Berufsschulen ein. Wie
auf dem Gebiet der Technik und Industrie, gab es jetzt auch landwirtschaftliche Aus-
stellungen, die über Zuchtergebnisse bei Pflanze und Tier und über den Landmaschi-
nenbau unterrichteten.

Der Einfluß der industriellen Entwicklung. Die Maschine und die modernen Verkehrsmittel eroberten das Dorf. Vielfach zog die nahe Großstadt die Jugend der um-
liegenden Dörfer in ihre Fabriken. Zuweilen ließ sich auch ein Industrieunternehmer
bei günstiger Rohstoff- und Verkehrslage in einem Dorfe nieder, das in wenigen Jahrzehnten zu einer Großstadt heranwachsen konnte. Die Einwohnerzahl Dortmunds
stieg zwischen 1816 und 1864 von 4000 auf 28000, die Bevölkerung des Landstädtchens
Gleiwitz in Oberschlesien von 3500 auf 11800 Einwohner.

Zusammenfassung:

Seit dem 19. Jahrhundert wurden die Geschicke aller Völker durch die neuen Verkehrs- und Nachrichtenmittel immer enger miteinander verflochten. Die rasche Bevölkerungsvermehrung seit dem 18. Jahrhundert war eine Folge der großen Fortschritte auf dem Gebiet der Heilkunde und Hygiene.

Die vorherrschende Form der Landwirtschaft war um 1800 immer noch die Dreifelderwirtschaft. Unter dem Einfluß wissenschaftlicher Erkenntnisse begannen die Bauern damit, durch Fruchtwechsel und künstliche Düngung die Erträge zu steigern. Um sich auf dem Markt zu behaupten, schlossen sie sich zu landwirtschaftlichen Genossenschaften zusammen.

IV. Naturwissenschaftliche Forschung, Technik und Industrie

1. Fortschritt und Forschung bis 1800

Das Leben der Völker Europas um 1800 unterschied sich in Wirtschaft, Handel, Verkehr, Medizin, in Wohnung und Ernährung kaum von dem der Menschen des Mittelalters. Bei einem Gang durch ein deutsches Dorf oder Landstädtchen wäre es damals nicht immer leicht gewesen, die Veränderungen seit dem Hochmittelalter festzustellen.

Zwar hatte die Wissenschaft schon im 17. und 18. Jahrhundert viele Geheimnisse der Natur entschleiert. Aber was die Forscher damals an Rätseln enthüllten, blieb meist wissenschaftliche Erkenntnis im Kreis der Gelehrten. Man dachte nicht daran, die neuen Kenntnisse für das p r a k t i s c h e L e b e n zu verwerten. Die Zeit der Technik, der a n g e w a n d t e n Naturwissenschaft, war noch nicht gekommen. Sie ist das Kennzeichen der modernen Welt.

2. Die Entwicklung der Maschinen mit Dampfantrieb

Die Erfindung der Dampfmaschine. Die ersten Maschinen, die eine Umwälzung in der Arbeitswelt zur Folge hatten, wurden in England erfunden. 1768 baute der Schotte J a m e s W a t t die erste praktisch verwendbare D a m p f m a s c h i n e.

1768

Watt wurde außerhalb der Zunft von einem Professor der Universität Glasgow zum Mechaniker ausgebildet. Dann studierte und arbeitete er eine Zeitlang in London. Nach seiner Rückkehr versuchte ihn die Zunft der Blechschmiede an der Weiterentwicklung seines Modells zu hindern.

Um die gleiche Zeit wurden in England die S p i n n m a s c h i n e und der m e c h a n i s c h e W e b s t u h l entwickelt, so daß das Inselreich in der Textil- und Eisenindustrie gegenüber den europäischen Festlandstaaten bis weit über die Mitte des 19. Jahrhunderts hinaus einen Vorsprung hielt. Die Dampfmaschine fand bald überall und in allen Wirtschaftszweigen Verwendung. Hammer- und Walzwerke, Spinnereien, Webereien, aber auch Mühlen, Zuckerraffinerien, Möbelfabriken arbeiteten mit der neuen Maschine. An den Hafenkais der Seestädte standen große Dampfkräne. Beim Ausbau der Binnenschiffahrtsstraßen (Dortmund–Ems-, Mittelland- und Nord-Ostsee-Kanal) gruben Dampfbagger das Kanalbett aus. Selbst der Ackerboden wurde mit Dampfpflügen bearbeitet.

Neue Verkehrsmittel. Auch dem Ausbau des Verkehrs wurde die Dampfkraft nutzbar gemacht. 1807 fuhr auf dem Hudson das erste wirtschaftlich brauchbare Dampfboot, das der Amerikaner F u l t o n konstruiert hatte. Die erste Eisenbahn

Robert Fultons Dampfboot „Claremont" auf dem Hudson River während der Fahrt von New York nach Albany am 17. August 1807. In 33 Stunden legte das Schiff 150 Meilen zurück. Zeitgenössische Darstellung.

mit Lokomotiven des Engländers S t e p h e n s o n verkehrte 1829 zwischen Liverpool und Manchester.

Zum Aufbau einer neuen Industrie gehörte notwendig der Ausbau eines V e r - k e h r s n e t z e s. Die Rohstoffe mußten den Fabriken und die Waren den Verbrauchern zugeführt werden. England baute schon im 18. Jahrhundert sein Kanalnetz aus und verbesserte die Landstraßen. In Frankreich sorgte Napoleon I. für den Bau von Wasserstraßen und Chausseen, die freilich in erster Linie dem Truppentransport dienten.

In Europa hat das früh industrialisierte B e l g i e n zuerst ein s t a a t l i c h e s E i s e n b a h n n e t z geplant. E n g l a n d besaß zwar das umfangreichste Netz (1860 bereits 16 800 Bahnkilometer), aber die Eisenbahnen gehörten privaten Gesellschaften. Für D e u t s c h l a n d hatte Friedrich List ein gesamtdeutsches Eisenbahnnetz bereits 1833 entworfen (vgl. S. 194), aber die Vielstaaterei hinderte den Ausbau von Fernverbindungen.

Gegen das neue Verkehrsmittel erhoben zunächst Ärzte, Landwirte, Verkehrsfachleute und einzelne Monarchen große Bedenken. Der preußische König Friedrich Wilhelm III. meinte: „Kann mir keine große Glückseligkeit vorstellen, ob man einige Stunden früher in Potsdam ankommt oder nicht." Trotzdem bauten die einzelnen Länder ihre Netze aus. Mit Begeisterung nahm der bayerische König Ludwig I. den Eisenbahnbau in Angriff. Seit der Mitte des Jahrhunderts schlossen die Länder ihre Netze zusammen und verbanden sie mit dem Ausland.

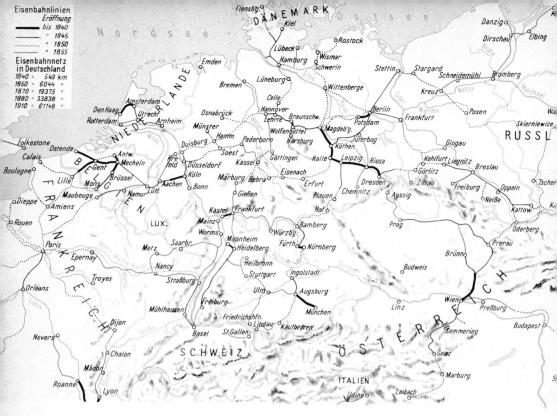

Entwicklung des Eisenbahnnetzes in Mitteleuropa bis 1855

3. Die Entwicklung der Elektrotechnik

Elektrizität als Kraftquelle und Beleuchtungsmittel. Die Erforschung der Elektrizität hat der englische Physiker M i c h a e l F a r a d a y um ein großes Stück vorwärtsgebracht. Er entdeckte 1831 die elektromagnetische Induktion. Auf Grund

1866

dieser Erkenntnis gelang 1866 dem Deutschen W e r n e r S i e m e n s und dem Engländer C h a r l e s W h e a t s t o n e unabhängig voneinander die Konstruktion der ersten Dynamomaschine. Schon 1854 hatte H e i n r i c h G o e b e l eine elektrische Glühbirne hergestellt. Nach der erneuten Erfindung durch T h o m a s A l v a E d i s o n 1879 trat die Elektrizität ihren Siegeszug durch die Welt an.

Elektrizität im Nachrichtenwesen. Die Elektrizität hatte zuerst im Nachrichtenwesen Verwendung gefunden. Der T e l e g r a p h, den 1809 S a m u e l T h o m a s S ö m m e r r i n g in München baute, war nur für die Verständigung über kurze Strecken verwendbar; K a r l F r i e d r i c h G a u ß und W i l h e l m W e b e r entwickelten 1833 in Göttingen ein Gerät, das der Fernverständigung dienen sollte. Die Städte Baltimore und Washington waren als erste durch eine Telegraphenlinie miteinander verbunden (1844). Bald zog sich ein Kabelnetz um die ganze Erde. Staatsmänner, Wirtschaftsführer und Journalisten erfuhren jetzt von den neuen Ereignissen in der Welt innerhalb weniger Stunden. Nun gewann auch die P r e s s e ihre große Bedeutung für die Unterrichtung der Öffentlichkeit.

Edisons erstes Elektrizitätswerk in der Pearl-Street in New York, 1882. Zeitgenössische Darstellung. Das Werk war ausgestattet mit sechs Dampfmaschinen, die eine gleiche Zahl Dynamomaschinen antrieben.

4. Die Entwicklung der Verbrennungsmotoren

Der Benzinmotor. Jahrzehntelang suchten technische Wissenschaftler einen Verbrennungsmotor zu bauen, der mit Gasen oder flüssigen Stoffen angetrieben werden konnte. Im Jahr 1876 gelang dem Kaufmann und Ingenieur N i k o l a u s   O t t o die Konstruktion eines entwicklungsfähigen Viertakt-Gasmotors. 1885 konstruierten D a i m l e r und B e n z, unabhängig voneinander, einen Motor für Leichtöle (Benzin), mit dem die Entwicklung des Kraftwagens begann. Diese seltsamen Automobile konnten anfangs weder der mit Kohle betriebenen Eisenbahn noch den elektrisch angetriebenen Bahnen Konkurrenz machen. Seit der Jahrhundertwende entstand aber in allen Großstaaten eine Autoindustrie, die den Kraftwagen zu einem leistungsfähigen Verkehrs- und Transportmittel entwickelte.

1885

Der Dieselmotor. 1893 baute R u d o l f   D i e s e l einen Motor, der mit schweren, billigeren Ölen gespeist werden konnte. Der Dieselmotor erwies sich später als besonders vorteilhaft zum Antrieb von Lastwagen, Militärfahrzeugen, Schiffen und Lokomotiven.

5. Kohle und Eisen als Grundlage der Großindustrie

Die Anfänge. In den Anfängen der deutschen Industrialisierung haben Gelehrte und Handwerker eng zusammengearbeitet. Was am Schreibtisch und im Laboratorium

Borsigs Maschinenfabrik vor dem Oranienburger Tor in Berlin. Holzschnitt 1848. Im Fabrikhof sieht man eine Lokomotive, die mit Hilfe von acht Pferden transportiert wird.

entdeckt wurde, erprobte man in den Werkstätten fähiger Handwerksmeister. So verband sich W e r n e r   S i e m e n s, der bahnbrechende Erfinder auf dem Gebiet der Elektrotechnik, mit dem Mechaniker J o h a n n   H a l s k e. Der Konstrukteur des Mikroskops E r n s t   A b b e baute seine optischen Geräte in Zusammenarbeit mit dem Feinmechaniker C a r l   Z e i s s. Vor allem in der Eisenindustrie haben kleine Unternehmer durch tüchtige Leistungen ihre Namen zur Weltgeltung gebracht: A l f r e d   K r u p p, F r i e d r i c h   H a r k o r t   und   A u g u s t   B o r s i g. Aus bescheidenen Anfängen heraus schufen sie große Fabriken für Stahlerzeugung, Maschinenbau und Eisenguß. 1849 beschäftigte Krupp in Essen schon 683 Arbeiter, ein selten großer Betrieb für diese Zeit. 16 Jahre später hatte er eine Belegschaft von 8187 Mann. Wie schwer diese Männer anfangs zu arbeiten hatten, berichtet uns Ernst Abbe:

„Mein Vater war ein Mann von Hünengestalt, einen halben Kopf größer als ich, von unerschöpflicher Robustheit, aber mit 48 Jahren in Haltung und Aussehen ein Greis; seine weniger robusten Kollegen waren aber mit 38 Jahren Greise. Ich selbst habe als Junge zwischen 5 und 9 Jahren jeden Tag abwechselnd mit meiner um ein Jahr jüngeren Schwester, wenn das Wetter nicht gar zu schlecht war und die Mutter den sehr weiten Weg dann lieber selbst machte, meinem Vater das Mittagessen gebracht. Und ich bin dabeigestanden, wie mein Vater sein Mittagessen, an eine Maschine gelehnt, aus dem Henkeltopf mit aller Hast verzehrte, um mir dann den Topf geleert zurückzugeben und sofort wieder an seine Arbeit zu gehen."

Die Entstehung der Großindustrie. Erst die Maschine machte die Umstellung der ganzen Gütererzeugung auf die neuen Rohstoffe K o h l e   u n d   E i s e n möglich. Als man entdeckte, wie sehr diese beiden Grundstoffe sich gegenseitig nützen konnten, als man die Verfahren ihrer wechselseitigen Ausnutzung entwickelt hatte, war die Zeit der G r o ß i n d u s t r i e angebrochen. In Deutschland mußte das Erz zur Kohle wandern. So entstand in dem an Steinkohlen reichen Ruhrgebiet eine Eisen- und Stahlindustrie, die von weither die Menschen zu Tausenden in ihre Städte und Dörfer zog.

Die Methoden, Kohle und Stahl zu verarbeiten, wurden ständig verbessert. 100 Zentner Roheisen wurden im 18. Jahrhundert in eineinhalb Wochen, nach 1800 in

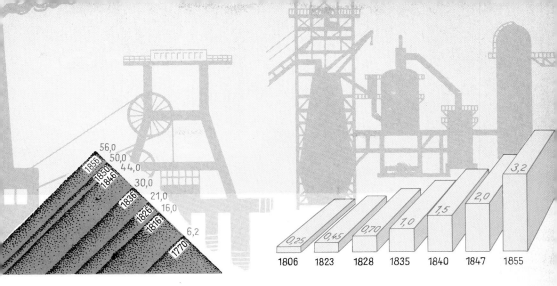

Kohlenförderung und Eisenproduktion in Großbritannien (in Millionen Tonnen)

eineinhalb Tagen und nach dem von H e n r y B e s s e m e r 1855 entdeckten Verfahren in zwanzig Minuten in Stahl verwandelt.

Zusammenfassung:

Um die Wende zum 19. Jahrhundert begann man, naturwissenschaftliche Erkenntnisse für das praktische Leben zu nutzen. Das Zeitalter der Technik, der angewandten Naturwissenschaften, brach an.

Die Erfindung der Maschinen mit Dampfantrieb, der Spinnmaschine und des mechanischen Webstuhls leiteten sowohl in der Eisen- und Textilindustrie wie im Verkehrswesen neue Entwicklungen ein. Die Entdeckung der Elektrizität führte zur Erfindung neuer Kraftquellen (Dynamomaschinen). Die Elektrizität ließ sich auch zur Beleuchtung und im Nachrichtenwesen verwenden.

Mit der Erfindung des Benzin- und Dieselmotors waren abermals neue Kraftquellen geschaffen. Kohle und Eisen, deren Verarbeitungsmethoden laufend verbessert wurden, waren die Grundstoffe für die in Europa zuerst entwickelte Großindustrie.

V. Die neue Gesellschaft und ihre Probleme

1. Die kapitalistische Wirtschaft

Von der Manufaktur zur Fabrik. Eine Vorstufe der modernen Fabrik war die M a n u f a k t u r (vgl. S. 67). Sie bestand meist aus einem großen Arbeitsraum, den ein Unternehmer eingerichtet hatte. Hier arbeiteten die Handwerker für einen festen Lohn. Als nun Maschinen die Handarbeit zum Teil ersetzten, war die F a b r i k entstanden, wie wir sie heute kennen.

Der Einsatz von Maschinen führte zu neuen Produktionsformen. In den meisten Fabrikationszweigen war die Handarbeit der Maschinenleistung unterlegen und wurde deshalb ohne Rücksicht auf menschliche Einzelschicksale durch Maschinenkraft ersetzt. Die Arbeitsteilung mußte in den neuen Fabriken noch viel weitgehender als in

Frauen und Kinder bei der Arbeit in einer Baumwollspinnerei in Manchester, dem Zentrum der englischen Textilindustrie (1835). Die Mechanisierung der Betriebe wurde in großem Maßstab zuerst in England verwirklicht.

den alten Manufakturen durchgeführt werden, wenn die Fertigung rentabel und konkurrenzfähig bleiben sollte. Riesige Anlagen entwickelten sich, als man in e i n e m Werk das Roherz bis zur fertigen Lokomotive, die Rohbaumwolle und Wolle bis zur Konfektionskleidung verarbeitete. Die Nachfrage nach Fabrikarbeitern stieg, neue Berufe bildeten sich heraus: Vorarbeiter, Werkmeister, Monteur, Hallenführer, Techniker, Einkäufer, Industrievertreter und viele andere mehr.

Die ersten Industriestaaten. England, die Vereinigten Staaten, Deutschland und Frankreich bauten in der zweiten Hälfte des 19. Jahrhunderts ihre Industrie so rasch und erfolgreich aus, daß sie die wirtschaftlich führenden Großmächte der Erde wurden. Aber auch so kleine Länder wie die Schweiz und Belgien schufen sich sehr früh beachtliche Industrien, die auf dem Weltmarkt konkurrenzfähig waren. In der Industrie aller Länder übertrafen die Großbetriebe die übrigen um das Sechs- bis Siebenfache an Leistungsfähigkeit.

Die Kapitalbildung. Die großen Industrien, die in Deutschland vor allem im R u h r - g e b i e t , in S a c h s e n und S c h l e s i e n aus dem Boden schossen, konnten nur mit großem Kapital aufgebaut werden. Auch ein vermögender Mann brachte nicht allein die riesigen Geldsummen auf, die zum Bau einer Eisenbahnlinie oder Fabrikanlage notwendig waren. Deshalb taten sich mehrere Geldgeber als Unternehmer in einer A k t i e n g e s e l l s c h a f t zusammen. Sie ist die bedeutendste freie Unternehmungsform geworden und geblieben, insofern sie der Staat nicht eingeschränkt oder beseitigt hat.

Wirtschaftskrisen führten auch schon im 19. Jh. zur Panikstimmung an Banken und Börsen. Die Stimmung am „Schwarzen Freitag" des Jahres 1869 in New York gibt das obige Bild wieder. Zeitgenössische Darstellung.

In der Aktiengesellschaft wird das Grundkapital durch den Verkauf von Anteilscheinen (A k t i e n), die meist auf 1000 Mark lauten (N e n n w e r t), aufgebracht. Wer sein Barvermögen in Aktien anlegt, ist am Gewinn und Verlust des Unternehmens im Verhältnis seines eingezahlten Geldes beteiligt. Der Reingewinn des gesamten Unternehmens wird am Ende eines jeden Wirtschaftsjahres an die Aktionäre v e r t e i l t, deshalb heißt er D i v i d e n d e (zu Verteilendes). Die Aktien laufen in der Regel nicht auf die Namen der Inhaber. Sie können deshalb beliebig weiterverkauft werden. Man handelt sie an der B ö r s e (Börsenmarkt), und sie erreichen dort je nach dem wirtschaftlichen Stande des Unternehmens und der Nachfrage einen höheren oder tieferen Preis (K u r s). In Krisenzeiten herrscht an den großen Börsen der Welt, in New York, London, Paris, Frankfurt oder Wien ein fieberhafter Kauf und Verkauf von Wertpapieren.

Da jedermann durch den Erwerb von Aktien Mitbesitzer eines großen Industriewerkes werden konnte, ohne das geringste von dem betreffenden Betrieb zu verstehen, ohne die Fabrik, die Arbeiter, die Arbeits- und Lohnverhältnisse zu kennen, wurde vielfach jedes persönliche Verhältnis zwischen Besitzer und Werksangehörigen gelöst.

An B a n k e n und B ö r s e n wurden die nationalen und internationalen Geschäfte gemacht. Die großen Geldgeber suchten ihr Kapital nicht nur im eigenen Land, sondern auch in fremden Staaten und in den verschiedenen Kolonien anzulegen.

Banken und Börsen erlangten in Deutschland nach 1850 als Mittler des Geld- und Kreditverkehrs eine außerordentliche Bedeutung. Die Banken nahmen Geld (Einlagen) gegen die Zusicherung, Zinsen zu zahlen, und verliehen die angesammelten und durch andere Geschäfte vermehrten Kapitalien als Kredite gegen einen höheren Zinssatz. Sie steckten ihr Geld in die heimische Industrie und exportierten Geld ins Ausland, besonders viel nach Südamerika. Damit bekamen sie auf die Wirtschaft und auf die Politik einen gefährlichen, schwer kontrollierbaren Einfluß.

Kinderarbeit in einem schottischen Kohlenbergwerk. Holzschnitt, 1844.

2. Die Lebensverhältnisse der Fabrikarbeiter

Die Wohnverhältnisse. Wo Kohle und Erz in räumlicher Nachbarschaft gefunden wurden, entstanden in kurzer Zeit große Städte mit völlig eigenem Gepräge (1814 gab es in ganz Europa nur 46 Städte, die mehr als 50 000 Einwohner hatten, 1914 zählte man schon 179 mit mehr als 100 000 Einwohnern).

In den Industriestädten dehnten sich meilenweit die Zechen und Fabriken, worin Tag und Nacht die Arbeit pausenlos weiterging. Hier boten sich viele Arbeitsmöglichkeiten. Die nicht mehr konkurrenzfähigen Handwerker, die nachgeborenen Bauernsöhne, die schlecht bezahlten Landarbeiter strömten in die neue Industrie. Sie brauchten Wohnungen, aber der Boden im Industriegebiet war teuer und knapp. Man konnte ihn mit mehr Gewinn an Eisenbahngesellschaften und Großunternehmer verkaufen. So errichtete man auf engem Raum unfreundliche und aller Hygiene hohnsprechende M i e t s k a s e r n e n. In diesen kunstlosen Steinblöcken wohnten oft sechs- und mehrköpfige Familien in einem Raum.

Wer vom Lande in die Großstadt zugewandert war, mochte es als angenehm empfinden, eine geregelte Arbeits- und Freizeit zu haben. Hier hatte er auch mehr bares Geld in der Hand als zu Hause, und die Stadt bot vielerlei Vergnügungen. Aber die Kinder wuchsen hier ohne Luft und Sonne auf. Die ärmlichen Wohnverhältnisse und die Arbeitsbedingungen in der Fabrik schadeten der Gesundheit. Nicht immer war böser Wille schuld, wenn im Gefolge der industriellen Entwicklung Elend und Not über die Menschen kamen. Die Anpassung der Gesellschaft an die veränderten Produktionsformen benötigte längere Zeit; freilich wurde sie nicht selten durch die herrschenden Gruppen bewußt verhindert.

Die wirtschaftliche Lage. Maschine und Fabrik haben die Gesellschaftsordnung in jedem Staat erschüttert. Das G r o ß b ü r g e r t u m hielt Geld, Grund und Boden, Fabriken, Bergwerke, Verkehrsmittel als eine ungeheure private Macht in seinen Händen. Der M i t t e l s t a n d (Kleinbürger, Handwerker, kleine Gewerbetreibende) ging zurück, wurde aber gleichzeitig wieder aufgefüllt, weil die neue Berufsgruppe der A n g e s t e l l t e n ständig wuchs. Am stärksten und schnellsten stieg die Zahl der A r b e i t e r an.

Der Niedergang des Handwerks und der Zustrom vom Lande machten sogar mehr Arbeitskräfte frei, als die Fabriken zunächst beschäftigen konnten. Um überhaupt einen Lebensunterhalt zu haben, waren die Arbeiter gezwungen, alle Bedingungen ihres Fabrikherrn anzunehmen. Die Arbeiter befanden sich deshalb nach der Mitte des Jahrhunderts in mißlicher Lage. Die Löhne waren niedrig, die Arbeitszeit sehr lang. Sie betrug in Deutschland oft fünfzehn Stunden und mehr. Selbst sonntags wurde gearbeitet. Der geringe Lohn des Familienvaters reichte nicht aus, um die Familie zu ernähren. So waren Frauen und Kinder gezwungen, ebenfalls Arbeit zu suchen. Das große Angebot an weiblichen Arbeitskräften drückte wieder auf die Löhne, ja die Frauen verdrängten zuweilen die Männer von den weniger anstrengenden Arbeitsplätzen, weil der Unternehmer an sie geringere Löhne zahlen konnte. Gingen die Geschäfte schlecht, so schloß der Besitzer seine Fabrik, und Hunderte wurden arbeitslos. Bei Arbeitslosigkeit gab es keinerlei Unterstützung, ebensowenig bei Krankheit und Unfällen. Der liberale Staat sah keinen Grund, in das „freie Spiel der Kräfte" einzugreifen. „Hilf dir selbst!" rief er dem unterbezahlten Familienvater oder Arbeitslosen zu.

Solche Verhältnisse verbitterten die Arbeiterschaft. Sie erkannte bald, wie wichtig ihre Leistungen für die Wirtschaft des Volkes waren, wie sehr ihre Arbeit dazu beitrug, Reichtum und Wohlstand zu schaffen. Um so größer war die Enttäuschung, daß sie keinen angemessenen Lohn erhielt, von Adel und Bürgertum gering geschätzt wurde und fast keine politischen Rechte besaß.

3. England zu Beginn des Industriezeitalters

Die Industriearbeiter aus dem Bauernstand. Nur Landwirte mit großem Grundbesitz und Kapital konnten nach den modernen Lehren des Fruchtwechsels und der Viehhaltung wirtschaften. Die kleinen Fron- und Pachtbauern waren bald nicht mehr konkurrenzfähig. Sie waren vielfach gezwungen, ihre Äcker an die Landlords zu verkaufen. Deshalb nahmen seit der Mitte des 18. Jhs. die mittleren und kleinen Bauernstellen stark ab, und die rentablen Großbetriebe dehnten sich aus. Die frei werdenden Arbeitskräfte strömten in die neuen Industriezentren: London, Birmingham, Sheffield, Manchester, Leeds. In Mittelengland, dem Zentrum der Textil- und Eisenproduktion, nahm die Bevölkerungsdichte in der 2. Hälfte des 18. Jhs. um 80% zu.

Das Wachstum englischer Städte zwischen 1800 und 1850

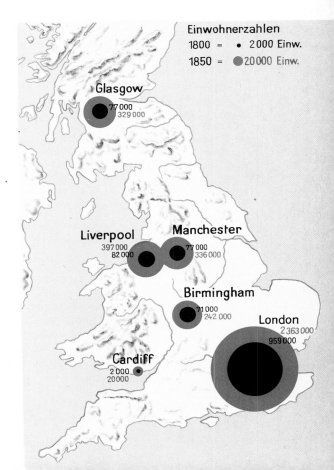

Gegensätze zwischen Unternehmern und Arbeitern. Die Gründer der ersten Fabriken hatten häufig zuvor einen Handwerks- oder Manufakturbetrieb geleitet. Andere waren Bauern oder Händler gewesen. Durch Fleiß und Sparsamkeit, aber auch durch Ausbeutung der Arbeitskräfte und Rücksichtslosigkeit, kamen sie zu beachtlichen Erfolgen. Nicht wenige Fabrikherren werteten ihren Aufstieg als sichtbares Zeichen des göttlichen Segens und als eine Bestätigung ihres künftigen ewigen Heiles (Prädestination). Umgekehrt hatte Gott nach ihrer Meinung die Kleinbauern, Gewerbetreibenden und Fabrikarbeiter mit Armut geschlagen. Sie mußten um ihre ewige Seligkeit fürchten. Da sich die krassen sozialen Gegensätze auf diese Weise auch noch religiös verständlich machen ließen, gab es keine Gründe für die Besitzbürger und Fabrikherren, die Zustände zu ändern. Die Armen waren der christlichen Nächstenliebe, allenfalls der Gemeindefürsorge anvertraut.

Wirtschaftskrisen und soziale Unruhen. Die neuen Fabriken waren weder zentral geplant noch vom liberal gesinnten Staat in irgendeiner Hinsicht überwacht. Erst nach 1833 fing der Staat an, über Planung und Fabrikaufsicht Gesetze zu erlassen (vgl. S. 233). Fast regelmäßig wiederkehrend, brachen Wirtschaftskrisen aus. Und ebenso regelmäßig wurden die Arbeiter entlassen und kamen mit ihren Familien in größte Not. Unruhen und Aufstände, sinnlose Zerstörungen der Maschinen und Werkstätten waren die Folgen, denn die Arbeitslosen gaben den Maschinen die Schuld an ihrer Verelendung. Der Staat wußte sich nicht anders zu helfen, als gegen die Arbeiter mit Gewalt vorzugehen. Er verbot ihnen, unter Androhung schwerster Strafen, sich zusammenzuschließen, Versammlungen abzuhalten, und belegte die Zeitungen mit einer so hohen Steuer, daß arme Leute sie nicht mehr kaufen konnten.

Die radikal gesinnten Arbeiter schlossen sich trotzdem etwa von 1825 ab in der (später so genannten) C h a r t i s t e n b e w e g u n g [1] zusammen, um für soziale Verbesserungen, das Recht zu gewerkschaftlichen Zusammenschlüssen und Parlamentsreformen zu kämpfen. Diese erste proletarische Massenbewegung in Europa sah in ihrer Mehrheit einen unversöhnlichen Gegensatz zwischen Kapital und Arbeit; von ihr wurde auch Karl Marx (vgl. S. 235) beeinflußt.

Im Jahre 1819 hielten Arbeiter auf dem St. Petersfeld bei Manchester eine Demonstrationsversammlung ab. Sie waren in großer Zahl erschienen, aber niemand war bewaffnet oder dachte an Gewaltanwendung. Die städtischen Behörden bekamen es jedoch mit der Angst zu tun, boten berittene Freiwillige gegen die Versammlung auf und erteilten Schießbefehl. Zwölf Tote und Hunderte von Verletzten trug man nach dieser Attacke vom Platz. Mit Abscheu sprach man in ganz England von diesem Überfall auf Wehrlose. Selbst in Kreisen der Tories mißbilligte man solche Methoden – ganz im Gegensatz zur Regierung, die auch nachträglich noch den Angriff zu rechtfertigen suchte. Da der Kriegsruhm der Schlacht von Waterloo noch in aller Munde war, nannte man diese „Heldentat" des englischen Staates „ P e t e r l o o ".

Soziale und politische Reformen. Wenige Jahre später, 1824, konnten die Arbeiter einen ersten Erfolg verzeichnen: Der Staat billigte ihnen das K o a l i t i o n s - und S t r e i k r e c h t zu. Sie schlossen sich sogleich in G e w e r k s c h a f t e n und K o n s u m g e n o s s e n s c h a f t e n zusammen (vgl. S. 238). Die Regierung milderte auch das Strafrecht; etwa hundert verschiedene Verbrechen wurden künftig nicht mehr durch die Todesstrafe geahndet. Spitzel und Denunzianten fanden weniger Gehör, und Soldaten wurden nicht mehr eingesetzt, seit eine ordentliche Polizei in zivil wirkender blauer Uniform mit Zylinder, später mit Helm, die Ordnung aufrecht hielt. Nach dem Vornamen des damaligen liberalen Innenministers R o b e r t

---

[1] Der Name „Chartisten" leitet sich von einer „Charter der Menschenrechte" her, die 1834 auf einer Arbeiterversammlung in London verkündet wurde.

Das Massaker von „Peterloo" am 16. August 1819. Zeitgenössische Darstellung.

P e e l , der aus dem Lager der Tories stammte, nannte man die Polizisten freundlich „Bobbies".

Im Bereich der A r b e i t s g e s e t z g e b u n g hatten die Chartisten großen Erfolg. Das Fabrikgesetz von 1833 schränkte die Arbeitszeit für Jugendliche auf 12, für Kinder von zehn bis dreizehn Jahren auf 8 Stunden ein. Nach 1842 war es verboten, Frauen und Kinder unter zehn Jahren unter Tage zu beschäftigen. 1850 setzten die Arbeiter den Zehnstundentag und die staatliche Fabrikinspektion durch.

Viel schwieriger war es, die lang erstrebte Wahlrechts- und Parlamentsreform zu erreichen. Das Bürgertum verweigerte der Arbeiterschaft hartnäckig die staatsbürgerliche Gleichheit. So sprach die W a h l r e c h t s r e f o r m von 1832 nur denen das Stimmrecht zu, die für ihren Haushalt 10 Pfund Miete bezahlten. Zu dieser Schicht gehörten nur wenige hochbezahlte Arbeiter. Erbittert kämpften die Arbeiterverbände weiter. Häufig ging der Staat gegen die radikal und revolutionär gesinnten Chartisten mit den alten Zwangsmitteln vor. Es gelang ihm auch, diese Bewegung zu zerschlagen, zumal die Arbeiter unter sich uneins waren. Diejenigen Arbeiter aber, die in den Gewerkschaften nicht auf den Staatsumsturz, sondern auf die allmähliche Verbesserung der sozialen und politischen Verhältnisse abzielten, blieben am Ende dennoch erfolgreich (vgl. S. 238).

| 1832 |

4. Die Arbeiterbewegung in Deutschland

Maschinenstürmer in Schlesien. Vor der Mitte des Jahrhunderts machte sich auch in Deutschland die Unzufriedenheit der zahlenmäßig noch kleinen Industriearbeiterschaft in einzelnen Aufständen Luft. So empörten sich 1844 s c h l e s i s c h e W e b e r

Das Elend in Schlesien.

Hunger und Verzweiflung.

Links: Das Elend in Schlesien und die „offizielle Abhülfe". Karikatur in den „Fliegenden Blättern", 1848.

Offizielle Abhülfe.

Rechts innen: Die erste Seite der Erstausgabe des „Kommunistischen Manifestes" aus dem Jahre 1848. – Außen: Karl Marx. Zeitgenössischer Stich.

gegen ihre rücksichtslosen Fabrikherren und zerstörten in ihrer Verzweiflung Textilmaschinen, weil sie meinten, die Maschinen seien an allem Elend schuld. Der Aufstand wurde durch Soldaten niedergeschlagen, aber die Arbeiterfrage war in Deutschland ebensowenig wie vorher in England durch den Einsatz staatlicher Zwangsmittel zu lösen.

Sozialreformer. In allen Ländern brachte die Industrialisierung das alte staatliche Gefüge ins Wanken. Einzelne Männer der Wissenschaft, der Politik und der Wirtschaft kamen früh zu der Überzeugung, daß nur eine revolutionäre Veränderung der bisherigen Staats- und Gesellschaftsordnung die Probleme des Industriezeitalters befriedigend lösen könne.

In E n g l a n d verkündete der Fabrikant R o b e r t O w e n (1771–1858) den Plan einer sozialistischen Gesellschaft, in der es den Gegensatz zwischen Kapitalisten und Arbeitern nicht mehr geben werde.

In F r a n k r e i c h sah G r a f S a i n t S i m o n (1760–1825) das Idealbild der Zukunft in einer kommunistischen Gesellschaft ohne Standesunterschiede, in der jeder nach seiner Leistung für das Gemeinwohl bezahlt wird. Der Philosoph P i e r r e P r o u d h o n (1809–1865) bezeichnete ohne Arbeit erworbenes privates Eigentum als Diebstahl und forderte, daß alles Eigentum allen zur Verfügung stehen müsse.

In D e u t s c h l a n d träumte der Magdeburger Schneidergeselle W i l h e l m W e i t l i n g (1808–1871) von einer Gesellschaft, in der das Geld abgeschafft sei: „Wenn es von heute an kein Geld mehr gäbe oder geben könnte, so würden Reiche und Arme bald genötigt sein, untereinander in Gütergemeinschaft zu leben." Für Weitling war der Kommunismus eine hohe Morallehre, und er glaubte fest, daß die ungerechte bürgerliche Ordnung scheitern werde.

Zweifellos waren alle diese Männer Idealisten und so fortschrittsgläubig wie die Aufklärer. Aber keiner von allen Theoretikern des kommenden Sozialismus hat eine

234

der

Kommunistischen Partei.

...Gespenst geht um in Europa—das Gespenst des Kommunismus. Alle
...te des alten Europa haben sich zu einer heiligen Hetzjagd gegen dies
...enst verbündet, der Papst und der Czar, Metternich und Guizot, franzö-
...Radikale und deutsche Polizisten.
...o ist die Oppositionspartei, die nicht von ihren regierenden Gegnern als
...unistisch verschrieen worden wäre, wo die Oppositionspartei, die den fort-
...ritteneren Oppositionsleuten sowohl, wie ihren reaktionären Gegnern den
...markenden Vorwurf des Kommunismus nicht zurückgeschleudert hätte?
...eierlei geht aus dieser Thatsache hervor.
...r Kommunismus wird bereits von allen europäischen Mächten als eine
...t anerkannt.
...ist hohe Zeit daß die Kommunisten ihre Anschauungsweise, ihre Zwecke,
...Tendenzen vor der ganzen Welt offen darlegen, und den Mährchen vom
...enst des Kommunismus ein Manifest der Partei selbst entgegenstellen.
...diesem Zweck haben sich Kommunisten der verschiedensten Nationalität
...ndon versammelt und das folgende Manifest entworfen, das in englischer,
...ösischer, deutscher, italienischer, flämmischer und dänischer Sprache ver-
...licht wird.

1.
Bourgeois und Proletarier.

...e Geschichte aller bisherigen Gesellschaft ist die Geschichte von Klassen-
...fen.
...eier und Sklave, Patrizier und Plebejer, Baron und Leibeigner, Zunft-
...r und Gesell, kurz, Unterdrücker und Unterdrückte standen in stetem
...nsatz zu einander, führten einen ununterbrochenen, bald versteckten bald
...en Kampf, einen Kampf, der jedesmal mit einer revolutionären Umge-
...ng der ganzen Gesellschaft endete, oder mit dem gemeinsamen Untergang
...ämpfenden Klassen.
...n den früheren Epochen der Geschichte finden wir fast überall eine vollstän-
...Gliederung der Gesellschaft in verschiedene Stände, eine mannichfaltige
...fung der gesellschaftlichen Stellungen. Im alten Rom haben wir Pa-

so geschlossene und wirkungsvolle Lehre verkündet wie K a r l M a r x und sein
Freund F r i e d r i c h E n g e l s . Marx nannte alle Gesellschaftspläne seiner Vorgänger u t o p i s c h , d. h. wirklichkeitsfremd und undurchführbar, weil er glaubte,
die wissenschaftlich einwandfreien Gesetze der vergangenen und kommenden Welt-
entwicklung gefunden zu haben.

Karl Marx, Leben und Lehre. Karl Marx (1818–1883) stammte aus Trier. Er kam
zwar aus der Familie eines Rechtsanwaltes, war sogar mit einer Frau aus adligem
Hause verheiratet, aber er hat sich ein Leben lang für die Arbeiterklasse, für die
Proletarier, wie er sie nannte, eingesetzt.

Als Vierundzwanzigjähriger fand er in dem Barmer Fabrikantensohn F r i e d r i c h
E n g e l s (1820–1895) einen Freund, der bis zu seinem Tode an seiner Seite blieb und
mit dem zusammen er seine Lehre entwickelte.

Die Jugendjahre von Marx waren sehr unruhig. Er war als radikaler Schriftleiter
in Deutschland tätig gewesen, wurde zweimal aus Deutschland, einmal aus Frankreich
ausgewiesen und lebte schließlich seit 1849 als Gelehrter in London. Dort hat er sein
Hauptwerk, das „ K a p i t a l ", verfaßt. Der erste Band erschien noch zu seinen
Lebzeiten 1867.

1867

Marx deutete jede geschichtliche Entwicklung als eine Folge der veränderten wirtschaftlichen Verhältnisse. Der Geschichtsverlauf ist nach seiner Auffassung naturnot-
wendig, logisch und darum berechenbar. Die bisherige Geschichte war, wie die
gegenwärtige auch, eine Geschichte von Klassenkämpfen; es gab immer Unterdrücker und Unterdrückte.

Worin besteht die Unterdrückung? Marx geht davon aus, daß der Mensch sich in der
Arbeit verwirklicht. Was der Mensch wert ist, was er zu leisten vermag, liest er an den
Produkten seiner Arbeit ab. Wenn nun eine kleine Zahl von Unterdrückern zwar die

235

Arbeitskraft der Mehrheit zur Produktion von Gütern einsetzt, ihnen aber die Produkte ihrer Arbeit vorenthält, können diese Arbeiter nicht mehr erleben, was sie wert sind. Marx sagt, sie werden auf diese Weise s i c h s e l b s t e n t f r e m d e t. Denn der Natural- oder Geldlohn wird ihnen nur gegeben, damit ihre Arbeitskraft erhalten bleibt. Sie sind also im Grunde nur Ausbeutungsobjekte einer Herrenklasse. Damit werden sie in ihrer menschlichen Würde tief verletzt. Kommt ihnen ihre unmenschliche Lage erst einmal zum Bewußtsein, dann werden sie in einer Revolution ihre gestohlene Menschenwürde wiedergewinnen wollen, indem sie ihren Ausbeutern die Produkte und Produktionsmittel wieder abnehmen.

Zu seiner Zeit sah Marx die Unterdrückten in den Arbeitern, den „Proletariern", denen von der herrschenden „Bourgeoisie" alles vorenthalten wird, worauf sie durch ihre Arbeit Anspruch haben. Der Arbeiter schafft mehr, als er zu seinem Lebensunterhalt als Lohn erhält. Dieser M e h r w e r t kommt allein dem Kapitalisten zugute, der ihn zur Vermehrung seines Kapitals benutzt. Mit den großen Geldgewinnen steigert er wiederum die Produktion, technisiert und mechanisiert den Betrieb. Menschliche Arbeitskraft kann deshalb eingespart werden, Arbeitslosigkeit ist die unausbleibliche Folge, und das Überangebot an Arbeitsuchenden drückt dann wieder auf die Löhne.

Den großen Kapitalisten können schließlich die mittleren und kleinen Betriebe keine Konkurrenz mehr machen, sie werden aufgekauft; am Ende steht einer kleinen Gruppe privater Eigentümer das Riesenheer der Proletarier gegenüber; die Wirtschaft ist schließlich in wenigen Großbetrieben k o n z e n t r i e r t.

Wenn sich nun Industrie und Wirtschaft in den Händen weniger Kapitalisten befinde, dann sei, so sagt Marx, die Stunde des Z u s a m m e n b r u c h s gekommen. Die einheitlich organisierte Wirtschaft des Kapitalismus brauche jetzt nur noch sozialisiert zu werden, d. h. eine p r o l e t a r i s c h e R e v o l u t i o n müsse alles Privateigentum an Produktionsmitteln dem Proletariat übereignen.

Hier hat Marx den Boden der wissenschaftlichen Theorie verlassen und ist zum politischen Revolutionär und Propheten geworden. Er versuchte, die Herrschaft des Proletariats über die Welt vorauszusagen. Es lag ihm gar n i c h t daran, eine a l l m ä h l i c h f o r t s c h r e i t e n d e Verbesserung der Lebensverhältnisse für die Arbeiter zu erreichen; er leugnete, daß dies in der Welt des Kapitalismus überhaupt möglich wäre. Nur der Zusammenschluß aller Arbeiter im Kommunismus, nur ihr fanatischer Kampf gegen die kapitalistisch-bürgerliche Klasse, so meinte er, könne die H e r r s c h a f t d e s P r o l e t a r i a t s heraufführen und damit endgültig Gleichheit und Freiheit in die Welt bringen.

1848 Das „ K o m m u n i s t i s c h e M a n i f e s t", das er am Vorabend der 48er Revolution mit Engels zusammen verfaßt hat, schließt mit dem Aufruf: „Mögen die herrschenden Klassen vor einer kommunistischen Revolution zittern. Die Proletarier haben nichts in ihr zu verlieren als ihre Ketten. Sie haben eine Welt zu gewinnen. Proletarier aller Länder, vereinigt euch!"

Zweifellos hat Marx das heraufkommende Maschinenzeitalter richtig erkannt. Aber wirkungsvoller waren seine außerordentlich vereinfachte Darstellung der Menschheitsentwicklung und sein prophetisches Bild vom Endzustand der Welt. Nach

Rechte Seite oben: Verhandlung einer Arbeiterdeputation mit dem Magistrat. Gemälde von Johann Peter Hasenclever (1849). Soziale Fragen werden von jetzt an Gegenstand künstlerischer Darstellung. – Unten: Eisenwalzwerk. Gemälde von Adolf Menzel (1875).

seiner Auffassung entwickelte sich die Menschheit vom paradiesischen Zustand der klassenlosen Urgemeinschaft über die lange Reihe der Sklavenhalter- und Feudalstaaten bis zum Höhe- und Endpunkt der Klassenkämpfe in seiner eigenen Zeit. Durch eine Revolution, so lehrte er, wird der Kapitalismus gestürzt. Dann beginnt mit der Herrschaft des Proletariats im klassenlosen Kommunismus abermals eine paradiesische Zeit. Alle natürlichen und wirtschaftlichen Freiheitsberaubungen werden fallen, der Staat wird überflüssig, denn der Mensch ist gut. Mit Hilfe der Wissenschaft herrscht er dann vollkommen über die Natur. Dieser heilsgeschichtliche Zukunftsglaube macht den Kommunismus zu einer Art diesseitiger Erlösungslehre.

Die Gewerkschaften. Die liberale Wirtschaftslehre hatte die vollkommene Gewerbefreiheit als Ideal hingestellt. Gewerbezusammenschlüsse, die an das veraltete und überwundene Zunftwesen erinnerten, waren deshalb verpönt. In E n g l a n d gab es seit 1800 ein Gesetz, das jeden Zusammenschluß verbot (vgl. S. 232). Dieses Gesetz traf die neue Industriearbeiterschaft besonders hart, weil der Staat zunächst nicht bereit war, den Arbeitern bei der Regelung ihrer Arbeitsverhältnisse irgendwelchen gesetzlichen Schutz zu gewähren. Die Arbeiter griffen in ihrer wirtschaftlichen Not schließlich zur Selbsthilfe und schlossen sich je nach ihrem Gewerbe zusammen. Nach langen, wechselreichen Kämpfen mit Staatsbehörden und Gerichten erreichten sie die Anerkennung für ihre Vereinigungen.

Diese englischen Gewerkschaften, die T r a d e - U n i o n s (1824), waren Vorbild für die deutschen, die in den sechziger Jahren entstanden.

Die d e u t s c h e G e w e r k s c h a f t s b e w e g u n g war im Gegensatz zur englischen von Anfang an uneinheitlich und an verschiedene politische Parteien angelehnt.

Sie alle aber hatten, trotz ihrer verschiedenen politischen Bindung, ähnliche Ziele. Sie kämpften um gerechten Lohn, gesetzliche Regelung von Arbeitszeit und Urlaub, soziale Sicherheit bei Krankheit, Unfall oder Arbeitslosigkeit und um eine Hinterbliebenenfürsorge.

Auf dem Gebiet der Lohnpolitik forderten die Gewerkschaften vor allem den Abschluß von T a r i f v e r t r ä g e n. Die Gewerkschaften als Vertreter der einzelnen Gewerbe schlossen mit den einzelnen Arbeitgebern, später mit deren Verbänden einen Vertrag. In ihm waren die Lohn- und Arbeitsbedingungen festgelegt. Es war das Ziel der Gewerkschaften, diese tariflichen Abmachungen für alle Betriebe des gleichen Gewerbes rechtlich bindend zu machen.

Die Genossenschaften. Im Jahre 1843 kamen achtundzwanzig arbeitslose Weber der englischen Stadt Rochdale auf den Gedanken, daß sie bei einem gemeinsamen Einkauf weniger bezahlen müßten als beim Einzelkauf. Um sich in ihrer Not gegenseitig zu helfen, schlossen sie sich zu einer E i n k a u f s g e n o s s e n s c h a f t zusammen. Da die Genossenschaft billiger verkaufte als die privaten Einzelhändler, gewann sie viele Mitglieder. Das Beispiel der „Pioniere von Rochdale" wurde zum Vorbild für die seither bestehenden K o n s u m v e r e i n e (Verbrauchsgenossenschaften).

Im Jahre 1849 gründete der preußische Abgeordnete S c h u l z e aus Delitzsch mit zwölf Tischlermeistern eine E i n k a u f s g e n o s s e n s c h a f t. Um die Anschaffung von Material und Maschinen noch mehr zu erleichtern, ergänzte Schulze-Delitzsch die Einkaufsgenossenschaft durch eine K r e d i t g e n o s s e n s c h a f t.

Jedes Mitglied mußte eine Anteilsumme in die Genossenschaftskasse zahlen. Benötigte ein Handwerker Geld, so konnte er es bei dieser Kasse zu niedrigem Zinssatz leihen. Die Abzahlung der Schuld konnte in kleinen Raten erfolgen. Als Schulze-Delitzsch 1883 starb, gab es 905 „V o r - s c h u ß v e r e i n e " mit rund 700 000 Mitgliedern.

Arbeitsraum für Knaben im „Rauhen Haus" in Hamburg (1845). Zeitgenössischer Stich.

Die Kleinbauern gründeten auf Anregung von R a i f f e i s e n 1864 ländliche S p a r - u n d D a r l e h e n s v e r e i n e. Diese Genossenschaften wollten die Wirtschaftslage der einzelnen Mitglieder verbessern, ihnen die Vorteile des Einkaufs im Großen bieten und das Bewußtsein der Zusammengehörigkeit fördern (vgl. S. 221).

5. Soziale Richtungen in Wissenschaft und Kirche

Fortschrittliche Volkswirtschaftler. Die Erschütterungen in Gesellschaft und Wirtschaft, die Not der Arbeiter zwangen auch in Deutschland bürgerliche und konservative Kreise zur Stellungnahme. Auf den Universitäten wandten sich zuerst Volkswirtschaftler, von den Gegnern als „Kathedersozialisten" bezeichnet, gegen die liberale Wirtschaftslehre. In dem Streit um Staatshilfe oder Selbsthilfe der Arbeiterschaft vertraten sie die Überzeugung, daß der Staat die Pflicht habe, die wirtschaftliche Freiheit einzuschränken und durch Gesetze die wirtschaftliche und soziale Ungleichheit zu beseitigen.

Fortschrittliche Christen. Einzelne Vertreter beider christlicher Konfessionen erkannten, daß sich die Arbeiter in noch größerer Zahl vom Christentum abwenden würden, wenn die Kirchen für sie kein Verständnis aufbrächten. Die Vorkämpfer eines christlichen Sozialismus fanden bei den meisten Gläubigen kein Gehör. Das christliche Bürgertum und die Kirchen selbst dachten monarchisch-konservativ und waren noch ganz im Standesdenken befangen. Den Armen wollte man wie eh und je durch Almosen helfen.

In Hamburg wirkte 1833 der junge evangelische Pfarrer J o h a n n H e i n r i c h W i c h e r n. Es widerstrebte ihm, heimat- und elternlose Burschen jeden Sonntag in der christlichen Lehre zu unterrichten und sie die Woche über ihrem Schicksal in den Elendsvierteln der Hafenstadt zu überlassen. Diese entwurzelte Jugend brauchte ein Heim, regelmäßige Arbeit, geistige Hilfe. Der hamburgische Senator Sieveking schenkte Wichern einen kleinen Bauernhof. Mit einer Gruppe von Jungen baute der Pastor das sogenannte „Rauhe Haus" zum Wohnheim und zur Arbeitsstätte um. Bald mußte man erweitern, denn es gab sehr viele Jugendliche, die ohne Familie aufwuchsen. Wichern suchte und fand auch Helfer, Diakone, die als „Väter" seiner kleinen Familiengemeinschaften den Jungen boten, was ihnen das Leben versagt hatte: Geborgenheit, Ausbildung, Führung. Weit über Hamburg hinaus wurde das „Rauhe Haus" ein Beispiel tatkräftiger christlicher Sozialhilfe. Die evangelische Kirche schuf nach Wicherns Anregung das große Hilfswerk der „Inneren Mission".

In Kaiserswerth baute Pfarrer T h e o d o r   F l i e d n e r eine Ausbildungsstätte für Diakonissen. „Vater" B o d e l s c h w i n g h nahm in sein Bethel bei Bielefeld Heimatlose und Kranke auf. Dieser unermüdliche Mann rief viele kirchliche Werke ins Leben. Er hat aber auch der Sozialtätigkeit des Staates neue Wege gewiesen: Er baute die erste Arbeiterwohnkolonie, gründete einen „Verein Arbeiterheime" und die erste Siedlungsbausparkasse in Deutschland.

Den Ehrennamen eines „Vaters" legte man auch dem katholischen Geistlichen A d o l f   K o l p i n g bei. Seine Fürsorge galt den Handwerksgesellen. Sie brauchten Hilfe, verdienten sie doch meist nicht einmal so viel, daß sie sich ein eigenes Zimmer mieten konnten. Als „Schlafgänger" wohnten sie bei Arbeiterfamilien, die auf die paar Pfennige Nebenverdienst angewiesen waren, aber selbst nur ein Zimmer besaßen. Kolping kannte ihre Not, denn er war Schustergeselle gewesen, ehe er den Priesterberuf ergriff. In Elberfeld, das als Industriestadt in 50 Jahren ums Dreifache gewachsen war, gründete er den ersten Gesellenverein. Bald gab es an vielen Orten Deutschlands, Österreichs und der Schweiz Kolpingfamilien. In ihren Häusern fanden die arbeitenden Gesellen ein Heim und die wandernden ein Nachtquartier.

Während Kolping in München studierte, traf er in einem aufgeschlossenen katholischen Kreis mit einem anderen „spätberufenen" Theologiestudenten zusammen, der aber aus einer ganz anderen Gesellschaftsschicht stammte, mit dem westfälischen Baron Wilhelm Emanuel F r e i h e r r   v o n   K e t t e l e r. Dieser ehemalige Korpsstudent und Jurist war zur Theologie übergewechselt und stellte sich als Priester und Bischof von Mainz in den Dienst der katholisch-politischen Bewegung seiner Zeit. Schon als westfälischer Pfarrer besaß er ein so hohes Ansehen und Vertrauen in seinem Wirkungskreis, daß man ihn zum Abgeordneten in die Paulskirche wählte (vgl. S. 208). Als Politiker war er ein unnachgiebiger „Großdeutscher" und blieb auch ein hartnäckiger Gegner des Bismarckschen Reiches. Doch über die Zeit hinaus wurde er als „sozialer Bischof" berühmt. Unermüdlich erinnerte er die Kirche an ihre soziale Verantwortung. Er rief eine christliche Arbeiterbewegung ins Leben, um den „vierten Stand" nicht an den Marxismus zu verlieren. Als P a p s t   L e o   X I I I. in einem wegweisenden Sendschreiben (Enzyklika „Rerum novarum", 1891) zur sozialen Frage Stellung nahm, bezog er sich noch dankbar auf den Bischof von Mainz.

Zusammenfassung:

Zur Errichtung moderner Fabriken und zum Ausbau der Verkehrswege waren große Kapitalien notwendig. Als Geldgeber für die privaten Unternehmen boten sich neuentstandene Großbanken an.

Die Lebensverhältnisse waren zunächst für den „vierten Stand" denkbar schlecht. In England, dem ersten Industrieland Europas, erkämpfte sich die Arbeiterschaft das Koalitions- und Streikrecht, bessere Arbeitsbedingungen und 1832 eine erste Reform des Wahlrechts.

Links: Friedrich von Bodelschwingh. – Rechts: Bischof von Ketteler.

In allen europäischen Industrieländern entwarfen Sozialreformer Programme für den Aufbau einer sozialistischen Gesellschaft. Marx und Engels riefen die erfolgreichste internationale Arbeiterbewegung ins Leben.

Die deutschen Gewerkschaften nahmen sich die englischen Trade-Unions zum Vorbild.

Männer der Wirtschaftswissenschaften verurteilten den uneingeschränkten Liberalismus und verlangten vom Staat eine regulierende und kontrollierende Wirtschafts- und Sozialgesetzgebung.

In den patriarchalisch-konservativ eingestellten christlichen Kirchen traten zu Beginn des Industriezeitalters nur einzelne Sozialreformer auf, gründeten Hilfswerke und riefen eine christliche Arbeiterbewegung ins Leben.

Einsichten und Begriffe

Wirtschaft. Unter Wirtschaft verstehen wir alle Tätigkeiten der Menschen zu ihrer Versorgung mit Gütern, die sie zur Führung eines menschenwürdigen Lebens benötigen. Diese Güter werden von den Menschen erzeugt (produziert), verteilt und verbraucht (konsumiert).

Zur Produktion gehören drei Faktoren: a) die menschliche A r b e i t , b) die aus der Natur gewonnenen R o h s t o f f e , Bodenschätze usw. und c) K a p i t a l . Kapitalien sind Güter, die nicht unmittelbar verbraucht, sondern zur Erzeugung anderer Güter genutzt werden: Geld, Werkzeuge, Maschinen, Fabriken.

Die Erzeugung in Land- und Forstwirtschaft, Fischerei und Bergbau nennen wir U r p r o - d u k t i o n , die Verarbeitung in Handwerk und Industrie G e w e r b e . Die Tätigkeiten der Verkehrsbetriebe, des Nachrichtenwesens, des Handels und der öffentlichen Verwaltung zählen wir zu den D i e n s t l e i s t u n g e n .

Güter wurden ursprünglich nur für den eigenen Bedarf (Hauswirtschaft) erzeugt, später auch für fremden. Die nicht benötigten Güter bot man dann als W a r e gegen Ware zum Tausch an oder verkaufte sie gegen ein bestimmtes Zahlungsmittel (Geld).

Kapitalismus. Um die Wende vom 18. zum 19. Jahrhundert entstand in Europa eine Wirtschaftsordnung, für die (zunächst abwertend, dann wissenschaftlich) der Name „Kapitalismus" gebräuchlich wurde, weil sie auf dem Einsatz großer Kapitalien beruht.

Kennzeichen der k a p i t a l i s t i s c h e n W i r t s c h a f t sind:

a) Die technische Ausnutzung der Naturwissenschaften.

b) Das Streben nach möglichst hohem Gewinn.

c) Die Herstellung der Güter in industriellen Betrieben: Industrielle Produktion rentiert sich am besten, wenn sie Massengüter für Käufermassen produziert. Deshalb drängt sie über alle begrenzten Wirtschaftsräume hinaus.

d) Der Einsatz von großen Kapitalien, um Grund und Boden für Industrieanlagen zu erwerben, Fabriken zu bauen und Maschinen zu kaufen: Banken und Sparkassen bieten der Wirtschaft Geld an. Sie arbeiten mit den ihnen anvertrauten Spargeldern (Passivgeschäft der Banken) und geben lang- oder kurzfristige Kredite an die Unternehmen (Aktivgeschäft). Da Geld ein Handelsgut ist, spricht man in der Wirtschaft vom G e l d m a r k t.

e) Die Beschäftigung freier Lohnarbeiter, die auf dem A r b e i t s m a r k t angeboten oder gesucht werden: Zu Beginn des Industriezeitalters war der einzelne Arbeiter zwar persönlich frei; doch unterlag seine Arbeitskraft ungeschützt den allgemeinen wirtschaftlichen Gesetzen. Der A r b e i t s l o h n wurde lediglich nach dem Verhältnis von Angebot und Nachfrage festgesetzt. Das Entgelt für die Arbeitsleistung berücksichtigte keineswegs die Lebensverhältnisse des einzelnen (Alter, Geschlecht, Familienstand).

f) Auf dem W a r e n m a r k t gelten die Gesetze des freien Wettbewerbs. Die Produkte machen sich gegenseitig Konkurrenz. Die Preise verändern sich je nach Angebot und Nachfrage. Deshalb spricht man auch von freier Wirtschaft. Alle Märkte sind weitgehend voneinander abhängig; darum kann sich der Preissturz oder die Preissteigerung eines einzigen wichtigen Produkts auf alle auswirken.

g) Ausgebaute Verkehrswege (Straßen, Eisenbahnen, Schiffahrtswege) verbinden die räumlich getrennten Produktionsstätten mit den Verbrauchermärkten. Je rascher und kostensparender Rohstoffe und Industrieprodukte transportiert werden können, desto billiger läßt sich ein weiter Kundenkreis beliefern.

Freie Wirtschaft. In der freien Wirtschaft wirtschaftet jeder Betrieb und jeder Haushalt selbständig, zu eigenem Nutzen und auf eigene Gefahr. Als Nachfragende und Anbietende nehmen alle Betriebe und Haushalte an den verschiedenen Märkten teil, die wiederum untereinander in Verbindung und Abhängigkeit stehen.

Durch Veränderungen von Angebot und Nachfrage werden auf den einzelnen Märkten auch die Preise und Umsätze verändert. Betriebe und Haushalte müssen sich wohl oder übel den jeweiligen Bedingungen anpassen (regulierende Wirkung des Marktes).

ACHTES KAPITEL

Neue Kämpfe um nationale Einheit

I. Wachsender Nationalismus

1. Nationale Machtentfaltung nach innen und außen

Nach der Revolution von 1848 schien es zunächst, als hätten die konservativen Kräfte auf dem Kontinent endgültig gesiegt. Sehr rasch sind aber überall die n a t i o n a l e n Forderungen wieder laut geworden. So kämpften I t a l i e n, D e u t s c h l a n d, P o l e n und auch die U S A gegen inneren oder äußeren Widerstand u m i h r e E i n h e i t. Andere Nationen, welche die Form des Nationalstaates früher schon gewonnen hatten, waren bestrebt ihre nationale Macht nach außen zu entfalten. So setzte F r a n k r e i c h unter Napoleon III. seine kolonialen Eroberungen, die es 1830 in Algier begonnen hatte, fort und suchte auch Einfluß in Syrien, Indochina und Mexiko zu gewinnen. R u ß l a n d machte einen Vorstoß nach Südosteuropa und wandte sich, als dieser ihm mißlang, mit aller Kraft dem asiatischen Bereich zu. Auch die U S A setzten nach Bereinigung der inneren Gegensätze im raschen Tempo ihre Ausdehnung auf dem Kontinent und im Pazifikraum fort.

Der Nationalismus blieb eine der großen Strömungen des Jahrhunderts. Fast alle Völker wurden von ihm ergriffen, wobei es keine Rolle spielte, ob sie eine demokratische oder monarchische Staatsform hatten.

2. Der Krimkrieg und das neue Kräfteverhältnis in Europa

Napoleon III. und der neue Vorrang Frankreichs. N a p o l e o n I I I. (vgl. S. 201) wollte der Vorkämpfer für die Einheit und Freiheit der Völker sein. Dabei hoffte er, seinen persönlichen Ruhm zu steigern und Frankreich eine neue Vormachtstellung in Europa zu verschaffen. Der neue Diktator war seiner Natur nach friedliebend. Aber er mußte sich die Gunst der Franzosen erhalten, die ihn gewählt hatten. Paris machte er zu einer weiträumigen modernen Stadt. Seinen Bürgern gab er fast keine politische, aber um so mehr wirtschaftliche Freiheit. Auch die Arbeiter, vielfach noch republikanisch gesinnt, sollten erkennen, daß sie einen fortschrittlichen Monarchen hatten; Napoleon III. gewährte Presse- und Versammlungsfreiheit und erlaubte ihnen, sich zusammenzuschließen. Weitaus größeren Ruhm erhoffte sich der Kaiser auf dem Felde der internationalen Politik. Er ließ sich deshalb mit wenig Glück auf außenpolitische Abenteuer ein (vgl. S. 249).

Der Krimkrieg. Als Zar N i k o l a u s I. 1854 die alten russischen Pläne aufgriff, die Türken von den Dardanellen und vom Bosporus zu verdrängen, brachte sich Napoleon III. wieder ins europäische Spiel. Frankreich machte gemeinsame Sache mit England, das sich auf die Seite der Türken stellte, um die Russen vom Mittelmeer fernzuhalten. Französische Truppen trugen sogar die Hauptlast des Kampfes (K r i m - k r i e g 1854–1856). Ganze Regimenter verbluteten oder starben an Seuchen vor der Festung Sewastopol auf der Krim, ehe diese erstürmt werden konnte.

Napoleon schien der Sieg über die Russen nicht zu teuer erkauft. In seiner Hauptstadt fand der Friedenskongreß statt; er leitete ihn; sein Vorschlag, aus den Donaufürstentümern Moldau und Walachei das Fürstentum R u m ä n i e n zu bilden, wurde

1854 bis 1856

schließlich angenommen. Überdies hatten die russischen Niederlagen seinem persönlichen Gegner, dem Zaren Nikolaus I., das Herz gebrochen, und dessen Nachfolger A l e x a n d e r I I. (vgl. S. 264) mußte den Frieden in Paris entgegennehmen. Der Stern Frankreichs ging wieder über Europa auf; es war die Vormacht auf dem Festland.

Das neue Kräfteverhältnis in Europa und Asien. Rußland machte Österreich für seine Niederlage verantwortlich. Denn der Zar hatte mit dessen Unterstützung gerechnet, weil russische Truppen den Österreichern während der Revolution von 1848 geholfen hatten (vgl. S. 214). Doch „der Dank des Hauses Habsburg" blieb aus. Mußten die Russen für den Augenblick auch in S ü d o s t e u r o p a zurückweichen, so blieb es doch ihr Ziel, eines Tages die Türkei, den „kranken Mann am Bosporus", zu beerben und die Schutzherrschaft über die Balkanchristen zu übernehmen. Bis zum Ersten Weltkrieg blieb Südosteuropa der „Wetterwinkel Europas".

Nach dem Krimkrieg verlagerten die Russen den Schwerpunkt ihrer Machtpolitik nach M i t t e l a s i e n. Im Kampf gegen plündernde Nomadenvölker und auf der Suche nach Rohstoffen (vor allem Baumwolle) dehnten sehr selbständige Grenzbefehlshaber das russische Herrschaftsgebiet schrittweise bis an die Grenzen Afghanistans, Indiens und Chinas aus. Die Regierung in Petersburg hat diese Eroberungen mehr geduldet als befohlen. Sie sah verschärfte Spannungen mit England richtig voraus. In der zweiten Hälfte des 19. Jahrhunderts überwachten sich England und Rußland sehr mißtrauisch in ihrer Politik gegenüber Persien, Afghanistan, Tibet und China.

Links: Die Blockade des
Hafens von Sewastopol
durch die französisch-
englisch-türkische Flotte
im Oktober 1854.
Zeitgenössischer Holz-
schnitt.

Kgr Piemont/Sardinien 1815
1860 Anschluß an Kgr Sardinien
  „   der Lombardei 1859
  „   der italien Staaten 1860
  „   Venetiens 1866
  „   des Kirchenstaates 1870
Verlust an Frankreich 1860 (Savoyen, Nizza)
Kirchenstaat
Österreichische Länder

0   100   200   300 km

Rechts:
Die Einigung Italiens

3. Die nationale Einigung Italiens

Der Kampf um die Einheit. Von allen Staaten, die 1848 um ihre nationale Einheit
gekämpft hatten, kam I t a l i e n zuerst zum ersehnten Ziel. König V i k t o r
E m a n u e l II. von Piemont-Sardinien konnte Österreich, den Hauptgegner seiner
Einheit, mit Hilfe Napoleons III. in einem Kriege bei M a g e n t a und S o l f e r i n o
besiegen (1859). Nach zwei Jahren eines aufregenden diplomatischen Spieles und küh-
ner Volkserhebungen wehte schließlich die grün-weiß-rote Fahne Piemonts über
einem geeinten Italien.

1859

Zwei nach Wesen und Herkunft ganz verschiedenen Männern verdankte Italien seine Einigung: Dem Ministerpräsidenten von Piemont-Sardinien, G r a f C a v o u r , einem gewiegten
Diplomaten und Politiker, den man später den „italienischen Bismarck" genannt hat, und dem
Volksführer, Revolutionär und Freischärler G a r i b a l d i . Er zettelte überall Volksaufstände
an, zog mit seinen „Tausend Rothemden" gegen das Königreich beider Sizilien zu Felde und
befreite es von der bourbonischen Herrschaft.

Metternich hatte Italien noch als einen „geographischen Begriff" bezeichnet. Nun
war es durch Machtpolitik, unterstützt durch politische Freiheitsbewegungen des
Volkes, zu einem Nationalstaat geworden. Venetien, das 1861 noch fehlte, mußte
Österreich nach dem Kriege von 1866 (vgl. S. 255) herausgeben. Papst P i u s IX.
(1846–1878), der sowohl 1848 wie auch jetzt ein Gegner der nationalen Einheitsbewe-
gung gewesen war, verlor den Kirchenstaat im deutsch-französischen Krieg (vgl. S. 258).

Die Gründung des Roten Kreuzes. Mit der modernen Waffenentwicklung wurden
die Kriege immer grausamer. H e n r i D u n a n t , ein Genfer Kaufmann, hatte

245

Der Einzug Garibaldis in Messina 1860. Zeichnung von A. Beck.

auf dem Schlachtfeld von Solferino die vielen unversorgten Verwundeten gesehen und ihnen zusammen mit italienischen Frauen Hilfe gebracht. Nach dem Krieg schrieb er seine Erlebnisse nieder. In ganz Europa verstand man das Anliegen dieses Menschenfreundes. Auf einem internationalen Kongreß, an dem 16 Nationen teilnahmen, einigte man sich 1864 über die sogenannte „Erste Genfer Konvention", um das Los der verwundeten Soldaten im Felde zu erleichtern. Nach ihrem Symbol hieß die Vereinigung „Rotes Kreuz". Sie hat seither ihre Aufgabengebiete wesentlich erweitert und bei Katastrophen in Krieg und Frieden viel menschliches Leid gemildert.

4. Die USA im Kampf um die Einheit

Ausdehnung und Einwanderung. In der ersten Hälfte des 19. Jahrhunderts dehnten die USA ihr Staatsgebiet bis zur Westküste am Stillen Ozean aus. Sie haben große Gebiete des wenig erschlossenen Erdteils von den europäischen Mächten und Mexiko gekauft oder in Kriegen erkämpft. Die Eingeborenen, die Indianer, gerieten dabei vollends unter die Herrschaft des weißen Mannes. Besiedlung, Bebauung und Nutzung des reichen Landes waren nur deshalb in so kurzer Zeit möglich, weil sich aus allen Ländern Europas, am stärksten aus Irland und Deutschland, jahrzehntelang ein Strom von Auswanderern in die neugewonnenen Staaten des Westens ergoß. In der Zeit von 1820 bis 1860 wanderten rund 5 Millionen Menschen, davon 4,6 Millionen Europäer, ein. Außerdem machten die neuen Erfindungen der Technik (Dampfschiff, Eisenbahn und Telegraph) eine schnelle Verbindung von Ozean zu Ozean möglich.

246

Links: Karl Schurz. – Rechts: Die erste transkontinentale Eisenbahn in den USA. Zeitgenössische Darstellung.

Die Auswanderer, die mit den Frachtern nach „drüben" fuhren, hofften alle, dort ein besseres Leben aufbauen zu können. Mancher wagte die Fahrt, weil er von den Goldfunden im Dorado, im Goldland Kalifornien, gehört hatte und rasch reich werden wollte. Mancher nahm mit Bitterkeit vom alten Europa Abschied, das für Männer freien Geistes und politischer Tatkraft oft nur in seinen Gefängnissen Platz hatte. Drüben wußte man solche Leute zu schätzen. Der Deutsche C a r l S c h u r z , der nach 1848 enttäuscht sein Vaterland verließ, hat im Unabhängigkeitskrieg als General und später als Staatssekretär den USA große Dienste geleistet und auch seinen Landsleuten zeitlebens geholfen.

Der Gegensatz zwischen Nord- und Südstaaten. Schon vor der Entstehung der USA gab es einen in der geographischen Lage und in den verschiedenen Wirtschaftsformen begründeten Gegensatz zwischen den Nord- und Südstaaten. Im tropischen Süden besaßen wenige weiße Herren riesige Baumwoll-, Zucker-, Reis- und Tabakplantagen. Sie ließen ihre Riesengüter von Negersklaven bearbeiten. Im gemäßigten Norden bewirtschafteten die Farmer ihre kleineren Güter mit Hilfe von Landarbeitern. Außerdem waren dort Industrie und Handwerk stärker entwickelt.

Die handelspolitischen Interessen der beiden Gruppen waren deshalb entsprechend verschieden. Die Agrarstaaten mußten die meisten Industrie- und Verbrauchsgüter einführen und verteidigten aus diesem Grunde den Freihandel. Die jungen Industriestaaten glaubten, sich nur durch Schutzzölle gegen die europäische Konkurrenz behaupten zu können. An der Frage, ob die S k l a v e r e i moralisch und religiös zu verurteilen oder zu rechtfertigen sei, entzündete sich der stärkste Gegensatz. Dabei wirkte der die Sklaverei anprangernde Roman „Onkel Toms Hütte" (erschienen 1852) wie ein Revolutionsprogramm.

247

Die ersten fotografischen Kriegsberichte entstanden während des amerikanischen Sezessionskrieges. Der Krieg wurde mit großer Härte geführt. Das beweisen auch die Ruinen von Richmond in den Südstaaten.

Alle diese Spannungen zwischen Nord und Süd spielten bei der Gründung neuer Bundesstaaten eine große Rolle. Die sich „frei" fühlenden Nordstaaten wollten verhindern, daß bei der Ausdehnung nach dem Westen noch weitere „Sklavenhalterstaaten" gebildet wurden. Sie drängten überhaupt auf Abschaffung der Sklaverei.

Bürgerkrieg und Aussöhnung. In der Bundespolitik besaßen die Pflanzer der Südstaaten und mit ihnen die Demokratische Partei jahrzehntelang den beherrschenden Einfluß. In der politischen Auseinandersetzung mit ihnen entstand die republikanische Partei. Sie bekämpfte nachdrücklich die Sklaverei. Es gelang ihr 1860 zum ersten Mal, einen Präsidenten durchzubringen. A b r a h a m L i n c o l n trat aus persönlicher Überzeugung gegen die Sklaverei auf. Was er einmal bei einer Versteigerung von Schwarzen in New Orleans erlebt hatte, vergaß er zeitlebens nicht mehr. Nach seiner Wahl erklärten die Südstaaten ihre Trennung (Sezession) von der Union.

Die Nordstaaten betrachteten diese Loslösung als Bruch der Verfassung und warfen die „Rebellen" in einem sehr hart und grausam geführten Kriege nieder (S e z e s - s i o n s k r i e g 1861–1865). Damit war die nationale Einheit der USA gerettet. Vier Millionen Sklaven erhielten nun die Freiheit. Den Farbigen wurde zwar auch das Stimmrecht gegeben, aber praktisch blieben sie Bürger zweiter Klasse.

| 1861 |
| bis 1865 |

Fünf Tage nach der Kapitulation der Südstaaten fiel Lincoln einem Mordanschlag zum Opfer. Der Friedensschluß war mehr vom Gedanken der Rache als von der politi-

Abraham Lincoln wenige Monate nach der für die Nordstaaten siegreichen Schlacht von Gettysburg bei der Einweihung des Friedhofs für die Gefallenen (1863). Zeitgenössische Darstellung.

schen Vernunft diktiert. Die Südstaaten wurden längere Zeit militärisch, wirtschaftlich und politisch unterdrückt.

Allmählich gelang es aber doch, die inneren Spannungen zwischen Norden und Süden wenigstens so weit auszugleichen, daß der wirtschaftliche und technische Aufbau im Land der „unbegrenzten Möglichkeiten" sehr schnell vorankam. Die USA waren auf dem Wege, eine Großmacht zu werden und das alte Europa in politischer und wirtschaftlicher Beziehung bald einzuholen, ja zu übertreffen.

Napoleons III. außenpolitisches Abenteuer in Mexiko. N a p o l e o n I I I. ging es bei seiner Außenpolitik immer um zwei Ziele: Er wollte den Ruhm seines Landes mehren und die Franzosen zur Anerkennung seiner cäsarischen Herrschaft im Inneren bringen. Als die USA durch den Bürgerkrieg in ihrer Handlungsfreiheit eingeschränkt waren, mischte er sich in die inneren Verhältnisse der Republik M e x i k o ein.

Er unterstützte die mexikanischen Monarchisten und brachte 1864 Erzherzog M a x i m i l i a n v o n H a b s b u r g unter dem Schutz französischer Truppen als Kaiser ins Land. Für diese Unternehmung hoffte er, sowohl den Beifall der französischen Katholiken wie den Dank der Mexikaner zu finden. Bitter war das Erwachen aus diesem Traum von Weltpolitik. Die USA, nach dem Ende des Bürgerkrieges wieder handlungsfähig, verbaten sich energisch die Verletzung der Monroedoktrin.

In Mexiko siegten die Republikaner, zwangen das französische Expeditionskorps zum Abzug und erschossen standrechtlich den Kaiser Maximilian (1867).

Zusammenfassung:

Bei allen Völkern blieb auch in der zweiten Hälfte des Jahrhunderts der Wunsch lebendig, die nationale Einheit zu gewinnen. Napoleon III. von Frankreich machte sich zum Vorkämpfer des Nationalstaatsgedankens. Er unterstützte die Einigungsbewegung in Italien. Dort gelang es dem Ministerpräsidenten von Sardinien-Piemont, Graf Cavour, nach einem Krieg mit Österreich, unterstützt von Volksbewegungen, die nationale Einheit Italiens herzustellen (1859).

1864 wurde das „Rote Kreuz" gegründet.

Die USA konnten nach einem grausamen Bürgerkrieg zwischen den Nord- und Südstaaten (1861–1865) die Einheit der Union wiederherstellen.

Napoleons III. Versuch, in Mexiko eine katholische Monarchie durch Erzherzog Maximilian von Habsburg zu begründen, scheiterte am Widerstand der USA (Monroedoktrin) und der mexikanischen Republikaner.

II. Die deutsche Reichsgründung durch Bismarck

1. Die Berufung Otto von Bismarcks zum preußischen Ministerpräsidenten

Der Streit um die Heeresreform. Der neue König in Preußen, W i l h e l m I. (1861–1888), hatte 1848 seinem regierenden Bruder den Einsatz von Truppen zur Niederwerfung der Revolution vorgeschlagen. Als er nun selbst die Krone trug, hielt er es für seine Hauptaufgabe, die Schlagfertigkeit des Heeres zu steigern. Die Bevöl-

Links: Die Erschießung Kaiser Maximilians von Mexiko und zweier seiner Anhänger. Gemälde von Edouard Manet (Ausschnitt).

Rechts: Otto von Bismarck. Gemälde aus dem Jahre 1858.

kerung Preußens war außerdem von 11 Millionen im Jahre 1811 auf 18 Millionen im Jahre 1860 angewachsen, während die Zahl der Regimenter seit 1814 nicht mehr erhöht worden war. So erschien eine Heeresreform nötig. Der König sah in einem starken a k t i v e n Heer das beste Machtmittel der Krone. Er ließ durch seinen Kriegsminister v o n R o o n dem Parlament ein neues Wehrgesetz vorlegen.

Die Abgeordneten, vor allem die liberale Opposition, widersetzten sich dem königlichen Plan, die Landwehr (vgl. S. 165) zugunsten der Linientruppen zurückzudrängen. Sie sahen n u r in der Landwehr „das Volk in Waffen". Die Linie betrachteten sie mit Recht als ein Instrument konservativer Königsmacht. Der König ließ sich nicht auf Verhandlungen ein. Er löste das widerspenstige Parlament auf und schrieb Neuwahlen aus. In der neuen Volksvertretung verfügte die d e u t s c h e F o r t s c h r i t t s p a r t e i, eine von den Altliberalen abgewanderte radikale Gruppe, zu der auch der große Arzt Rudolf Virchow gehörte, über eine starke Mehrheit. Das neue Parlament lehnte das ganze Wehrgesetz ab. Es gab nicht nach, denn es wußte sehr wohl, daß ein wichtiges Verfassungsrecht auf dem Spiele stand; es ging darum, sich einen Einfluß auf das Heer, das Instrument des Krieges, zu sichern. Die königlichen Minister traten zurück. Der König stand mit seinem Kriegsminister allein; er dachte schon daran abzudanken. Da fand Wilhelm I. in dem märkischen Edelmann O t t o v o n B i s m a r c k einen Ministerpräsidenten, der bereit war, gegen das Parlament zu kämpfen. Er berief ihn im Jahre 1862.

Otto von Bismarck, am 1. April 1815 in Schönhausen in der Altmark geboren, stammte aus altem, märkischen Adel. Die Bismarcks waren als tüchtige, aber hartköpfige Landedelleute bekannt. Auch Otto von Bismarck verleugnete sein Leben lang die Natur des preußischen Junkers nicht, der in seinem Kreise zu befehlen gewohnt und seinem Herrn und König in ritterlicher Lehenstreue ergeben war. Zugleich war er – das Erbe seiner Mutter, die aus einer Gelehrten- und Beamtenfamilie stammte – feinnervig und reizbar, gewandt im Auftreten. Seine ungewöhnliche und vielseitige Begabung hob ihn über seine Standesgenossen hinaus. Er beherrschte sechs Sprachen. Seine Phantasie war so rege, daß er sofort die Lösungsmöglichkeiten einer Frage übersah, sein Verstand so scharf und klar, daß er den geeigneten Weg zum Ziel meist schnell herausfand. Bei der Durchführung seiner Pläne wußte er ebenso nachzugeben wie zäh durchzuhalten; er konnte verblüffend offen, aber auch listig und gewalttätig sein. Schwierigkeiten schreckten ihn nicht. Politische Gegner haßte er zuweilen wie persönliche Feinde und trat ihnen oft mit beißender Schärfe entgegen. So hart er im öffentlichen politischen Leben sich zeigen konnte, so herzlich und liebevoll war er innerhalb der Familie.

Nach sorgloser Studentenzeit trat der junge Bismarck in den Gerichts- und Verwaltungsdienst ein. Er hielt es nicht lange darin aus. An den gleichmäßigen, oft kleinlichen Aufgaben seiner täglichen Arbeit fand er keinen Gefallen, die Unterordnung unter Vorgesetzte behagte ihm nicht. So schied er bald aus dem Staatsdienst aus und bewirtschaftete die väterlichen Güter.

Als er 1847 zum Abgeordneten im „Vereinigten Landtag" (vgl. S. 202) gewählt wurde, begann seine politische Laufbahn. 1848 stellte er sich ganz auf die Seite des Königs, er lehnte die Revolution heftig ab. Friedrich Wilhelm IV. schickte den unerschrockenen Politiker 1851 als preußischen Gesandten in den erneuerten Bundestag. Es war die erste und gleich eine bedeutende diplomatische Aufgabe, die ihm anvertraut wurde. Bismarck zeigte sich in Frankfurt schon als ein Meister des politischen Spiels. Damals reifte in ihm die Überzeugung, daß nur e i n e Großmacht in einem geeinten Deutschland die Führung übernehmen könne, und er war gewillt, P r e u ß e n diese Stellung zu erkämpfen.

Bevor er diese große Aufgabe in Angriff nahm, die nur auf dem Felde europäischer Politik zu lösen war, hatte er noch drei Jahre Gelegenheit, als Gesandter in Petersburg und Paris zahlreiche Staatsmänner Europas kennenzulernen. Für seine Tätigkeit als verantwortlicher Staatsmann Preußens konnten ihm diese Bekanntschaften und Erfahrungen nur nützlich sein.

Mißachtung des Parlaments. Otto von Bismarck hielt nicht viel von den Rechten der Volksvertretung. Außerdem teilte er mit Wilhelm I. die Überzeugung, daß das Heer als entscheidendes Instrument der Macht in Krieg und Frieden ausschließlich in der Hand des Königs zu bleiben habe. Drei Jahre lang legte er den Staatshaushalt mit den Heeresausgaben dem Abgeordnetenhaus gar nicht mehr zur Genehmigung vor. Das Herrenhaus bewilligte die Ausgaben, und das genügte ihm. Allzuviel Bedeutung maß er diesem schweren inneren Konflikt nicht bei. Die außenpolitischen Aufgaben Preußens standen für ihn im Vordergrund.

2. Bismarcks preußische und europäische Politik bis zur Reichsgründung

Bismarcks konservative preußische Politik. Bismarck, der als Ministerpräsident so rücksichtslos die Rechte des Abgeordnetenhauses überging, fand im deutschen Volk kaum Freunde. Für das Ideal der Freiheit hatte er offensichtlich kein Verständnis. Und die Einheit Deutschlands schien er auch bewußt zu hintertreiben. Denn als ein Streit mit Dänemark ausbrach, stellte er sich gegen die Wünsche der deutschen Patrioten.

Der Krieg mit Dänemark 1864. Seit 1460 war der dänische König zugleich Herzog von Schleswig-Holstein (Personalunion). Aber die Herzogtümer hatten die Zusicherung, daß sie „up ewig ungedeelt" und in Verwaltung und Recht s e l b s t ä n d i g bleiben sollten.

Als nun um die Mitte des Jahrhunderts das dänische Königshaus im Mannesstamm ausstarb, wollte Dänemark das Herzogtum endgültig seinem Staatsverband eingliedern. Die deutschen Einwohner drängten zum Anschluß an Deutschland. Es kam mitten im Revolutionsjahr 1848 zum Krieg. Aber auch nach einem Sieg der preußischen Truppen konnte die provisorische Reichsregierung von Frankfurt die Angliederung nicht durchsetzen. Die europäischen Großmächte bestimmten im L o n d o n e r P r o t o k o l l (1852), daß die Herzogtümer zwar ihre Selbstverwaltung behalten, aber doch dem neuen dänischen Thronerben unterstehen sollten.

Die erste praktische Erprobung des „Roten Kreuzes" (vgl. S. 245) im Krieg um Schleswig-Holstein. Auf dem Bild sieht man ein Feldlazarett, das bei Düppel eingerichtet wurde. Zeitgenössische Darstellung.

1864 flammte von neuem der Widerstand in den Herzogtümern auf. Die dänische Regierung erließ eine Verfassung, in der die Einverleibung Schleswigs ausgesprochen war. Das war ein Bruch des Londoner Protokolls. Die deutsche Öffentlichkeit war entrüstet und forderte die vollständige Loslösung von Dänemark. Bismarck verlangte nur die Einhaltung der bisherigen Abmachungen von London. Denn er hatte bereits die möglichen Handlungen des Gegners in seine Überlegungen einbezogen. Ihm war klar, daß bei der erhitzten nationalen Leidenschaft Dänemark seinen gemäßigten Vorschlag für unannehmbar halten mußte. So kam es auch. Damit setzten sich die Dänen offensichtlich ins Unrecht. Die europäischen Mächte konnten bei dieser Sachlage gegen einen Feldzug preußischer und österreichischer Truppen nichts einwenden. Er führte rasch zum Erfolg. Dänemark trat Schleswig-Holstein und das Ländchen Lauenburg als gemeinsamen Besitz an Österreich und Preußen ab.

In der Verwaltung der beiden Herzogtümer kam es bald zu ernsten Schwierigkeiten zwischen den beiden Mächten.

Ausbruch des deutschen Kriegs von 1866. Bismarck versuchte ernsthaft, mit Österreich zu einer Verständigung zu kommen, hatte aber andererseits in der europäischen Politik den Boden für eine mögliche Auseinandersetzung mit Österreich vorbereitet. Mit der Neutralität des russischen Zaren konnte er sicher rechnen. Der Zar suchte sogar geradezu nach Gelegenheiten, Österreich seine Treulosigkeit während des Krimkrieges (vgl. S. 244) heimzuzahlen. Außerdem hatte Bismarck die Russen bei der Niederwerfung eines polnischen Aufstandes (1863) gegen den Willen der Westmächte und gegen die Stimmung im eigenen Lande unterstützt. Napoleons III. Neutralität gewann er mit der Zusage, bei einer Vergrößerung Preußens sich auf Norddeutschland zu beschränken. Da Bismarck dessen Wunsch

Österreichische Husarenattacke bei Schweinschädel (nördl. von Königgrätz) am 29. Juni 1866. Gemälde von A. von Bensa.

nach sichtbaren Erfolgen kannte, machte er ihm sehr vage Aussichten auf französischen Landgewinn im linksrheinischen Gebiet. Mit I t a l i e n brachte er durch Vermittlung Napoleons ein kurzfristiges Bündnis zustande. Es durfte hoffen, nach einem preußischen Sieg Venetien zu erhalten.

Bismarck mußte sich beeilen, wenn er die günstige europäische Lage nützen wollte, um die deutsche Frage für Preußen zu lösen. Er stellte überraschend beim Frankfurter Bundestag den Antrag, ein deutsches Parlament durch direkte, allgemeine und gleiche Wahlen zu berufen. Der Vielvölkerstaat Österreich konnte einen solchen Vorschlag gar nicht annehmen. Es griff den Fehdehandschuh auf und rief die Entscheidung des Bundestages über die Zukunft Schleswig-Holsteins an. Preußen sah darin einen Bruch vertraglicher Absprachen und ließ Truppen in Holstein einmarschieren, das unter österreichischer Verwaltung stand. Als daraufhin der Bundestag die Mobilmachung des Bundesheeres – die preußischen und österreichischen Korps ausgenommen – anordnete, trat Preußen aus dem Bunde aus. Seine Truppen marschierten in Sachsen, Hannover und Hessen ein (1866).

1866

Der Kriegsverlauf. Die Planung und Heerführung auf preußischer Seite lag in den Händen des Generals Helmuth v o n M o l t k e. Er führte in drei Wochen die Entscheidung herbei. Den Kampf gegen die mit Österreich verbündeten Mittelstaaten überließ er wenigen Divisionen. Die Hauptkräfte marschierten, in drei Armeen geteilt, nach Böhmen und schlugen vereint bei K ö n i g g r ä t z das österreichische Heer.

Der nüchterne Rechner Bismarck ließ sich nicht vom Machtrausch verführen; vielmehr konnte er sich zur rechten Zeit klug mäßigen.

Der Friede. Die nächste militärische Operation wäre der preußische Angriff auf Wien gewesen. Aber gegen den heftigen Widerstand seines Königs und aller Militärs trat Bismarck bei den Beratungen in N i k o l s b u r g für einen sofortigen Verständigungsfrieden mit Österreich ein. Es ging ihm darum, schon im Kriege den künftigen Frieden vorzubereiten. Er wußte sehr wohl, daß Europa ein starkes Österreich nicht entbehren konnte. Er verlangte zwar von Österreich im Frieden von P r a g (1866), daß es aus dem Deutschen Bund austrete, auf Schleswig-Holstein verzichte und Venetien an Italien gebe. Für Preußen forderte er in Norddeutschland ein geschlossenes Staatsgebiet. Dabei nahm er freilich auf überkommene fürstliche Thronrechte keine Rücksicht. Die Fürsten von Hannover, Kurhessen und Nassau verloren Land und Herrschaft. Die freie Reichsstadt Frankfurt wurde preußisch.

Durch diese Annexionen war der Zusammenhang zwischen den östlichen und westlichen Provinzen Preußens hergestellt. Die unter Zwang Eingegliederten blieben noch lange antipreußisch gesinnt.

Die Gründung des Norddeutschen Bundes und der Einfluß auf Süddeutschland. Alle selbständig gebliebenen Staaten nördlich des Mains bildeten mit Preußen den N o r d d e u t s c h e n B u n d , dessen Verfassung Bismarck selbst entwarf. Sie wurde 1871 als Reichsverfassung fast unverändert übernommen und galt bis 1918.

Nach dem siegreich beendeten Krieg lehnte Bismarck Napoleons Forderungen auf linksrheinisches Gebiet schroff ab. Auch hielt er sich nicht an sein gegebenes Versprechen, Preußens Ausdehnung auf die Länder nördlich des Mains zu beschränken. Er schloß vielmehr mit den süddeutschen Staaten militärische G e h e i m v e r t r ä g e ab, die für den Kriegsfall eine Waffenbrüderschaft mit Preußen vorsahen. Durch wirtschaftliche Zusammenarbeit knüpfte er die Bande noch enger. In dem neu geschaffenen Z o l l p a r l a m e n t waren auch die süddeutschen Staaten vertreten. Viele Patrioten hofften, daß daraus bald ein deutsches „ V o l l p a r l a m e n t " werde.

Aussöhnung mit dem Parlament. Nach dem Bruderkrieg mußte Bismarck zunächst einmal versuchen, bei den liberalen und nationalgesinnten Deutschen Sympathie zu gewinnen. Das war von vornherein unmöglich, solange in Preußen der Streit mit dem Parlament nicht beigelegt war. Bismarck war ein guter Menschenkenner. Er wußte sehr wohl, daß ein Volk durch nichts so leicht gewonnen werden konnte als durch Erfolge, die den Ruhm und die Ehre der Nation vergrößerten.

So trat er nach dem Sieg vor das preußische Parlament und bat den Landtag um „Indemnität", d. h. um nachträgliche Bewilligung der Geldausgaben für die Heeresreform. Damit erkannte der Kanzler zwar grundsätzlich das Bewilligungsrecht des Abgeordnetenhauses an, aber in diesem Antrag lag auch eine große Versuchung: Das Parlament sollte um des Erfolges willen jetzt als Recht anerkennen, was vordem Unrecht gewesen war.

Ein kleiner Teil wollte den „Götzendienst des Erfolges" nicht betreiben und lehnte die Vorlage ab. Die große Mehrheit aber stimmte dem Antrag zu. Sie schloß sich in der „Nationalliberalen Partei" zusammen und unterstützte lange Jahre Bismarcks Politik. Diese politische Freundschaft erregte das Mißtrauen stockkonservativer Junker und Militärs.

Der Deutsch-Französische Krieg 1870/71. Bismarck hatte sein erstes Ziel erreicht. Preußen war die führende Großmacht in Deutschland geworden. Wann würde es verwirklichen, was jahrhundertelang den Deutschen nicht gelungen war und was auch die Revolution des Volkes 1848 nicht geschaffen hatte: die d e u t s c h e E i n -

h e i t ? Unter Umständen konnte dieses zweite Ziel erst eine kommende Generation erreichen; denn der Widerstand gegen einen Großstaat in der Mitte des Erdteils war bei den europäischen Mächten sehr groß. Vor allem Frankreich befürchtete, seine führende Stellung auf dem Kontinent zu verlieren. Napoleon III. hatte Preußen ein deutliches „Halt" an der Mainlinie zugerufen. Bismarck mußte also mit der Möglichkeit eines deutsch-französischen Krieges rechnen, wenn die Einheit Deutschlands Wirklichkeit werden sollte. Aber er lehnte es stets ab, den Krieg bewußt herbeizuführen.

Die spanische Thronkandidatur. Ein diplomatisches Ränkespiel im Jahre 1870 führte nun überraschend schnell zum Krieg. Die Spanier hatten in einer Revolution ihre Königin Isabella aus dem Hause Bourbon verjagt und boten die Krone dem Prinzen Leopold von Hohenzollern-Sigmaringen, einem süddeutschen katholischen Verwandten König Wilhelms I., an. Als Chef des Hauses gab der preußische König nur widerstrebend seine Zustimmung; Bismarck förderte aber diesen Plan von Anfang an.

Als Frankreich von den geheim gehaltenen Verhandlungen erfuhr, erklärte die französische Regierung unmißverständlich vor der Kammer, daß sie einen Hohenzoller auf dem spanischen Thron unter keinen Umständen dulden werde. Leopold von Hohenzollern zog daher, mit der Zustimmung König Wilhelms, seine Kandidatur wieder zurück.

Nun stellte der französische Botschafter im Auftrag seiner Regierung an König Wilhelm, der in Bad Ems zur Kur weilte, die Forderung, er solle das Versprechen geben, daß er auch künftig nie mehr einer Kandidatur des Hohenzollern zustimme. Der König lehnte dieses zu weitgehende Ansinnen höflich, aber bestimmt ab. Die Vorgänge vom 13. Juli 1870 teilte er Bismarck telegraphisch mit. Dieser gab dem Telegramm aus Bad Ems eine kürzere Fassung, wodurch die Forderungen des französischen Gesandten in ihrer ganzen Schärfe hervortraten und die Zurückweisung durch den König wie ein Abbruch der Verhandlungen zu verstehen war.

Bismarck ließ die E m s e r D e p e s c h e in dieser abgeänderten Form veröffentlichen. Das Nationalgefühl beider Völker fühlte sich verletzt und flammte hell auf. Frankreich hatte Preußen demütigen wollen. Jetzt hatte es selbst eine diplomatische Niederlage erlitten. Es sah nur noch die Möglichkeit, die Waffen entscheiden zu lassen; am 19. Juli erklärte Frankreich den K r i e g.

Der Kriegsverlauf. Die süddeutschen Staaten traten entsprechend ihren „Schutz- und Trutzbündnissen", die sie 1866 mit Preußen abgeschlossen hatten, an die Seite des Norddeutschen Bundes. Die Planung und Durchführung des Feldzuges lag wiederum in den Händen M o l t k e s. Nachdem es nach einzelnen blutigen Schlachten in Lothringen gelungen war, die Hauptarmee der Franzosen in Metz einzuschließen und so ihren Abmarsch ins Innere Frankreich zu verhindern, war die Entscheidung des Feldzuges nahezu gefallen. Ein zweites französisches Heer, das zum Entsatz von Metz heranrückte, wurde bei S e d a n eingeschlossen und geschlagen. Napoleon und fast die ganze Entsatzarmee gerieten in Gefangenschaft. Der Krieg gegen das k a i s e r - l i c h e Frankreich war zu Ende (September 1870). Die R e p u b l i k wurde ausgerufen.

1870

Rechte Seite oben: König Wilhelm bei der Fahrt „Unter den Linden" in Berlin am Tage seiner Abreise zur Armee (31. Juli 1870). Gemälde von Adolf Menzel (vgl. S. 236). – Unten: Auch die glanzvollen Feste des neu gegründeten Kaiserreiches wurden von Menzel im Bild festgehalten. Das Gemälde zeigt ein Ballsouper am Hofe Kaiser Wilhelms I. im Berliner Schloß.

Jetzt aber stand das ganze französische Volk gegen die feindlichen Truppen auf. Frankreich führte einen „totalen" Krieg, in dem a l l e wirtschaftlichen und militärischen Mittel des Staates zum Einsatz kamen. Die deutschen Heere lagen vor größeren und kleineren Festungen, die sich zäh verteidigten. Das eingeschlossene Paris erlag schließlich Ende Januar 1871 einer Hungersnot. Der Übergabe der Hauptstadt folgte sogleich ein allgemeiner Waffenstillstand.

Der Friedensschluß. Der F r i e d e wurde im Mai 1871 in F r a n k f u r t geschlossen. Frankreich mußte 5 Milliarden Francs Kriegsentschädigung zahlen, und ein Teil des Landes blieb bis zur Abzahlung von deutschen Truppen besetzt. Am schmerzlichsten empfanden die Franzosen die Abtretung des E l s a ß und eines Teiles von L o t h r i n g e n. Es war für die süddeutschen Staaten eine Beruhigung, die Grenze über den Rhein vorgeschoben zu wissen. Aber auch militärische Gründe sprachen für die Annexion des Länderstreifens.

Die Bevölkerung wurde nicht nach ihrem Willen gefragt. Die Politik gegenüber dem neuen „Reichsland Elsaß-Lothringen", das sich immer zurückgesetzt fühlte, war wenig glücklich. Das Land war 20 Jahre lang im Bundesrat überhaupt nicht vertreten. Zu allem Überfluß zwang man ihm 1879 einen Statthalter auf. Das Mißtrauen gegenüber den Elsäßern war so groß, daß man die Landsleute den Militärdienst außerhalb ihrer Heimat leisten ließ. Auch großzügige wirtschaftliche und kulturelle Unterstützung konnte das Land dem Reich kaum näherbringen.

Bismarcks Verhandlungen mit den deutschen Fürsten. Der Kanzler des Norddeutschen Bundes begann seine Verhandlungen mit den deutschen Fürsten schon während des Krieges. Nach dem Sieg von Sedan war die Stimmung in allen Volksschichten und Parteien günstig, um die nationale Einheit zu verwirklichen. Trotzdem hatte Bismarck noch viele Widerstände zu überwinden. Die Liberalen in Deutschland wollten einen Einheitsstaat errichten, an den die fürstlichen Regierungen der Länder ihre Rechte abtreten sollten. Die Fürsten waren dagegen sehr darauf bedacht, möglichst wenig von ihrer Regierungsgewalt der neuen Reichsregierung zu überlassen. Vor allem Bayern und Württemberg sicherten sich vertraglich Sonderrechte. Aber geschickt räumte Bismarck auch hier die Schwierigkeiten aus dem Wege. Er brachte sogar den lange widerstrebenden Bayernkönig L u d w i g II. dazu, König Wilhelm die Kaiserwürde anzutragen. Damit war zum Ausdruck gebracht, daß die deutschen Fürsten in freiem Entschluß einem der Ihren die Kaiserwürde übertrugen. Kurz darauf erschien eine Abordnung des Norddeutschen Reichstages und bat König Wilhelm ebenfalls, die Krone anzunehmen. Diese Bitte der Volksvertretung war – anders als 1849 – politisch ohne Bedeutung.

Der Widerstand des preußischen Königs. König Wilhelm fiel es wie seinem verstorbenen Bruder außerordentlich schwer, den preußischen Königstitel gegenüber der kaiserlichen Würde zurücktreten zu lassen. Ein Tagebucheintrag des K r o n p r i n z e n F r i e d r i c h berichtet darüber:

Hauptquartier Versailles, am 17. Januar 1871

Je deutlicher sich nun aber die Konsequenzen von „Kaiser und Reich" im Laufe der Verhandlungen zeigten, desto aufgebrachter wurde der König. Schließlich brach er in die Worte aus, nur ein Scheinkaisertum übernehme er, nichts weiter als eine andere Bezeichnung für „Präsident"; er müßte sich mit einem Major vergleichen, dem der „Charakter als Oberstleutnant" verliehen worden sei. Nun es so weit gekommen wäre, müßte er zwar dieses Kreuz tragen, doch wollte er dafür auch der alleinige sein, weshalb er sich verbäte, daß man von ihm erwarte, der preußischen Armee eine gleiche Zumutung wie seiner eigenen Person zu machen; er wolle daher

Die Reichsgründung Bismarcks

nichts von einem „kaiserlichen Heere" hören, weil er wenigstens unsere Armee vor dergleichen bewahren möchte und nicht dulden könnte, daß die Truppen gar „deutsche" Namen und Bezeichnungen sich gefallen lassen müßten. Die Marine möge die „Kaiserliche" genannt werden. Ferner sagte er in äußerster Aufregung, er könne uns gar nicht schildern, in welcher verzweifelten Stimmung er sich befände, da er morgen von dem alten Preußen, an welchem er allein festhielt und fernerhin auch festhalten wollte, Abschied nehmen müßte.

Die Reichsgründung. Am 18. Januar 1871 wurde im Spiegelsaal des Schlosses von Versailles in Gegenwart von Fürsten und Soldaten der neue deutsche Kaiser ausgerufen. Bismarck hatte durch Staatsverträge mit den f ü r s t l i c h e n R e g i e r u n - g e n das Reich geschaffen. Aber er hatte auch nach Wunsch und Willen fast aller Deutschen gehandelt.

> **18. Jan. 1871**

Die Reichsverfassung von 1871. Am 21. März 1871, am Tage der Eröffnung des ersten deutschen Reichstages, verlieh Kaiser Wilhelm Bismarck den Fürstentitel. Er

259

erkannte damit die überragende Leistung des Reichsgründers an. Nach Bismarcks Vorschlag wurde die Verfassung des Norddeutschen Bundes für das Reich übernommen.

Der Deutsche Bund von 1815 besaß nur eine schwache Gesamtregierung, er war ein Staatenbund. Im neuen Reich jedoch verzichteten die Länderregierungen auf wichtige Rechte zugunsten der übergeordneten Zentralgewalt. So war ein B u n d e s s t a a t entstanden.

Der erbliche P r ä s i d e n t   d e s   B u n d e s , der König von Preußen, führte den Titel „ D e u t s c h e r   K a i s e r ". Die Verfassung gab ihm große Machtbefugnisse. Er allein konnte mit fremden Staaten Bündnisse eingehen und Verträge schließen, Gesandte beglaubigen und ins Ausland schicken, im Namen des Reiches Krieg erklären und Frieden machen. Er ernannte und entließ die Reichsbeamten. Auch den Reichskanzler bestellte er allein. Er führte den Oberbefehl über die Flotte und im Krieg über das gesamte Heer.

Der Bund umfaßte fünfundzwanzig E i n z e l s t a a t e n . Zweiundzwanzig Monarchien und drei „Freie Städte"; das „Reichsland" Elsaß-Lothringen kam als 26. Bundesstaat hinzu.

Kaiser und Bundesfürsten waren die alleinigen Träger der Staatsgewalt. In der Reichsgesetzgebung stand dem Kaiser kein Veto zu, doch konnte er durch die preußischen Stimmen im Bundesrat einen starken Einfluß ausüben.

Der B u n d e s r a t vereinigte die Vertreter der Länderregierungen unter dem Vorsitz des Reichskanzlers. Reichsgesetze und Staatsverträge konnten ohne seine Einwilligung nicht abgeschlossen werden. Im Bundesrat hatte Preußen 17 Stimmen, die übrigen Staaten zusammen 41. In wichtigen Fragen genügte eine Minderheit von 14 Stimmen, um das Zustandekommen eines Beschlusses zu verhindern. Aber trotzdem hatte Preußen den stärksten Einfluß auf die Entscheidungen des Bundesrates.

Der R e i c h s t a g stellte die Vertretung des Volkes dar. Seine Abgeordneten wurden in allgemeiner, gleicher, direkter und geheimer Wahl gewählt. Ohne seine Zustimmung konnte weder der Reichshaushalt noch ein Gesetz verabschiedet werden.

Die Stellung des Reichskanzlers. Auf die Außenpolitik des Kanzlers hatte das Parlament keinen Einfluß, weil dieser sich vor dem Abgeordnetenhaus nicht zu verantworten brauchte. Bismarck hatte sich im neuen Staat eine starke Stellung geschaffen. Er war der einzige Reichsminister und wurde vom Kaiser ernannt und entlassen ohne Mitwirkung des Bundesrates oder des Reichstages. Er hatte alle Anordnungen des Kaisers gegenzuzeichnen und übernahm dadurch die Verantwortung. Ihm waren die Staatssekretäre unterstellt, die an der Spitze der einzelnen Reichsämter standen. Auch als Reichskanzler blieb er zugleich preußischer Ministerpräsident.

Zentralgewalt und Landeshoheit. Die L ä n d e r hatten eigene Verfassungen und Parlamente. Ihr Eigenleben in Verwaltung, Recht und Kultus (= Kirche, Schule, Wissenschaft, Kunst) blieb weitgehend erhalten. Finanziell waren sie recht stark, weil ihnen

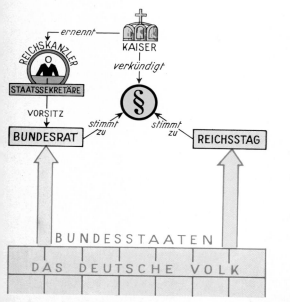

Die Reichsverfassung von 1871

Die Kaiserproklamation von Versailles am 18. Januar 1871 wurde von Anton von Werner nach Skizzen gemalt, die er während der Zeremonie angefertigt hatte. In seinen Lebenserinnerungen berichtet er, das Ereignis sei „in prunklosester Weise und außerordentlicher Kürze" vor sich gegangen. Die sehr viel bekanntere zweite Fassung des Bildes von 1882, die Bismarck zur zentralen Figur macht, stimmt mit dem historischen Vorgang nicht überein.

alle direkten Steuern zuflossen. Soweit das Reich sein Budget nicht durch Zölle und indirekte Steuern decken konnte, sprangen die Länder jeweils mit Beiträgen ein die nach der Bevölkerungszahl errechnet wurden. Das führte dauernd zu Spannungen zwischen dem Reich und den Ländern. Zwischen Reichsgewalt und Länderhoheit hatte Bismarck eine mittlere Lösung erstrebt. Es war nie seine Absicht gewesen, die gegliederte Vielfalt der deutschen Nation zu zerstören. Gewalttätige Vereinheitlichung, meinte er einmal, hinterlasse Stellen, „die innerlich bluten".

Zusammenfassung:

Der preußische König Wilhelm I. berief, im Konflikt mit dem Abgeordnetenhaus, Otto von Bismarck zum Ministerpräsidenten.

Nach einem Krieg mit Österreich (1866) gründete Bismarck den Norddeutschen Bund, der unter der Führung Preußens stand.

Die Niederlage Frankreichs im Deutsch-Französischen Krieg von 1870/71 bot Bismarck die Möglichkeit, das zweite Deutsche Kaiserreich als Bundesstaat zu errichten.

Die Verfassung des Reiches verlieh dem König von Preußen die erbliche Kaiserwürde. Der Reichskanzler war nur dem Deutschen Kaiser, nicht dem Reichstag verantwortlich. Die Länder wahrten ihre Hoheit in Recht, Kultus und Verwaltung.

III. Liberalismus und Nationalismus in der zweiten Hälfte des Jahrhunderts

1. Das liberale Zeitalter in England unter Königin Viktoria

Königin Viktoria. Unter Königin V i k t o r i a (1837–1901) wuchs das Ansehen des englischen Königshauses im ganzen Empire.

Viktoria war eine nüchterne und kluge Frau. Sie wollte den Haushalt ihres Reiches ordentlich geführt wissen. Sie verstand es, auszugleichen und zu schlichten und doch ihren Willen zur Geltung zu bringen. Dabei vergaß sie nicht, daß sie die Krone trug und deshalb immer über dem Streit der Parteien und des Tages stehen mußte: „The Queen".

Liberaler Fortschritt im Mutterland. Während auf dem Kontinent einzelne Völker noch um ihre nationale Einheit rangen, hatte England das Glück, sich nach innen und außen stetig zu entwickeln. In der langen Regierungszeit der Königin V i k t o r i a hat neben dem konservativen auch der liberale Geist das staatliche Leben mehr und mehr durchdrungen. Das kam in dem fast regelmäßigen Wechsel zwischen konservativen und liberalen Kabinetten zum Ausdruck. Der Premierminister der liberalen Regierungen war dreimal der um innere Reformen besonders bemühte W i l l i a m G l a d s t o n e. Die konservative Opposition führte B e n j a m i n D i s r a e l i. Er war aber insofern ein liberaler Politiker, als er den herrschenden Hochadel mit der Arbeiterschaft gegen das Besitzbürgertum verbinden wollte.

Schon seit der „glorreichen Revolution" (1688) bestimmte das englische Parlament weitgehend die Politik des Staates. Daher war es wichtig, welche Schichten des Volkes in ihm vertreten waren. Am Anfang des Jahrhunderts besaß außer dem Adel nur eine sehr kleine vermögende Schicht von Bürgern das W a h l r e c h t. Bei der ersten Wahlrechtsreform (1832) dehnte man es von etwa 5 auf 7,1 Prozent der Gesamtbevölkerung aus (700 000 Stimmberechtigte). Nach der zweiten Wahlrechtsreform 1867 durfte jeder Engländer wählen, der einem Haushalt vorstand. Nach der dritten Wahlrechtsreform von 1884/85 besaßen etwa 60 Prozent das Grundrecht des Staatsbürgers, selbst Landarbeiter und Bergleute erhielten jetzt das Stimmrecht.

Auf dem Gebiet der Wirtschaft setzte sich das System des F r e i h a n d e l s weiter durch. England konnte sich getrost jeder Konkurrenz stellen, denn es führte in Industrie, Wirtschaft und Handel. Es beherrschte den Kapitalmarkt der Welt.

Liberalismus im Weltreich. Dabei war England klug genug, auch nationale und liberale Regungen in seinen Kolonien zu berücksichtigen. Die Erfahrungen, die es in Amerika gemacht hatte, mahnten zur Mäßigung. Schon 1845 erhielt K a n a d a eine selbständige Regierung; es wurde 1867 D o m i n i o n. Nach und nach gewährte England allen großen Kolonien Selbstverwaltung. Es hat sich gelohnt. Sie blieben Glieder im „British Commonwealth of Nations" und bewahrten in Wirtschaft und Handel enge Verbindung zum Mutterland. Der persönliche Lebensstil der führenden Schichten in den Dominions blieb angelsächsisch geprägt, wenn auch deren innen- und außenpolitische Selbständigkeit mehr und mehr zunahm.

| 1867 |

Rechte Seite oben: Königin Viktoria und Prinzgemahl Albert eröffnen die Londoner Weltausstellung 1851. Gemälde von H. C. Selous. – Unten: Die Pentonville Road in London. Gemälde von Andrew O'Connor (1881). Im Hintergrund die Türme des St. Pancrasbahnhofs, dem Zeitgeschmack entsprechend im neugotischen Stil erbaut. Mit der auffälligen Reklame kündigt sich aber auch schon das Bild der modernen Großstadt an.

Wandlungen in Indien. Im 19. Jahrhundert dehnte England seine Herrschaft über weitere Völkerschaften Indiens aus. Es gliederte ihre Gebiete entweder seinem Kolonialbesitz ein oder erklärte sie zu seinen Schutzstaaten.

Die großen Unterschiede in Religion, Sprache und Lebensformen suchten die Briten durch eine gleichartige Verwaltung, durch die Verbreitung europäischer Zivilisation und vor allem durch die Einführung des Englischen als Amtssprache zu mildern.

Die Britsch-Ostindische Kompanie verlor schon 1813 das Handelsmonopol in Indien, und die politische Macht ging mehr und mehr an die Minister der englischen Krone über. 1858 trat die britische Regierung in aller Form an die Stelle der jetzt aufgelösten Kompanie und erklärte Indien zur K r o n k o l o n i e. 1877 nahm Königin Viktoria den Titel der Kaiserin von Indien an.

Wie hilfreich auch die koloniale Arbeit der Engländer war, so konnte sie doch das Erwachen eines indischen nationalen Selbstbewußtseins nicht verhindern. Es nahm im Gegenteil mit der europäischen Bildung der führenden einheimischen Schichten sehr rasch zu. Die weißen Herren waren für die Inder jetzt nicht mehr die Gesandten des Himmels. Man sah ihre Schwächen, kritisierte ihre Fehler und leistete Widerstand. Wenn sie mit ihren Anordnungen heilige Gefühle und überlieferte Anschauungen der Inder verletzten, kam es zu Widersetzlichkeiten, Aufständen und Meutereien bei den indischen Regimentern. So waren z. B. die schweren A u f s t ä n d e von 1857/58 nicht unwesentlich durch die Mißachtung indischer religiöser Überzeugungen ausgelöst worden. Einige Sepoy-Regimenter (Sepoy = eingeborene indische Soldaten) meuterten, weil die Militärverwaltung Patronen ausgab, die mit dem Fett der in Indien als heilig verehrten Kühe oder der als unrein angesehenen Schweine eingeschmiert waren. Das eine war für die Inder so verletzend wie das andere.

Die Engländer behaupteten sich schließlich gegen die aufständischen Truppen. Aber die Spannung zwischen ihnen und den Indern nahmen gegen Ende des Jahrhunderts doch zu, weil sich beide Gruppen in ihrem Rassebewußtsein fremd gegenüberstanden.

2. Liberalismus und Radikalismus in Rußland

Der Autokrat Nikolaus I. Zar N i k o l a u s I. (1825–1855) war der Meinung, daß es einzelne reifere Staaten gäbe, die sich eine Verfassung leisten könnten. Rußland gehörte nach seiner Auffassung sicher nicht zu ihnen.

Die dauernden Unruhen im Lande – in seiner dreißigjährigen Regierungszeit erlebte er allein etwa 500 Bauernaufstände – schienen seine Ansicht zu bestätigen, wiewohl man daraus auch den entgegengesetzten Schluß hätte ziehen können.

Die „Ordnung" versuchte er vor allem durch den Einsatz der regulären und der sehr gefürchteten geheimen Polizei, „Dritte Abteilung" genannt, im Staate aufrechtzuerhalten. Stets waren Kuriere und Feldjäger mit neuen kaiserlichen Ordonnanzen unterwegs. Sie dienten der Vereinheitlichung des Rechts, der Unterdrückung aller nicht orthodoxen religiösen Gruppen, der Kontrolle des geistigen Lebens in Wissenschaft, Politik und Presse.
Niemand lebte im Rußland seiner Regierungszeit so menschenunwürdig wie die leibeigenen Bauern. Nikolaus I. selbst nannte die Leibeigenschaft „ein brennendes Übel". Aber der sonst so unerbittliche Herrscher wagte es nicht, den mächtigen adeligen Grundherren in der Behandlung ihrer „Knechte" Vorschriften zu machen. So mußten sich die armen Bauern nach wie vor prügeln und zur Strafe in die Armee stecken lassen oder die Verbannung nach Sibirien hinnehmen.
Der Zar versuchte, die Russen zu einem besonderen Nationalstolz zu erziehen und sie gegen alle liberalen westlichen Einflüsse abzuschirmen.

Reformversuche. Nach dem Krimkrieg und nach dem Tode Nikolaus I. wollte der für Reformen aufgeschlossene A l e x a n d e r I I. (1855–1881) aus Rußland einen

Ein am Ort des Attentats auf Alexander II. in St. Petersburg 1881 errichteter Altar. Zwei Grenadiere halten die Ehrenwache. Links vom Altar sieht man das Kreuz der russisch-orthodoxen Kirche. Die Tendenz der zeitgenössischen Darstellung ist unverkennbar.

modernen Staat machen. In tiefer Verehrung blickten die leibeigenen Bauern immer noch zum ,,Väterchen Zar" empor, dem Herrn des Staates und der Kirche. Über die Hälfte von ihnen arbeitete auf den Gütern des Zaren oder des Staates, die übrigen auf den Besitzungen des Adels. Sie waren an ihre entwürdigende Abhängigkeit seit Jahrhunderten gewöhnt. Alexander leitete 1861 eine B a u e r n b e f r e i u n g ein und gab den Dörfern und etwas später auch den Städten Selbstverwaltung. Mehr als 22 von ungefähr 50 Millionen Bauern erhielten die persönliche Freiheit. Freilich blieben sie mit ihrem Besitz wie bisher an die Dorfgenossenschaft, den ,,Mir", gebunden.

Die Durchführung der Befreiung machte große Schwierigkeiten. Denn die langgewohnte Bestechung und Käuflichkeit der schlecht besoldeten Verwaltungsbeamten war nicht auszurotten. Der Zar wohnte weit weg, der Adel kümmerte sich wenig um die Reformgesetze oder widersetzte sich ihnen. Die ,,freien Bauern" konnten die fälligen Ablösungsraten oft nicht zahlen, weil der Ernteerlös zu gering war. Außerdem hatten die mächtigen Grundherren so hohe Ablösungssummen beim Zaren durchgesetzt, daß noch die nächste und übernächste Generation belastet geblieben wäre, hätte nicht eine Revolution (1905) diesen Zahlungsverpflichtungen ein Ende gesetzt. Der liberale Versuch scheiterte unter diesen Umständen bald. Der Zar brach seine Reformmaßnahmen ab.

Radikale Bewegungen. Die gebildete Jugend Rußlands, die in Paris, Wien oder Berlin studiert hatte, empörte sich gegen die Erneuerung des absoluten Regiments. Sie verbreitete radikale soziale Ideen. Diese jungen Menschen verschworen sich gegen alle Ordnung, Herrschaft und Tradition. ,, N i h i l i s t e n " nannten sie sich. Sie hatten den alten Mächten, Zarentum und Kirche, den Kampf angesagt. Keine Autorität außer derjenigen des Volkes sollte es künftig geben. Auch vor Attentaten schreckten die Nihilisten nicht zurück. Die zarististische Geheimpolizei fahndete im ganzen Land nach den „Terroristen". Viele von ihnen wurden zum Tod verurteilt, noch mehr erlagen den unmenschlichen Leiden einer Gefangenschaft in Sibirien. Aber die Bewegung war stark. 1881 fiel auch der Zar einem Attentat zum Opfer.

Seinem Nachfolger, A l e x a n d e r I I I., wollten sechs Jahre später Mitglieder der revolutionären Partei „Der Volkswille" dasselbe Schicksal bereiten. Der Anschlag wurde entdeckt, und mit einigen anderen der Rädelsführer, ein Medizinstudent mit Namen Alexander Uljanow, gehängt. Seinen Tod zu rächen, schwor damals sein 17-jähriger Bruder Wladimir. Er nannte sich später L e n i n.

Neben dieser radikalen Sozialbewegung gab es eine überzeugte n a t i o n a l e B e w e g u n g in Rußland, den P a n s l a w i s m u s. Die Slawen waren sich ihrer Eigenart bewußt geworden. Sprache, Kultur und religiöse Bekenntnisse verbanden sie. Aber nur die Russen lebten in einem rein slawischen Staat. Es gab nach ihrer Meinung noch viele „unerlöste Brüder", die unter dem Halbmond des Sultans, dem Zepter Habsburgs oder Preußens aushalten mußten. Rußland warb um sie. Religiöse, nationale und machtpolitische Ideen mischten sich im Panslawismus, der gegen die Jahrhundertwende zu einer friedenbedrohenden Bewegung in Osteuropa anwuchs. Er bedrohte vor allem die Türkei und Österreich.

3. Versuch einer nationalen Befriedung in Österreich – Ungarn

Nach den Niederlagen von 1859 und 1866 suchte der Habsburgerstaat sich von innen her zu erneuern. Mit rein absolutistischen Methoden ließ sich der Nationalitätenstaat nicht mehr regieren. Die Völker verlangten nach Freiheit. Um wenigstens Ungarn zu versöhnen, wurde das Reich 1867 in zwei Staaten geteilt (Ö s t e r r e i c h - U n g a r i s c h e r A u s g l e i c h). Es bestanden nun nebeneinander ein westlicher, deutsch-slawischer Staat, das K a i s e r t u m Ö s t e r r e i c h, und ein östlicher, ungarisch-slawischer Staat, das K ö n i g r e i c h U n g a r n, mit eigenen Regierungen und Parlamenten, wie es auch in dem neuen amtlichen Namen, Österreichisch-Ungarische Monarchie, zum Ausdruck kam. Gemeinsam waren dem Doppelreich die Person des Herrschers, die auswärtige Politik, Heer, Flotte und die Finanzen für die gemeinschaftlichen Angelegenheiten. In diesem dualistischen Staatswesen überwog immer mehr der Einfluß des vom madjarischen Adel mit starker Hand regierten Ungarn.

Die bevorzugte Stellung der Deutschen ließ sich nach dem Ausscheiden aus dem Deutschen Bund (vgl. S. 255) nicht mehr aufrechterhalten. Die Verfassung von 1867 hatte jedem Volksstamm „ein unverletzliches Recht auf Wahrung und Pflege seiner Nationalität und Sprache" zugesichert. In der österreichischen Reichshälfte waren aber Tschechen und Polen mit der Gleichberechtigung nicht zufrieden, sie strebten nach nationaler Unabhängigkeit.

4. Frankreich als Dritte Republik

Die letzten Jahre Napoleons. N a p o l e o n I I I. hatte sich umsonst um große Erfolge in der Außenpolitik bemüht. Die Begeisterung der Franzosen für ihren Kaiser ließ nach. Die Wahlergebnisse zeigten, daß die Stimmenzahl der Opposition im Lande schon bedenklich gestiegen war. Der Herrscher „von Gottes Gnaden und des Volkes Willen" entschloß sich, seine Regierung nach liberalen und parlamentarischen Grund-

Einer der vielen Prozesse gegen Teilnehmer am Kommuneaufstand. Zeitgenössische Fotomontage.

sätzen zu führen. Seine Niederlage im Kriege von 1870 setzte aber diesen liberalen Bemühungen ein jähes Ende.

Die Pariser Kommune. Nach der Gefangennahme Napoleons im Herbst 1870 (vgl. S. 256) bildeten bürgerliche Politiker eine provisorische Regierung. Mit der Zustimmung einer neu gewählten Nationalversammlung schloß sie im Februar 1871 mit den Deutschen einen vorläufigen Frieden, nachdem der Entsatz der eingeschlossenen Hauptstadt mißlungen war. Gegen diese Regierung „des nationalen Verrats" und ihre Nationalversammlung protestierten Patrioten und Republikaner in Paris.

Den sozialistischen Revolutionären unter ihnen schien die Stunde günstig, um die e r s t e D i k t a t u r d e s P r o l e t a r i a t s zu errichten. Der am 26. März 1871 gewählte Kommunalrat von Paris zählte 84 Mitglieder, darunter kleinbürgerliche Sozialisten und marxistische Revolutionäre. Diese Kommune steckte ihre Ziele sehr hoch. Sie wollte im Auftrag der Nation die deutschen Invasoren aus Frankreich vertreiben und zugleich einen sozialistischen, klassenlosen Staat aufbauen.

Die Lage war von vornherein ziemlich aussichtslos. Die belagerte Hauptstadt war von deutschen Truppen eingeschlossen. Zu den Kommunen, die sich in einigen Provinzstädten gebildet hatten, gab es so gut wie keine Verbindung.

Die sozialistischen Genossen in ganz Europa verfolgten mit Spannung das französische Experiment. „Seien Sie überzeugt" rief A u g u s t B e b e l (vgl. S. 272) im Mai 1871 den Abgeordneten im Reichstag zu, „das ganze europäische Proletariat und alles, was noch ein Gefühl für Freiheit und Unabhängigkeit in der Brust trägt, sieht auf Paris."

Die sozialistischen Brüder konnten nur ohnmächtig zusehen, wie die Pariser Kommunarden im Artilleriehagel, Gewehrfeuer und zuletzt im Barrikadenkampf den Regierungstruppen in zwei Monaten unterlagen. Im Schlußkampf töteten die Kommunarden 480 Geiseln und steckten öffentliche Gebäude in Brand. Vier Jahre lang dauerten die Strafaktionen der Sieger. Standgerichte vollstreckten 20 000 Todesurteile. 10 000 wurden zu Gefängnis verurteilt oder auf die Strafinsel Neukaledonien deportiert.

1875 entschied sich die Nationalversammlung mit einer Stimme Mehrheit endgültig für die Republik – die dritte in Frankreich.

Liberalismus in der Gesellschaft. Die B o u r g e o i s i e blieb noch immer der beherrschende Stand in der französischen Gesellschaft des ausgehenden 19. Jahrhunderts. Sie war auch Trägerin des l i b e r a l e n G e i s t e s . Er entfaltete sich auf den verschiedensten Gebieten des Lebens. Zwischen den einzelnen Klassen verschwanden teilweise äußerlich trennende Schranken. Ein Bürgersohn konnte jetzt auch die Tochter eines Kleinbürgers, eines Krämers, Angestellten oder gar eines Arbeiters heiraten, ohne von der Familie verstoßen zu werden. In Lebensführung, Mode und Vergnügungen schwand der starke Unterschied zwischen Stadt und Land, arm und reich. Man trug wohl noch, wie heute auch, eine bestimmte Berufskleidung, aber der Arbeiter ging nicht mehr in Bluse und Mütze, wie er noch 1848 auf die Barrikaden gestiegen war, sondern er ging jetzt im bürgerlichen Anzug.

Im Bildungswesen zeigte sich die Kraft des Liberalismus am wirksamsten. Lange Jahre tobte ein erbitterter Kampf zwischen Kirche und Staat auf dem Gebiet der Schulbildung. Er endete nach 1900 mit der radikalen T r e n n u n g v o n S t a a t u n d K i r c h e . Der herkömmliche kirchliche Einfluß auf die Schule war beseitigt.

Von Staats wegen gab es in Elementarschulen wie höheren Schulen und Universitäten keine konfessionellen Bindungen mehr. Aber man hat der Kirche nicht verboten, mit eigenen Mitteln Privatschulen zu unterhalten, die bis heute fortbestehen.

5. Italien

Die Beseitigung des Kirchenstaates. Während der revolutionären Wirren 1849 hatten Truppen Louis Napoleons (vgl. S. 200) zum Schutze des Papstes den Kirchen-

1870

staat besetzt. Als nach der Schlacht von Sedan (1870) die französische Regierung die Besatzung aus dem Kirchenstaat zurückzog, marschierten dort italienische Truppen ein. Auf Grund einer Volksabstimmung wurde er mit dem italienischen Königreich vereinigt und R o m die Hauptstadt des geeinten Italien. Der Papst protestierte gegen die Wegnahme des Kirchenstaates und verließ den Vatikan nicht mehr. Die Kirche verharrte in passivem Widerstand.

Erst nach der Jahrhundertwende kam es zu ersten Abmachungen zwischen Staat und Kirche. Mussolini hat schließlich endgültig Frieden mit dem Papst geschlossen. In den L a t e r a n v e r - t r ä g e n (1929) verzichtete Papst Pius XI. auf die Wiederherstellung des Kirchenstaates. Die italienische Regierung ihrerseits erkannte die Vatikanstadt als selbstständiges, neutrales Gebiet an, das unter der Herrschaft des Papstes steht.

Rechte Seite oben: Kaiserin Eugenie (vgl. S. 201) und ihre Hofdamen. Gemälde von F. X. Winterhalter. Der Künstler war im Schwarzwald geboren, kam aber frühzeitig nach Paris, wo er zum beliebtesten Bildnismaler der höchsten Gesellschaft wurde. – Unten: Das Leben der einfachen Gesellschaftsschichten schildert Pierre Auguste Renoir (1841–1919) in seinem Gemälde „Tanz in der Mühle de La Galette" von 1876. Renoir war einer der bedeutendsten Vertreter des französischen Impressionismus.

Liberalismus. Die Liberalen kämpften auch in Italien gegen den kirchlichen Einfluß im Staate. Kirchliche Gerichte wurden abgeschafft, Klöster aufgelöst, kirchliches Eigentum vom Staat eingezogen. Wie in Frankreich verdrängte der Staat die Kirche aus dem ganzen Bereich des Bildungswesens. Sogar an den Universitäten durfte Theologie nicht mehr gelehrt werden.

Nationalismus. Bald nach 1870 lebte der Nationalismus in Italien erneut auf. Im Etschland und am Adriatischen Meer wohnten Italiener, die noch zu Österreich gehörten. Dieses „unerlöste Italien" (Italia irredenta) forderte man zurück.

Wie alle europäischen Völker hielt auch Italien nach Kolonialbesitz Ausschau. Seine Blicke waren vor allem auf Tunis gerichtet, wo schon italienische Siedlungen bestanden.

Zusammenfassung:

Auch die zweite Hälfte des 19. Jahrhunderts war politisch besonders durch liberale und nationale Strömungen geprägt.

In E n g l a n d wechselten liberale mit konservativen Kabinetten ab. Aber am Prinzip des Freihandels hielten alle fest, und ebenso nahm die Zahl der Bürger, die das Stimmrecht erhielten, stetig zu. In den drei Wahlrechtsreformen stieg sie von 5 auf 60 Prozent. Großbritannien gab seinen Kolonien nach und nach Selbstverwaltung und gliederte sie dem britischen Commonwealth ein. Die Kronkolonie Indien drängte gegen das Jahrhundertende immer stärker auf Selbständigkeit.

In R u ß l a n d versuchte Zar Alexander II. 1861 eine Bauernbefreiung durchzuführen. Nach ihrem Scheitern gefährdeten radikale Bewegungen den Staat von innen her. Der expansive russische Panslawismus drohte die staatliche Ordnung Osteuropas zu erschüttern.

Ö s t e r r e i c h suchte 1867 die stärkste innere Spannung zu beseitigen, indem es die österreichisch-ungarische Doppelmonarchie schuf.

Nach der plebiszitären (d. h. auf Volksabstimmungen beruhenden) Diktatur Napoleons III. und nach dem kurzen Zwischenspiel einer Kommuneherrschaft wurde F r a n k r e i c h 1871 zum dritten Male eine Republik. Im Zeichen des Liberalismus milderten sich die sozialen und gesellschaftlichen Spannungen der Nation, sie verschärften sich aber zwischen Staat und Kirche und führten schließlich zur radikalen Trennung. In I t a l i e n verdrängte der Staat ebenfalls die Kirche aus dem Bereich des Bildungswesens. Der Kirchenstaat wurde 1870 mit dem italienischen Königreich vereinigt. Die italienischen Siedlungsgebiete im Etschland und in Istrien wurden als „unerlöst" betrachtet.

NEUNTES KAPITEL

Deutschland zur Zeit Bismarcks

I. Die Innenpolitik Bismarcks

1. Der Ausbau des neuen Reiches

Einheit im Wirtschaftsleben. Der weitaus größte Teil des deutschen Volkes empfand es als ein Glück, daß der nationale Zusammenschluß nun doch gelungen war. Mancher Wunsch des Revolutionsjahres 1848 mußte freilich unerfüllt bleiben: Österreich war von der Gemeinschaft der Deutschen durch eine Staatsgrenze getrennt; manche Länder hatten die Selbständigkeit eingebüßt, alle auf alte Rechte verzichten müssen; die Volksvertretung hatte geringeren Einfluß auf die Politik, als es sich die Freunde einer parlamentarischen Regierungsform gewünscht hatten. Es gab Föderalisten, die den neuen Nationalstaat für ein vergrößertes Preußen hielten.

Aber die Vorteile überwogen. Die ersten Reichsgesetze auf dem Gebiet der Wirtschaft erfüllten alte liberale Forderungen des Bürgertums: Freizügigkeit und Gewerbefreiheit, Einheit von Münze (1871 Markwährung), Maß und Gewicht. Um das Postwesen erwarb sich der Generalpostmeister S t e p h a n hohe Verdienste; er dehnte die Zustellung auf das Land aus, führte das Einheitsporto und die Postkarte ein, förderte das Telegraphen- und das Fernsprechwesen. Auf Stephan ging auch die Gründung des Weltpostvereins (1874) zurück, der den internationalen Postverkehr erleichterte und vereinfachte. Allmählich war das Postwesen, außer in Bayern und Württemberg, Reichseigentum geworden. Bismarck wollte auch die Eisenbahnen in den Besitz des Reiches übernehmen; aber dagegen wehrten sich die Bundesstaaten.

Einheit des Rechts. In der Gesetzgebung wie im Aufbau der Gerichte unterschieden sich die einzelnen deutschen Staaten seit Jahrhunderten. Jetzt baute man ein einheitliches Rechtswesen für das ganze Reichsgebiet auf. Das H a n d e l s - und das S t r a f g e s e t z b u c h übernahm das Reich vom Norddeutschen Bund. Die Rechtsgleichheit wurde mit der Einführung des B ü r g e r l i c h e n G e s e t z b u c h e s (1900) hergestellt.

Die Rechtsprechung blieb in den Händen der Länder. Über den Amts-, Land- und Oberlandesgerichten stand das R e i c h s g e r i c h t , welches seinen Sitz in Leipzig hatte. Unter gleichem Recht und Gesetz zu stehen, stärkte das Gefühl, ein gemeinsames Vaterland zu haben. Doch bedrohten schwerwiegende soziale und religiöse Kämpfe die innere Einheit, und zeitweilig ließen einzelne Reichsgesetze Zweifel an der Rechtsstaatlichkeit des Bismarckreiches aufkommen.

2. Die Auseinandersetzung mit dem Sozialismus

Internationaler Sozialismus. Marx und Engels lehnten es im Kommunistischen Manifest von 1847 (vgl. S. 236) wie auch später radikal ab, auch nur den Versuch zu machen, die soziale Frage im Rahmen einer Nation allein zu lösen. Sie erklärten jeden Staat zum Klassenfeind des Proletariats. Am schärfsten griff Marx immer wieder den „Militär- und Junkerstaat" Preußen und das durch den Junker und Preußen Bismarck gegründete Kaiserreich an. Er verhöhnte die „fortschrittlichen" bürgerlichen Parteien, die dem Staat schon Dank sagten, wenn er huldvoll ein allgemeines Wahlrecht, eine freiheitliche Gewerbeordnung und der Arbeiterschaft das Koalitionsrecht gewährte. Die Proletarier sollten kompromißlos solche armseligen Staatsgeschenke ablehnen und unbeirrbar am Ziel der Weltrevolution festhalten.

Nationaler Sozialismus, Ferdinand Lassalle. Während Marx von London aus die Kommunisten vor einem Pakt mit den Staaten der Bourgeoisie warnte, begann einer seiner Mitstreiter des Jahres 1848, der Rechtsanwalt F e r d i n a n d   L a s s a l l e (1825–1864), von Berlin aus die deutsche Arbeiterbewegung zu organisieren, und befürwortete den Versuch, innerhalb des bestehenden Staates Erfolge anzustreben. Damit kam er in einen unversöhnlichen Gegensatz zu Marx.

Lassalle sprach in den Arbeitervereinen vieler Städte. Weil er ein mitreißender Redner und im Gegensatz zu Marx ein verbindlicher Mann war, konnte er begeistern. Er forderte die Arbeiter auf, alles daran zu setzen, um in ihrem Staat politischen Einfluß zu gewinnen. Solange sie politisch entmündigt blieben, kämen sie nie über ihre Hungerlöhne hinaus. Die Proletarier müßten unablässig das allgemeine, gleiche und direkte Wahlrecht fordern. Dann bekämen sie dank ihrer großen Zahl Macht und Bedeutung im Staat und könnten ihn dazu bringen, Produktionsgenossenschaften der Arbeiter zu bilden, in denen sie endlich Anteil am Gewinn bekämen.

Für diese Ziele rief Lassalle 1863 den ,, A l l g e m e i n e n   D e u t s c h e n A r b e i t e r v e r e i n '' ins Leben. Er fand viele Anhänger. Lassalle hoffte, den Staat selbst für seine Pläne gewinnen zu können. Er nahm nach den verschiedensten Seiten hin Verbindung auf; er verhandelte mit Bischof Ketteler wie auch mit dem preußischen Ministerpräsidenten Bismarck. Doch schon 1864 fiel er in einem Duell.

Die Sozialdemokratische Partei. Nach dem Tode Lassalles setzte sich der internationale Sozialismus durch. W i l h e l m   L i e b k n e c h t (1826–1900) übernahm die Führung. Er hatte 1848/49 als Gießener Student in Baden für die Republik gekämpft (vgl. S. 202). Während seiner vierzehnjährigen Verbannung in London war er mit Marx zusammengetroffen. Gemeinsam mit dem Drechslermeister A u g u s t B e b e l (1840–1913) bekämpfte er die Lassalleaner. Die beiden Männer gründeten

1869

1869 in Eisenach die ,, S o z i a l d e m o k r a t i s c h e   A r b e i t e r p a r t e i ''. Sie schwenkte ganz auf die Linie von Marx ein.

Nach der Reichsgründung sprach B e b e l die Haltung seiner Partei zum neuen Reich unmißverständlich aus: ,,Der Staat speziell, in dem wir leben, das sogenannte Deutsche Reich – in Wirklichkeit nur ein erweitertes Preußen –, ist Klassenstaat in des Wortes vollster Bedeutung. Und dieser Klassenstaat ist zugleich noch Militärstaat. Ein Klassenstaat, gehüllt in den Panzer des Militärstaates, lastet das preußisch-deutsche Reich mit doppelter Wucht auf dem arbeitenden Volke. Damit ist unsere Stellung dem Reich gegenüber gegeben. Wir sind ,Reichsfeinde', weil wir Feinde des Klassenstaates sind.''

1875, auf dem Parteitag von Gotha, machte man den Mitgliedern, die aus dem ,,Allgemeinen Deutschen Arbeiterverein'' Lassalles kamen, einige Zugeständnisse und erreichte damit ihre volle Mitarbeit in der jetzt gegründeten ,, S o z i a l i s t i s c h e n A r b e i t e r p a r t e i   D e u t s c h l a n d s ''. Der Internationalismus blieb auf dem Programm der deutschen Arbeiterbewegung, während z. B. die Sozialisten in England von vornherein eine allmähliche Veränderung der Verhältnisse innerhalb des bestehenden Staates anstrebten (vgl. S. 233).

Kampf mit der Sozialdemokratie. Solange die soziale Frage nicht gelöst war, blieb auch der neue Staat von innen her in seinem Bestand gefährdet. Bismarck wußte das; er hatte als preußischer Ministerpräsident gehofft, im Zusammenwirken mit Lassalle eine soziale Hilfe des Staates für die Arbeiterschaft in die Wege leiten zu können. Als nach dessen Tod die deutsche Arbeiterbewegung ganz auf die Linie des internationalen Marxismus eingeschwenkt war, schien Bismarck die Zusammenarbeit mit den Sozialdemokraten nicht mehr möglich. Zwei Mordanschläge auf

Streikende Arbeiter. Gemälde von Robert Köhler (1886).

Kaiser Wilhelm I. im Jahre 1878, an denen die Sozialdemokraten keinerlei Anteil hatten, nahm der Reichskanzler zum Anlaß, dem Reichstag ein „Gesetz gegen die gemeingefährlichen Bestrebungen der Sozialdemokratie" vorzulegen. In seiner Reichstagsrede vom 17. September 1878 begründete B i s m a r c k sein Verbot der Sozialdemokratie folgendermaßen:

„Ich komme zu der Frage zurück, wann und warum ich meine Bemühungen um soziale Verhältnisse aufgegeben habe. Es stammt dies von dem Augenblick her, wo im versammelten Reichstag der Abgeordnete Bebel oder Liebknecht die französische Kommune als Vorbild politischer Einrichtungen hinstellte und sich selbst offen vor dem Volke zu dem Evangelium dieser Mörder und Mordbrenner bekannte. Von diesem Augenblick an habe ich in den sozialdemokratischen Elementen einen Feind erkannt."

Das S o z i a l i s t e n g e s e t z (1878) verbot alle sozialistischen Vereine, unterdrückte ihre Presse und gab den Landesregierungen das Recht, Sozialdemokraten auszuweisen. Viele Volksredner wanderten ins Gefängnis oder wurden ausgewiesen; aber das erhöhte gerade ihr Ansehen und förderte die Verbreitung ihrer Gedanken. Diese Kämpfe schlossen die Partei fest zusammen. Während der zwölf Jahre, in denen das fragwürdige Gesetz in Kraft war, stieg die Stimmenzahl der Partei auf $1^1/_4$ Millionen und nahm auch später von Wahl zu Wahl regelmäßig zu. Schon von 1898 an war die als „S o z i a l d e m o k r a t i s c h e P a r t e i D e u t s c h l a n d s" (SPD) wieder begründete Partei an Stimmenzahl die stärkste in Deutschland.

| 1878 |

3. Bismarcks Sozialpolitik

Die Sozialgesetzgebung. Bismarck wußte aber auch, daß der Staat von sich aus erfüllen müsse, „was in den sozialistischen Forderungen als berechtigt erscheint und in dem Rahmen der gegenwärtigen Staats- und Gesellschaftsordnung verwirklicht werden kann". Es leitete ihn dabei der Gedanke, daß „es bei rechtem Eingreifen des Staates zur Zeit noch gelingen werde, die Mehrzahl der Arbeiter mit der bestehenden Staatsordnung auszusöhnen und die Interessen von Arbeitern und Arbeitgebern wiederum in Harmonie zu bringen" (1871). Der S t a a t hatte nach Bismarcks Meinung die soziale Aufgabe, die Lebensrechte des Arbeiters ebenso zu schützen wie die des Unternehmers. Wie der christliche Gutsbesitzer Bismarck sich um seine Bediensteten und Landarbeiter zu kümmern hatte, so mußte der Staatsmann Bismarck für die durch die industrielle Revolution geschädigten Arbeiter sorgen. Dabei hatte er nach zwei Seiten zu kämpfen. Die Vertreter des Freihandels (vgl. S. 192) und viele Industrielle warfen ihm vor, er betreibe die Geschäfte des Sozialismus. Er sei auf dem besten Weg zum Wohlfahrtsstaat. Würden durch Sozialgesetze die Arbeiter nicht in Versuchung geführt, die Hände in den Schoß zu legen und sich vom Staat versorgen zu lassen? Die Sozialdemokraten dagegen fanden, die staatlichen Maßnahmen seien nur ein kümmerlicher Anfang.

Bismarck führte trotz aller Widerstände von rechts und links sein Werk zu Ende. In sechs Jahren (1883–1889) brachte er die grundlegenden Gesetze durch. Die Arbeiter waren jetzt vom Staate aus gegen K r a n k h e i t, U n f a l l, I n v a l i d i - t ä t und Arbeitsunfähigkeit im A l t e r versichert. Die Mittel dazu brachten Arbeitgeber, Arbeitnehmer und der Staat gemeinsam auf.

In den folgenden Jahren kümmerte sich der Staat auch mehr um die Arbeitsbedingungen in der Fabrik. Er erließ strengere S c h u t z v o r s c h r i f t e n, um die Zahl der Betriebsunfälle zu mindern. Der Frauen- und Kinderarbeit wurden engere Grenzen gesetzt. Die Arbeitszeit durfte nicht willkürlich verlängert werden.

Größe und Grenzen des Werkes. Bismarcks Sozialversicherung war ein großes, bahnbrechendes Werk. Deutschland war das erste Land, in dem der Staat die Lage der wirtschaftlich Schwachen zu sichern suchte. Im Jahre 1909 zum Beispiel wurden für Altersrenten 162 Millionen, an Invalidenrenten 120 Millionen Mark gezahlt. Dennoch konnte auch diese Gesetzgebung die Arbeiterschaft mit dem Staate nicht versöhnen. Das lag nicht nur an dem Ärger über das Sozialistengesetz und an dem Widerstand der Marxisten gegen die angeblichen „Bettelbrocken". Die soziale Frage war eben nicht nur eine wirtschaftliche Angelegenheit und daher nicht allein dadurch zu lösen, daß der Staat das materielle Wohl der Arbeiterschaft förderte.

Der Arbeiterstand war sich seiner Bedeutung für das staatliche und wirtschaftliche Leben bewußt. Er verlangte, in der öffentlichen Meinung geachtet und in der Regierung vertreten zu sein. Bismarck selbst hat die Wirkung seines sozialen Werkes gehemmt, weil er es zugleich als eine Waffe im Kampf gegen die Sozialdemokratie verwandte.

4. Der Kulturkampf

Das Vatikanische Konzil. Seit dem Zeitalter der Aufklärung und der Französischen Revolution hatte die römisch-katholische Kirche durch Säkularisationen auch in den katholischen Ländern fast ihr gesamtes Kirchengut eingebüßt. Nach der Besetzung Roms und des restlichen Kirchenstaates verlor die Kirche ihre weltliche Macht. Aber im Kampf mit dem modernen Liberalismus, der kirchenfeindlich war, gewann sie an innerer Kraft. Das V a t i k a n i s c h e K o n z i l von 1870 verwarf eindeutig alle liberalen Ansichten, die mit der kirchlichen Lehre nicht vereinbar waren. Aber noch viel folgenreicher war die Verkündigung des Dogmas von der Unfehlbarkeit des

Das Zentrum von Berlin um 1880.

Papstes in Glaubens- und Sittenfragen. Nun war klar entschieden, daß die höchste Lehrautorität beim Papst und nicht beim Konzil liegt.

Der religiöse und politische Kampf. In Deutschland hatten sich bereits in der ersten Hälfte des Jahrhunderts die Katholiken politisch zusammengeschlossen. Im preußischen Abgeordnetenhaus nannte sich die 1870 neugegründete Partei Z e n t - r u m . Überwiegend großdeutsch gesinnte Katholiken, die von Mißtrauen gegen das protestantische Kaisertum erfüllt waren, ausgesprochene Föderalisten wie Altbayern und Welfen (der Parteiführer war der ehemalige Minister des Königs von Hannover, Ludwig Windthorst) sowie Polen und später Elsässer fanden sich im Zentrum zusammen.

Die neue Partei forderte sogleich, die in der preußischen Verfassung enthaltenen Artikel über die Kirchen auch in die Reichsverfassung zu übernehmen, weil darin die kirchliche Freiheit verbürgt war. Darüber hinaus verlangte sie, daß das Reich zugunsten der Selbständigkeit des Papstes und der Wiederherstellung des Kirchenstaates tätig werde. Bismarck lehnte diese Forderungen ab. Die Liberalen stellten sich ganz auf seine Seite und drängten ihn zu scharfen Maßnahmen. Aber auch die sogenannten „Altkatholiken", die das Unfehlbarkeitsdogma ablehnten und deshalb mit der Kirche in Konflikt geraten waren, unterstützten Bismarcks Kirchenpolitik.

Von beiden Seiten wurde der Kampf auf religiöser und politischer Ebene erbittert geführt. Neue Gesetze beschnitten die kirchliche Freiheit unerträglich. In das Strafgesetzbuch wurde ein „ K a n z e l p a r a g r a p h " eingefügt, der jeden Geistlichen mit Gefängnis oder Festungshaft bedrohte, „welcher in Ausübung seines Berufes Angelegenheiten des Staates in einer den öffentlichen Frieden gefährdenden Weise erörterte". Den J e s u i t e n und verwandten Orden wurden Aufenthalt und Niederlassung im Reich verboten. Die Führung der Standesregister, die bis dahin den

Geistlichen oblag, wurde besonderen Standesämtern übertragen und die Z i v i l e h e eingeführt. Diese Maßnahme löste auch in protestantisch-konservativen Kreisen Bedenken und Widerstand aus.

Der Kampf wurde nicht nur im Reich, sondern auch in den Einzelstaaten aufgenommen. Die „M a i g e s e t z e ", die in Preußen 1873 erlassen wurden, griffen besonders entscheidend in die bisherige Schulordnung ein. Das Aufsichtsrecht in der Volksschule, bisher von Geistlichen ausgeübt, wurde jetzt in die Hände von staatlichen Beamten, den Schulräten gelegt. In der Provinz Posen wurde sogar, um die polnische Geistlichkeit zu treffen, der Gebrauch der polnischen Sprache in Schule und Verwaltung nahezu ganz untersagt (1873–1876). Daß der Staat die Ausbildung und Anstellung der Priester und Bischöfe zu kontrollieren gedachte, bedrohte das innere Leben der Kirche und kam einer Verfolgung gleich.

Die Aussöhnung mit dem Zentrum und der Kurie. Jeder geistige und wirtschaftliche Druck begegnete einer geschlossenen Front der Abwehr. Die Bevölkerung hielt treu zu ihren Pfarrern und Bischöfen. Das Zentrum gewann sogar laufend mehr Anhänger. 1874 erhöhten sich nach Wahlen seine Sitze im Reichstag von 57 auf 94. Bismarck war nüchtern und einsichtig genug, einen Kampf, der zwar einige äußere Erfolge brachte, aber schließlich zum Scheitern verurteilt war, einzustellen. Als 1878 nach dem Tode Pius IX. der versöhnliche L e o X I I I. den Päpstlichen Stuhl bestieg, bahnte sich eine Verständigung an, zumal Bismarck aus wirtschaftspolitischen Gründen auf die Unterstützung des Zentrums angewiesen war. Die Härten der „Maigesetze" wurden gemildert, eine Kampfmaßnahme nach der andern abgebaut. Bestehen blieben bis heute die staatliche Schulaufsicht, die staatliche Führung der Standesregister und die Rechtsgültigkeit der bürgerlichen Eheschließung.

5. Bismarck und die Parteien

Zusammenarbeit mit der Nationalliberalen Partei. Die Kämpfe mit der Sozialdemokratie und mit dem Zentrum zeigen, daß Bismarck die parlamentarische Gegnerschaft der Parteien politisch nicht richtig verstand und sie im Grunde nicht gelten lassen wollte. Er beklagte sich oft darüber, daß er keine Partei gefunden habe, auf die er sich ganz verlassen könne. Andererseits konnte man keiner Partei zumuten, dem Kanzler in jedem Reichstag bedingungslos die Treue zu halten, wenn sie sich nicht selbst aufgeben wollte.

Die N a t i o n a l l i b e r a l e P a r t e i hatte dem preußischen Ministerpräsidenten nach 1866 bei der Indemnitätsvorlage (vgl. S. 255) einen großen Vorschuß an Vertrauen gegeben und es auch dem Kanzler des Reiches bewahrt. Er erfüllte ja die Wünsche der Unternehmer und Kaufleute, des bürgerlichen Mittelstandes und vieler Beamten: Das Reich gewann nach innen und außen an nationaler Geschlossenheit. Dem freien Spiel der Kräfte in der Wirtschaft waren zunächst keine Fesseln angelegt.

Im Jahre 1878 sah sich Bismarck jedoch genötigt, die Wirtschaftspolitik grundsätzlich zu ändern. Die landwirtschaftlichen Großbetriebe des Ostens riefen den Staat um Hilfe an. Die ostdeutschen Grundbesitzer konnten mit dem billigen Getreide aus Übersee und Rußland nicht mehr konkurrieren. Auch die Eisenindustrie, die auf dem heimischen Markt die Konkurrenz englischer Erzeugnisse auszuhalten hatte, forderte staatlichen Zollschutz. Bismarck legte S c h u t z z ö l l e auf die ausländischen Agrar- und Industrieprodukte und stoppte so die Einfuhren. Um dem Reich größere Einnahmen zu verschaffen, belegte Bismarck die Genußgüter (Kaffee, Tee, Wein, Tabak) mit sogenannten „F i n a n z z ö l l e n ". „Schutz der nationalen Arbeit" war das Schlagwort für diesen neuen M e r k a n t i l i s m u s. Aber es war mehr. Die Epoche des Freihandels ging ihrem Ende entgegen. Denn auch von anderer Seite engte man das freie Spiel der Kräfte ein. Schon lenkten die großen Industrieverbände in starkem Maße den Gang der Wirtschaft, und die Gewerkschaften erhoben soziale und politische Forderungen, denen die wirtschaftlichen Planungen des Staates Rechnung tragen mußten.

Die wechselnden Mehrheiten. In der Schutzzollpolitik versagten die National-liberalen dem Kanzler die Gefolgschaft. Es gab zwar bei ihnen noch eine Reihe von Abgeordneten, die auch diesen wirtschaftlichen Kurswechsel hingenommen hätten. Aber Bismarck selbst legte keinen besonderen Wert mehr darauf, mit dieser Partei zusammenzuarbeiten. Er hatte sich durch die Beendigung des Kulturkampfes bereits die Unterstützung der Z e n t r u m s f r a k t i o n gesichert. Durch bittere Erfahrungen belehrt, folgte auch sie nur zögernd der oft harten Innenpolitik des Kanzlers. Bei aller Gegnerschaft zum Sozialismus z. B. konnte sie die Ausnahmegesetze gegen die Sozialdemokratie nicht gutheißen. Ihr kam es viel mehr darauf an, die Arbeiterschaft zu gewinnen, statt sie durch Verbote zu schrecken.

Die liberalen Fraktionen der „F o r t s c h r i t t s p a r t e i" und des „F r e i - s i n n s" verweigerten Bismarck meist die Unterstützung. Sie wußten sehr wohl, daß der „allgewaltige Einzelbeamte an der Spitze der Reichsregierung" sich nicht nach dem Willen der Mehrheit richtete, sondern bloß für seine Pläne die notwendige Mehrheit zusammenbringen wollte. Selbst die K o n s e r v a t i v e n spalteten sich in Bismarck-Gegner und Bismarck-Freunde. In den achtziger Jahren war es für den Kanzler oft sehr schwer, seine Gesetze heil über die parlamentarische Hürde zu bringen. Das lag zweifellos oft an ihm selbst. Es lag aber auch am unerquicklichen inneren „Parteihader" und gegenseitigen „Fraktionshaß". Bismarck nützte ihn häufig geschickt aus:

„. . . Ich habe bestimmte, positive, praktische Ziele, nach denen ich strebe, zu denen mir mitunter die Linke, mitunter die Rechte geholfen hat, nach meinem Wunsch beide gemeinschaftlich helfen sollten. Ich gehe mit dem, der mit den Staats- und Landesinteressen nach meiner Überzeugung geht; die Fraktion, der er angehört, ist mir vollständig gleichgültig . . ."

Der kleindeutsche Nationalstaat war trotz Parlamentarismus viel stärker konservativ-monarchisch als demokratisch geprägt.

Zusammenfassung:

Im neuen Deutschen Kaiserreich wurden Maße, Gewichte und Währung vereinheitlicht. Ein reichseinheitliches Handels- und Strafrecht, ein Bürgerliches Gesetzbuch und ein gleicher Instanzenweg vom Amtsgericht bis zum Reichsgericht schufen eine tragfähige Grundlage für das Zusammenwachsen der Bundesländer.

Lassalle gründete 1863 den „Allgemeinen Deutschen Arbeiterverein". Liebknecht und Bebel schlossen die Arbeiter 1869 in der „Sozialdemokratischen Arbeiterpartei" zusammen.

Die Einheit des Reiches sah Bismarck von innen her durch die internationalen Bindungen der Sozialdemokratie bedroht. Er versuchte durch eine umfassende Sozialgesetzgebung die Arbeiterschaft zu einer staatsbejahenden Haltung zu bringen.

Die Auseinandersetzung zwischen dem Reich und der katholischen Kirche endete mit einem Kompromiß. Der Staat übernahm die Schulaufsicht, die Führung der Standesregister und die bürgerliche Eheschließung.

Im Reichstag stützte sich Bismarck auf wechselnde Mehrheiten, ohne sich an eine Partei fest zu binden. Das Wesen des Parlamentarismus blieb ihm fremd.

II. Bismarcks Außenpolitik

1. Die außenpolitischen Ziele Bismarcks

Durch die Einigung Deutschlands und Italiens wurden die Machtverhältnisse Europas grundlegend verändert.

Namentlich P r e u ß e n - D e u t s c h l a n d s Aufstieg wirkte beunruhigend. Preußen war bei seiner starken Anlehnung an Österreich und Rußland in der ersten Hälfte des Jahrhunderts kaum als gleichberechtigte Großmacht angesehen worden. Nun hatte es im steilen Aufstieg eine erstaunliche Machthöhe erklommen und durch die Verbindung mit den deutschen Mittel- und Kleinstaaten ein mächtiges Reich der europäischen Mitte geschaffen. Die Anrainerstaaten fürchteten sich vor einer Expansion des neuen Kaiserreiches, und dieses wiederum mußte ebenso logisch mit einer Koalition seiner Nachbarn rechnen. Am meisten fürchtete Bismarck, daß sich das Bündnis aus dem Siebenjährigen Krieg – Frankreich, Österreich, Rußland – wiederholen werde. Daher versäumte er keine Gelegenheit, zu betonen, daß das Reich „saturiert" (gesättigt) sei. Sein Ziel war fortan, die Einheit und Machtstellung des Reiches zu sichern.

Bismarck hat einmal während eines Krankheitsurlaubes im Jahre 1877 den Grundsatz seiner Außenpolitik so beschrieben:

„Wenn ich arbeitsfähig wäre, könnte ich das Bild vervollständigen und feiner ausarbeiten, welches mir vorschwebt: nicht das irgendeines Ländererwerbes, sondern das einer politischen Gesamtsituation, in welcher alle Mächte außer Frankreich unser bedürfen, und von Koalitionen gegen uns durch ihre Beziehungen zueinander nach Möglichkeit abgehalten werden."

2. Der Russisch-Türkische Krieg und der Berliner Kongreß

Bald nach der Beendigung des Deutsch-Französischen Krieges söhnte sich Österreich-Ungarn mit dem neuen Reich aus. Bismarck wollte durch eine Verständigung mit Österreich und Rußland den westlichen Nachbarn des Reiches isolieren. Sein immer wiederkehrender Alptraum war eine französisch-russische Freundschaft und damit die Gefahr eines Zweifrontenkrieges für Deutschland. 1873 schlossen der Zar, der Deutsche Kaiser und der österreichische Kaiser das sogenannte D r e i k a i s e r - a b k o m m e n zur Sicherung des europäischen Friedens – eine freundliche Absprache zwischen drei Monarchen, nicht mehr. Es war darum kaum eine Frage, daß die persönliche Verständigung der Monarchen den aufklaffenden Gegensatz zwischen Rußland und Österreich-Ungarn in der Balkanpolitik nicht überdauern würde.

Aufstände der christlichen Balkanvölker gegen die drückende türkische Herrschaft gaben den russischen Panslawisten (vgl. S. 266) Gelegenheit, den Zaren zum Eingreifen zu drängen. Im R u s s i s c h - T ü r k i s c h e n K r i e g e (1877/78) wurden die Türken nach tapferer Gegenwehr völlig geschlagen. Vor den Toren von Konstantinopel diktierte der Zar den Frieden. Der Sultan sollte seinen Besitz in Europa fast vollständig verlieren, der Hauptgewinn dem neuen Fürstentum B u l g a r i e n zufallen, das als russischer Vorposten am Ägäischen Meer gedacht war. Gegen diese Abmachungen erhoben England und Österreich Einspruch.

Es bestand Kriegsgefahr. Bismarck bot seine Vermittlung an. Er hielt es für seine Pflicht, den Krieg zu verhindern. Denn Deutschland war weder mit der Schwächung Rußlands noch mit der Österreichs gedient; es bestand die Gefahr, daß es einen von den beiden Freunden auf immer verlieren und in um so stärkere Abhängigkeit von dem anderen geraten würde. Nach Überwindung vieler Schwierigkeiten trat ein K o n g r e ß i n B e r l i n zusammen, um die Balkanfragen zu lösen. Bismarck leitete

1878

Der Berliner Kongreß 1878. Gemälde von Anton von Werner. Bismarck steht neben dem Grafen Andrassy, dem österreichisch-ungarischen Ministerpräsidenten, und schüttelt dem russischen Grafen Schuwalow zum Abschied die Hand. Links, in einem Sessel sitzend, die rechte Hand auf einen Gehstock gestützt, Fürst Gortschakow, der sich mit dem englischen Ministerpräsidenten Disraeli unterhält. Zwischen Bismarck und Andrassy im Hintergrund der Kopf des Geheimrats Holstein, der nach dem Sturz Bismarcks eine bedeutende Rolle spielen sollte.

die Verhandlungen mit gewohnter Meisterschaft. Er wollte dabei nicht den Schiedsrichter spielen, sondern den „ehrlichen Makler, der das Geschäft wirklich zustande bringen will". Sein Ziel war Ausgleich und Gleichgewicht in Südosteuropa. Rußland erhielt zwar armenische Grenzstriche und Bessarabien; aber die europäische Türkei blieb als ein quer durch die ganze Balkanhalbinsel laufender Länderstreifen bestehen.

B u l g a r i e n erstand als selbständiges Fürstentum, hatte jedoch an die Türkei Tribut zu zahlen; seine Grenze wurde auf den Kamm des Balkans zurückverlegt. Auch S e r b i e n und M o n t e n e g r o wurden nicht im vorgesehenen Maße vergrößert. Doch erhielten beide Staaten ebenso wie R u m ä n i e n die Unabhängigkeit.

G r i e c h e n l a n d bekam Thessalien. Auch die Helfer der Türkei gingen nicht leer aus. E n g l a n d bekam Zypern, Ö s t e r r e i c h - U n g a r n das Besatzungs- und Verwaltungsrecht in Bosnien und der Herzegowina.

Der Berliner Kongreß ordnete die Verhältnisse auf der Balkanhalbinsel für ein Menschenalter. Freilich sah kaum eines der Balkanvölker seine nationalen Wünsche erfüllt; hier lagen die Keime zu künftigen Zwistigkeiten.

3. Bismarcks Bündnispolitik

Der Zweibund. Mit den Ergebnissen des Berliner Kongresses waren die Russen nicht zufrieden. Für den Mißerfolg machten sie weniger die englische und österreichische als die deutsche Politik verantwortlich; sie beschuldigten den Kanzler, die russischen Wünsche nicht genügend unterstützt zu haben, und warfen ihm Undank für die 1870

Zeitgenössische Karikatur auf den Berliner Kongreß. Bismarck kuriert die Leiden der Welt: Der „kranke Mann am Bosporus" (die Türkei) liest ein Rezept. Frankreich bekommt einen lindernden Sirup (Bismarcks Hinweis auf mögliche französische Erwerbungen in Nordafrika). Der Russe steht grollend im Hintergrund.

geleisteten Dienste vor. Die Freundschaft der drei Monarchen war zerbrochen, Deutschland und Rußland einander entfremdet.

In dieser Lage näherte sich Bismarck der Donaumonarchie. Nachdem er den Widerstand des alten Kaisers durch die Drohung zurückzutreten überwunden hatte, schloß er 1879 den **Z w e i b u n d** mit Österreich-Ungarn. Beide Mächte versprachen, sich gegenseitig mit ihrer gesamten Kriegsmacht zu helfen, falls eine von ihnen durch Rußland angegriffen würde. Sollte jedoch eine andere Macht einen der Bündnispartner angreifen, dann war dieser der Neutralität seines Verbündeten sicher. Damit brauchte das Reich ein französisch-österreichisches Bündnis nicht mehr zu fürchten.

Neue Annäherung an Rußland. Bismarck wollte jedoch nicht auf Österreich-Ungarn allein angewiesen sein. Er brachte Rußland zum Wiederanschluß an die Mittelmächte. 1881 kam ein **D r e i - K a i s e r - B ü n d n i s** zustande. Als infolge neuer Gegensätze auf dem Balkan sich 1887 die Kluft zwischen Österreich-Ungarn und Rußland erneut auftat, zerfiel es wieder. Aber Bismarck wollte um keinen Preis die Verbindung mit Rußland abreißen lassen. Er fürchtete, das Zarenreich im anderen Falle in die Arme Frankreichs zu treiben. Es gelang ihm der Abschluß des sogenannten **R ü c k v e r s i c h e r u n g s v e r t r a g e s.** Die beiden Mächte sicherten sich wohlwollende Neutralität zu, falls Deutschland von Frankreich oder Rußland durch Öster-

1879

1887

reich-Ungarn angegriffen werden sollte. Durch diesen Vertrag hoffte Bismarck auch in den Balkanfragen auf Österreich-Ungarn wie Rußland mäßigend einwirken zu können. In Balkanfragen, so erklärte er wiederholt, liege für Deutschland kein Kriegsgrund.

Der Dreibund und weitere Bündnisverträge. Diese Bündnisse wurden durch ein kunstvolles System anderer Verträge ergänzt und gestützt. Frankreich hatte 1881 Tunis besetzt, das wegen seiner zahlreichen italienischen Bewohner schon seit langem von Italien als künftige Kolonie ausersehen war. Das durch die französische Politik gereizte Italien schloß sich nun Deutschland und Österreich-Ungarn an. So entstand 1882 der D r e i b u n d .

1882

Auch dieser Vertrag war ein Verteidigungsbündnis. Wenn Frankreich Italien angriff, mußten die beiden anderen Mächte zu Hilfe kommen. Bei einem französischen Angriff auf Deutschland war nur Italien zur Waffenhilfe verpflichtet. Griffen aber zwei oder mehr Mächte einen der Vertragspartner an, dann mußten ihm die beiden anderen Beistand leisten. Der Angriff einer Macht verpflichtete die Partner zur Neutralität. Dasselbe galt für den Fall, daß sich einer der Vertragschließenden zum Präventivkrieg gegen eine andere Großmacht gezwungen sah.

So fühlte sich Deutschland gegen einen russisch-französischen Angriff gesichert, und Österreich wußte, daß es im Falle eines Präventivkrieges gegen Rußland die Neutralität Deutschlands und Italiens erwarten durfte. Auch S e r b i e n und R u - m ä n i e n , die sich beide von Rußland zugunsten Bulgariens vernachlässigt fühlten, traten auf die Seite der Mittelmächte.

Das Verhältnis zu England. Großen Wert legte der Kanzler außerdem auf ein gutes Verhältnis zu E n g l a n d . Er brachte ein Abkommen zwischen England, Italien und Österreich-Ungarn zustande, das die Aufrechterhaltung der Besitzver-

Die Länder Südost-europas zwischen den Großmächten nach dem Berliner Kongreß 1878

hältnisse am Mittelmeer vorsah (M i t t e l m e e r e n t e n t e). Wenig später regte er eine Übereinkunft der drei Mächte zur Wahrung des Status quo (des bisherigen Besitzstandes) auf dem Balkan an: den „ O r i e n t d r e i b u n d ".

Gern hätte der Kanzler ein öffentliches Bündnis des Reiches mit England als Schlußstein in sein Sicherungswerk eingefügt. Aber weil alles auf ein gutes Verhältnis zu Rußland ankam, konnte er sich nicht entschließen, mit dessen Gegner in der Weltpolitik ein Bündnis einzugehen. Auch England beharrte seinerseits in einer vorsichtig abwartenden Haltung gegenüber Deutschland.

Das kunstvolle Gewebe der europäischen Bündnisbeziehungen hat mehrere Jahrzehnte den Frieden unter den Großmächten erhalten. Seine Tragfähigkeit mußte sich neu erweisen, als sich die europäische Politik zu einer imperialistischen Weltpolitik erweiterte. Und welcher Staatsmann außer Bismarck war in der Lage, dieses meisterhafte Spiel mit mehreren Bällen fortzusetzen?

4. Bismarcks Kolonialpolitik

Das Deutsche Reich auf dem Festland zu sichern, blieb Bismarcks Hauptanliegen. Er wandte sich nur zögernd der Kolonialpolitik zu, weil er keine weiteren Konflikte mit den europäischen Mächten riskieren wollte. Doch nützte er den günstigen Zeitpunkt aus, als zu Beginn der achtziger Jahre zwischen England und Rußland in Asien und zwischen England und Frankreich in Ägypten stärkere Spannungen bestanden. So hatte Deutschland keine größeren Widerstände zu befürchten.

Der Tatkraft einzelner Forscher und Kaufleute war es zu verdanken, daß Deutschland in Afrika Kolonialgebiete erwerben konnte. Was Gelehrte und Forschungsreisende wie B a r t h , N a c h t i g a l und W i s s m a n n von diesem unerschlossenen Erdteil berichteten, erweckte das Interesse von hanseatischen Kaufleuten. Sie gründeten im Küstengebiet Handelsniederlassungen. Im Jahre 1883 erwarb der Bremer Kaufmann L ü d e r i t z von einem Negerhäuptling das Gebiet zwischen dem Oranjefluß und dem portugiesischen Angola. England erhob Einspruch. Da stellte Bismarck das Gebiet unter den Schutz des Reiches (D e u t s c h - S ü d w e s t a f r i k a 1884). Er wollte die wirtschaftlichen Interessen schützen. Auf die gleiche Weise gewann Deutschland eine Kolonie in O s t a f r i k a ; C a r l P e t e r s hatte zuvor in privater Initiative riesige Gebiete von einheimischen Stammeshäuptlingen erworben.

Nach zwei Jahren besaß Deutschland einen Kolonialbesitz, der fünfmal größer war als das Mutterland: T o g o , K a m e r u n , S ü d w e s t - und O s t a f r i k a , das K a i s e r - W i l h e l m - L a n d auf Neu-Guinea, den B i s m a r c k - A r c h i p e l und die M a r s h a l l - I n s e l n.

Was in späteren Jahren noch an Neuerwerbungen dazukam, war unbedeutend. Trotzdem geriet das Reich dabei in viel größere Konflikte als vorher. Der Kampf der Großmächte um die letzten „herrenlosen" Gebiete der Erde war schärfer geworden; der Imperialismus ging seinem Höhepunkt entgegen.

III. Bismarcks Entlassung

1. Der Ausfall einer Generation

Kaiser W i l h e l m I. war noch im 18. Jahrhundert geboren. Es war ihm nie ganz leicht gefallen, die besonderen Anliegen des 19. Jahrhunderts zu verstehen. Er starb im März 1888 im Alter von 91 Jahren.

Links: Hissung der Reichskriegsflagge in Kamerun durch den Generalkonsul Nachtigal (1884). Zeitgenössische Darstellung. – Rechts: Der Lotse geht von Bord. Englische Karikatur (1890).

Lange schon und gründlich hatte sich sein Sohn F r i e d r i c h III. auf die Übernahme der Regierung vorbereitet. Auf ihn setzten die Liberalen besondere Hoffnungen. Sie erwarteten von ihm Verständnis für die liberalen Ideen einer demokratischen Staatsordnung. Aber er bestieg den Thron als todkranker, der Stimme beraubter Mann. Nach 99 Regierungstagen starb er.

So folgte praktisch auf den Großvater der Enkel, W i l h e l m II. (Dreikaiserjahr). Der eben dreißigjährige, noch unausgereifte Monarch bezeichnete sich selbst gern als modern und fortschrittlich und wollte bewußt das neue Jahrhundert vorbereiten und, wenn möglich, noch weitgehend gestalten (gestorben 1941). Wer ihn aber näher kannte und vom äußeren Glanz nicht geblendet war, mußte befürchten, daß dieser Generationssprung für Deutschland unheilvoll werden könnte.

2. Die Entlassung

Bismarck und der junge Kaiser. Zunächst bestand zwischen dem jungen Kaiser und dem alten Kanzler volles Einvernehmen. Bald jedoch zeigte sich der Gegensatz. Der junge Herrscher drängte nach Selbständigkeit; immer stärker griff er, selbst in Einzelfragen, in die Regierungsgeschäfte ein; er hielt es nicht länger aus, im Schatten der überragenden Gestalt des berühmten Ministers zu stehen, er wollte „sein eigener Kanzler sein". Bismarck wiederum, im Bewußtsein seiner Erfolge und Erfahrungen, gewöhnt, Macht auszuüben, konnte es nicht über sich gewinnen, bloßer Berater des kaiserlichen Herrn zu sein. Sachliche Meinungsverschiedenheiten kamen hinzu. Der

Kaiser wollte die soziale Gesetzgebung weiter ausbauen und sein Programm in Form einer Kundgebung veröffentlichen. Bismarck widersetzte sich, weil er darin eine Ermutigung der Sozialdemokraten sah, die gerade jetzt sichtbare Fortschritte zu verzeichnen hatten. Er dachte sogar daran, den Kampf gegen die Sozialdemokratie, in der er nach wie vor den Todfeind seines Staates sah, wieder zu verschärfen.

Der Bruch. Einige Meinungsverschiedenheiten über den dienstlichen Verkehr zwischen Kaiser und Kanzler boten Wilhelm II. die willkommene Gelegenheit, Bismarck zu veranlassen, um seine Entlassung bis zu einer bestimmten Stunde nachzusuchen. Noch ehe Bismarck die Antwort auf sein Abschiedsgesuch erhalten hatte, nahm der

1890

Nachfolger schon von einem Teil seiner Dienstwohnung Besitz. Am 20. März 1890 schied Bismarck aus seinen Ämtern. Grollend zog er sich auf seine Besitzung Friedrichsruh bei Hamburg zurück. Den „neuen Kurs" des Kaisers verfolgte er voll Sorge und erhob mahnend und scharf kritisierend seine Stimme. Als politisches Vermächtnis schrieb er seine „Gedanken und Erinnerungen", „den Söhnen und Enkeln zum Verständnis der Vergangenheit und zur Lehre für die Zukunft".

Am 30. Juli 1898 starb Bismarck. Sein Grab im Sachsenwald von Friedrichsruh trägt die Inschrift, die er in seinem Testament niedergelegt hatte: „Hier ruht Fürst Bismarck. Ein treuer deutscher Diener Kaiser Wilhelms des Ersten."

Wenn auch Bismarcks Werk in mancher Hinsicht, vor allem in der Innenpolitik, angreifbar ist, so bleibt doch bestehen, daß er ein Meister der Politik war, der schwer an seiner Verantwortung trug. Er wußte um die Unzulänglichkeit alles menschlichen Tuns. Bismarcks Göttinger Studienfreund, der amerikanische Staatsmann John Motley, berichtet von einem Gespräch, das er 1872 mit dem Kanzler geführt hat:

„Er sagte, als er noch jünger war, habe er sich für einen ganz klugen Burschen gehalten, aber sich allmählich überzeugt, daß niemand wirklich mächtig und groß sei, und er müsse darüber lachen, wenn er sich preisen höre als weise, vorherrschend und als übe er große Macht aus in der Welt. Ein Mann in seiner Stellung sei genötigt, während Unbeteiligte erwägen, ob es morgen Regen oder Sonnenschein geben würde, prompt zu entscheiden: es wird regnen oder es wird schön Wetter sein, und demgemäß zu handeln mit allen ihm zu Gebote stehenden Mitteln. Hatte er recht geraten, so rufe alle Welt: welche Weisheit, welche Prophetengabe! Hatte er unrecht, so möchten alle alten Weiber mit Besenstielen nach ihm schlagen. — Wenn er weiter nichts gelernt hätte, so hätte er Bescheidenheit gelernt."

Es besteht das unbestreitbare Verdienst Bismarcks, daß er Deutschland die Einheit gegeben und so eine Idee des Jahrhunderts verwirklicht hat. Europa aber verdankte seiner Politik nach 1871 eine lange Friedenszeit.

Zusammenfassung:

Bismarck wollte durch ein System von Bündnissen das durch seine Mittellage besonders gefährdete Reich schützen. Seine Nachbarn fürchteten sich ihrerseits vor der Expansion des mächtig gewordenen Staates. Eine französisch-russische Koalition hielt Bismarck für besonders verhängnisvoll, weil sie die Gefahr eines Zweifrontenkrieges mit sich brachte. Der Zweibund (1879), der Dreibund (1882) und der Rückversicherungsvertrag (1887) sollten zusammen diese Entwicklung verhindern.

In den Jahren 1884/85 erwarb Deutschland in Afrika und in der Südsee ein Kolonialgebiet, das fünfmal größer als das Mutterland war.

Der frühe Tod des liberal gesinnten Kaisers Friedrich III. und die Thronfolge des noch unausgereiften Wilhelm II. wirkte sich auf die deutsche Geschichte verhängnisvoll aus.

Bismarck geriet bald in Konflikt mit dem jungen Monarchen und mußte seinen Abschied nehmen. Wilhelm II. wollte sein eigener Kanzler sein.

Alphabetisches Register

Das nachstehende Register soll als Stichwortverzeichnis dem Schüler das Nachschlagen von Orts- und Personennamen, Ereignissen, Begriffen usw. erleichtern. Es gibt ihm weiter die Möglichkeit, die Belegstellen unter bestimmten Gesichtspunkten aufzufinden.

Dem Lehrer bieten die Stichworte Anhaltspunkte für die Erarbeitung geschichtlicher Zusammenhänge im Unterricht sowie Anregungen für Arbeitsfragen und für die Behandlung der in den Bildungsplänen geforderten kultur-, sozial- und wirtschaftsgeschichtlichen Längs- und Querschnitte.

Zeittafel

	England	Frankreich	Deutsche Staatenwelt
	1600 Gründung der East India Company		
	1603–1625 Jakob I., Sohn der Maria Stuart, König von England und Schottland		
	1605 Pulverschwörung		
			1608 Verschärfung des konfessionellen Gegensatzes. Gründung der protestantischen Union
			1609 Die kath. Liga gegründet
			1614 Brandenburg erhält Kleve, Mark und Ravensberg
			1618 Brandenburg mit Preußen in Personalunion verbunden
1618			**Beginn des Dreißigjährigen Krieges**
1620			
		1624–1642 Kardinal Richelieu leitender Minister Ludwigs XIII.	1620 Friedrich V. von der Pfalz, Schwiegersohn Jakobs I. von England, am Weißen Berge bei Prag geschlagen und geächtet
	1625–1649 Karl I. König von England und Schottland		
	1628 Petition of Rights	1628 La Rochelle von königlichen Truppen erobert	
	1629 Das englische Parlament von Karl I. aufgelöst		1629 Restitutionsedikt Kaiser Ferdinands II.
		1631 Richelieu verpflichtet sich, Hilfsgelder an Schweden zu zahlen	

Überseeische Gebiete	Kultur, Gesellschaft, Wirtschaft
	1602 Galilei entdeckt die Gesetze des freien Falls und der Pendelschwingungen
1605 Entdeckung Australiens durch die Holländer	
1607 Erste dauernde Ansiedlung der Engländer in Nordamerika (Jamestown in Virginia)	
1608 Quebec von den Franzosen gegründet	
	1609 Kepler veröffentlicht die Entdeckung der ersten zwei Gesetze der Planetenbewegungen
	1610 Galilei entdeckt die Jupitermonde
1612 Die Holländer gründen Neu-Amsterdam Erste englische Faktorei in Ostindien (Surat)	
	1617 Die „Fruchtbringende Gesellschaft" gegründet
1618 Die Niederländische Ostindien-Kompanie gründet Batavia auf Java	1618 In England der doppelte Blutkreislauf entdeckt
Die puritanischen „Pilgerväter" landen mit der „Mayflower" in Nordamerika	
1634 Engländer erhalten Handelserlaubnis in Bengalen	1633 Galilei schwört vor der Inquisition der kopernikanischen Lehre ab

	England	Frankreich	Deutsche Staatenwelt
		1635 Frankreich tritt offen in den Dreißigjährigen Krieg ein	
	1638 Zusammenschluß der Schotten zum Schutz der „wahren Religion" gegen König Karl I.		
	1640–1653 Das „lange Parlament". Sturz des Grafen Strafford		
	1641 Katholischer Aufstand in Irland. Ermordung der Protestanten in Ulster		
	1642 Ausbruch des Bürgerkrieges. Cromwell organisiert das Parlamentsheer	1642–1661 Kardinal Mazarin Leiter der französischen Politik	
		1643–1715 Ludwig XIV. König von Frankreich	
	1645 Sieg des Parlamentsheeres über das königliche Heer bei Naseby		
1648		**Westfälischer Friede**	
		Vordringen Frankreichs zum Oberrhein	Brandenburg erwirbt Hinterpommern, Bt. Cammin, Ebt. Magdeburg. Bayern wird Kurfürstentum
1649	**Karl I. hingerichtet.** „Freestate and Commonwealth of England"	1649–1653 Bürgerkrieg und Aufstand der „Fronde" gegen Mazarin	
1651			
	1652–1654 Der Seekrieg mit Holland befestigt Englands Seeherrschaft		
	1653–1658 Cromwell Lordprotektor von England, Schottland und Irland		
	1660 Karl II. Stuart wird als König nach England zurückgerufen	1659 Pyrenäenfrieden mit Spanien	1660 Friedrich Wilhelm, Kurfürst von Brandenburg, wird souveräner Fürst in Preußen

Überseeische Gebiete	Kultur, Gesellschaft, Wirtschaft
	1635 Richelieu gründet die Académie Française
	1636 Pierre Corneille dichtet den „Cid"
1639 Die Engländer errichten ein Fort bei Madras	
	1644 Descartes begründet die Philosophie des Rationalismus
	1645 Der englische Religionsphilosoph Herbert von Cherbury veröffentlicht ein Buch über die „Naturreligion"
	Verkündung der Navigationsakte
	1654 Comenius' „Orbis Pictus"
1656 Ceylon den Portugiesen von den Holländern entrissen	Seit 1655 regelmäßig erscheinende Zeitungen in Deutschland

	England	Frankreich	Deutsche Staatenwelt
1661		Tod Mazarins. **Beginn der königlichen Selbstregierung Ludwigs XIV.**	
			Seit 1663 „Immerwährender Reichstag" in Regensburg
		1667–1668 Krieg gegen die Spanischen Niederlande	
		1668 Friede zu Aachen	
			1671 Liselotte von der Pfalz heiratet den Bruder Ludwigs XIV.
		1672–1678 Krieg gegen die Freien Niederlande	
	1673 Karl II. muß der Testakte zustimmen	1678/79 Friedensschlüsse zu Nimwegen	
	1679 Karl II. muß die Habeas-Corpus-Akte bestätigen	1679–1681 Reunionen	
1681		**Frankreich annektiert Straßburg**	
1683			**Zweite Türkenbelagerung Wiens**
	1685–1688 Jakob II. Stuart König von England	1685 Ludwig XIV. hebt das Edikt von Nantes auf	
			1686 Eroberung Ofens
			1687 Erblichkeit der Stephanskrone im Hause Habsburg

Überseeische Gebiete	Kultur, Gesellschaft, Wirtschaft
1661 Portugal überläßt den Engländern Bombay	
	Begründung des Merkantilismus in Frankreich durch Colbert
1664 Neu-Amsterdam kommt in englischen Besitz: New York	1664 Colbert beseitigt die Binnenzölle zwischen Nord- und Mittelfrankreich
	1667 Newton entdeckt das Gravitationsgesetz
Seit 1668 setzen sich die Franzosen in Ostindien fest	1668 Molière schreibt die Komödie „Der Geizhals". La Fontaine veröffentlicht seine ersten Fabeln. Beginn der Erweiterung des Schlosses von Versailles
	Vollendung des Oder-Spree-Kanals
	1677 Racine schreibt die Tragödie „Phèdre"
	1678 Gründung einer deutschen Oper in Hamburg
Seit 1680 Errichtung des französischen Kolonialreiches in Nordamerika von Quebec bis zur Mississippimündung	
1681 William Penn gründet die Quäkerkolonie Pennsylvania	
1682 Die Franzosen gründen St. Louis, die Engländer Philadelphia	
Seit 1683 deutsche Einwanderung in Nordamerika	1684 Canal du Midi fertiggestellt

	West- und Mitteleuropa	Ost- und Nordeuropa	Kultur, Gesellschaft, Wirtschaft
1688	**Glorious Revolution in England** Frankreich beginnt den Pfälzer Krieg		
	1689 In England Declaration of Rights	1689–1725 **Zar Peter I. der Große**	1689 Lockes „Two Treatises on Government" begründen die Lehre von der Gewaltenteilung
	Franz. Truppen unter Mélac verheeren die Pfalz		
	1692 Hannover Kurfürstentum		
	1697 August der Starke, Kurfürst von Sachsen, zum König von Polen gewählt	1697–1718 Karl XII. König von Schweden 1697–1698 Erste Auslandsreise Peters I.	1695 Fischer von Erlach beginnt den Bau von Schloß Schönbrunn bei Wien (vollendet 1750)
	Türkensieg des Prinzen Eugen bei Zenta Friede zu Rijswijk		Der Hof von Versailles wird vorbildlich für die europäischen Fürsten
	1699 Friede zu Karlowitz: Österreich ist Großmacht geworden	1698 Aufruhr der Strelitzen in Moskau 1700–1721 Nordischer Krieg	1698 Schlüter übernimmt den Bau des Berliner Schlosses Francke gründet in Halle ein Waisenhaus als Kern der Franckeschen Stiftungen
1701	**Preußen Königreich**	1700 Niederlage der Russen bei Narwa	1700 Abschaffung der altrussischen Zeitrechnung. Kleiderreform
1701–1714	**Spanischer Erbfolgekrieg**		**Blütezeit des Barock in Deutschland** 1702 Bau des Benediktinerstifts in Melk begonnen (vollendet 1738)
	1704 Schlacht bei Höchstädt	1703 Gründung von St. Petersburg	1703 Schlüters Denkmal des Großen Kurfürsten. Schloß Ludwigsburg begonnen (vollendet 1733)
	1706 Prinz Eugen vertreibt die Franzosen aus Oberitalien		Seit 1705 im zunftfreien Gewerbe stärkeres Vordringen der Manufakturen
1709		**Sieg der Russen bei Poltawa**	1709 Böttger erfindet das Hartporzellan

	West- und Mitteleuropa Überseeische Gebiete	Nord- und Osteuropa	Kultur, Gesellschaft, Wirtschaft
	1711–1740 Kaiser Karl VI.		1711 Newcomen erfindet die atmosphärische Dampfmaschine
			1711–1722 Pöppelmann erbaut den Dresdner Zwinger
			1712 Händel geht nach London
	1713 Friede zu Utrecht. *England erhält von Frankreich die Hudsonbai-Länder, Neu-Schottland und Neu-Fundland*	1713 St. Petersburg wird Hauptstadt des russischen Reiches	1713 Der Abbé St. Pierre veröffentlicht eine Schrift über den „Ewigen Frieden"
	1713–1740 Friedrich Wilhelm I. König von Preußen		
	1713 Pragmatische Sanktion Karls VI.		
	1714 Friede zu Rastatt		
	Kurfürst Georg Wilhelm von Hannover wird englischer König. Personalunion bis 1837		
	1715 Tod Ludwigs XIV.		Seit 1715 Wirken der Brüder Asam (in Weltenburg und Rohr)
	Preußen greift in den Nordischen Krieg ein und erobert Vorpommern und Stralsund		
			1716 Fischer von Erlach beginnt den Bau der Karlskirche in Wien
			„Schwabenzüge" nach Ungarn
1717	**Prinz Eugen erobert Belgrad**		
	1718 Friede zu Passarowitz	1718 Tod Karls XII. von Schweden	
	1718 Franzosen gründen New Orleans		
			1720 Balthasar Neumann beginnt den Bau der Residenz in Würzburg
		1721 Friede zu Nystad: Schwedens Machtstellung vernichtet. Rußland stärkste Macht an der Ostsee	1721 Gründung des Heiligsten Synods durch Peter den Großen

	Europa	Überseeische Gebiete	Kultur, Gesellschaft, Wirtschaft
	1723 Errichtung des Generaldirektoriums in Preußen		1723–1750 Joh. Seb. Bach Thomaskantor in Leipzig
	1730 Fluchtversuch des preuß. Kronprinzen		
	1732 Ansiedlung Salzburger Protestanten in Ostpreußen		
	1736–1739 Österreich wird im Kampf gegen die Türken geschlagen		1734 Voltaire veröffentlicht seine „Briefe über die Engländer"
1740	1740–1786 **Friedrich II., der Große, König in Preußen**		1740 Abschaffung der Folter in Preußen
	1740–1780 **Maria Theresia Königin von Böhmen und Ungarn, Erzherzogin von Österreich** (seit 1745 ihr Gatte Franz I. Kaiser)		
	1740–1748 Österreichischer Erbfolgekrieg		
	1740–1742 Erster Schlesischer Krieg		
	1742–1745 Kaiser Karl VII.	1742 Dupleix Gouverneur von Pondicherri	1743–1748 Balthasar Neumann erbaut das Treppenhaus von Schloß Brühl b. Bonn
	1744–1745 Zweiter Schlesischer Krieg	1744–1747 Französisch-englischer Seekrieg. Siedlerkämpfe in Nordamerika	1747 Bachs Besuch bei Friedrich II. in Potsdam
		1746–1763 Englisch-französischer Krieg in Südindien	1748 Montesquieu veröffentlicht sein Hauptwerk „Vom Geist der Gesetze"
			Hohe Möbel- und Porzellankultur des **Rokoko**
			Chinamode
			1750–1753 Voltaire am Hofe Friedrichs II.
			Seit 1751 unter Leitung von Diderot und d'Alembert Erscheinen der „Encyclopédie"

	Europa	Überseeische Gebiete	Kultur, Gesellschaft, Wirtschaft
			1752 Benjamin Franklin erfindet den Blitzableiter
	1753 Graf Kaunitz österreichischer Staatskanzler		1752/53 Tiepolos Dekkengemälde in der Würzburger Residenz
1756–1763	**Der Siebenjährige Krieg**	1755 Neubeginn des englisch-französischen Kolonialkrieges in Nordamerika	
	1757 Die Schlachten bei Prag, Kolin, Roßbach und Leuthen	1757 Clive begründet die britische Herrschaft in Bengalen	
	William Pitt der Ältere englischer Ministerpräsident. Subsidienvertrag mit Preußen		
	1759 Vernichtende Niederlage Friedrichs II. bei Kunersdorf	1759 Die Engländer erobern Quebec	
	1760 Russische und österreichische Truppen brandschatzen Berlin	1760 Kapitulation der französischen Streitkräfte in Kanada	
			Ausbreitung physiokratischer Gedanken in Frankreich
	1761 Sturz des Ministeriums Pitt. Ende der englischen Hilfsgelder für Preußen		
	1761 Tod der Zarin Elisabeth		
	1762 Bündnis Zar Peters III. mit Friedrich dem Großen		1762 Rousseaus staatsphilosophische Schrift „Vom Gesellschaftsvertrag"
	1762–1796 Katharina II. Zarin von Rußland		
	Seit 1762 Ansiedlung deutscher Bauern in Rußland		
	1763 Friede zu Hubertusburg	1763 Im Frieden von Paris erhält England, Kanada, Lousiana östlich des Mississippi, Florida und die französischen Besitzungen in Indien	

	Europa	Amerika, Asien, Afrika	Kultur, Gesellschaft, Wirtschaft
	1767 Den russischen Bauern wird verboten, über ihre Herren Klage zu führen		1767 Hargreaves Spinnmaschine „Jenny"
1768	1768–1774 Türkisch-russischer Krieg		**James Watt baut eine verbesserte Dampfmaschine**
			1770 Kant Professor in Königsberg
1772	**Erste Teilung Polens**		1772 Entdeckung des Stickstoffgases in England
	1773–1775 Aufstand Pugatschows		
1774	**Friede zu Kütschük-Kainardschi**		
	1774–1793 Ludwig XVI. König von Frankreich		
	1775 Verwaltungsreform Katharinas II.	1775–1783 Unabhängigkeitskrieg der englischen Kolonien in Nordamerika	
1776		**Unabhängigkeitserklärung der Vereinigten Staaten von Amerika**	1776 Adam Smith, „Untersuchung über die Natur und die Gründe des Reichtums der Nationen"
			1777 Lavoisier: Verbrennung ist chemische Verbindung mit Sauerstoff
	1779 Potjomkin gründet die Hafenstadt Cherson		1779 Lessings „Nathan der Weise" erklärt die Weltreligionen für gleichwertig
	1778–1779 Bayerischer Erbfolgekrieg		
	1780 Tod Maria Theresias		
	1780–1790 Kaiser Joseph II.		
1781	**Toleranzedikt Josephs II.**		
	1783 Rußland annektiert das Chanat der Krim		1783 Erster Ballonaufstieg mit Heißluft (Brüder Montgolfier) in Frankreich

	Europa	Amerika, Asien, Afrika	Kultur, Gesellschaft, Wirtschaft
	1784 Potjomkin läßt Stadt und Hafen Sewastopol bauen		1784 Kant: Was ist Aufklärung?
	1785 Gnadenurkunde Katharinas II. zugunsten des russischen Adels		
	1785 Deutscher Fürstenbund		
	1786 Tod Friedrichs des Großen		1786 Cartwrights mechanischer Webstuhl. – Mozarts Oper ,,Die Hochzeit des Figaro''
	1787–1791 Russisch-türkischer Krieg		
1789	In Frankreich Einberufung der Generalstände. **Der Dritte Stand erklärt sich zur Nationalversammlung. Bastillesturm**	1789–1797 Washington erster Präsident der USA	
	1790 Tod Josephs II.		
1791	**Frankreich konstitutionelle Monarchie**		1791 Mozarts Oper ,,Die Zauberflöte''. – Haydns ,,Symphonie mit dem Paukenschlag''
	1792–1795 Erster Koalitionskrieg		Erstes Volksheer in Frankreich
1792	**Frankreich Republik**		
	1793–1795 Schreckensherrschaft der Jakobiner		
	1793 Zweite Teilung Polens		
	1795 Friede zu Basel. Dritte Teilung Polens		**Weimar Zentrum der deutschen Klassik** (Herder, Goethe, Schiller)
1795–1799	**Direktorium in Frankreich** 1796 Gründung Odessas. Tod Katharinas II.		**Wien Zentrum der europäischen Musik** (Haydn, Beethoven)
	1798–1801 Zweiter Koalitionskrieg		
1799	**Napoleons Staatsstreich**		**Empirestil in Frankreich** **Klassizismus in Deutschland**

	Europa	Amerika, Asien, Afrika	Kultur, Gesellschaft, Wirtschaft
	1801–1825 Zar Alexander I.		
1803	Reichsdeputationshauptschluß **Säkularisierung und Mediatisierung**		
1804	**Napoleon wird Kaiser**		1804 Code Napoleon **Epoche der Romantik**
1805	Dritter Koalitionskrieg **Schlacht bei Austerlitz, Niederlage der französischen Flotte bei Trafalgar**		
1806	**Rheinbund, Auflösung des Reiches, Kontinentalsperre** 1806/07 Zusammenbruch Preußens		1806 Faust, erster Teil 1807/08 Fichtes „Reden an die deutsche Nation" 1807 Erstes Dampfschiff (Fulton)
1807–1812			**Reformen in Preußen** (Stein, Hardenberg, Gneisenau, Scharnhorst)
	1808 Volkserhebung in Spanien		
	1809 Erhebung in Österreich		
	1809 Rußland gewinnt Finnland nach einem Krieg mit Schweden		
	1809–1848 Metternich österreichischer Staatskanzler		1810 Gründung der Berliner Universität
	1812 Rußland gewinnt Bessarabien nach einem Krieg mit der Türkei		1812 Judenemanzipation in Preußen
1812	**Napoleons Niederlage in Rußland**		1812/13 Robert Owen: „Neue Ansichten von der Gesellschaft"
1813/14	**Befreiungskrieg**		
1814/15	**Wiener Kongreß**		
1815	**Deutscher Bund** Heilige und Große Allianz		

	Europa	Amerika, Asien, Afrika	Kultur, Gesellschaft, Wirtschaft
1816–1824		**Freiheitskampf der südamerikanischen Kolonien** (Simon Bolivar)	
1819			**Karlsbader Beschlüsse**
1823	1821–1829 Freiheitskampf der Griechen 1825–1835 Zar Nikolaus I.	**Monroedoktrin** 1826–1828 Russischer Krieg gegen Persien; Ausdehnung im Kaukasusgebiet	1825 Technische Hochschule in Karlsruhe gegründet 1829 Erste Eisenbahn zwischen Liverpool und Manchester
1830	**Julirevolution in Frankreich** Aufstände in Belgien, Italien und Polen 1831 Königreich Belgien	1830 Algier von Frankreich erobert	
1832			**Wahlrechtsreform in England** Tod Goethes
1834			**Deutscher Zollverein**
1835			**Erste deutsche Eisenbahn** 1837 Aufbau der Borsig-Werke in Berlin 1839 Künstliche Düngung (Liebig) 1844 Erster Arbeiterkonsumverein in England. Weberunruhen in Schlesien
	1840–1861 Friedrich Wilhelm IV. von Preußen	1845 Kanada erhält Selbstverwaltung	1845 Erste Bauerngenossenschaft (Raiffeisen)
1848	1847 Sonderbundskrieg in der Schweiz **Februarrevolution in Frankreich Märzrevolution in den deutschen Ländern**		**„Kommunistisches Manifest"** (Marx, Engels)

	Europa	Amerika, Asien, Afrika	Kultur, Gesellschaft, Wirtschaft
1848/49	**Nationalversammlung in Frankfurt** Aufstände in Ungarn, Böhmen, Italien 1848–1916 Kaiser Franz Joseph in Österreich		
1850	**Vertrag von Olmütz** 1852–1870 Kaiser Napoleon III. in Frankreich		1851 Erste Weltausstellung in London
1854–1856	**Krimkrieg**	1853 Sachalin und Korea von den Russen besetzt	1854 Erster Handelsvertrag Japans mit den USA
	1855–1881 Zar Alexander II.		1855 Neues Verfahren zur Stahlgewinnung (Bessemer)
		1857 In Indien Aufstand gegen die Engländer	
1858		**Indien englische Kronkolonie**	
1859	**Beginn der Einigung Italiens** (Cavour, Garibaldi)		**Neue Lehre von der Entstehung der Arten** (Darwin)
1861		1860/61 Amurprovinz wird russisch; Wladiwostok gegründet Senegal wird französisch	**Bauernbefreiung in Rußland**
1861–1865		**Amerikanischer Sezessionskrieg**	
	1862 Berufung Bismarcks 1863 Polnischer Aufstand	1862 Hinterindien wird französische Kolonie Unter-Birma von England erobert	1863 Allgemeiner Deutscher Arbeiterverein (Lassalle)
	1864 Krieg Österreichs und Preußens gegen Dänemark		1864 Genfer Konvention (Rotes Kreuz)
		1865 Taschkent von Rußland erobert	1865 Allgemeiner Deutscher Frauenverein; Beginn der Frauenbewegung Vererbungsgesetze entdeckt (Mendel)
1866	**Der deutsche Krieg** **Norddeutscher Bund**		**Dynamomaschine** (Siemens)

	Europa	Amerika, Asien, Afrika	Kultur, Gesellschaft, Wirtschaft
1867	Österreichisch-Ungarischer Ausgleich (Doppelmonarchie)	**Kanada wird Dominion** Alaska von den Russen an die USA verkauft 1868 Buchara mit Samarkand russisch	**Marx: ,,Das Kapital"**
1869			**Gründung der Sozialdemokratischen Arbeiterpartei in Eisenach** (Bebel, Liebknecht) Suezkanal eröffnet
1870			**Erstes Vatikanisches Konzil** (Unfehlbarkeitsdogma)
1870/71	**Deutsch-Französischer Krieg. Rom wird Hauptstadt Italiens**		
1871	**Reichsgründung Bismarcks** 1871 Aufstand der Kommune in Paris		
1871–1879			**Kulturkampf in Deutschland**
	1873 Dreikaiserabkommen		1872 Verein für Sozialpolitik (Katledersozialisten)
		1874 Fidschi-Inseln englisch	
		1875 Sachalin russisch	1875 Gründung der Deutschen Reichsbank
		1876 Belutschistan unter englischer Kontrolle	
		1877 Transvaal englisch, Indien Kaiserreich	
		1877/78 Russisch-Türkischer Krieg	
1878	**Berliner Kongreß**	1878 Nord-Borneo und Zypern englisch	**Sozialistengesetz in Deutschland**
1879	**Zweibund (Deutschland-Österreich)**	1879/84 Turkmenenland russisch	1879 Elektrische Glühbirne (Edison)
		1880 Äquatorialafrika französisch	
		1881 Tunis französisches Protektorat	1881 Standard Oil Company (Rockefeller) in den USA

	Europa	Amerika, Asien, Afrika	Kultur, Gesellschaft, Wirtschaft
1882	**Dreibund (Deutschland-Österreich-Italien)**	1882 Ägypten unter englischer Kontrolle	1882 Tuberkelbazillus entdeckt (Koch)
		1884 Neuguinea und Somaliland engl. Protektorat	1883/84 Kranken- und Unfallversicherungsgesetz in Deutschland
		1884 Guinea und Tonking französisch	
		1884/85 Togo, Kamerun, Teile von Südwest- und Ostafrika, Kaiser-Wilhelm-Land, Bismarck-Archipel, Marshallinseln, deutscher Kolonialbesitz	
1885		1885 Eritrea italienisch Betschuanaland englisch	**Kraftwagen mit Benzinmotor** (Daimler, Benz)
		1886 Ober-Birma englisch	
1887	**Deutsch-Russischer Rückversicherungsvertrag**	1887 Belutschistan Indien einverleibt	
1888	**Dreikaiserjahr**	1888 Englische Kolonie in Ostafrika	1888 Elektromagnetische Wellen (Hertz)
	1888–1918 Wilhelm II.		
1889		**Japan wird eine konstitutionelle Monarchie**	1889 Deutsche Invaliditäts- und Altersversicherung
		1889 Ital. Somaliland, Rhodesien englisch	
1890	**Entlassung Bismarcks**	1890 im Sudan französischer Kolonialbesitz	
1900			**Bürgerliches Gesetzbuch in Deutschland**

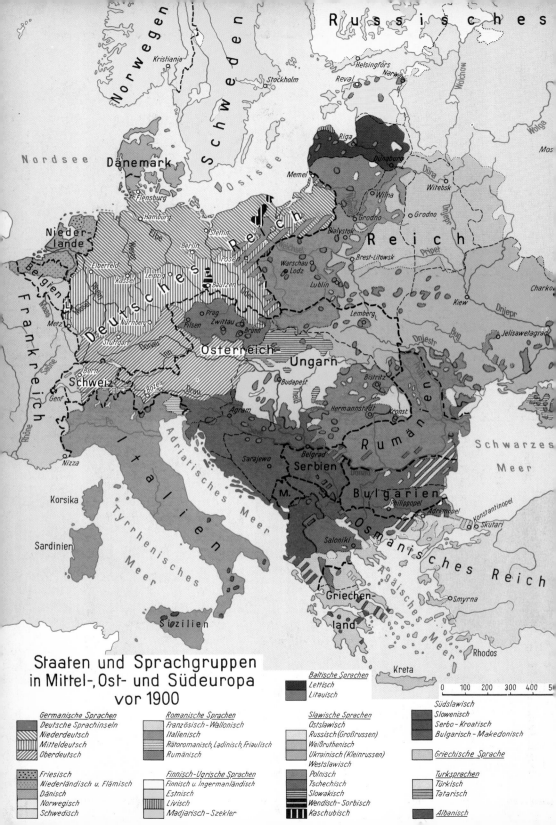

Staaten und Sprachgruppen in Mittel-, Ost- und Südeuropa vor 1900

Germanische Sprachen
Deutsche Sprachinseln
Niederdeutsch
Mitteldeutsch
Oberdeutsch

Friesisch
Niederländisch u. Flämisch
Dänisch
Norwegisch
Schwedisch

Romanische Sprachen
Französisch-Wallonisch
Italienisch
Rätoromanisch, Ladinisch, Friaulisch
Rumänisch

Finnisch-Ugrische Sprachen
Finnisch u. Ingermanländisch
Estnisch
Livisch
Madjarisch-Szekler

Baltische Sprachen
Lettisch
Litauisch

Slawische Sprachen
Ostslawisch
Russisch (Großrussen)
Weißruthenisch
Ukrainisch (Kleinrussen)
Westslawisch
Polnisch
Tschechisch
Slowakisch
Wendisch-Sorbisch
Kaschubisch

Südslawisch
Slowenisch
Serbo-Kroatisch
Bulgarisch-Makedonisch

Griechische Sprache

Turksprachen
Türkisch
Tatarisch

Albanisch

Scale: 0 100 200 300 400 5